Study on Management Efficiency of Chinese Commercial Banks

中国商业银行经营效率研究

王文胜 / 著

兰州大学出版社

图书在版编目(CIP)数据

中国商业银行经营效率研究/王文胜著.—兰州：
兰州大学出版社,2011.11

ISBN 978-7-311-03756-7

Ⅰ.①中… Ⅱ.①王… Ⅲ.①商业银行—经营管理—
研究—中国 Ⅳ.①F832.33

中国版本图书馆 CIP 数据核字(2011)第 241559 号

策划编辑　陈红升
责任编辑　郝可伟　李　丽　陈红升
封面设计　管军伟

书　　名　中国商业银行经营效率研究
作　　者　王文胜　著
出版发行　兰州大学出版社　（地址:兰州市天水南路 222 号　730000）
电　　话　0931-8912613(总编办公室)　　0931-8617156(营销中心)
　　　　　0931-8914298(读者服务部)
网　　址　http://www.onbook.com.cn
电子信箱　press@lzu.edu.cn
印　　刷　兰州奥林印刷有限责任公司
开　　本　710 mm×1020 mm　1/16
印　　张　19
字　　数　368 千
版　　次　2011 年 11 月第 1 版
印　　次　2011 年 11 月第 1 次印刷
书　　号　ISBN 978-7-311-03756-7
定　　价　56.00 元

（图书若有破损、缺页、掉页可随时与本社联系）

自　序

　　随着经济全球化和一体化进程的加快，国家之间的联系更加紧密，商业银行危机也不再是一家银行或一个区域的问题，而是国家和世界都必须面对和解决的难题。2007 年由次贷危机引发的商业银行危机对世界金融体系和实体经济都产生了极大的影响和冲击。始于希腊的主权债务危机，迅速蔓延到爱尔兰、葡萄牙、西班牙等这些外界认为较稳健的国家，欧洲主权债务危机全面爆发，这场危机虽然不像次贷危机那样一开始就来势凶猛，但在其缓慢的进展过程中，随着产生主权债务危机国家的增多与问题的不断浮现，加之评级机构不时的评级下调行为，目前已经牵动着全球经济的神经。尤其是全球银行业遭遇 20 世纪 30 年代大萧条以来最严重的打击，利润大幅下滑，资产减记和信贷损失急剧上扬，导致许多银行陷入流动性困境。

　　这些错综复杂的金融风暴发生后，中国的金融业虽然受到的冲击较小，但作为一个身处金融市场前沿的专业人士，我国商业银行经营效率到底如何，未来能否在国际大舞台上拥有较强的竞争力，如果大型商业银行在市场上占据重要地位，其对中小型商业银行的经营状况产生什么影响，自身受到哪些因素的影响，一直是我长期思考的问题；同时我也庆幸能有机会亲身经历和见证中国金融体系的快速演变与发展，能够思考现实世界里许多活生生的金融问题，于是决定对商业银行经营效率与资本市场发展所面临的一些焦点问题进行研究，五易其稿，最终完成本书的写作。

　　在我国，商业银行为金融体系的主要组成部分。在我国金融资产结构中，商业银行约占 85%，证券、基金、保险、养老金、年金等机构约占 15%。同时，我国商业银行在国民经济中占据重要地位。2009 年年末，中国商业银行本外币资产总额为 78.76 万亿元，负债总额为 74.33 万亿元，而 2009 年中国的国内生产总值(GDP)为 34.05 万亿元，商业银行总资产与 GDP 比值达到 2.3。世界其他国家的商业银行业规模也十分巨大。美国的商业银行规模与 GDP 相等，英国的商业银行资产总额为 GDP 的 5 倍，德国的商业银行资产总额为 GDP 的 3.5 倍，日本的商业银行资产总额为 GDP 的 1.93 倍。可以说，商业银行作为金融中介，在国家实体经济与虚拟经济中起着十分重要的作用。商业银行不仅是国民经济活动的中枢、社会经济活动的信息中心和社会资本运动的中心，也是国家实施宏观经济政策的重要途径和微观基础。因此，商业银行的经营效率影响社会资源配置和国家政策实施，也影响国民经济活动和社会资本运动。

沿着这种对比的手法，遵从整体与部分的逻辑，本书采用总分关系谋篇布局，共有总论和五篇分论，总论部分从参数法和非参数法对商业银行经营效率进行总体测度，值得一提的是，本书在运用非参数法对样本商业银行经营效率进行测算的过程中，采用了两阶段关联 DEA 数据模型分别进行了静态和动态测度，从服务和盈利两个角度作出了全景描述。

为了研究我国商业银行在此次国际金融危机中经营效率的影响因素，以及我国大银行自身经营效率的变化对中小银行带来的影响，本书从信息渠道和基本面角度分析大银行冲击机制，并从范围经济、规模经济、股权结构、高管薪酬及金融创新等五个方面实证分析了此次国际金融危机中我国商业银行经营效率受到的影响。研究表明，从整体上看我国商业银行仍存在着弱范围经济效应和规模经济效应，股权集中度高、法人股股权虚置、关联交易突出等原因阻碍了商业银行总体效率的进一步提升，但金融创新在推动国内商业银行经营效率提升上仍大有可为。

需要研究的问题很多，但归根结底，中国商业银行要想在开放经济中与极具实力的国外大型商业银行竞争，主要途径就是要提高经营效率。本书探讨商业银行经营效率，对于明确中国商业银行在国际上的位置以及变化趋势，探索有中国特色的商业银行业发展道路，尤其是对于如何建立可持续发展的商业银行体系，或许具有某些有价值的参考依据。

遑论本书是否含有真知灼见，所表达的观点是否正确，是否经得起实证的支撑与时间的检验，至少在一定程度上反映了本人在中国金融改革一个重要而特殊的时期里，对一些重大金融问题的思考与探索。欢迎金融界前辈和良师挚友提出宝贵意见。

2011 年 10 月 8 日

目 录

导 言

一、研究背景

金融是现代经济的核心，金融机构是发展经济、改善生活、推动社会进步的强大杠杆。新世纪以来，银行业金融机构的整体经营环境发生了巨大的变化。各国政府总体不断放松的金融管制导致了金融服务业的逐步自由化；金融机构之间的混业经营导致了日益加剧的金融业竞争与重组；金融市场上大量的产品创新以及利率与汇率的频繁波动加大了收益与成本的不确定性。不断复杂的国际环境，对银行机构的经营管理水平提出了新的要求。

随着我国市场经济体制的建立和发展，金融市场逐步开放。本世纪初，国有商业银行的股份制改制成功以及一批全国性股份制商业银行和部分城市商业银行的兴起，标志着国内银行业进入了快速的膨胀式发展时期。但是从总体上看，我国金融机构的发展还主要表现为量的扩张，走的是一条外延式的粗放型道路，经营产品雷同、创新能力不强、管理幅度过宽、经营手段单一、对市场波动的掌控及对风险的管理仍然较弱。实践表明，现阶段中国银行业仍带有相当浓厚的经济体制转型和特定的制度变迁色彩，整个银行业都存在着明显的效率低下问题。由于特殊国情，银行业一直是我国金融服务产业的主体，在整个国民经济中占据中枢地位。如何立足现阶段金融改革实践，逐步建立起一个高效率运行的商业银行金融服务体系，确保国民经济持续平稳健康发展，是一个必须解决的重大现实问题。

虽然人们对金融机构的效率进行了很多研究，然而由于测量的难度和银行业本身经营的复杂性，对银行经营效率的研究可以说是各执一词。"究竟应该如何评价金融机构的效率？[①]"值得深入研究。另外一个值得注意的现象是，银行实业界鲜见有人对此问题进行深入探讨。迄今为止，国内对商业银行经营效率问题研究的文献仍然很有限，且多数是探讨银行业整体经营效率状况，然后给出相应解释，缺乏将商业银行综合因素纳入统一框架进行研究的文献。本书试图在这方面进行尝试，从商业银行经营的微观角度，结合能收集到的最新数据，在一个统一的框

---

① 1999 年时任国务院总理朱镕基在全国金融工作会议上向与会同志们提出："究竟应该如何评价金融机构的效率？"给理论研究者提出了一个难题。

架下探讨现阶段商业银行经营效率情况，以及内在影响因素，以期从更全面的微观视角来审视商业银行的经营行为，并为这一问题的深入研究提供有益的启示，推动商业银行效率及相关问题的理论研究和实践进展。

二、研究思路

本书重在通过借鉴、吸收国内外研究理论，选择适当的分析方法，对样本商业银行的经营效率和影响经营效率的因素进行实证研究和经验分析。

首先，本书选择商业银行的经营效率作为研究的切入点，之所以选择这个指标，原因首先在于此次研究的特定目标，即研究商业银行自身运作的微观效率，而非研究商业银行体系与储蓄、投资关系的资源配置效率。

其次，对以往文献的回顾和经验分析表明，能综合反映商业银行经营管理水平的经营效率对银行的微观经营实践更具有指导意义，也能够借助该指标的研究大致掌握商业银行经营的技术效率问题。

再次，确定了特定的研究对象和目的，进行大量文献回顾和对比分析后，确定了以投入产出分析来测度经营效率的基本思路，确定了数据包络分析法和随机前沿法作为经营效率前沿分析的基本方法，确定了相应的函数形式。这是分析的起点，也是本书的研究技术基础，为全书的研究提供了基本的分析框架。

最后，为弄清究竟哪些因素影响了银行的经营效率，以及在多大程度上影响着银行的经营效率，在以上确定的分析框架下，确定了范围经济、规模经济、股权结构、高管薪酬及金融创新等五个指标进行深度研究，对每一个因素都进行了系统的文献回顾和效率测度，并对实证研究结果进行经验分析，深入探讨这些因素对商业银行经营效率的影响，并给出指导性的意见和建议。

三、基本结构

本书遵从整体与部分的逻辑，采用总分关系谋篇布局，共有总论和五篇分论（共二十章）。各部分结构和内容安排如下：

总论部分探讨研究的基本思路、分析方法以及对商业银行经营效率的总体测度。本部分包括三章内容：第一章对商业银行经营效率的基本内涵进行了阐述和分类，并选取了效率研究的切入点；对研究采用的投入产出法、效率测度的前沿分析法以及采用的函数形式进行了详细的阐述。第二章运用参数法中的随机前沿法（SFA）研究了样本商业银行的成本效率和利润效益。第三章运用非参数数据包络方法，对样本商业银行目标年份区间的经营效率分阶段分别进行了静态和动态测度，从服务和盈利两个角度对商业银行经营效率作出了全景描述，为后文的分项对比测算做好铺垫。

分论一为范围经济与商业银行经营效率研究。本论题包括四章内容：第四章对范围经济的含义进行了阐述，对商业银行范围经济进行了界定，对国内外研究商业银行范围经济的研究文献进行了综述和评价。第五章以随机法为基础，选择广义超越对数成本函数对样本银行的总体范围经济和特定产品的范围经济进行了测度。第六章利用 Tobit 模型对商业银行总体范围经济、特定产品范围经济与经营效率、纯技术效率、规模效率的影响关系进行了经验分析。第七章给出了基于实证分析的政策建议，并对进一步的改进研究进行了展望。

分论二为规模经济与商业银行经营效率研究。本论题包括四章内容：第八章对商业银行规模经济的含义及影响因素进行了阐述，对规模经济的研究文献进行了综述和评价。第九章基于参数法原理，利用对成本函数的产出弹性计算和超越对数成本函数模型，测算了样本银行的规模效率系数。第十章利用 Tobit 模型对商业规模经济与经营效率及纯技术效率之间的影响关系进行了经验分析。第十一章给出了基于规模经济视角的政策建议。

分论三为股权结构与商业银行经营效率研究。本论题包括三章内容：第十二章对股权结构的含义进行了阐述，对商业银行股权结构的研究文献进行了综述和分析。第十三章基于转型实践，采用 SFA 随机前沿分析法，选择成本效率作为评价指标，从股权性质、股权集中度和股权流动性三个方面详细考察了股权结构与商业银行经营效率的关系。第十四章给出了基于股权结构视角的政策建议。

分论四为高管薪酬与商业银行经营效率研究。本论题包括三章内容：第十五章对薪酬理论进行了阐述，对商业银行高管薪酬的含义进行了界定，对高管薪酬与银行经营效率关系的文献结论进行了梳理和分析。第十六章从经营业绩和成长性两个角度，对目标年份区间样本商业银行高管薪酬激励的有效性进行了实证检验。第十七章给出了基于高管薪酬视角的政策建议。

分论五为金融创新与商业银行经营效率研究。本论题包括三章内容：第十八章对商业银行金融创新的理论基础和实践进展进行了梳理，对已有文献进行了综述和分析；第十九章结合国内实际情况，选取能量化的商业银行创新因素的代表性指标，运用 Tobit 回归方法对金融创新与银行经营效率、纯技术效率和规模效率的影响关系进行了实证分析。第二十章给出了基于金融创新视角的政策建议。

四、主要结论

通过理论分析和实证检验，研究得出以下结论：

首先，从整体上看，提供金融服务的商业银行，其服务社会经济的功能在不断提高；作为经营特殊商品的企业实体，近年来我国商业银行的整体盈利能力不强，整体效率在下降；同时在整体效率状况表现不佳的情况下，股份制商业银行要好于国有商业银行，少数几家商业银行表现出了整体效率的不断提高。

其次，虽然经过近几年的快速发展，国内商业银行的机构和业务范围有了很大的拓展，但从整体上看我国商业银行仍存在着弱范围经济效应。不同金融产品范围经济效应的差异，给各商业银行合理运用范围经济原理、提高经营效益提供了选择空间。

第三，由于产权、管理技术、市场结构以及创新水平等问题，规模经济效应在我国商业银行中并没有得到很好的体现，对大型国有商业银行和中小型股份制商业银行来讲，应该分别深入研究阻碍规模经济效应发挥的具体原因，以推动整个银行业的效率进步。

第四，由于历史原因，我国商业银行的股权结构不尽合理。股权集中度高、法人股股权虚置、关联交易突出等原因阻碍了商业银行总体效率的进一步提升。

第五，金融机构高管薪酬历来为社会所关注，而我国商业银行高管薪酬的激励性较差，薪酬制度设计并没有很好地促进经营业绩提升和推动长远成长。现阶段亟须进一步优化薪酬制度，形成激励—约束相互制衡、相得益彰的高管薪酬管理制度。

最后，金融创新在推动国内商业银行经营效率提升上仍大有可为，特别是制度创新的效应没有得到充分的发挥，业务创新尤其是表外业务创新要结合各商业银行的经营实际，进行有重点的培育。

五、研究展望

商业银行经营效率问题是一个复杂的系统性问题，本书仅在特定的界定下，对微观经营效率进行了初步的探讨。深入研究商业银行经营效率问题可以从以下几个方面进行：

一是进一步拓宽研究的长度和宽度，增强研究结论的可信度。受数据来源的限制，本研究的数据样本区间较小，涉及的决策单元个数较少，考察的年份区间范围较窄，可能在一定程度上影响了考察分析的结论。另外商业银行间巨大的个体差异，也有可能导致部分个体行为不符合一般的实证结论。因此，增加样本容量、扩宽时间区间将使商业银行经营效率问题的研究更加准确和有指导意义。

二是进一步细化研究对象。本书在对影响因素指标的分析中，基本是以整体的概念来衡量各因素对经营效率的影响，而没有对不同个体以及同一个体内部的效率差问题进行探讨。进一步的研究可以深入分析不同银行机构之间、特定银行内不同区域、区域内不同分支机构间的效率差异问题，更细致地探讨效率的决定因素。

三是进一步完善研究方法。本书在已有的分析方法下展开研究，没有对方法本身进行完善和改造。参数法和非参数法本身也有一些难以避免的缺陷，进一步的研究可以尝试在参数方法中设定更灵活的函数形式，在非参数方法中应用随机形式，来修补方法本身的缺点，通过分析技术的改进来产生更准确的结果。

总论 商业银行经营效率

　　随着中国经济的快速发展和金融体制的进一步完善，商业银行在金融体系中发挥着愈加重要的作用。作为中国金融与经济的重要支柱，商业银行的稳定快速发展关乎中国经济的未来命运，因此，如何在行业竞争加剧、在风险可控的基础上提高商业银行经营效率是我国学者研究的重要课题之一。在此背景下，本分论重在对我国商业银行经营效率进行测量，以从成本最小及利润最大的角度寻求提高其经营效率的途径。

　　第一章综括了商业银行经营效率的内涵及其评价方法，包括参数方法、非参数方法及其投入产出的界定，主要介绍了银行经营效率较常用的测量方法——DEA 模型、Malmquist 指数评价理论及参数法，并详细地介绍了银行效率测量的非参数方法和参数方法。

　　第二章采用参数法中的 SFA 法研究了我国商业银行的成本效率和利润效率，并借鉴国外学者的研究成果，利用标准利润效率和替代利润效率这两种利润效率的研究方法进行研究。研究发现，四家国有商业银行的成本效率和利润效率略高于股份制商业银行，股份制银行的效率提高速度显著快于国有商业银行尤其是标准利润效率超过国有商业银行。

　　第三章利用非参数法中的数据包络分析法对我国 20 个样本商业银行2005—2009 的经营状况分服务和盈利两个方面进行了静态和动态评价，并对样本商业银行经营全过程进行了静态和动态评价。研究发现，我国商业银行整体效率在提高，而其提高原因既有经营效率提高的因素，又有技术进步的因素，但商业银行整体效率都在下降。

第一章 理论及研究方法回顾

金融是现代经济的核心，银行是中国金融业的心脏。商业银行的发展在金融体系乃至整个经济体系中都占据着重要的地位，在发挥金融核心作用中担负着重要使命。充分发挥商业银行对经济体系的促进作用必须提高商业银行的经营效率。

第一节 商业银行经营效率的内涵

一、银行效率的内涵

（一）效率的内涵

在经济学领域，效率一直被众多学者关注。效率研究的角度有生产效率、分配效率、交换效率、消费效率、技术效率、组织效率、市场效率、静态效率及动态效率等。对效率概念的界定也可谓仁者见仁、智者见智。

《辞海》中对效率[①]的定义是"消耗的劳动量与所获得的劳动效果的比率"，可见效率描述的是投入与产出的相对大小关系。马克思在《剩余价值理论》中曾指出"真正的财富在于用尽量少的成本创造尽量多的价值"。《新帕尔格雷夫经济学大词典》认为效率就是指资源配置效率，"资源配置效率即在资源和技术条件为定值时满足生产及生活需要的程度"[②]。Richard G. Lipsey（1983）将效率定义为某一特定产出所对应投入最少的状态，并将其分为经济效率、技术效率和工程效率。经济效率用成本计量；技术效率用实物单位计量；工程效率用某一特定要素计量，如能量与燃料消费量之比就是工程效率。学术界对效率的主要研究观点见表 1-1。

---

① 夏征农.辞海[M].上海：上海辞书出版社，1999.

② 约翰·伊特韦尔.新帕尔格雷夫经济学大词典[M].北京：经济科学出版社，1992.

表 1-1　各理论流派关于效率的主要观点

	理论流派	创始人	主要观点
1	亚当·斯密效率理论	亚当·斯密	在"看不见的手"的引导下,投资者追求利润最大化和消费最优化,必然导致效率的提高
2	边际学派效率理论	杰文斯门格尔	为获得最大的经济效益,人们会重新配置资源,将资源从获利较少的用途转到获利较多的用途,边际收益相等时社会资源配置最优
3	旧福利经济学理论的庇古标准	庇古	效率最高需满足:边际私人纯产值和边际社会纯产值相等;国民经济各个部门的边际纯产值相等
4	新福利经济学理论的帕累托效率	帕累托	效率达到最高状态时,没有任何方法既能增加某些人的福利而又不减少其他人的福利
5	补偿原则论卡尔多—希克斯标准	卡尔多希克斯	如果发生一种经济变化,使受益者对其所得利益的估价高于受损者对其所受损失的估价,即受益者的利益所得足以补偿受损者利益损失,则这种变化意味着效率的增加
6	萨缪尔森检验	柏格森·萨缪尔森	一种状况的所有商品组合和另一状况的组合相比,如果能使一方有利,而又不损害另一方的利益,则此种状况有效率
7	社会主义条件下效率实现可能性问题分析	米赛斯阿瑟·奥肯	一种观点认为社会主义不可能有效率;另一种观点认为社会主义在理论上可以有效率,能实现资源的最优配置。实现效率的手段是没有经济计划、价格机制和竞争

　　本章研究的效率指经营效率,具体含义为在经济活动中投入与产出或成本与收益之间的对比关系,单个金融机构的最大效率指该机构用一定的投入使产出最大或者生产一定量的产出投入的成本最小的状态,是一个相对概念。

(二)商业银行效率的内涵

　　Robinson & Whightsman(1974)将银行效率分为操作效率和配置效率。操作效率通常用金融过程中发生的成本相对于其效益衡量,这意味着摩擦小则效率高,摩擦大则效率低;配置效率指金融体系引导储蓄资金流向生产性用途的效率。Bain

（1981）将银行效率分为微观经济效率和宏观经济效率。微观经济效率反映商业银行自身运作的效率；而宏观经济效率反映商业银行系统与储蓄、投资，即经济增长关系的效率。Revell 将金融效率分为金融结构效率和资源配置效率。这三种分类方法虽有所不同，但基本上都是从两个角度来探讨金融体系的效率。一是衡量金融机构运营的非配置效率；二是衡量金融体系对整个经济中资金配置的效率。

本书从商业银行非配置效率的角度对商业银行经营效率进行研究，这种非配置效率是商业银行作为金融机构的投入与产出或成本与收益的关系，是研究除市场配置效率外的其他效率，属于微观效率；商业银行同时还具有动员储蓄和投资以促进总体经济发展的作用，也就相应产生了宏观意义上的产出效率问题，但是由于篇幅有限，加之国内商业银行面临的更迫切的问题是微观意义上的产出与效率的提高，所以本书的研究对象是商业银行的微观非配置效率，具体考察的是商业银行微观意义上的投入与产出关系。

二、商业银行经营效率的内涵

（一）商业银行 X-效率

研究商业银行经营效率之前，须先阐述商业银行 X-效率。Farrell（1957）首次提出了 X-效率[①]的概念，后来在 Charnes、Rhodes（1978）和 Fare（1985）等人的研究成果上得到进一步的发展[②]，他们从投入最小化的角度来阐述这种方法对 DMU（决策单元）效率的测度。国内、外对商业银行 X-效率的定义、研究方法和研究结论虽然存在一些分歧，但都一致认为商业银行 X-无效率普遍存在。同等规模和产品组合的商业银行，其平均成本比行业可能的最低值要高出 20%，其中由于规模和产品组合不当造成的无效率低于成本的 5%，即商业银行至少有 15%的成本被 X-无效率侵蚀掉了。这说明通过提高管理水平可以大幅度地增加收入，减少成本开支，提高银行效率。也就是说反映银行管理能力的 X-效率比规模效率和范围效率更加重要，对商业银行的实践也更具有指导意义。

商业银行 X-效率可以分为成本效率、标准盈利效率及替代盈利效率。

1.成本效率

成本效率是评估在环境相同、产出相同的条件下，一家商业银行的成本接近最佳营运银行成本的程度。X-无效率项将配置无效率和技术无效率合二为一，配置无效率指未能对相关的投入价格做出最优反应，技术无效率指为了产出而投入

---

① Farrell M J. The Measurement of Productive Efficiency[J]. Journal of the Royal Statistical Society，1957, (120): 125-281.

② Fare R, Grosskopf S，Knox L C A. The Measurement of Efficiency of Production[M]. Boston: Kluwer-Nijhoff，1985.

过多，成本效率的值域为（0，1）。

2.标准盈利效率

标准盈利效率是评估在既定的投入与产出价格水平下，一家银行接近它能实现的最大可能利润的程度。标准盈利效率函数确定的是利润而非成本，并假设产出价格恒定，但没有将产出量固定在观测值水平。一家获得最大化利润水平的商业银行盈利效率等于1但由于可能损失100%以上潜在的利润，所以盈利效率可能为负。

3.替代盈利效率

替代盈利效率是评估在给定产出水平下，一家银行接近它能实现最大利润的程度。如果一般的假定成立，便没有理由去估计替代盈利效率，标准盈利效率和成本效率足以恰当地评估商业银行相对于最佳经营商业银行的产出和投入状况。但在有些情况下，如商业银行服务质量方面存在必要的不可测差异或产出市场不是完全竞争的，有些银行在定价收费上具有市场能力等情况下，可以评估替代盈利效率。盈利效率是建立在利润最大化基础上的，而成本效率是建立在边际成本基础上的，两者都是商业银行经营管理的重要内容。

对商业银行来说，其X-效率水平主要取决于以下四方面：

①委托人和代理人的利益是否一致；

②市场的垄断程度；

③商业银行的技术应用水平及其进步程度；

④商业银行内部工作人员的能力和努力程度。

（二）商业银行经营效率

商业银行 X-效率由成本效率（Economical Efficiency，EE）表示，而成本效率又可以分解为技术效率（Technical Efficiency，TE）和配置效率（Allocative Efficiency，AE），其中技术效率（TE）又可以分解为纯技术效率（PTE）和规模效率（SE）。技术效率又称为经营效率，即本书的主要研究对象。

由本节对商业银行效率内涵的界定，在此，本章将商业银行经营效率总结为：商业银行在业务拓展和创新时，通过资源整合、风险管理、人才培养等手段带来利润水平的增长程度和成本费用的减少程度。由于本书后面章节分析商业银行经营效率的影响因素时涉及规模效率、范围效率等，下面将分别对相关概念及各效率间的关系做简单阐述。

1.规模效率

对商业银行规模效率的研究始于20世纪60年代，规模效率讨论的主要问题是商业银行如何在扩张资产规模时节省所消耗的成本。如果产出的增速大于所消耗成本的增速，则该商业银行规模有效；反之，如果产出的增速小于所消耗成本的增速，则该商业银行规模无效。总结西方对商业银行规模效率的研究，较为一致的观点是：商业银行具有比较平坦的 U 形成本曲线，中型银行的规模效率通常高于大型银行和小型银行。近年来科技的进步为商业银行的发展带来了契机，如计算机和金融衍生工具的运用，使商业银行的规模效率在很短的时间内有了大幅度的提高。规模效率的实现必须以有效管理为前提，如果规模扩大却导致管理无效，规模效率也无从体现。国内关于商业银行规模效率的研究普遍认为股份制商业银行的规模效率相对好于国有商业银行。

2.范围效率

学术界关注商业银行的范围效率始于 20 世纪 70 年代，初衷是为了规避金融管制而实施金融创新，同时金融业的混业经营也成为人们关注的重点。商业银行的范围效率指银行提供最节省投入成本的业务组合的程度，包括产品多元化所带来的效率及地域扩张所带来的效率两部分，本书主要研究商业银行多元化经营的范围效率问题。若一家商业银行同时提供多种产品和服务的支出小于多个商业银行分别生产的支出，或者一家商业银行地域扩张的支出小于多家商业银行在不同的地域提供产品和服务的支出，则称其具有范围效率，反之，则认为其不具有范围效率。

3.成本效率、经营效率及配置效率的关系

下面通过一个简单的例子阐述成本效率。该例假设商业银行的规模报酬不变，使用了两个投入（x_1、x_2）和一个产出（y）。如图 1-1 所示，SS'表示完全有效率银行的单位等产量曲线，如果给定的银行用一定数量的投入，由 P 点所定义，生产一单位的相应产出，那么银行的技术无效可以用 QP 表示，即在不减少产出的情况下，所有的投入按比例减少的数量。这通常由 QP/OP 的比率百分数表示，代表了所有投入减少的百分比。

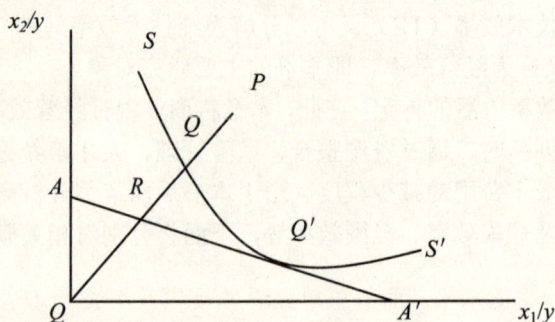

图 1-1　成本效率、经营效率及配置效率

商业银行的经营效率（技术效率）通常由 $TE_1=OQ/OP$ 表示，即 $TE_1=1-QP/OP$，取值范围为[0,1]，1 代表完全的技术有效。例如 Q 点就是技术有效的，因为它在

效率曲线上。图中 AA' 表示两种生产要素的价格比，P 点处商业银行的配置效率为 $AE_1=OR/OQ$，这是因为与技术效率、配置效率均有效的 Q' 相比，在 Q 点进行生产的商业银行通过改变投入要素的组合可以提高配置效率 RQ。

通过上面的分析，总经济效率（EE）或成本效率（CE）可以由比率 $EE_1=OR/OP$ 表示，RP 的距离可以解释为成本降低。经营效率和配置效率给出了总的成本效率，即：$EE_1=TE_1\times AE_1=(OQ/OP)\times(OR/OQ)=(OR/OP)$。

4.经营效率、纯技术效率与规模效率的关系

为简便起见，只考虑单投入和单产出的情况，经营效率、纯技术效率以及规模效率之间的关系，见图1-2。

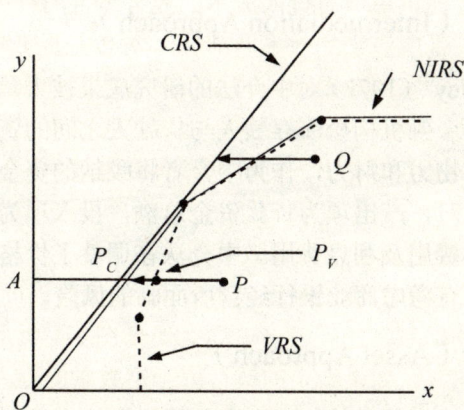

图1-2　综合效率、纯技术效率和规模效率的几何关系

如图1-2，OQ 为规模收益不变的生产前沿，代表在当前既定的投入水平下可以获得的最大产出。OQ 下面的折线为规模报酬可变假设下的生产前沿。由此可以看出，规模报酬可变假设下模型的前沿面的凸型比规模报酬不变假设下模型对数据点的包容更紧密些。其纯技术效率的数值要高于或等于使用规模报酬不变模型所得的数值，规模报酬可变模型的观察点更接近效率边界。

决策单元 P 在规模报酬不变模型下的有效性 $\theta^*=AP_C/AP$，反映了决策单元 P 与同产出量、技术上有效且最佳生产规模的 P_C 相比，其综合效率的大小。P 在规模报酬可变模型中的有效性 $\sigma^*=AP_V/AP$，反映了 P 与具有相同产出量、技术有效的 P_V 相比，其纯技术效率的水平。而决策单元 P 的规模效率 $\beta^*=AP_C/AP_V$，是具有相同产出量、规模收益不变与规模收益可变的有效前沿面上的两个决策单元 P_C 与 P_V 之间的比较。

第二节　投入产出的界定

商业银行效率评价的参数法和非参数法，都需要事先确定投入产出指标。合理地界定商业银行投入、产出是正确分析商业银行效率的关键。Berger & Humphrey（1991）对以往的研究文献进行了梳理，按照商业银行投入、产出项的不同，界定为中介法（Intermediation Approach）、资产法（Asset Approach）、附加价值法（Value-added Approach）、生产法（Production Approach）及使用者成本法（User Cost Approach）等五种思路。

一、中介法（Intermediation Approach）

Sealey & Lindley[①]（1977）对中介法的研究成果被大量应用于商业银行效率的研究。中介法强调金融机构扮演存款人与贷款人之间的资金中介者角色，认为商业银行投入人力、物力和财力，作为中介者将吸纳的资金转贷或投资。应用中介法测商业银行效率时，产出项为贷款资金总额，投入项为投入的人力、物力、财力所对应的成本和费用及利息费用。中介法在调整了价格影响的条件下相对更科学、合理，但是没有考虑商业银行经营所面临的风险。

二、资产法（Asset Approach）

资产法的主要特征在于其按照资产负债表中的项目划分确定投入、产出变量，所以存款被作为商业银行的投入要素之一，而贷款和投资则为主要的产出项。实际应用时，商业银行的产出变量用贷款和投资的货币金额表示，银行的投入变量为劳动力、资本和存款等。

三、附加价值法（Value-added Approach）

附加价值法的重要特征在于将某一要素对银行创造价值的重要程度作为判断其为投入还是产出的主要标准。通常附加价值法的投入项为劳动力、有形资本和购入资金额，而产出项界定为贷款、活期存款和定期存款等产生高附加值的业务活动[②]（Berger & Humphrey，1992）。实际应用时，附加价值法的投入项视为劳动和资本，产出视为贷款、活期存款和定期存款等货币金额。

---

① Sealey C W，Lindley J T.Input, outputs and a theory of production and cost at depositary financial institutions[J]. Journal of Financial, 1977, 31(4):1251-1266.

② Berger A N，Humphrey D B. Megamergers in banking and the use of cost efficiency as an antitrust defense[J].Antitrust Bulletin, 1992 (37): 541-600.

四、生产法（Production Approach）

生产法将金融机构的经营活动看做企业的一般生产过程，强调其作为金融服务提供者的角色，认为商业银行不光为客户提供资产保管、资产流动性以及偿还等服务，还获取与其服务相关联的附加值收益。生产法界定商业银行的投入、产出时，视能够产生利润的项目为产出，视需要的净支出（人力、物力、财力）所对应的成本和费用项目为投入。运用生产法确定银行的投入、产出项时，剔除了通货膨胀对效率测量的影响，同时也不计算支出的利息费用，这在研究区域分支机构的经营情况时具有一定的优势；但是应用生产法也有一定的缺陷，如仅把服务数量作为衡量标准不能满足不同类型、不同主体服务账户的真实成本差异。

五、使用者成本法（User Cost Approach）

使用者成本法采用的衡量标准是某一业务在金融机构经营过程中所产生的净值（或使用者成本），如果金融业务能够带来正的净收入，表明其收益大于成本，随着此项业务的开展，银行利润会上升，则该项目被视为产出；反之，若某一金融项目的成本大于收益，随着此项业务的开展，银行利润会下降，则该项目被视为投入。投入、产出的界定不具有稳定性，如随着利率的变化，银行客户的成本也将发生变化，其某一时期的产出项在下一时期可能就变成了投入。再者，对单个负债项目而言很难度量其边际收入和边际成本，也使得对投入、产出的界定可能存在较大的误差，因此使用者成本法虽在理论上很完美，但具体运用时还值得商榷。

第三节　银行经营效率测度的前沿分析法

银行效率的测度方法有财务指标分析法和前沿分析法两大类，其中前沿分析法又可分为参数法和非参数法。非参数法中应用最多的是数据包络分析法（DEA），也是本书测度商业银行经营效率所选取的方法；参数法包括随机前沿方法（SFA）、自由分布法（DFA）、厚边界分析法（TFA）和递归厚边界法（RTFA）四种，划分的标准是边界估计过程中对非效率项和随机扰动项的具体分布和相关性假设的不同。商业银行效率测度中最成熟和使用最多的是数据包络分析法和随机前沿方法。

一、银行经营效率测度的非参数方法

非参数法假设商业银行在经营过程中会受到多个方面不可控因素的影响，因此很难事先确定具体的生产函数形态。在实际计算中运用线性规划理论，不需要用特定的函数形式描述样本的效率边界，并假定测度过程不受随机因素干扰，因此在不估计有关系数、参数的情况下，非参数法即可得到一组最优权重值，并结合投入、产出项的样本数据，形成综合指标对商业银行的效率状况进行评价。本节主要介绍在下文中用到的 DEA 法，包括 CCR 模型、BCC 模型、两阶段关联 DEA 模型及加入了时间变量 Malmquist 指数的商业银行相对效率的动态变化模型。

（一）CCR 模型

CCR 模型是由 Chames、Cooper 和 Rhodes 在 1978 年首先提出的。该模型假设在规模收益不变（Constant Return to Scale，CRS）的生产技术条件下，计算出各个决策单元（Decision-Making Unit，DMU）的综合相对效率值，即将纯技术效率（PTE）和规模效率（SE）合二为一的综合效率（TE）。CRS 假设投入增加一定的比例，产出也将增加相同的比例。本书第三章实证所用的 DEA 和 Malmquist 指数模型都是在该模型的基础上，通过对约束条件、目标函数的改进得到的。CCR 模型将多投入、多产出的模型转换成一个虚拟的单投入、单产出的模型，各个投入、产出变量获取对自己最有利的权重，使 DMU 的综合效率达到最大[①]。

表 1-2　决策单元输入输出

输入序号	输入权重	决策单元（1，2，…，j，…，n）投入量
1	v_1	$x_{11},x_{12},\cdots,x_{1j},\cdots,x_{1n}$
2	v_2	$x_{21},x_{22},\cdots,x_{2j},\cdots,x_{2n}$
……	……	……
m	v_m	$x_{m1},x_{m2},\cdots,x_{mj},\cdots,x_{mn}$
输出序号	输出权重	决策单元（1，2，…，j，…，n）产出量
1	u_1	$y_{11},y_{12},\cdots,y_{1j},\cdots,y_{1n}$
2	u_2	$y_{21},y_{22},\cdots,y_{2j},\cdots,y_{2n}$
……	……	……
r	u_r	$y_{r1},y_{r2},\cdots,y_{rj},\cdots,y_{rn}$

① 魏权龄. 数据包络分析 [M]. 3版. 北京:科学出版社，2004.

假设有 n 个具有可比性的决策单元，每个决策单元有 m 种类型的"输入"——即该决策单元对"资源"的耗费，以及 r 种类型的"输出"——与所消耗"资源"相对应的经济效益指标及产品质量指标。

表 1-2 中（决策单元 j 记作 DMU_j，$1 \leqslant j \leqslant n$），

x_{ij} 表示第 j 个决策单元对第 i 种类型输入的投入总量，且 $x_{ij} > 0$；

y_{rj} 表示第 j 个决策单元对第 r 种类型输出的产出总量，且 $y_{rj} > 0$；

v_i 表示对第 i 种类型输入的一种度量（权重）；

u_r 表示对第 r 种类型输出的一种度量（权重）；

其中：$i=1, 2, \cdots, m$；$r=1, 2, \cdots, s$；$j=1, 2, \ldots, n$

x_{ij} 及 y_{rj} 为已知的数据，它可以根据历史的资料或预测的数据得到；

v_i 及 u_r 为变量，对应的权系数向量 $v=(v_1, v_2, \cdots, v_m)^T$，$u=(u_1, u_2, \cdots, u_s)$，为方便起见，记 $X_j=(x_{1j}, x_{2j}, \cdots, x_{mj})^T$，$Y_j=(y_{1j}, y_{2j}, \cdots, y_{rj})^T$。则第 j 个决策单元 DMU_j 的效率评价指数为：

$$h_j = \frac{u^T Y_j}{v^T X_j} \qquad j=1, 2, \cdots, n \qquad (1.1)$$

对 DMU_0 进行效率评价时，总可以选择权重系数 u_0，v_0，在各个 DMU 的效率评价指数不超过 1 的条件下使 h_0 最大，因此如下最优化模型（即 CCR 模型）成立：

$$\max h_{0(u,v)} = \frac{u^T Y_0}{v^T X_0}$$

$$\text{s.t.} \begin{cases} h_j = \dfrac{u^T Y_j}{v^T X_j} \leqslant 1, \ j=1, 2, \cdots, n \\ u > 0, \ v > 0 \end{cases} \qquad (1.2)$$

为便于计算，通过 Charnes-Cooper 变换，令 $t=1/v^T X_0$，$\omega=tu$，$\mu=tu$，同时引入松弛变量 $s^- \geqslant 0$，$s^+ \geqslant 0$，以及一个大于零而小于任何正数的非阿基米德无穷小 ε，令 $e_m=(1, 1, \cdots, 1)^T \in R^m$，$e_s=(1, 1, \cdots, 1)^T \in R^s$，该线性规划形式为：

$$\min [\theta - \varepsilon (e_m^T s^- + e_m^T s^+)]$$

$$\text{s.t.} \begin{cases} \sum_{j=1}^{n} \lambda_j X_j + s^+ = \theta X_0 \\ \sum_{j=1}^{n} \lambda_j Y_j - s^- = Y_0 \\ \lambda_j \geqslant 0, \ s^- \geqslant 0, \ s^+ \geqslant 0, \ j = 1, \ 2, \ \cdots, \ n \end{cases} \quad (1.3)$$

其中：目标值 θ 表示 DMU_0 需要将投入降低的比例。设该规划问题的最优解为 θ^*，λ^*，S^{*-}，S^{*+}，则有如下基本结论：

（1）当 $\theta^* < 1$ 时，DMU_0 为 CCR 模型下非 DEA 有效。

（2）当 $\theta^* = 1$，且 $S^{*-} \neq 0$ 或 $S^{*+} \neq 0$ 时，DMU_0 为 CCR 模型下弱 DEA 有效。

（3）当 $\theta^* = 1$，且 $S^{*-} = 0$ 或 $S^{*+} = 0$ 时，DMU_0 为 CCR 模型下确定性 DEA 有效。

（二）BCC 模型

Bank, Cooper & Chames 在 1984 年建立了 BCC 模型，允许规模收益可变（VRS），技术效率又可分为纯技术效率和规模效率。纯技术效率表示当规模报酬可变时，被考察商业银行与有效生产前沿之间的差距；规模效率表示的是规模不变与规模可变时有效生产前沿之间的差距（见图1-3）。

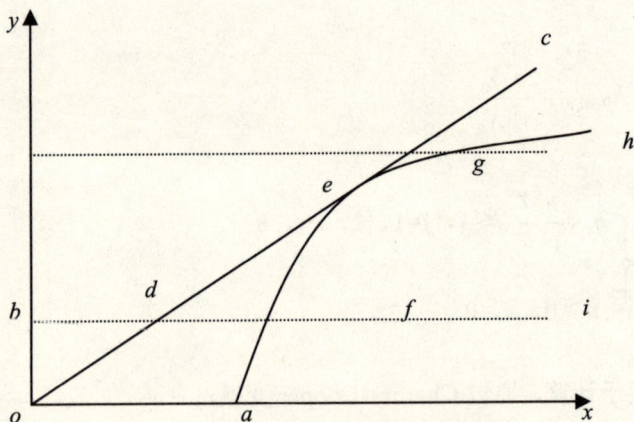

图 1-3　纯技术效率和规模效率

如图 1-3 所示，oc 表示规模报酬不变时的有效生产前沿，$afegh$ 为规模报酬可变时的有效生产前沿。假定商业银行在 i 点进行生产，技术效率 $TE = bd/bi$；规模报酬可变时的纯技术效率 $PTE = bf/bi$；规模效率 $SE = bd/bf$，且关系式 $TE = PTE \times SE$ 成立。这一模型即为规模报酬可变的 VRS 模型，用公式可表示为：

$$\min \left[\sigma\text{-}\varepsilon\left(e_m^{T}s^{-}+e_m^{T}s^{+}\right)\right]$$

$$\text{s.t.} \begin{cases} \sum_{j=1}^{n}\lambda_j X_j + s^{+} = \sigma X_0 \\ \sum_{j=1}^{n}\lambda_j Y_j - s^{-} = Y_0 \\ \sum_{j=1}^{n}\lambda_j = 1 \\ \lambda_j \geqslant 0,\ s^{-} \geqslant 0,\ s^{+} \geqslant 0,\ j=1,\ 2,\ \cdots,\ n \end{cases} \quad (1.4)$$

即在 CRS 模型的基础上加入了约束条件 $\sum_{j=1}^{n}\lambda_j = 1$，该约束条件允许规模效益发生变化，加入了此约束条件后，CRS 模型转化成了 VRS 模型，该模型的最优值即为纯技术效率 σ。

（1）若 $\sigma^{*}=1$，则决策单元 DMU_0 为弱 DEA 有效。

（2）若 $\sigma^{*}=1$，且 $S^{*-}=S^{*+}=0$，则决策单元 DMU_0 为 DEA 有效。

规模效率 SE 反映规模收益不变时生产前沿和规模收益变化的生产前沿之间的差距，商业银行规模效率等于其总技术效率与纯技术效率的比值，即 $\rho^{*}=\theta^{*}/\sigma^{*}$。

如果 $\rho^{*}=1$，则该商业银行处于适度规模经济状态；如果 $\rho^{*}<1$，则该商业银行处于规模收益递增状态，可适度扩大规模；如果 $\rho^{*}>1$，则该商业银行处于规模收益递减状态，应当考虑控制规模。

（三）两阶段关联 DEA 模型

两阶段 DEA 模型的一种观点是前后两个阶段是独立的（前后两阶段的权重完全没有关系），第二阶段的输入完全由第一阶段的输出构成，且只考虑第二阶段的输出和第一阶段的输入的关系。另一种观点则考虑了前后两个阶段的关联性，因为第一阶段的输出是第二阶段的输入，即第一阶段的输出权重应该和第二阶段的输入权重一样，仅考虑第二阶段的输出和第一阶段的输入关系是不合理的，应同时考虑两个阶段的输入输出效率，以及整个生产过程的效率。在不考虑 DMU 内部结构、忽略 DMU 内部子过程之间的相互关系的情形下，计算效率时往往是将每个 DMU 看成一个整体，这样对 DMU 来说，直接应用 CCR 模型或 BCC 模型即可计算决策单元的效率值，在此不加赘述。以下分别从两个方面（是否考虑两阶段权重）对两阶段关联 DEA 模型给予介绍。

1.不考虑两个子阶段效率值权重

考虑一般情况下具有多个中间变量的两阶段生产过程，假设有 n 个决策单元，每个决策单元都有 m 种输入类型，g 种中间输出类型以及 s 种最终输出类型。第

j 个决策单元（记为 DMU_j, $1 \leqslant j \leqslant n$）的输入输出过程见图 1-4，$X$、$Y$、$Z$ 分别表示最初投入、最终产出与中间产出（也即第二阶段的投入）。

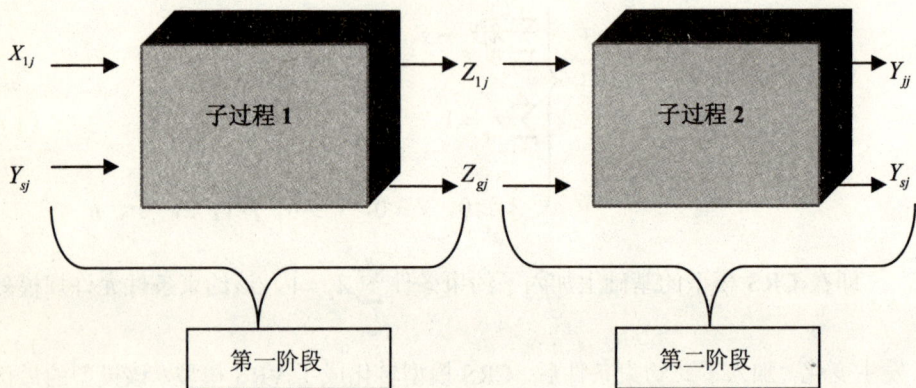

图 1-4　具有两个子过程的链形 DMU 内部结构

Kao 等[①]主张通过设定系统中同种要素的权重相同来体现子系统间的相关关系，并在此框架下提出了一种全新关联网络的 DEA 模型。式（1.5）为链形系统的技术效率模型的分式规划形式：

$$\theta_0 = \max \frac{u^T y_0}{v^T x_0}$$

$$\text{s.t.} \begin{cases} u^T Y_j - v^T X_j \leqslant 0, \ j=1,2, \cdots, \ n \\[2mm] \delta^T Z_j - v^T X_j \leqslant 0, \ j=1,2, \cdots, \ n \\[2mm] u^T y_j - \delta^T Z_j \leqslant 0, \ j=1,2, \cdots, \ n \\[2mm] u \geqslant \varepsilon e_s, \ v \geqslant \varepsilon e_m, \ \delta \geqslant \varepsilon e_k \end{cases} \quad （1.5）$$

其中 $e^T_s = (1, \cdots, 1) \in R^s$, $e^T_m = (1, \cdots, 1) \in R^m$, $e^T_k = (1, \cdots, 1) \in R^k$。

---

① Chiang Kao, Shiuh-Nan Hwang. Efficiency Decomposition in Two-stage Data Envelopment Analysis:An Application to Non-life Insurance Companies in Taiwan[J]. European Journal of Operation Research，2008, (185): 418-429.

假设 μ^*、v^*、δ^* 是上面模型的最优解，则链形系统 DMU_0 及其各子系统的技术效率分别为：

$$\theta_0 = \frac{u^{*T}Y_0}{v^{*T}X_0}$$

$$\theta_0^1 = \frac{\delta^{*T}Z_0}{v^{*T}X_0} \qquad (1.6)$$

$$\theta_0^2 = \frac{u^{*T}Y_0}{\delta^{*T}Z_0}$$

显然系统整体的技术效率与子系统的技术效率之间存在着这样的关系：

$$\theta_0 = \theta_0^1 \times \theta_0^2 \qquad (1.7)$$

为了方便计算，将分式规划模型转换为如下的对偶规划模型：

$$\theta_0 = \min[\theta - \varepsilon(\sum_{i=1}^m s_i^- + \sum_{g=1}^k s_g^z + \sum_{r=1}^s s_r^+)]$$

$$\text{s.t.}\begin{cases} \theta x_{0i} - \sum_{j=1}^n \lambda_j x_{ji} - s_i^- = 0, i=1,2,\cdots,m \\[2mm] \sum_{j=1}^n \beta_j y_{jr} - s_r^+ = y_{0r} \\[2mm] \sum_{j=1}^n \lambda_j z_{jg} - \sum_{j=1}^n \beta_j z_{jg} - s_g^z = 0, g=1,2,\cdots,k \\[2mm] \lambda_j, \beta_j, s_i^-, s_r^+ \geqslant 0, \quad j=1,2,\cdots,n \end{cases} \qquad (1.8)$$

根据 Kao 等的定义，仅当 $\theta_0=1$，$s_i^- = s_r^+ = s_g^z = 0$ 时决策单元 DMU_0 是技术有效的。

考虑规模报酬可变，即放宽规模报酬不变的假设，根据 BCC 模型可以得到链形系统的纯技术效率模型：

$$\theta_0 = \max \frac{u^T Y_0 + \sum_{d=1}^2 \mu_0^d}{v^T X_0}$$

$$\text{s.t.} \begin{cases} \delta^T Z_j + \mu_0^{(1)} - v^T X_j \geq 0, \; j=1,2,\cdots,n \\ u^T Y_j + \mu_0^{(2)} - \delta^T Z_j \geq 0, \; j=1,2,\cdots n \\ u \geq \varepsilon e_s, v \geq \varepsilon e_m, \delta \geq \varepsilon e_k, \mu_0^{(1)}, \mu_0^{(2)} \in R^1 \end{cases} \tag{1.9}$$

其对偶规划形式为:

$$\theta_0 = \min[\theta - \varepsilon(\sum_{i=1}^m s_i^- + \sum_{g=1}^k s_g^z + \sum_{r=1}^s s_r^+)]$$

$$\text{s.t.} \begin{cases} \theta x_{0i} - \sum_{j=1}^n \lambda_j x_{ji} - s_i^- = 0, i=1,2,\cdots,m \\ \sum_{j=1}^n \beta_j y_{jr} - s_r^+ = y_{0r}, r=1,2,\cdots,s \\ \sum_{j=1}^n \lambda_j z_{jg} - \sum_{j=1}^n \beta_j z_{jg} - s_g^z = 0, g=1,2,\cdots,k \\ \sum_{j=1}^n \lambda_j = 1 \\ \sum_{j=1}^n \beta_j = 1 \\ \lambda_j, \beta_j, s_i^-, s_r^+, s_r^z \geq 0, \; j=1,2,\cdots,n \end{cases} \tag{1.10}$$

第一阶段的对偶规划形式为:

$$\theta_0^1 = \min[\theta - \varepsilon(\sum_{i=1}^m s_i^- + \sum_{g=1}^k s_g^z)]$$

$$\text{s.t.} \begin{cases} \theta x_{0i} - \sum_{j=1}^n \lambda_j x_{ji} - s_i^- = 0, i=1,2,\cdots,m \\ \sum_{j=1}^n \lambda_j z_{jg} - s_g^z = 0, g=1,2,\cdots,k \\ \sum_{j=1}^n \lambda_j = 1 \\ \lambda_j, s_i^-, s_r^z \geq 0, \; j=1,2,\cdots,n \end{cases} \tag{1.11}$$

第二阶段的对偶规划形式为:

$$\theta_0{}^2 = \min[\theta - \varepsilon(\sum_{g=1}^{k} s_g^z + \sum_{r=1}^{s} s_r^+)]$$

$$\text{s.t.} \begin{cases} \theta x_{0g} - \sum_{j=1}^{n} \lambda_j z_{jg} - s_g^z = 0, g = 1,2,\cdots,k \\[2mm] \sum_{j=1}^{n} \lambda_j y_{jr} - s_r^+ = y_{0r}, r = 1,2,\cdots,s \\[2mm] \sum_{j=1}^{n} \lambda_j = 1 \\[2mm] \lambda_j, \beta_j, s_r^+, s_r^z \geqslant 0, j=1,2,\cdots,n \end{cases} \quad (1.12)$$

2.考虑两个子阶段效率值权重

Yao Chen & Joe Zhu 等（2009）在 Kao（2008）模型的基础上，提出了在 CRS 和 VRS 情形下均适用的两阶段关联 DEA 模型[1]，即决策单元的整体效率是两个子阶段效率的加权和，则整个系统效率的分式规划模型为：

$$\theta_0 = \max a_1 \left(\frac{\delta^T Z_0}{v^T X_0} + a_2 \frac{u^T y_0}{\delta^T Z_0} \right)$$

$$\text{s.t.} \begin{cases} \delta^T Z_j - v^T X_j \leqslant 0, \ j=1,2,\cdots,n \\[2mm] u^T y_j - \delta^T Z_j \leqslant 0, \ j=1,2,\cdots,n \\[2mm] u \geqslant \varepsilon e_s, v \geqslant \varepsilon e_m, \delta \geqslant \varepsilon e_k \end{cases} \quad (1.13)$$

其中 a_1、a_2 分别为第一、第二阶段效率的权重，$a_1 + a_2 = 1$。a_1、a_2 代表了子阶段对于决策单元整体效率的重要性和贡献程度。Yao Chen & Joe Zhu 等认为在整个生产的过程中总资源在各个阶段分配的比重即反映了各个阶段的重要程度，所以以各阶段的投资比率来设定权重，即：

$$a_1 = \frac{v^T X_0}{(v^T X_0 + \delta^T Z_0)} \qquad a_2 = \frac{\delta^T Z_0}{(v^T X_0 + \delta^T Z_0)}$$

所以可以得到决策单元的技术效率为：

$$\theta_0 = \max \left(\frac{\delta^T Z_0}{v^T X_0} + \frac{u^T y_0}{\delta^T Z_0} \right)$$

---

[1] Yao Chen, Wade D,.Cook, et al. Additive Efficiency Decomposition in Two-Stage DEA[J]. European Journal of Operation Research, 2009 (196):1170-1176.

$$
\text{s.t.} \begin{cases} \delta^T Z_j - v^T X_j \leqslant 0, \ j=1,2,\cdots,n \\ u^T y_j - \delta^T Z_j \leqslant 0, \ j=1,2,\cdots,n \\ u \geqslant \varepsilon e_s, v \geqslant \varepsilon e_m, \delta \geqslant \varepsilon e_k \end{cases} \tag{1.14}
$$

其对偶规划模型为：

$$
\theta_0 = \min\left[\theta - \varepsilon\left(\sum_{i=1}^{m} s_i^- + \sum_{g=1}^{k} s_g^z + \sum_{r=1}^{s} s_r^+\right)\right]
$$

$$
\text{s.t.} \begin{cases} \theta x_{0i} - \sum_{j=1}^{n} \lambda_j x_{ji} - s_i^- = 0, \ i=1,2,\cdots,m \\ \sum_{j=1}^{n} \beta_j y_{jr} - s_r^+ = y_{0r}, \ r=1,2,\cdots,s \\ \sum_{j=1}^{n} \lambda_j z_{jg} - \sum_{j=1}^{n} \beta_j z_{jg} - s_g^z = (1-\theta)z_{0g}, \ g=1,2,\cdots,k \\ \lambda_j, \beta_j, s_i^-, s_r^+, s_r^z \geqslant 0, j=1,2,\cdots,n \end{cases} \tag{1.15}
$$

以上阐述的是决策单元整体技术效率的测度模型，在测算子阶段效率时，如果认为第一阶段比第二阶段重要，则可以先测算第一阶段的效率，然后再根据公式 $\theta_0^2 = \dfrac{\theta^* - a_1^* \theta_0^1}{a_2^*}$ 计算第二阶段的效率。现假设第一阶段比第二阶段重要，则其技术效率的对偶规划模型为：

$$
\theta_0^1 = \min\left[\rho_1 \theta_0^* + \rho_2 - \varepsilon\left(\sum_{i=1}^{m} s_i^- + \sum_{g=1}^{k} s_g^z + \sum_{r=1}^{s} s_r^+\right)\right]
$$

$$
\text{s.t.} \begin{cases} \rho_2 x_{0i} - \sum_{j=1}^{n} \lambda_j x_{ji} - s_i^- = 0, \ i=1,2,\cdots,m \\ \sum_{j=1}^{n} \beta_j y_{jr} + \rho_1 y_{0r} - s_r^+ = 0, \ r=1,2,\cdots,s \\ \sum_{j=1}^{n} \lambda_j z_{jg} - \sum_{j=1}^{n} \beta_j z_{jg} + \rho_1(1-\theta_0^*)z_{0g} - s_g^z = z_{0g}, \ g=1,2,\cdots,k \\ \lambda_j, \beta_j, s_i^-, s_r^+, s_r^z, \rho_1, \rho_2 \geqslant 0, j=1,2,\cdots,n \end{cases} \tag{1.16}
$$

以上所论述的是规模报酬不变的情形，在规模报酬可变的假设下，可得到测度决策单元整体与各阶段纯技术效率的模型，公式推导过程与效率测算的步骤类似于上述模型，所以在此仅给出测算整体效率与第一阶段效率的对偶规划模型：

$$
\theta_0 = \min\left[\theta - \varepsilon\left(\sum_{i=1}^{m} s_i^- + \sum_{g=1}^{k} s_g^z + \sum_{r=1}^{s} s_r^+\right)\right]
$$

$$\text{s.t.} \begin{cases} \theta x_{0i} - \sum_{j=1}^{n} \lambda_j x_{ji} - s_i^- = 0, i = 1,2,\cdots,m \\ \sum_{j=1}^{n} \beta_j y_{jr} - s_r^+ = y_{0r}, r = 1,2,\cdots,s \\ \sum_{j=1}^{n} \lambda_j z_{jg} - \sum_{j=1}^{n} \beta_j z_{jg} - s_g^z = (1-\theta)z_{0g}, g = 1,2,\cdots,k \\ \sum_{j=1}^{n} \lambda_j = 1 \\ \sum_{j=1}^{n} \beta_j = 1 \\ \lambda_j, \beta_j, s_i^-, s_r^+, s_r^z \geqslant 0, j = 1,2,\cdots,n \end{cases} \quad (1.17)$$

$$\theta_0^1 = \min \left[\rho_1 \theta_0^* + \rho_2 - \varepsilon \left(\sum_{i=1}^{m} s_i^- + \sum_{g=1}^{k} s_g^z + \sum_{r=1}^{s} s_r^+ \right) \right]$$

$$\text{s.t.} \begin{cases} \rho_2 x_{0i} - \sum_{j=1}^{n} \lambda_j x_{ji} - s_i^- = 0, i = 1,2,\cdots,m \\ \sum_{j=1}^{n} \beta_j y_{jr} + \rho_1 y_{0r} - s_r^+ = 0, r = 1,2,\cdots,s \\ \sum_{j=1}^{n} \lambda_j z_{jg} - \sum_{j=1}^{n} \beta_j z_{jg} + \rho_1(1-\theta_0^*)z_{0g} - s_g^z = z_{0g}, g = 1,2,\cdots,k \\ \sum_{j=1}^{n} \lambda_j = 1 \\ \sum_{j=1}^{n} \beta_j = 1 \\ \lambda_j, \beta_j, s_i^-, s_r^+, s_r^z, \rho_1, \rho_2 \geqslant 0, j = 1,2,\cdots,n \end{cases} \quad (1.18)$$

对于各阶段权重的设计，研究的文献甚少，在现实生产过程中，各个阶段对总体效率的贡献是不尽相同的，所以将各个阶段的权重视为相同则不太合理，所以更加合理的权重设计方法有待进一步研究。

（四）Malmquist 指数评价模型

1.模型介绍

Malmqiust 指数最初是 1953 年瑞典经济学家和统计学家 Sten Malmqiust 在消费分析中提出的，用于评价消费投入变化的数量指标。1982 年 Cave、Christensen & Diewert 首先将该指数应用于生产率变化的测算，使 Malmqiust 生产率指数得到进一步发展[1]。此后 Malmqiust 指数与 Charnes 等（1978）建立的 DEA 理论相结合，在生产率测算中得到广泛的应用[2]。Fare（1985，1992）利用其基本原理提出了基于 DEA 的 Malmqiust 指数用于分析生产率变化的思想。Fare 等（1985）[3]将 Farrell（1957）关于效率评价的思想[4]和 Cave（1982）关于生产率评价的思想结合在一起，构建了 Malmqiust 生产率指数，Fare（1992）通过运用 DEA 模型将投入产出指标融入 Malmqiust 生产率指数[5]，Fare（1994）将 Malmqiust 生产率指数进一步分解[6]。

Malmqiust 指数测度了在时期 t 的技术条件下，从时期 t 到时期 $t+1$ 的综合效率和整体生产率的变化程度。同样地，本节可以定义在时期 $t+1$ 的技术条件下，测度从时期 t 到时期 $t+1$ 的综合效率变化的 Malmqiust 生产率指数。

Malmqiust 生产率指数主要具有三个方面的优点：（1）不需要相关的价格信息，这在实证分析时显得特别重要，因为要素的价格等信息较难获取，有时甚至不可能；（2）适用于多个国家或地区跨时期的样本分析；（3）可进一步分解为技术效率变化指数和技术进步指数。

Malmqiust 指数构造的基础是距离函数（Distance Function）。距离函数是综合效率的倒数。投入距离函数可以看做是生产点（x，y）向理想的最小投入点压缩的比例。

从 t 期到 $t+1$ 期，度量全要素生产率增长的 Malmqiust 指数可以表示为：

$$M_0(x_{t+1}, y_{t+1}, x_t, y_t) = \left[\frac{d_0^t(x_{t+1}, y_{t+1})}{d_0^t(x_t, y_t)} \times \frac{d_0^{t+1}(x_{t+1}, y_{t+1})}{d_0^{t+1}(x_t, y_t)}\right]^{\frac{1}{2}} \qquad (1.19)$$

式（1.19）中，（x_{t+1}，y_{t+1}）、（x_t，y_t）分别表示 t 期和（$t+1$）期的投入和产出

① Cave D W, Christensen L R, Diewert W E. The Economic Theory of Index Numbers and the Measurement of Input,Output and Productivity[J]. Econometrica, 1982(50):1393-1414.

② Charnes A, Cooper W W, Phodes E. Measuring the Efficiency of DMU[J]. European Journal of Operational Research, 1978(2):480-510.

③ Fare R, Grosskopf S, Knox C. The Measurement of Efficiency of Production[M]. Boston:Kluwer-Nijhoff, 1985.

④ Farrell M J. The Measurement of Productive Efficiency[J]. Journal of the Royal Statistical Society, 1957(120A):125-281.

⑤ Fare R, Grosskopf S, Lindgren B, et al. Productivity Change in Swedish Pharmacies 1980-1989:A Nonparametric Malmquist Approach[J]. Journal of Productivity Analysis,1992,13(1):85-102.

⑥ Fare R, Grosskopf S, Norris M, et al. Productivity Growth,Technical Change and Efficiency Change in Industrialized Countries.American Economic Review, 1994,84(1):66-83.

向量；d_t^0 和 d_0^{t+1} 分别表示以 t 期技术水平 T^t 为参照，t 期和 $t+1$ 期的距离函数，其具体表达式为：

$$\left[d_0^t(x_t,\ y_t)\right]^{-1} = \max_{\phi,\lambda} \phi$$

$$\text{s.t.}\begin{cases} -\phi y_{it} + Y_{t+1}\lambda \geq 0 \\ x_{it} - X_{t+1}\lambda \geq 0 \\ \lambda \geq 0 \end{cases}$$

$$\left[d_0^{t+1}(x_{t+1},\ y_{t+1})\right]^{-1} = \max_{\phi,\lambda} \phi$$

$$\text{s.t.}\begin{cases} -\phi y_{i,t+1} + Y_{t+1}\lambda \geq 0 \\ x_{i,t+1} - X_{t+1}\lambda \geq 0 \\ \lambda \geq 0 \end{cases}$$

$$\left[d_0^t(x_{t+1},\ y_{t+1})\right]^{-1} = \max_{\phi,\lambda} \phi$$

$$\text{s.t.}\begin{cases} -\phi y_{i,t+1} + Y_t\lambda \geq 0 \\ x_{i,t+1} - X_t\lambda \geq 0 \\ \lambda \geq 0 \end{cases}$$

$$\left[d_0^{t+1}(x_t,\ y_t)\right]^{-1} = \max_{\phi,\lambda} \phi$$

$$\text{s.t.}\begin{cases} -\phi y_{i,t} + Y_{t+1}\lambda \geq 0 \\ x_{i,t} - X_{t+1}\lambda \geq 0 \\ \lambda \geq 0 \end{cases}$$

以 t 期技术水平 T^t 为参照，基于产出角度的 Malmquist 指数可以表示为

$$M_0^t(x_{t+1}, y_{t+1}, x_t, y_t) = \frac{d_0^t(x_{t+1}, y_{t+1})}{d_0^t(x_t, y_t)} \tag{1.20}$$

类似地，以 $t+1$ 期技术水平 T^{t+1} 为参照，基于产出角度的 Malmquist 指数可以表示为：

$$M_0^{t+1}(x_{t+1}, y_{t+1}, x_t, y_t) = \frac{d_0^{t+1}(x_{t+1}, y_{t+1})}{d_0^{t+1}(x_t, y_t)} \tag{1.21}$$

为避免时期选择的随意性可能导致的差异，Caves、Christensen & Diewert（1982）用式（1.21）和式（1.20）的几何均值即（1.19）式，作为衡量从 t 期到

t+1 期生产率变化的 Malmquist 指数[1]。

利用上述四个线性规划问题分别计算出式（1.19）四个部分的值，由此得到技术效率改进的比例，即 Malmquist 指数。$M>1$ 表示生产率进步；$M=1$ 表示生产率不变；$M<1$ 表示生产率退步。值得注意的是，$M<1$ 并不表示技术变化和综合效率变化均小于 1，比如技术退步与综合效率提高可以同时存在。

1982 年 Nishimizu、Page 用生产函数法将全要素生产率的变化分解为技术进步和综合效率两个不同的组成部分[2]。Malmquist 指数可以进一步分解为不变规模报酬假定下的技术效率变化指数（EC）和技术进步指数（TP），分解过程如下：

$$M_0(x_{t+1}, y_{t+1}, x_t, y_t) = \frac{d_0^{t+1}(x_{t+1}, y_{t+1})}{d_0^t(x_t, y_t)} \left[\frac{d_0^t(x_{t+1}, y_{t+1})}{d_0^{t+1}(x_{t+1}, y_{t+1})} \times \frac{d_0^t(x_t, y_t)}{d_0^{t+1}(x_t, y_t)} \right]^{\frac{1}{2}} \quad (1.22)$$

$$= EC \times TC$$

TP 又被称作"前沿面移动效益"或者"增长效应"，其代表技术的创新，该效应的度量与所选参考期的生产前沿面相关。$TP>1$，意味着生产前沿面向上移动，表示技术进步；$TP<1$ 表示技术退步；括号外的部分表示现有投入与最优（最小）投入之间的距离，即评价相对技术效率变动（Efficiency Change，EC），又被称作"追赶效应"或"水平效应"，并有：$EC>1$ 表明决策单位的生产更接近生产前沿面，相对综合效率有所提高；反之，$EC<1$ 则表示综合效率下降。

2.DEA-Malmquist 指数计算原理

1992 年，Fare 把 DEA 模型的投入产出指标融入 Malmquist 生产率指数的计算过程[3]。假设时期 t=1，2，…，T，有 j=1，2，…，n 个 DMU，则有在 t 期第 j 个 DMU 的第 i 项投入为 x_i^{jt}，在 t 期第 j 个 DMU 的第 r 项产出为 y_r^{jt}，在时期 t 的前沿面技术如下：

$$S^t = \{(x^t, y^t) \mid y_r^t \leqslant \sum_{j=1}^{n} \lambda^{j,t} y^{j,t}, \sum_{j=1}^{n} \lambda^{j,t} x^{j,t} \leqslant x^{j,t}, \lambda^{j,t} \geqslant 0\} \quad (1.23)$$

Malmquist 生产率指数的距离函数 $D^t(x^t, y^t)$，$D^t(x^{t+1}, y^{t+1})$，$D^{t+1}(x^t, y^t)$，$D^{t+1}(x^{t+1}, y^{t+1})$ 可以利用 DEA 模型求解。利用投入主导型 CCR 模型求解 $D^t(x^t$,

---

① Caves D W, Christensen L R, Diewert W E. The economic theory of index numbers and measurement of input,output, and productivity[J]. Economitrica, 1982, 50(61):1393-1411.

② Nishimizu, Page J M. Total Factor Productivity Growth, Technological Progress and Technical Efficiency Change: Dimensions of Productivity Change in Yugoslavia 1965-1978[J]. Economic Journal,1982, 44(92):920-936.

③ Fare R., Grosskopf S., Lindgren B., et al Productivity Change in Swedish Pharmacies 1980-1989:A Nonparametric Malmquist Approach[J]. Journal of Productivity Analysis,1992,13(1):85-102.

y^t）：

$$\min \theta = [D^t(x^{j,t}, y^{j,t})]^{-1}$$

$$\text{s.t.} \begin{cases} \sum_{j=1}^{n} \lambda^{j,t} y^{j,t} - s_r^+ = y_r^{j,t}, \quad r=1,2,\cdots,s \\ \sum_{j=1}^{n} \lambda^{j,t} x_i^{j,t} + s_i^+ = \theta x_i^{j,t}, \quad i=1,2,\cdots,m \\ \lambda_j, s_r^+, s_i^- \geqslant 0, j=1,2,\cdots,n \end{cases} \tag{1.24}$$

求解 $D^{t+1}(x^{t+1}, y^{t+1})$ 与之相似，需将 t 换成 $t+1$，利用投入的线性规划模型求解 $D^t(x^{t+1}, y^{t+1})$：

$$\min \theta = [D^t(x^{j,t+1}, y^{j,t+1})]^{-1}$$

$$\text{s.t.} \begin{cases} \sum_{j=1}^{n} \lambda^{j,t} y^{j,t} - s_r^+ = y_r^{j,t+1}, \quad r=1,2,\cdots,s \\ \sum_{j=1}^{n} \lambda^{j,t} x_i^{j,t} + s_i^- = \theta x_i^{j,t+1}, \quad i=1,2,\cdots,m \\ \lambda_j, s_r^+, s_i^- \geqslant 0, j=1,2,\cdots,n \end{cases} \tag{1.25}$$

求解 $D^t(x^t, y^t)$ 与之相似，需将 $t+1$ 换成 t。

尽管应用 CRS 技术条件可以计算出 Malmquist 指数，Fare（1994）指出在计算距离函数时增加约束 $\sum_{j=1}^{n} \lambda^{j,t} = 1$，则 EC 可以进一步分解为纯技术变动（$PTEC$）和规模效率变动（SEC）。即有：

$$EC = PTEC \times SEC \tag{1.26}$$

其中：

$$PTEC = \frac{D^t(x^t, y^t \mid VRS)}{D^t(x^{t+1}, y^{t+1} \mid VRS)} \tag{1.27}$$

$$SEC = \frac{D^t(x^{t+1}, y^{t+1} \mid VRS)}{D^t(x^{t+1}, y^{t+1} \mid CRS)} \times \frac{D^t(x^t, y^t \mid CRS)}{D^t(x^t, y^t \mid VRS)} \tag{1.28}$$

由此，Malmquist 指数可以进一步分解为：

$$M(x^{t+1}, y^{t+1}, x^t, y^t) = TC \times EC = TC \times PTEC \times SEC \tag{1.29}$$

其中 PTE 是利用 VRS 技术条件计算的,规模效率 SEC 是通过 VRS 和 CRS 技术条件的差异计算的。$SEC>1$ 表示从长期发展来看,DMU 趋向最优规模状态;$SEC<1$ 表示从长期发展来看,DMU 偏离最优规模状态。

二、银行经营效率测度的参数方法

银行经营效率测度的参数方法关键是界定关于效率边界函数的具体形式,以样本数据为基础估计效率边界函数的各参数值,并最终得到商业银行的具体效率指标。参数方法可根据设立效率边界函数时对误差项的假设不同而分为确定性方法和随机方法两大类。确定性方法假设误差项来自人为可控因素——技术无效率(u_i),因此个别商业银行与具有效率边界商业银行之间的差值将服从单一分布函数;反之,随机方法则考虑了其他不可控因素对商业银行经营状况的影响。假设各商业银行间的效率差异值包括无法控制的随机性误差(v_i)和可控的技术无效率(u_i)两项,随机性误差使效率边界函数满足随机性要求,服从对称性的双边概率分布(即误差范围为$-\infty$到$+\infty$);而技术无效率则代表具体商业银行的(无)效率程度,服从单边概率分布[①]。更进一步地,根据实际效率测算过程中对技术效率项和随机误差项分布函数设定形式的不同,可将随机方法细分为随机前沿法(Stochastic Frontier Approach,SFA)、自由分布法(Distribution Free Approach,DFA)、厚边界分析法(Thick Frontier Approach,TFA)和递归厚边界法(Recursive Thick-frontier Approach,RTFA)等,这些方法是商业银行效率实证研究中应用的参数方法的主干。

(一)随机前沿法

SFA 方法主要用来研究商业银行的成本效率水平,因为本书第二章商业银行效率测度参数方法选用 SFA 法,在此详细介绍。

假定商业银行的成本函数为:

$$\ln TC = f(Q_i, P_i) + \varepsilon \tag{1.30}$$

其中 TC 为商业银行的总成本;Q_i 为商业银行的产出;P_i 为商业银行投入要素的价格;ε 包括随机误差项和技术无效率项。ε 可表示为:$\varepsilon = v_i + u_i$,其中 v_i 为随

---

① Forsunl. Production functions and their relationship to efficiency measurement[J].A survey of frontier Journal of Econometrics,1980,(13):5-25.

机误差项，服从正态分布，均值为 0，方差为 σ^2，即 $v_i \sim N(0, \sigma^2)$；u_i 为技术无效率项，$u_i \geqslant 0$，服从半正态（half normal）分布，即 $u_i \sim |N(0, \sigma^2)|$。假定的理由是：技术无效率项不可能降低成本，因而服从被截取的分布；而随机误差项对成本的影响不确定，可能为正也可能为负，因而服从对称分布。假定 v_i 和 u_i 与投入要素价格、产出数量及其他回归项不相关，即 v_i 和 u_i 与这些变量正交。商业银行技术无效率值可根据非效率因素 u_i 在给定复合误差项 ε 的条件均值的情况下求得，即：

$$E(u_i \,|\, \varepsilon_i) = \frac{\sigma\lambda}{1+\lambda^2}\left[\frac{f(\varepsilon_i\lambda/\sigma)}{F(\varepsilon_i\lambda/\sigma)} + \frac{\varepsilon_i\lambda}{\sigma}\right] \qquad (1.31)$$

$E(u_i \,|\, \varepsilon_i)$ 是 u_i 的无偏估计，其中 $\sigma^2 = \sigma_v^2 + \sigma_u^2$，$\lambda = \sigma_u/\sigma_v$，$F(\varepsilon_i\lambda/\sigma)$ 为标准正态分布的累积分布函数，$f(\varepsilon_i\lambda/\sigma)$ 为标准正态分布的密度函数。利用所得的商业银行样本数据，对（1.30）式进行回归，可估计出 σ_v^2 和 σ_u^2，然后通过（1.31）式即可求出各样本商业银行相应的成本效率水平。

（二）自由分步法

Berger（1993）提出自由分步法，即当时间序列数据和截面数据组成的面板数据（panel data）可得时，可以放弃对技术无效率项分布的限制性假设。与随机前沿法类似，自由分步法也假设随机误差项和技术无效率项的存在导致所测商业银行与效率前沿商业银行发生了偏离。但是，自由分步法假定商业银行技术无效率项在整个考察期内是一个常数；而随机误差项在整个考察期内各因素却相互抵消，其均值等于零。

运用自由分步法测度商业银行效率时，首先需要假定效率边界函数的具体形式，然后运用面板数据估测出每个时期的效率边界函数的参数，由此得出各样本商业银行在各个时期的复合误差项 ε（随机误差项 v_i 和技术无效率项 u_i）。由于假定随机误差项 v_i 在整个考察期内各因素相互抵消，其均值为零，而技术无效率项为常数，于是每个样本银行在整个考察期内的复合误差项 ε 的平均值就等于该银行的技术无效率项，将所有样本商业银行的技术无效率项排序，挑选出技术无效率项最小的样本商业银行作为效率边界商业银行。最后比较待考察商业银行和效率边界商业银行的差异，从而测度待考察商业银行的效率水平。应该引起注意的是，该方法只能测度商业银行在整个考察期内的平均效率水平，而不能测度其在各个时间点上的效率。

（三）厚边界分析法

TFA 也需要使用前沿成本函数以计算效率值，但其不对随机误差项和技术无效率项的分布做具体的假设，而是假设样本商业银行可分为四分位区间的两组（绩效最佳和最差），将两组样本商业银行之间出现的差异视为技术无效率，将组内样本商业银行之间出现的差异视为随机误差，运用 TFA 测度商业银行效率，就是分别对绩效最佳和最差的四分位区间内的样本商业银行估算效率边界函数，称为"厚前沿"。由于假设组内样本商业银行之间只存在随机误差，因而组内样本商业银行之间没有效率差异。要想得到两组样本商业银行的效率差异，只要考察两个"厚前沿"间的差异即可。一般地，TFA 估算的商业银行间效率水平只存在于四分位区间内，至于单个商业银行的效率并不考察。TFA 的不足之处在于其对样本商业银行的分类有些随意，如采取四分位数，这种分类是产生效率计算误差的根源。

（四）递归厚边界法

Rien & Paul（1999）提出了商业银行效率的递归厚前沿法（RTFA）计算思想[1]，其目的是弥补 SFA 法、DFA 法测度商业银行效率时需要假设随机误差项和无效率项的分布类型，以及 TFA 法对样本数据分类不准确等问题的不足。RTFA 法不规定随机误差项和技术无效率项的分布形式，且假定商业银行效率中只存在随机误差项。RTFA 法的具体内容是：首先对全部样本商业银行进行回归，从而得到一个效率边界初始函数，再测算样本商业银行的总成本或者利润，接着通过统计检验验证各样本商业银行是否符合上述关于随机误差项的假设。如果符合，则结束回归，样本商业银行为高效率银行；反之，则在剔除那些实际成本或利润与其估测成本或利润偏差较大的商业银行之后，重新进行回归。这样通过递归分析可以将总样本分为高绩效商业银行子样本和低绩效商业银行子样本[2]。

RTFA 法只能对样本商业银行的效率情况好坏进行区分，无法得到样本商业银行具体的效率值，从而无法有针对性地对其效率低下的成因进行分析，因此其应用范围受到限制，在实际研究中的应用并不多见。

三、银行经营效率测度方法的比较

国内外学者关于商业银行效率测度的参数方法和非参数方法孰优孰劣的争论仍没有达成共识，但是关于不同方法的比较性评价慢慢变得集中而清晰，具体见表1-3。

---

[1] Rien W, Paul S. A recursive thick frontier approach to estimating production effciency[J]. Econometrics Working Papers, 2005 (3): 11.

[2] Rien W, Paul S. A recursive thick frontier approach to estimating production effciency[J]. Econometrics Working Papers, 2005 (3): 11.

表 1-3 参数方法和非参数方法的比较[①]

	参数方法	非参数方法
函数形态	需要事前设定具体函数形态	无须事前设定具体函数形态
投入、产出变量的选择	在数据使用上考虑价格因素，因而所得到的效率估计结果更接近现实中的经济效率；投入、产出变量的选择（特征）对估计结果的限制性影响较小。	对投入、产出数据的计量单位要求较低（单位不变性）；但一般不考虑价格影响，因此所考察的往往是投入、产出量意义上的技术效率而非经济效率；非参数方法的估计结果对投入、产出变量的选择（即条件式的确定）非常敏感，虽然这种影响可通过增加样本数量来抵减。
样本数据库的约束	为满足估计边界函数时的有效性要求，对样本数量的要求更高。	对数据库样本数量的要求较低。
结果显著性检验	由于存在明确的前提假设，对估计结果的显著性检验更方便。	相对不能方便地检验结果的显著性。
经验估计值的结果	效率估计结果一般为样本单位的绝对效率值，这有利于应用面板数据条件下对样本单位效率逐年变动情况的比较和分析；并且由于考虑价格因素，参数方法估计的效率值更接近综合市场因素的经济效率评价指标。	效率估计结果一般为样本单位的相对效率值，且由于忽略价格影响，其效率值更类似标准意义上的技术效率；此外，依据 Berger 和 Humphrey 的结论，相对于参数方法，非参数方法的估计结果往往偏低，且各样本单位效率值之间的离散程度较大；但是，非参数方法的效率估计结果提供了更多的有关样本单位经营效率的信息（包括经济效率、配置效率和纯技术效率），进而可以提供更加细致、明确的改进策略与建议。
对随机因素的处理	参数方法着重于分离经营中的非效率因素与随机因素的不同影响，令其效率估计结果更具价值。	非参数方法不考虑随机因素的影响，从而其效率估计结果往往混合了随机效应的作用，当样本规模不大时，各种误差的作用会降低估计结果的可信度。
其他约束条件下的不同	—	当约束条件较多时，非参数方法经常会得到观察数据 100%有效的结论，而这在对银行分支机构的研究中尤其明显。

①齐树天.中国商业银行 X 效率问题研究[D].长春：吉林大学，2007.

第四节　银行经营效率测度的函数形式

商业银行经营效率测度的函数形式主要有 Cobb-Douglas（CD）类型函数、Translog Function（TL）超越对数函数和 Fourier Flexible Form（FF）傅立叶柔性函数，下面将详细介绍。

一、Cobb-Douglas（CD）类型函数

1928 年 Charles Cobb 和 Paul Dauglas 提出了此生产函数：$Y = AK^{\alpha}L^{\beta}$，其中 K 表示投入的资本额，L 表示投入的劳动量。由要素产出弹性的含义可得：资本产出弹性为 α，劳动产出弹性为 β。由产出弹性的经济意义知：$0 \leqslant \alpha \leqslant 1$，$0 \leqslant \beta \leqslant 1$，初始生产函数中，假定参数满足 $\alpha + \beta = 1$，即满足一阶齐次性条件，研究对象规模报酬不变。Durand（1937）对 CD 生产函数进行了改进，取消了假设条件 $\alpha + \beta = 1$，即厂商不受规模报酬限制，规模报酬可以递增，也可以递减。后来，其被应用到商业银行效率研究领域，Benston（1965，1972）、Bell 和 Murphy(1968)应用如下形式的对数线性 CD 成本函数来研究商业银行的效率：

$$\ln C_{it} = \alpha + a_i \ln Q_{it} + \beta \ln w_{it} + \varepsilon_{it} \qquad (1.32)$$

式中：C 为总成本，Q 为产出，W 为投入，$i=1$，2，$\cdots$，I，I 为商业银行的家数，ε_{it} 为误差项。当考虑商业银行的技术进步等时间趋势时，上述函数演化为：

$$\ln C_{it} = \alpha + a_i \ln Q_{it} + \beta \ln w_{it} + yt + \varepsilon_{it} \qquad (1.33)$$

式中 $t=1$，2，$\ldots$，T，T 为观测期，y 为待估计的参数，用以衡量技术随时间进步的速度。

当该函数被用于研究银行的 X-效率时，误差项 ε_{it} 为复合误差项，即 $\varepsilon_{it} = U_{it} + V_{it}$，其中 U_{it} 为 X 无效率项，服从半正态分布或其他分布，V_{it} 为随机误差项。

当从利润的角度研究商业银行效率时，（1.32）、（1.33）式变形为：

$$\ln \pi_{it} = \alpha + a_i \ln Q_{it} + \beta \ln w_{it} + \varepsilon_{it} \qquad (1.34)$$

$$\ln \pi_{it} = \alpha + a_i \ln Q_{it} + \beta \ln w_{it} + yt + \varepsilon_{it} \qquad (1.35)$$

其中 $\varepsilon_{it} = U_{it} - V_{it}$。

二、Translog Function（TL）超越对数函数

该函数最早由 Christensen、Jorgenson 及 Lau（1973）提出，表示技术水平一定的情况下成本和产出之间的数量关系。此函数是由生产函数导出的，商业银行成本函数取决于其生产函数形式以及所投入的生产要素的价格。在给定了产出水平 $Q=f(X_1, X_2, \cdots, X_n)$ 的情况下，要使总成本 $C(\sum_{i=1}^{n} P_i X_i)$ 达到最小值，生产问题可以描述为：

$$\min_{X_1, X_2, \cdots, X_n} C(\sum_{i=1}^{n} P_i X_i)$$

$$Q=f(X_1, X_2, \cdots, X_n)$$

此为一个既定生产水平下成本最小化的问题，均衡条件为：$\dfrac{\partial Q}{\partial X_i} = \dfrac{P_i}{P}$，即任一投入要素的边际产量与投入要素的实际价格及产品价格的比率相等，其中 P 为产品价格。在此条件下，可以得出总的成本函数形式：

$$C=f(P_1, P_2, \cdots, P_n, Q) \tag{1.36}$$

其中 $P=(P_1, P_2, \cdots, P_n)$ 分别为投入要素价格向量，Q 为产出向量。在该函数右边加上乘数随机误差项得：$C=f(P, Q)\exp(v-u)$，对其两边取自然对数得：

$\ln C = \ln f(p, Q)+(v-u)$。假设存在不变规模报酬，$C^m = Q \times C(P)$，$C(P)$ 为平均成本函数。通过在 $\ln C(P)=0$ 点附近对 $\ln C(P)$ 做二阶泰勒展开得超越对数函数：

$$\begin{aligned}
\ln TC_{it} &= \alpha_0 + \sum_{i=1}^{m} a_i \ln y_{it} + \sum_{i=1}^{n} \beta_i \ln w_{it} + \sum_{k=1}^{n} \sum_{j=1}^{m} \rho_{kj} \ln y_{kit} \ln w_{jit} \\
&+ \frac{1}{2}\sum_{k=1}^{m} \sum_{j=1}^{n} \alpha_{kj} \ln y_{kit} \ln y_{jit} + \frac{1}{2}\sum_{k=1}^{n} \sum_{j=1}^{m} \delta_{kj} \ln w_{kit} \ln w_{jit} + \varepsilon_{it}
\end{aligned} \tag{1.37}$$

其中 $a_{kj}=a_{jk}$，$\delta_{kj}=\delta_{jk}$，$\rho_{kj}=\rho_{jk}$。由成本函数的性质 2，知 $C(y, w, t)$ 对投入价格一定满足线性齐次条件。当且仅当如下线性约束成立，这个性质才会被超越对数成本函数满足：

$$\sum_{i=1}^{n} \beta_i = 1, \sum_{i=1}^{n} \sum_{j=1}^{m} \rho_{ij} = 0, \sum_{k=1}^{n} \sum_{j=1}^{m} \delta_{kj} = 0$$

由上述超越对数成本函数可得相应的经济效应：

（1）规模收益：E-scale$= a_i + \sum_{i=1}^{m} a_{ij} \ln y_i + \sum_{i=1}^{n} \rho_{ij} \ln w_i$ （1.38）

（2）成本份额：由谢泼德引理，两边分别对第 i 个投入价格的对数求导，可得：

$$\frac{\partial \ln C}{\partial \ln w_i} = \frac{w_i x_i}{C} = \beta_i + \sum_{i=1}^{m} \rho_{ij} \ln y_i + \sum_{i=1}^{n} \delta_{ij} \ln w_i \quad (1.39)$$

考虑技术变化对商业银行效率的影响时，上面的函数形式修改为：

$$
\begin{aligned}
\ln TC_{it} = {} & a_0 + \sum_{i=1}^{m} a_i \ln y_{it} + \sum_{i=1}^{n} \beta_i \ln w_{it} + \tau t + \sum_{k=1}^{n} \sum_{j=1}^{m} \rho_{kj} \ln y_{kit} \ln w_{jit} \\
& + \frac{1}{2} \sum_{k=1}^{m} \sum_{j=1}^{n} \alpha_{kj} \ln y_{kit} \ln y_{jit} + \frac{1}{2} \sum_{k=1}^{m} \sum_{j=1}^{n} \delta_{kj} \ln w_{kit} \ln w_{jit} + \phi t^2 + \varepsilon_{it}
\end{aligned}
\quad (1.40)
$$

同 CD 函数一样，超越对数函数式（1.37）、式（1.40）被用于研究商业银行的 X-效率时，误差项 ε_{it} 被假设为复合误差项，即 $\varepsilon_{it} = U_{it} + V_{it}$，其中 U_{it} 为 X 无效率项，V_{it} 为随机误差项。

三、Fourier Flexible Form（FF）傅立叶柔性函数

傅立叶柔性成本函数是由 Translog 函数改进得到的，用于解决在某些变量的真实函数关系不明确的情况下的问题。由于正弦函数和余弦函数的线性组合——傅立叶级数，能够与任何正常的多变量函数相近，因此 FF 对无法确认的未知函数的真正形式提供了最相似的形式。其一般表达式如下：

$$
\begin{aligned}
\ln TC = {} & a_0 + \sum_{i=1}^{5} \alpha_i \ln Q_i + \sum_{i=1}^{3} \beta_i \ln P_i + t_1 T \\
& + \frac{1}{2} \left[\sum_{i=1}^{5} \sum_{j=1}^{5} \delta_{ij} \ln Q_i \ln Q_j + \sum_{i=1}^{3} \sum_{j=1}^{3} \gamma_{ij} \ln P_i \ln P_j + t_{11} T^2 \right] \\
& + \sum_{i=1}^{3} \sum_{j=1}^{5} \rho_{ij} \ln P_i \ln Q_j + \sum_{i=1}^{3} \psi_{it} \ln P_i T + \sum_{i=1}^{5} \theta_{it} \ln Q_j T \\
& + \sum_{i=1}^{5} \left[a_i \cos(z_i) + b_i \sin(z_i) \right] + \sum_{i=1}^{5} \sum_{j=1}^{5} \left[a_{ij} \cos(z_i + z_j) + b_{ij} \sin(z_i + z_j) \right] \\
& + \sum_{i=1}^{5} \sum_{j=1}^{5} \sum_{k \geq j, k \neq j} \left[a_{ijk} \cos(z_i + z_j + z_k) + b_{ijk} \sin(z_i + z_j + z_k) \right] + \varepsilon
\end{aligned}
\quad (1.41)
$$

此处，TC 为总成本；Q_i 为银行的第 i 项产出；P_i 为银行的第 i 项投入的价格。T 为时间段；Z_i 为对数值 $\ln Q_i$ 的调整值，做此调整是为了使其分布在 $[0, 2\pi]$ 之间；$\alpha, \beta, \delta, \gamma, \theta, \psi, \rho, a$ 和 b 都是待估计的参数。

第五节　小结

　　本章综述了商业银行经营效率的内涵及其评价方法，包括参数方法、非参数方法及其投入、产出的界定，主要介绍了下文研究过程中需要用到的测量方法——DEA 模型、Malmquist 指数评价理论及参数法测度银行效率的基本内容。首先简要介绍了 DEA 模型发展的背景，并从 DEA 方法的两个最主要的模型 CCR 和 BCC 模型及其评价结果对 DEA 理论做了较为全面的阐述；接着通过对 Malmquist 指数的分解介绍了 DEA-Malmquist 指数的计算原理，从而完整地概括了本书用到的非参数方法；本章的最后对银行效率测量的非参数方法也做了全面的介绍，并对参数法和非参数法在投入产出变量选择、数据约束、显著性等方面进行了比较，为以后的章节分别用参数法和非参数法分析商业银行效率做好了铺垫。

第二章　参数法下商业银行经营效率的测度

参数方法依据商业银行投入产出原理，利用计量经济学工具估算前沿函数中的各个参数，得到效率前沿商业银行的成本、生产或利润函数，通过比较待考察商业银行与效率前沿商业银行在实际成本、产出或利润等方面的差距，来测度待考察商业银行的效率水平[①]。参数法考虑随机误差的干扰，其效率评价结果离散度较小且可作统计检验，这些优点都较为适合中国商业银行成本效率和利润效率的研究。本章将利用测度商业银行经营效率的参数法中的随机前沿法 SFA（Stochastic Frontier Approach）对我国商业银行 2005—2009 年的成本效率和利润效率进行测量。

第一节　测度模型的选择及 SFA 的统计检验

一、测度模型的选择

传统的成本函数有柯布—道格拉斯成本函数（Cobu-Dauglas，C-D）、变替代弹性成本函数（Variable elasticity of substitution）、常替代弹性成本函数（Constant elasticity of substiuttion，CES）及 Christensen、Jorgenson & Lau（1973）提出的超越对数成本函数（Translog）。在有关商业银行成本效率研究中，超越对数成本函数和柯布—道格拉斯成本函数应用最为广泛。

Uzwa & McFadden（1963）证明：CES、Douglas 函数等一般成本函数具有严格的可加性与齐次性假定，是对一种投入和产出的生产而言，替代弹性不变这个假定是存在的，但不符合多种投入产出的情况。超越对数成本函数对投入和产出采用对数平方形式，使该成本函数不受转换弹性不变和要素替代弹性不变的限制，从而适用于多种投入产出的情况，该函数也得到了更为广泛的应用。对比 C-D 成本函数和超越对数成本函数模型的特点，后者更具有弹性，较为符合我国的现实情况，本章将选用超越对数成本函数模型计算我国商业银行成本效率和利润效率。

---

① Coelli T J. The measurement of productive efficiency[J].Journal of Royal Stoical Society，1957，120(3)：253-281.

设 X 代表投入、Y 代表产出，于是具有多种投入和产出的生产函数为：

$$f（Y_1，Y_2，\cdots 1/m；X_1，X_2，\cdots，X_n）=0 \tag{2.1}$$

那么具有多种投入和产出的成本函数利用成本函数与生产函数的对偶关系可表示为：

$$C=g(Y_1+Y_2+\cdots+Y_m；P_1+P_2+\cdots+P_n) \tag{2.2}$$

二、SFA 的统计检验

第一章对随机前沿分析方法（SFA）进行了详细的介绍，在此不加赘述，仅由 SFA 法对成本效率计算结果的统计检验加以说明。

（一）变差率 γ 的取值判断

$$\gamma=\frac{\sigma_u^2}{\sigma_\varepsilon^2+\sigma_u^2} \tag{2.3}$$

σ_u^2 与 σ_ε^2 分别是成本非效率项 u 和随机误差 ε 的方差，变差率 γ 的取值区间为（0，1）。当 γ 趋近于 0 时，表示成本非效率项 u 的影响可忽略不计，成本偏差取决于随机误差 ε 的大小；当 γ 位于 0 与 1 之间时，表示成本偏差来自于成本非效率项 u 和随机误差 ε 两方面；当 γ 趋近于 1 时，表示成本偏差取决于成本非效率项 u 的大小，而随机误差项 ε 的影响可以忽略不计。

（二）变差率 γ 的零假设统计检验

随机前沿面分析方法 SFA 实际应用过程中，首先需要判断前沿成本函数的有效性，通常的判断依据是变差率 γ 的零假设统计检验结果。若变差率 γ 的零假设被接受，则表示成本非效率项不存在，反之，则存在。变差率的单边似然比检验统计量 LR 的显著性检验是判断零假设统计检验是否能通过的依据。

假设 θ_1、θ_0 分别表示无零假设和零假设前提下待估参数的最大似然函数估计量，θ_1、θ_0 的似然函数分别是 $L(\theta_1)$ 和 $L(\theta_0)$，其似然比 $\lambda=L(\theta_0)/L(\theta_1)$ 属于区间（0，1），LR 可以表示为：

$$LR=-2\ln\lambda=-2\ln\frac{L(\theta_0)}{L(\theta_1)}=-2\ln L(\theta_0)+2\ln L(\theta_1)=2\times\left[\ln L(\theta_1)-L(\theta_0)\right] \tag{2.4}$$

LR 用自由度为 n、显著性 0.05 的 mixedX^2 分布检验，n 表示无零假设和零假设约束条件下的模型之间待估参数的个数之差。LR 大于 mixedX^2 分布检验标准值，则变差率 γ 的零假设被拒绝，即成本非效率项 u 是客观存在的。

第二节 参数法下商业银行成本效率的测算

一、样本的选取

一个经济系统或一个生产过程都是指在一定的可能范围内，通过投入一定数量的生产要素并产出一定数量"产品"的经济或生产活动。在 DEA 方法中，每一个将一定的"投（输）入"转化为一定的"产（输）出"的运营实体称作一个决策单元（Decision Making Unit，简记为 DMU）。需要加以说明的是：一是 DEA 方法中的决策单元的特点是具有一定的投入以及一定的产出，并且在将投入转化为产出的经济活动过程中，努力实现自身的决策目标；二是 DEA 方法的同一评价对象集中的所有 DMU 都具有相同类型的投入和产出，不同的 DMU 仅仅是数量上的区别。

截至 2009 年年底，我国银行业金融机构包括政策性银行及国家开发银行 3 家，大型商业银行 5 家，股份制商业银行 12 家，城市商业银行 143 家，城市信用社 11 家，农村商业银行 43 家，农村合作银行 196 家，农村信用社 3 056 家，邮政储蓄银行 1 家，金融资产管理公司 4 家，外资法人金融机构 37 家，信托公司 58 家，企业集团财务公司 91 家，金融租赁公司 12 家，货币经纪公司 3 家，汽车金融公司 10 家，村镇银行 148 家，贷款公司 8 家以及农村资金互助社 16 家。

根据数据的可得性，本章选取的决策单元为 4 家国有商业银行、11 家股份制商业银行、4 家城市商业银行和 1 家农村商业银行，见表 2-1。由表 2-1 可见，截至 2009 年年底本章所选取样本银行以资产总额 547 927.63 亿元占银行业金融机构总资产 787 690.5 亿元的 69.6%（数据来源：中国银行业监督管理委员会 2009 年年报），所选取样本可充分代表我国商业银行的经营状况。本章所选取的样本区间为 2005—2009 年。

此次研究样本包括一部分的城市商业银行和农村商业银行，主要是随着银行业不断竞争，城市商业银行在激烈的竞争中，能根据自身城市特点，不断调整战略及发挥优势，总资产比重不断增大，从侧面展示了城市商业银行和农村商业银行的竞争优势，2005—2009 年间商业银行总资产占有率变化情况见图 2-1 所示（数据来源：2005—2009 年《中国金融年鉴》、中国银行业监督管理委员会 2009 年年报）。

表 2-1　DMU 简称及 2009 年年底资产状况

银行全称	DMU	资产总额(亿元)	银行全称	DMU	资产总额(亿元)
中国工商银行	工行	117850.53	兴业银行	兴业	13321.62
中国建设银行	建行	96233.55	招商银行	招商	20679.41
中国农业银行	农行	88825.88	浙商银行	浙商	1634.18
中国银行	中行	87519.43	光大银行	光大	11977.0
交通银行	交行	33091.37	中信银行	中信	17750.31
恒丰银行	恒丰	2137.64	杭州市商业银行	杭州银行	1499.91
华夏银行	华夏	8454.56	北京市商业银行	北京银行	5334.69
中国民生银行	民生	14263.92	南京市商业银行	南京银行	1495.66
上海浦东发展银行	浦发	16227.18	宁波市商业银行	宁波银行	1633.52
深圳发展银行	深发展	5878.11	上海农村商业银行	上海农商行	2119.16
银行业资产总额	787690.50	样本资产总额	547927.63	百分比	69.6%

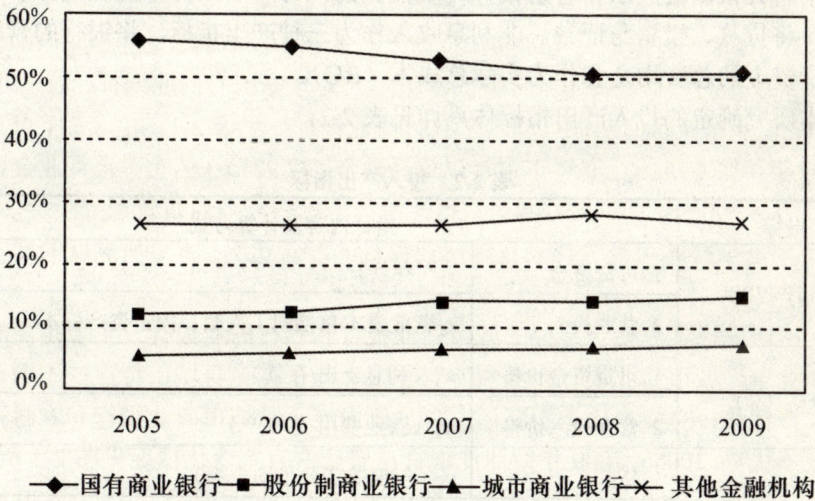

图 2-1　我国商业银行总资产占有率变化情况

从图 2-1 可看出，2005—2009 年国有商业银行所占银行业金融机构总资产的比重逐年下降，而城市商业银行由 2005 年的 5.4%上升到 2009 年的 7.2%，这恰好说明了选取城市商业银行的必要性。

二、投入产出指标的确定

确定投入产出指标是计算我国商业银行成本效率的基础。本节将结合我国银行业的现状，在综合各方面因素的情况下选择较为合适的指标。

（一）投入指标的确定

本研究依据中介法选择存款和营业投入两个投入指标。

第一，存款。存款是商业银行经营的基础，本研究使用利息支出与年度平均可贷资金总额的比值来确定存款价格。

第二，营业投入。营业投入包括银行员工支出和固定资产支出两项内容，由于大部分商业银行固定资产折旧、员工工资和福利支出等具体数据并未单独列示，而是直接计入营业费用，所以本章选用营业费用表示商业银行固定资产和职工总的支出额。一方面营业费用可以反映商业银行人力资本和固定资产的成本支出，避免使用估算值而带来误差等问题；另一方面因员工人数和固定资产净值与商业银行总资产高度相关，营业投入总额可用总资产额代替，因此营业投入可用营业费用/总资产表示。

（二）产出指标的选取

本研究依据资产法在考虑银行传统业务的同时，兼顾样本商业银行表外业务情况，将贷款、投资与证券、非利息收入作为三种产出指标，将银行的营业投入和可贷资金的总费用之和作为实际总成本（RC）。

本研究确定的投入产出指标体系详见表2-2。

表2-2　投入产出指标

指标		指标内容及计算方式
投入（x）	1 可贷资金	x_1（存款）
	2 营业投入	x_2营业资本包括职工人数、固定资产资本
投入价格（w）	1 可贷资金价格	w_1（利息支出/存款）
	2 营业投入价格	w_2（营业费用/总资产）
产出（y）	1 贷款	y_1（年度的贷款平均余额）
	2 非利息收入	y_2（年度的非利息收入）
	3 投资与证券	y_3（包括短期投资和长期投资及其他证券投资）
实际总成本（RC）	商业银行的实际成本 $C = X_1 w_1 + x_2 w_2$	

三、投入产出指标相关性检验

本章选取我国有代表性的 20 家商业银行作为研究样本，投入产出数据来源于：《中国金融年鉴》2009 年相关数据、各银行官方网站公布的 2009 年度报告，上海农村合作银行投入产出数据均来源于该行官方网站公布的 2005—2009 年度报告。

为了更加准确地评估投入产出指标，本章对 2005—2009 年的投入产出指标进行了相关关系检验，结果如表 2-3 所示。从表 2-3 投入产出指标的描述性统计可以直观看出，各个商业银行投入与产出指标之间差异较大。从差异系数来看，2005—2009 年间各个银行投入产出指标之间差异较大，差异系数都大于 1（差额系数小于 1，说明指标之间差异相对来说不是十分明显）。由表 2-3 可知，本章所选取的投入产出指标之间具有高度的相关性。

表 2-3　投入产出指标相关性系数

	可贷资金	总资产	贷款总额	非利息收入	投资与证券
可贷资金	1	0.2979	0.9487	0.8959	0.9923
总资产	0.2979	1	0.1483	0.9109	0.9956
贷款总额	0.9487	0.1483	1	0.2969	0.3347
非利息收入	0.8959	0.9109	0.2969	1	0.3051
投资与证券	0.9923	0.9956	0.3347	0.3051	1

注：数据来自 2005—2009 年商业银行年报与统计年鉴

四、指标的统计学描述

本章选用 100 组中国商业银行的研究样本数据，整个研究样本的统计学描述如表 2-4 所示。

本研究由于样本量不大，不考虑技术进步的影响，将所有的样本数据作为同一时间截面数据分析。同时为验证贷款产出质量对成本效率存在影响和解决研究样本量不足的问题，在考虑不良贷款的影响同时扩充样本量，即剔除不良贷款改进原始样本，构建出新样本。改进方法如下所示：

$$Y_i' = Y_i(1 - \eta_i) \tag{2.5}$$

Y_i' 代表第 i 个商业银行改进样本的"有效贷款产出"值，Y_i 为第 i 个商业银行原始样本的贷款原值，η_i 为第 i 个商业银行样本的不良贷款率。

该处理考虑了不良贷款对商业银行贷款产出效率的影响，可更为真实地揭示商业银行成本效率。

表 2-4　2005—2009 年 20 家商业银行相关数据的统计学描述

		均值	标准方差	最小值	最大值	容量
可贷资金总额	x_1	15619.04	23164.71	132.55	97712.77	100
营业资本总额总资产	x_2	19272.63	27946.23	218.46	117850.53	100
可贷资金价格	w_1	0.0210	0.0072	0.0170	0.0164	100
营业费用价格	w_2	0.0133	0.0034	0.0170	0.0086	100
贷款总额	y_1	9074.62	12834.80	132.57	56401.59	100
非利息收入	y_2	84.18	150.17	0.37	636.33	100
投资与证券总额	y_3	9168.90	14006.76	81.85	59718.01	100
总成本	RC	544.18	752.84	4.30	2617.60	100

注：w_1、w_2、y_1、y_2、y_3 和 RC 为表中定义的投入产出指标，w_1、w_2 为无量纲指标。

五、成本函数测度模型

本章将依据所选取的 2 种投入和 3 种产出构建如下成本函数测度模型：

$$\ln RC = \ln C + \varepsilon + u = A + \sum_{i=1}^{2} B_i \ln w_i + \sum_{j=1}^{3} C_j \ln y_j + \sum_{i=1}^{2}\sum_{k=1}^{2} D_{ik} \ln w_i \ln w_k$$

$$+ \sum_{j=1}^{3}\sum_{l=1}^{3} E_{ji} \ln y_j \ln y_i + \sum_{j=1}^{2}\sum_{l=1}^{3} F_{ij} \ln w_i \ln y_j + \varepsilon + u \qquad (2.6)$$

RC 为实际应用中的成本；C 为理论上的成本最小值；w_i 为第 i 项的投入价格，$i=1$，2；y_j 为 j 项的产出数量，$j=1$，2，3；A，B_i，C_j，D_{ik}，E_{jl}，F_{ij} 均为待定参数；ε 为随机误差项，服从 $\left| N\left(0, \sigma_u^2\right)\right|$ 分布；u 为正的成本非效率项，服从 $\left| N\left(0, \sigma_u^2\right)\right|$ 分布。

根据投入要素线性同质性以及交叉影响项的对称性，可得模型参数的约束条件如下：

$$D_{ik} = D_{ki}, E_{ji} = E_{ij}, \sum_{i=1}^{2} B_i = 1, \sum_{k}^{2} D_{ik} = 0, \sum_{i=1}^{2} F_{ik} = 0$$

将此约束条件代入公式（2.6），可得：

$$\ln\left(\frac{RC}{W_2}\right) = A + B_1 \cdot \ln\left(\frac{w_1}{w_2}\right) + C_1 \cdot \ln y_1 + C_2 \cdot \ln y_2 + C_3 \cdot \ln y_3 + D_{11} \cdot \ln\left(\frac{w_1}{w_2}\right)$$

$$+ E_{11} \cdot \left(\ln y_1\right)^2 + E_{12} \cdot \ln y_1 \cdot \ln y_2 + E_{13} \cdot \ln y_1 \cdot \ln y_3 + E_{22} \cdot \left(\ln y_2\right)^2$$

$$+E_{23} \cdot \ln y_2 \cdot \ln y_3 + E_{33} \cdot (\ln y_3)^2 + F_{11} \cdot \ln\left(\frac{w_1}{w_2}\right) \cdot \ln y_1 + F_{12} \cdot \ln\left(\frac{w_1}{w_2}\right) \cdot \ln y_2 \quad (2.7)$$

$$+F_{13} \cdot \ln\left(\frac{w_1}{w_2}\right) \cdot \ln y_3 + \varepsilon + u$$

对 u 和 ε 的分布形式运用极大似然法，可以得到模型中的待定参数及各样本的成本非效率项。再根据 SFA 法的成本效率计算公式，可以得到各样本银行的成本效率：

$$CE_i = \exp(-u_i) \quad (2.8)$$

CE_i 表示第 i 家样本商业银行的成本效率。CE_i=1 表示该商业银行处于成本效率状态，CE_i<1 说明该商业银行存在成本非效率状态。

六、测算结果及分析

本章运用 Frontier4.1 程序评估，得到成本函数模型（2.7）中的各参数值，变差率 γ 的取值及商业银行的成本非效率项。计算结果如表 2-5 所示。

表 2-5　前沿成本函数的参数估测

参数符号	参数估计值	t-检验	参数符号	参数估计值	t-检验
A	1.358	4.232***	E_{22}	0.003	0.485
$B_1(B_2=1-B_1)$	0.242	1.355*	$E_{23}(E_{32})$	0.023	1.210
C_1	0.337	1.898**	E_{33}	0.123	7.070
C_2	0.025	0.321	$F_{11}(F_{21})$	0.078	1.189
C_3	0.602	3.926***	$F_{12}(F_{22})$	-0.018	-0.862
$D_{11}(D_{11}=D_{22}=-D_{12}=-D_{21})$	0.043	0.993	$F_{12}(F_{23})$	-0.043	-0.700
E_{11}	0.159	9.852**	变差率 γ	0.492	3.102***
$E_{12}(E_{21})$	-0.029	-1.554	单边似然比检验	61.878***	
$E_{13}(E_{31})$	-0.277	-11.773	统计量 LR		

注：表中参数值均为 Frontier4.1 程序计算得出。*、**、***分别表示在 10%、5%、1%的水平上显著。

由表 2-5 可知，成本函数参数的计算结果为变差率 $\gamma = 0.492$，其 t 值为 18.49。由 γ 取值结果可知，商业银行的成本偏差由成本非效率项 u 和随机误差项 ε 共同决定。

在变差率 $\gamma=0$ 的零检验条件下，mixedX^2（约束条件为 1、显著性概率为 0.01）的临界值为 5.412。统计量 LR=61.878，LR>5.412，变差率 z 的零假设被拒绝，则成本非效率项 u 存在，所以国内商业银行处于成本非有效状态。

（一）不考虑贷款质量成本效率的测算结果

各商业银行原始数据的成本效率计算结果如表 2-6 所示。

表 2-6　2005—2009 年 20 家商业银行成本效率（CE）

	2005	2006	2007	2008	2009
工商银行	0.892	0.906	0.917	0.928	0.937
建设银行	0.908	0.920	0.930	0.938	0.946
中国银行	0.937	0.945	0.952	0.958	0.963
农业银行	0.926	0.935	0.943	0.951	0.957
交通银行	0.935	0.943	0.950	0.957	0.962
华夏银行	0.912	0.923	0.932	0.941	0.948
民生银行	0.966	0.970	0.974	0.977	0.980
浦发银行	0.941	0.949	0.955	0.961	0.966
深发展银行	0.935	0.943	0.950	0.956	0.962
兴业银行	0.983	0.986	0.987	0.989	0.990
招商银行	0.929	0.938	0.946	0.952	0.959
光大银行	0.934	0.942	0.950	0.956	0.962
恒丰银行	0.972	0.975	0.979	0.981	0.984
中信银行	0.932	0.940	0.948	0.954	0.960
浙江商业银行	0.958	0.964	0.968	0.972	0.976
杭州商业银行	0.880	0.895	0.908	0.919	0.929
北京商业银行	0.877	0.892	0.905	0.917	0.927
南京商业银行	0.944	0.951	0.957	0.963	0.967
宁波商业银行	0.930	0.939	0.946	0.953	0.959
上海农村商业银行	0.902	0.914	0.925	0.934	0.942
均值	0.929	0.938	0.946	0.953	0.959

注：表中成本效率值均运用 Frontier4.1 程序计算得出

基于参数法的测算，从总体水平来看，具有代表性的 20 家商业银行的效率均值介于[0.929,0.959]之间，其中国有商业银行的均值介于[0.916,0.951]之间，股份制商业银行的均值介于[0.945,0.968]之间（如图 2-2）。无论从总体趋势还是每一年的数值对比来看，国有商业银行的成本效率均低于平均值，而股份制商业银行效率值均高于平均值，不过整体都呈现上升趋势。低于平均成本效率值的商业银行有 8 家，分别是：工商银行、建设银行、农业银行、华夏银行、杭州商业银行、北京商业银行、上海农村商业银行，说明这 8 家商业银行的成本控制能力较差。

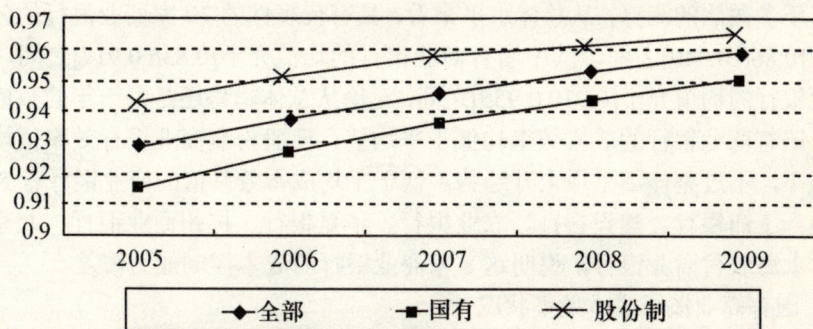

图 2-2 国有银行、股份制商业银行成本效率值比较

（二）考虑贷款质量成本效率的测算结果

表 2-7 改进样本 2005—2009 年 20 家商业银行成本效率（CE）

	2005	2006	2007	2008	2009
工商银行	0.842	0.866	0.887	0.905	0.920
建设银行	0.865	0.886	0.904	0.919	0.932
中国银行	0.889	0.907	0.922	0.934	0.945
农业银行	0.748	0.785	0.817	0.845	0.869
交通银行	0.901	0.916	0.930	0.941	0.951
华夏银行	0.876	0.896	0.912	0.926	0.938
民生银行	0.943	0.952	0.960	0.966	0.972
浦发银行	0.913	0.927	0.938	0.948	0.957
深发展银行	0.850	0.874	0.894	0.910	0.925
兴业银行	0.970	0.975	0.979	0.983	0.985
招商银行	0.900	0.916	0.929	0.941	0.950
光大银行	0.877	0.896	0.913	0.927	0.938
恒丰银行	0.946	0.955	0.962	0.969	0.974
中信银行	0.898	0.914	0.928	0.939	0.949
浙江商业银行	0.937	0.948	0.956	0.963	0.969
杭州商业银行	0.838	0.863	0.885	0.903	0.918
北京商业银行	0.830	0.856	0.879	0.898	0.914
南京商业银行	0.880	0.899	0.915	0.929	0.940
宁波商业银行	0.868	0.889	0.906	0.921	0.934
上海农村商业银行	0.860	0.882	0.900	0.916	0.930
均值	0.860	0.882	0.914	0.928	0.940

注：表中改进样本的成本效率值均运用 Frontier4.1 程序计算得出。

　　基于参数法的测算，从总体水平来看，具有代表性的20家商业银行的效率均值介于[0.860,0.940]之间，其中国有商业银行的均值介于[0.836,0.917]之间，股份制商业银行的均值介于[0.910,0.955]之间，无论从总体趋势还是每一年的数值对比来看，国有商业银行的成本效率均低于平均值，而股份制商业银行效率值均高于平均水平，不过整体都呈现上升趋势。低于平均成本效率值的商业银行有8家，分别是：工商银行、建设银行、农业银行、华夏银行、杭州商业银行、北京商业银行、上海农村商业银行，说明这8家商业银行的成本控制能力较差。

　　1. 国有商业银行成本效率状况

　　根据表2-7中改进的2005年到2009年国有商业银行成本效率值，绘制国有商业银行的效率曲线。

　　如图2-3所示，总体上，2005—2009年四大国有商业银行中，农业银行成本效率最低，中国银行成本效率最高，不过整体都呈现上升趋势。表明近年来国有商业银行通过采取谨慎发放贷款、剥离不良资产等措施，逐渐增强了银行成本控制能力。

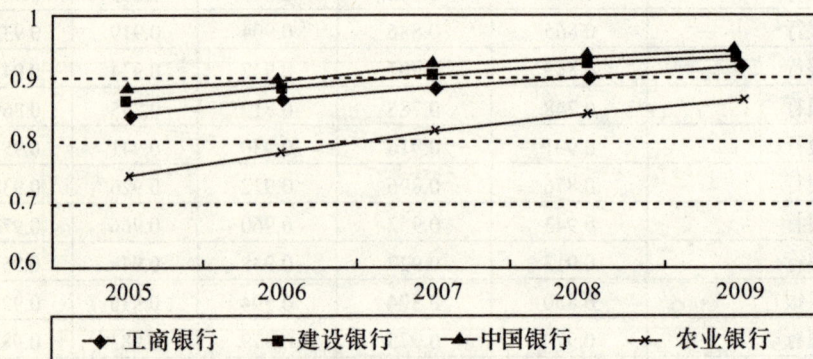

图 2-3　改进的国有商业银行成本效率状况

　　2. 股份制商业银行成本效率状况

　　根据表2-7中改进样本的成本效率值，绘制2005—2009年股份制商业银行成本效率曲线，如图2-4所示。

　　股份制商业银行总体的年均成本效率介于[0.85,0.985]之间，在这五年间，兴业银行的成本效率最好，其次为恒丰与民生银行，最差的是深发展银行和华夏银行。

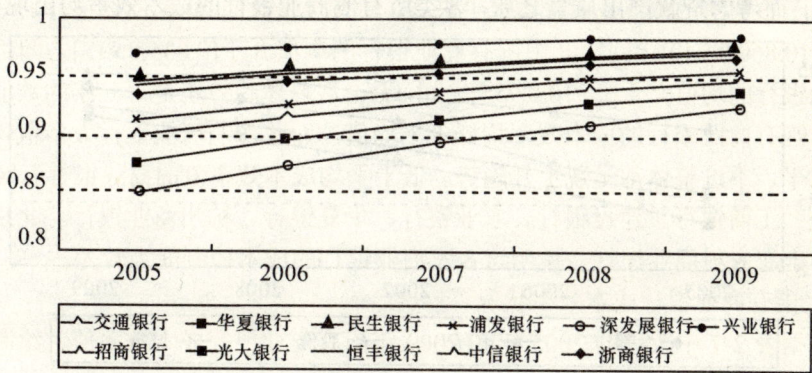

图 2-4　2005—2009 年改进样本的股份制商业银行成本效率状况

3. 城市商业银行成本效率状况

根据改进样本的成本效率值，绘制 2005—2009 年城市商业银行成本效率曲线，如图 2-5。

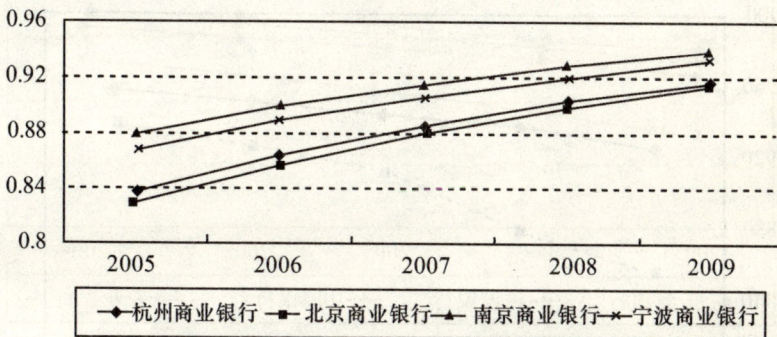

图 2-5　2005—2009 年改进样本的城市商业银行成本效率分析

从变化趋势上看，城市商业银行成本效率提升非常快，尤其是北京商业银行，2005 年成本效率低于 0.84，但到了 2009 年，其成本效率接近 0.92，可见在样本考察期，城市商业银行得到迅猛的发展。

4. 国有、股份制、城市商业银行成本效率的比较

由图 2-6 可以看出，国有商业银行和城市商业银行的成本效率值明显低于股份制商业银行。在改进的成本效率中，城市商业银行成本效率值高于国有商业银行成本效率值，但是在不考虑贷款质量时，国有商业银行的成本效率值较高。由于国有商业银行的成本效率下跌幅度较大，导致它们各年的成本效率情况均明显低于股份制商业银行。可见贷款质量对国有商业银行成本效率影响更为明显。总

体而言，而考虑贷款产出质量之后，各类所有制商业银行的成本效率均出现下滑。

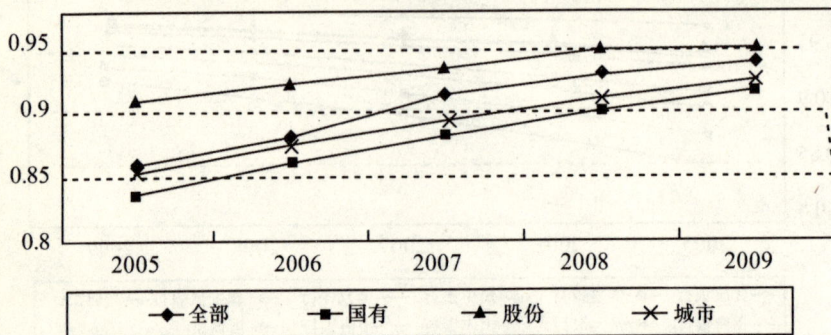

图 2-6　国有、股份制、城市商业银行成本效率的比较

依据表 2-6 和 2-7 的平均效率值，绘制商业银行年度平均成本效率曲线，见图 2-7，实线部分是 2005—2009 年原始确定的不考虑贷款质量的成本效率曲线，虚线部分是 2005—2009 年改进样本确定的考虑贷款质量的实际成本效率曲线。

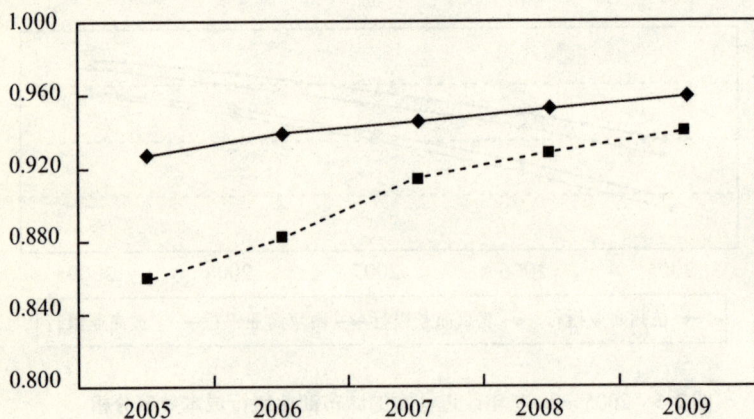

图 2-7　2005—2009 年主要商业银行成本效率（CE）变化趋势

观察图 2-7，贷款质量对国内商业银行的成本效率有显著影响。成本效率数值和折线图中实线和虚线的相对位置都显示出：国内商业银行的成本效率值在是否考虑贷款质量情况下显著不同，不考虑贷款质量时商业银行成本效率较高。在 2005—2009 年间，银行贷款质量致使国内商业银行的平均成本效率分别下降了 7.45%、6.00%、3.31%、2.56% 和 1.95%。因此不良贷款应从银行贷款产出中剔除，否则会对商业银行成本效率的测量结果造成偏差。

第三节 参数法下商业银行利润效率的测算

一、利润效率的分类

根据商业银行产出给定条件的不同，即是产出价格给定还是产出数量给定，商业银行利润效率分为标准利润效率和可替代利润效率两种。

（一）标准利润效率

当商业银行投入要素市场和产出要素市场都是完全竞争或被管制时，投入要素价格和产出价格均属于外生变量，标准利润函数可用式（2.9）表示：

$$\pi = \pi(W,P,V,U) \tag{2.9}$$

其中，W、P、V 分别表示产出价格、投入价格和随机误差项，U 表示利润无效率项，式（2.9）的对数形式为：

$$\ln(\pi + \omega) = f(W,P) + \ln V - \ln U \tag{2.10}$$

其中，ω 是为了保证商业银行利润为正，使得对数函数有意义。标准利润效率可定义为商业银行实际利润水平与其能获得的最优利润水平间的比值，即：

$$Es = \frac{\pi^R}{\pi^{\max}} = \frac{\left[e^{\pi(W,P)} \cdot e^{\ln V} \cdot e^{-\ln u} \right] - \omega}{\left[e^{\pi(W,P)} \cdot e^{\ln V} \right] - \omega} \tag{2.11}$$

（二）可替代利润效率

可替代利润效率（Alternative Profit Efficiency，APE）也称非标准利润效率，所要测算的效率与标准利润效率的目标一样，不同的是产出数量替代产出价格。因其可取代标准利润效率模型的一些不能实现的假定条件，可替代利润效率是利润效率研究中的新方向。在标准利润模型中，所有与最佳产出数量的偏离都会认为是无效率，而在可替代利润模型中产出数量是不变的，产出价格是随意变化的，并且对效率会有影响。当出现下列情况时，对商业银行的利润效率测算采用可替代利润效率模型要优于标准利润模型。

第一，产出市场不是完全竞争的，商业银行对产品价格拥有一定的定价权；

第二，当不能准确测算产出价格时，商业银行的利润效率值就不可能依据标准利润模型准确地得到；

第三，商业银行之间产出数量的差异比产品价格的差异更大，所以产出数量更能解释商业银行利润的变化。

在非标准利润效率模型中，假定产出数量是外生变量，符合我国商业银行存在一定垄断性的实际。

二、投入产出指标体系的构建

（一）投入指标的选取

本章选择人力资本成本、固定资产成本和资金成本作为投入指标。由于大部分商业银行员工工资、福利费支出和固定资产折旧等具体数据并未单独列示，为了充分反映人力资本和固定资产的成本支出，同时避免使用估算值而带入误差，本研究选用非利息支出代替人力资本和固定资产成本的支出总额。

（二）产出指标的选取

本章选择的产出指标有贷款、投资与证券和非利息收入三个。这些指标反映了商业银行传统资产负债业务，也兼顾了新兴业务的非利息收入情况，为客观分析国有商业银行和股份制商业银行的利润效率提供了可能，各投入产出指标的基本情况见表2-8。

表2-8　利润效率投入产出指标

指　标	指标内容及计算方式	
投入价格（X）	1 可贷资金平均价格	w_1（存款利息支出/平均存款余额）
	2 营业投入	w_2（非利息支出/平均总资产）
产出（Y）	1 贷款	y_1（测算当年年贷款平均余额）
	2 投资与证券	y_2（包括短期投资、长期投资及其他证券投资）
实际利润（$R\pi$）	实际利润=税前利润	

（三）相关数据统计性描述

从表2-9中可以看出，我国商业银行有效贷款总额标准方差达到12 834.803，说明其数据分布分散；投资与证券总额 y_2 的差异也非常大，标准差为14 006.759，说明数据偏离均值的程度比较大，偏离均值的数据较多；税前利润（$R\pi$）的情况也大体如此。营业投入价格（w_1）和资本投入价格（w_2）标准方差分别是0.003和0.007，极差较小，数据相对集中。

表2-9　相关数据的统计学描述

	均值	标准方差	最小值	最大值	容量
营业投入价格（w_1）	0.013	0.003	0.007	0.023	100
资本投入价格（w_2）	0.021	0.007	0.013	0.053	100
有效贷款（y_1）	0.021	12834.803	132.570	56401.590	100
投资与证券（y_2）	9168.898	14006.759	81.850	59718.010	100
税前利润（$R\pi$）	219.096	360.239	1.420	1672.480	100

三、模型的建立

以 Battese & Coelli（1995）的模型为基础，构建利润函数方程如下：

$$\ln TP = \alpha + \sum_{i=1}^{2} \beta_i \ln Y_i + \sum_{j=1}^{2} \gamma_j \ln W_j + \sum_{i=1}^{2}\sum_{k=1}^{2} \varphi_{ik} \ln Y_i \ln Y_k$$

$$+ \sum_{j=1}^{2}\sum_{l=1}^{2} \phi_{j1} \ln W_j \ln W_l + \sum_{i=1}^{2}\sum_{j=1}^{2} \partial_{ij} \ln Y_i \ln W_j + V_{tn} - U_{tn} \qquad (2.12)$$

其中，TP 代表样本银行的总利润；Y_i、W_j 分别表示样本银行第 i 项产出量、第 j 项投入要素的价格；V_{tn} 表示由于样本数据的随机误差引起的误差项，服从正态分布 $N(m_{nt}, \sigma_v^2)$；U_{tn} 衡量商业银行的技术无效率，服从截断于零的 $N(m_{nt}, \sigma_u^2)$ 分布，$m_{nt} = \delta_0 + \sum_{g=1}^{6} \delta_g z_g$；$V_{tn}$ 与 U_{tn} 相互独立，由于系数分布上的对称性特征，需满足：

$$\begin{cases} \varphi_{ik} = \varphi_{ki}(i, k = 1,2,3) \\ \phi_{jl} = \phi_{lj}(j, l = 1,2,3) \\ \partial_{ij} = \partial_{ji}(i, j = 1,2,3) \end{cases}$$

此外，需满足线性齐次要求：

$$\sum_{j=1}^{2} \gamma_j = 1; \sum_{j=1}^{2} \phi_{jl} = \sum_{k=1}^{2} \varphi_{ik};$$

对于所有的 i，$\sum_{j=1}^{2} \partial_{ij} = 0$

利润方程（2.12）便于观察商业银行的效率随时间变化而发生的变化，选择参数时本章沿用 Battese & Corra 的方案，用 γ 与 σ^2 替代 V_{tn}（误差项）及 U_{tn}（非效率项）的方差估计，具体表述为：$\sigma^2 = \sigma_v^2 + \sigma_n^2$ 和 $\gamma = \dfrac{\sigma_n^2}{\sigma^2}$。其中 $\gamma \in [0,1]$，表明了其他效率因素在模型分析中的价值。

本章使用计量软件 Frontier4.1 程序评估利润边界模型，模型的对数似然值和单边偏误似然比检验值的统计结果在总体上都可以接受。商业银行的利润效率可用其实际利润相对于理论最大利润的比率表示。

在非完全竞争的条件下，投入价格、产出数量不变的情况下，m 项投入构成的利润最大化集合中，第 i 项投入可以表示为：

$$X_i = g_i(y, w) \qquad (2.13)$$

X_i 为第 i 项投入要素；$g_i(y, w)$ 为利润最大时第 i 项要素的投入；y 为 n 项投入产出的数量，$y=(y_1, y_2, \cdots, y_n)$，$y_i$ 为第 i 项产出的数量；w 为投入价格向量，$w=(w_1, w_2, \cdots, w_m)$，$w_i$ 为第 i 项投入的价格。

理论上，银行的最大利润可表示为收入与支出的差额，具体形式如下：

$$\pi = \sum_{i=1}^{n} P_i y_i - \sum_{i=1}^{m} w_i x_i = \pi(y, w) \qquad (2.14)$$

$\pi(y, w)$ 表示理论利润函数。由于非效率因素的存在，商业银行的实际利润与理论利润之间一定存在差距，两者有如下关系：

$$R\pi = \frac{\pi}{U} = \frac{\pi(y, w)}{U} \qquad (2.15)$$

U 为理论最大利润与实际利润之比，其取值范围为（1，∞），反映了由于技术低下和资源配置不当等原因，使商业银行效率降低的程度。

实际应用中常常对利润函数取对数，取对数后再加入随机误差因子，则利润函数可表示为：

$$\ln(R\pi + \theta) = \ln(\pi \cdot V / U) = \ln\pi(y, w) + \ln v - \ln u \qquad (2.16)$$

这里，V 表示随机因子，θ 为常数，$\ln V$ 服从标准正态分布 $N(0, \sigma_v^2)$，$\ln$ 服从半正态分布，其方差 σ_u^2 表示无效率的利润。为保证上述模型的正确性，以准确测度商业银行利润效率，通常假定利润效率模型为：

$$\ln R\pi_n = \alpha + \sum_{i=1}^{2} \beta_{in} \ln(w_{in}) + \sum_{i=1}^{3} \ln(y_{nn}) + \ln v - \ln u \qquad (2.17)$$

四、测度结果及分析

（一）标准利润效率的测算

将样本银行 2005—2009 年的投入与产出数值指标代入模型中，运用 Frontier 4.1 应用软件，计算 20 家商业银行的随机前沿结果如表 2-10。

单边似然比检验的统计量 $LR=-2\{\ln[L(H_0)]-\ln[L(H_1)]\}$，其中 $\ln[L(H_0)]$ 表示原假设下的似然函数值；$\ln[L(H_1)]$ 表示被选假设下的似然函数值。单边似然比服从 x^2 分布，自由度为 n。结果表明，$\gamma=0$，则拒绝原假设，即标准利润效率在商业银行之间存在显著差异；变差率 γ 表明，模型的无效率项可以很好地解释随机误差项。

表 2-10 极大似然参数估计

参数符号	参数估计值	t-检验	参数符号	参数估计值	t-检验
α	4.700	3.914***	γ_1	0.946	1.062
β_1	-1.090	-1.195	ϕ_{11}	-0.284	-0.903
β_2	1.092	1.305	∂_{11}	-1.038	-2.227
φ_{11}	0.232	2.304*	∂_{12}	0.977	2.220*
φ_{22}	0.161	2.956***	变差率 γ	0.881	10.010***
φ_{12}	-0.334	-2.788	单边似然比检验统计量 LR	45.92137***	

注：*表示在 10%水平上显著；** 表示在 5%水平上显著；***表示在 1%水平上显著。

表 2-11 2005—2009 年标准利润效率测算结果

	2005	2006	2007	2008	2009
工商银行	0.823	0.842	0.860	0.876	0.890
建设银行	0.868	0.883	0.896	0.908	0.919
中国银行	0.819	0.839	0.857	0.873	0.888
农业银行	0.186	0.229	0.275	0.323	0.372
交通银行	0.766	0.791	0.814	0.834	0.853
华夏银行	0.337	0.386	0.434	0.481	0.527
民生银行	0.605	0.643	0.679	0.712	0.742
浦发银行	0.782	0.806	0.827	0.847	0.864
深发展银行	0.559	0.600	0.639	0.675	0.708
兴业银行	0.724	0.753	0.779	0.804	0.825
招商银行	0.915	0.925	0.934	0.942	0.949
光大银行	0.624	0.661	0.695	0.727	0.756
恒丰银行	0.720	0.749	0.776	0.801	0.823
中信银行	0.862	0.877	0.891	0.904	0.915
浙商银行	0.420	0.467	0.513	0.557	0.599
杭州商业银行	0.865	0.880	0.894	0.906	0.917
北京商业银行	0.949	0.955	0.961	0.965	0.970
南京商业银行	0.760	0.785	0.809	0.830	0.849
宁波商业银行	0.771	0.796	0.818	0.838	0.857
上海农村商业银行	0.468	0.514	0.558	0.599	0.638
平均值	0.691	0.719	0.745	0.770	0.793
国有商业银行均值	0.837	0.855	0.871	0.886	0.899
股份制商业银行均值	0.665	0.696	0.726	0.753	0.778

注：表中标准利润的成本效率值均运用 Frontier4.1 程序计算得出

2005—2009 年间样本商业银行标准利润效率的测度结果显示，样本商业银行利润效率总体上呈现上升趋势，此结果可能源于近年来国内财务会计制度的改革。逾期利息的计提方式、呆账准备金的计提方式等变化及严格的执行，使国内商业银行的利润增长幅度能超过投入增长的幅度，其利润效率于是不断上升。

从 2005 年到 2009 年，我国商业银行效率的年度平均利润效率区间为[0.691，0.793]，总体平均效率为 0.744。这意味着，我国商业银行大约有 25.6%的潜在利润没有实现，这也说明我国商业银行利润效率的提升空间非常大。

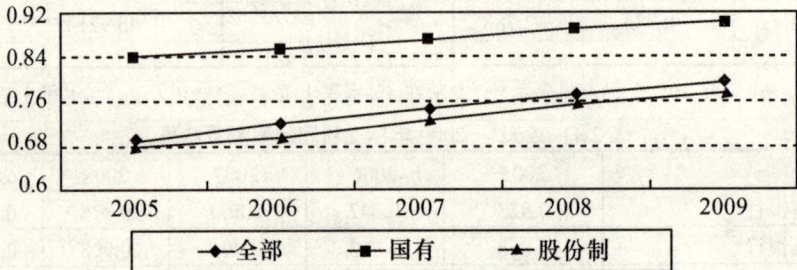

图 2-8　两类商业银行平均利润效率的对比

（二）可替代利润效率的测算

将样本商业银行 2005—2009 年的投入与产出数值指标代入模型中，运用 Frontier 4.1 应用软件，计算 20 家商业银行的随机前沿结果如表 2-12。

表 2-12　极大似然参数估计

参数符号	参数估计值	t-检验	参数符号	参数估计值	t-检验
α	10.239	9.655***	γ_1	5.100	3.893
β_1	-1.264	-3.547	ϕ_{11}	-0.157	-0.486
β_2	-0.770	-2.407	∂_{11}	1.496	3.177**
φ_{11}	0.071	1.080	∂_{12}	-0.030	-0.151
φ_{22}	0.057	1.446*	变差率 γ	0.976	248.335***
φ_{12}	-0.475	-5.258	单边似然比检验统计量 LR	233.741***	

注：*表示在 10%水平上显著；** 表示在 5%水平上显著；***表示在 1%水平上显著。

单边似然比检验的结果表明，$\gamma=0$ 的原假设被拒绝，这意味着商业银行之间的可替代利润效率显著存在差异。同时，效率测量的变差率 γ 表明，测量模型的无效率项可以较大程度上解释随机误差项。

表 2-13 2005—2009 年可替代利润效率测算结果

	2005	2006	2007	2008	2009
工商银行	0.697	0.717	0.736	0.755	0.773
建设银行	0.773	0.791	0.809	0.826	0.842
中国银行	0.809	0.826	0.842	0.858	0.872
农业银行	0.938	0.947	0.955	0.962	0.969
交通银行	0.94	0.949	0.957	0.964	0.97
华夏银行	0.994	0.995	0.996	0.997	0.998
民生银行	0.982	0.985	0.989	0.991	0.993
浦发银行	0.972	0.977	0.981	0.985	0.988
深发展银行	0.991	0.993	0.995	0.996	0.997
兴业银行	0.973	0.978	0.982	0.986	0.989
招商银行	0.961	0.968	0.973	0.978	0.982
光大银行	0.981	0.984	0.988	0.99	0.993
恒丰银行	0.996	0.997	0.998	0.999	0.999
中信银行	0.967	0.973	0.978	0.982	0.986
浙商银行	0.998	0.998	0.999	0.999	0.999
杭州商业银行	0.996	0.997	0.998	0.999	0.999
北京商业银行	0.98	0.984	0.987	0.99	0.992
南京商业银行	0.996	0.997	0.998	0.999	0.999
宁波商业银行	0.996	0.997	0.998	0.998	0.999
上海农村商业银行	0.994	0.996	0.997	0.998	0.998
总体平均值	0.947	0.953	0.958	0.963	0.967
国有商业银行均值	0.804	0.820	0.836	0.850	0.864
股份制商业银行均值	0.978	0.982	0.985	0.988	0.990

注：表中可替代利润效率值均运用 Frontier4.1 程序计算得出。

从样本商业银行可替代利润效率的测度结果看，利润效率总体呈现上升趋势，股份制商业银行的情况明显高于国有商业银行。综合来看，商业银行的利润增长幅度大于投入增长的幅度，利润效率不断上升。

从 2005 年到 2009 年，平均可替代利润效率的样本区间为[0.947,0.967],数值比较高，明显高于标准利润效率。从图 2-10 可以看出，国有商业银行的利润效率明显地低于股份制商业银行的利润效率，国有商业银行都在平均利润之下，而股份制商业银行的利润效率在平均之上。

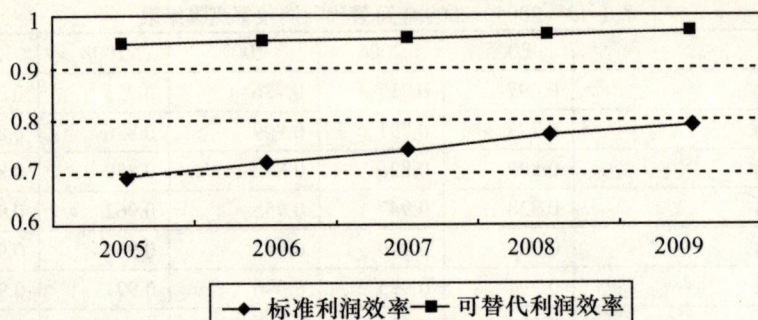

图 2-9　标准利润效率和可替代利润效率的比较

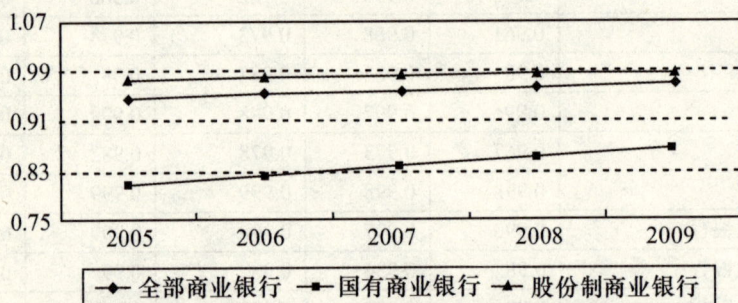

图 2-10　国有、股份制商业银行利润效率的比较

可以看出，国内商业银行的标准利润效率远高于可替代利润效率，四大国有商业银行和股份制商业银行都不例外。处于非最优边界的商业银行与处于最优边界的商业银行相比，其所提供的产品质量较差，且不能操纵产品价格，反映到最终收入上，即可替代利润效率所反映的根本问题。

第四节　小　结

本章采用参数法中的 SFA 法研究了我国商业银行的成本效率和利润效率，运用 Frontier4.1 软件计算出成本效率以及利润效率值，得出以下结论：

第一，样本商业银行中国有商业银行的成本效率略高于股份制商业银行，同时 2005—2009 年单个银行的成本效率呈现上升趋势，另外不良贷款率对商业银行确实有较大的影响。

第二，通过利润效率的测算表明四家国有商业银行的利润效率值略高于股份制商业银行，但利润效率要显著低于成本效率，说明样本商业银行的盈利能力要低于其控制经营成本的能力。

第三，研究还发现，股份制商业银行利润效率尤其是标准利润效率的上升趋势要快于国有商业银行，可能由于股份制商业银行逐步提高的存贷款市场份额，以及逐步增大的表外业务占比。

可见，国内商业银行应尽快转变业务增长方式与思路，大力发展表外业务，不断提高非利差收入在总收入中的比重，这不仅是不断提高利润效率和成本效率的需要，也是适应当代银行发展潮流、不断提高竞争力的需要。

第三章　非参数法下商业银行
经营效率的测度

由于非参数估计法无须定义函数形式，也无须估计前沿函数的参数，而且不需要限定效率前沿面的形状，因此被广泛应用于各国金融机构效率的研究。本章将利用非参数估计法的 DEA（Data Envelopment Analysis，数据包络分析）分析法对我国商业银行 2005—2009 年的经营效率进行测量。

第一节　样本及指标选取

一、样本及数据的选取

为了与参数法下商业银行经营效率进行对比分析，本节选取的决策单元仍为 4 家国有商业银行、11 家股份制商业银行、4 家城市商业银行和 1 家农村商业银行，各决策单元的基本情况见本书第二章表 2-1，样本时间跨度为 2005—2009 年，数据来源于 2005—2009 年《中国金融年鉴》、各商业银行 2009 年年报、中国银行业监督管理委员会 2009 年年报等。

二、指标体系的构建

（一）商业银行经营效率评价指标的确定原则

从 DEA 的应用角度考虑，指标的选取应当遵循以下原则：

1. 科学性原则。即评价指标要根据评价目的的要求，能客观反映和描述评价对象的变化，揭示其内涵。

2. 目的性原则。选取评价指标要考虑到能够实现评价目的，要能够全面反映评价目的，也就是说输入指标与输出指标的选择要服务、服从于系统评价目的，对评价目的有较大影响的指标都应包括在内。

3. 精简性原则。要考虑评价指标的数量，大量的输入、输出指标将导致有效 DMU 数目的增加，从而降低 DEA 方法的评价功能。评价指标应在满足目的性前提下尽量精简。精简时，要注意抓住能够将决策单元区分开来的"强项"指标。

（二）投入、产出指标的确定方法及评述

银行效率评价的参数法和非参数法均须事先确定投入、产出指标，合理地定义银行投入、产出是正确分析银行经营效率的关键。国际上对投入、产出指标的选择根据银行特点与考察目的不同而不同。Seiford & Zhu（1999）[①]研究了 55 家美国的商业银行的收益效率和营销效率，选择投入指标为员工人数、资产和股东资产净值，中间变量为税收和利润，产出指标为市场价值、投资总收益和每股收益。Zhu（2000）[②]用同样的思想和相同指标分析了财富排名前 500 家公司的金融效率。

在现有的研究中，数据包络分析的投入、产出指标的选取方法主要有"生产法"、"资产法"、"中介法"、"使用者成本法"和"附加价值法"等五种（Casu & Molyneux，2000）[③]。"生产法"只将非利息支出看做投入，而将存款和贷款看做产出；"资产法"和"中介法"认为银行通过存款、其他资金来源、劳动力等来"生产"贷款和进行其他投资；"使用者成本法"主张当银行的资产收益超过机会成本时将资产看做产出，而当银行的负债成本低于机会成本时将负债也视为资产。"附加价值法"将劳动力、有形资本购入资金视为投入，而将贷款、活期存款和定期存款等产生高附加价值的活动视为产出。Sherman & Gold（1985）[④]采用生产法，选择了四种交易的处理数量为分支机构的产出变量，投入变量为劳动力和办公面积。Mester（1993）[⑤]采用中介法选取投入产出指标，他选择了三种产出变量，包括房地产贷款、个人贷款和其他形式贷款；三种投入变量，包括劳动力、固定资产以及可贷资金。

我国学者在进行商业银行效率研究中，所采用的投入产出指标也不尽相同。国内外基于 DEA 的银行效率研究所选取的投入产出指标大致情况如表 3-1：

① Lawrence M, Seiford, Joe Zhu. Profitability and Marketability of the Top 55 U S Commercial Banks[J]. Management Science, 1999(45):1270-1288.

② Joe Zhu. Multi-factor performance measure model with an application to Fortune 500 companies[J]. Forthcoming in European, 2000(18):312-346.

③ Casu B, Molyneux P. A Comparative Study of Efficiency in European Banking[J]. Applied Economics, 2003, 35(17)：1865-1876.

④ Sherman, Gold. Bank branch operating efficiency valuation with data envelopment analysis[J]. Journal of Banking & Finance, 2009(2):297-315.

⑤ Mester L J. Efficiency in the Savings and Loan Industry[J]. Journal of Banking and Finance, 1993(17):267-286.

表 3-1 国内外代表性文献投入、产出指标的选取

	投入指标	产出指标
Sherman & Gold (1985)	员工人数、租金费用、营业费用	存款、贷款、利息收入、资产
Piyu (1992)	利息费用、非利息费用、支票存款、非支票存款	贷款、利息收入、非利息收入
Mller & Noulas	交易存款、非交易存款、利息费用、非利息费用	商业或产业贷款、消费贷款、不动产贷款、投资、利息收入、非利息收入
Bhattacharyya (1997)	利息费用、营业费用	贷款、存款和投资
Yildirim (1999)	存款、费用	贷款、收入
Tser-yieth Chen (2002)	劳动力、资产、存款、分支机构	贷款、投资、非利息收入、利息收入
Joseph C. Paradi (2009)	劳动力、非利息支出、利息支出、股东权益	投资证券、交易证券、非抵押贷款、抵押贷款、存款
魏煜和王丽 (2000)	全职职工人数、固定资产净值、可贷资金	利息收入、非利息收入
张健华（2003）	股本、固定资产和各项支出	存款、贷款、税前利润总额
刘汉涛（2004）	固定资产净值、员工人数、各项支出	利息收入、非利息收入
陈敬学（2007）	利息支出、非利息支出	利息收入、非利息收入
熊正德（2008）	劳动力、存款价格、固定资产价格、机构个数、资产总额	贷款、存款、资产净利率、贷款损失准备覆盖率、非利息收入
姚晋兰、毛定祥 (2009)	利息支出、非利息支出	利税总额

注：因篇幅所限，本章仅整理了部分国内外有代表性文献中的指标选取。

（三）两阶段银行经营效率评价指标的确定

Berger & Humphrey（1997）认为生产法和中介法都有各自的优点和缺点，两种方法应该相互补充。他们认为中介法更适于分析公司总体的效率，而产出法则更适于测量分支机构的效率。Ferrier & Lovell（1990）[1]认为在考虑银行经营成本的情况下，生产法适合于研究商业银行的成本效率，在控制银行全面成本的情况下，中介法适合于分析商业银行的经济差异性。商业银行是多产品企业，具有服务业的共性，产出在很大程度上应包含质量因素，所以只考虑交易量或者价格无法将产出全部考虑在内。对于商业银行，还存在与质量有关的风险。银行服务包括接受存款和发放贷款并同时提供风险、条件和规模等方面的流动性、信息和转换。由于部分存款具有流动性和安全性，所以尤为难以判断应归于产出还是归于

① Ferrier G C, Lovell A K. Measuring Cost Efficiency in Banking[J]. Journal of Econometrics,1990(46):229-245.

投入。"生产法"将其定义为投入，而"中介法"将其视作产出（Allen & Athanassoupoulos, 1997）[①]。在"用户成本法"中它被视为产出，而在"附加价值法"中它既被作为投入又被作为产出。Berger & Humphrey（1997）认为"中介法"由于其包含了占总成本的 1/2 或者 2/3 的利息成本，而且能很好地测度金融机构绩效的边界效率，因此"中介法"是最好的一种方法。

但是，生产法和中介法对银行产出的定义都存在缺陷，它们都直接把贷款作为银行的产出，没有把银行贷款的质量差异这个因素考虑进去，大部分文献也都没有考虑贷款的质量问题。这实际上是假定各家银行的贷款质量是一样的，而且银行在贷款方面是谨慎的，只有在满足一定条件才会贷款，市场环境、发展战略及风险控制技术也相似，总体而言各家银行面临的风险相差无几。但是我国国有商业银行的贷款对象主要是国有企业，受到国家政策的影响较大，股份制商业银行的贷款对象则受市场力量的支配更强一些，它们面临的市场环境有所差异，所以把银行贷款数量直接作为我国银行的产出是不合适的。

对于不良贷款的处理，可以把贷款呆账准备金作为投入变量（Charnes etal, 1990），同时贷款额直接作为银行的产出来衡量其效率，这样能很好地解决该问题。但是财政部规定国有商业银行的贷款呆账准备金比率最高为 1，而目前来看四大国有商业银行呆账的比率远不止为 1，这种行政命令方式不能实际反映银行的风险，在我国还不能适用。张健华（2003）[②]采用的方法是把不良贷款从贷款总额中扣除作为产出，这样，扣除了不良贷款的贷款就是有效产出，但是其中也存在问题。通常，中国商业银行对贷款进行五级分类：正常、关注、可疑、次级、损失，不良贷款率是后三者和总贷款额之比。由于数据的可得性和商业银行本身财务制度的局限，使得得到的不良贷款率口径不一致，因此对于扣除不良贷款后的效率评估仅作参考。

Stiroh（2000）对美国银行控股公司的效率估计发现，其估计的效率对产出是否包括非传统业务收入十分敏感。在非参数法中，增加变量的个数将会减少技术无效的个体的数量（Coelli etal, 1998）[③]，即分析结果中大量的个体效率值为1，影响对结果的分析。为此，本章避开了以贷款额作为最终产出，把银行的收入定

---

① Allen, Athanassopoulos, Dyson, Athanassoulis. Weights restrictions and value judgements in data envelopment analysis: develoument and future directions. Annals of Operations Reasearch, 1997, 73:13-34.

② 张健华.我国商业银行效率研究的DEA方法及1997—2001年效率的实证分析.金融研究[J]. 2003 (3):11-25.

③ Coelli T, Rao D S P, Battese G E. An Introduction to Efficiency and Productivity Analysis[M]. Kluwer Academic Publishers, 1998.

义为利息收入和非利息收入，实际上利息收入就反映了贷款的质量，同时产出包括了非利息收入，反映了商业银行正逐步走出传统的金融中介业务，进入表外业务和中间业务。因此，仅关注盈利资产将不能全面地把握现代银行的商业活动。

在综合考虑银行特点和模型限制的基础上，本章从银行服务性和盈利性两个角度对商业银行的投入、产出指标进行界定，采用了三种投入、两种最终产出、两种中间变量的两阶段 DEA 模型。第一阶段从银行的服务性出发，这一阶段的依据主要来自商业银行作为一种特殊企业的理论界定，它也具有一般企业所具有的共性，同样占有着资本与劳动力等重要稀缺资源，但同时它是一种重要的金融机构，具有以存贷款等多种形式为各经济主体提供金融服务的功能。考虑到 2007年 4 月份银监局下发的关于改进银行经营效率的措施[1]，设置总资产、营业费用[2]和利息支出作为第一阶段的投入指标，贷款总额（短期贷款+中长期贷款）、存款总额（短期存款+长期存款）作为产出指标。第二阶段从银行的盈利性出发，其作为商业机构，盈利性是商业机构最终所关注的目标。同时考虑到两阶段的相继性，将第一阶段的产出指标列为第二阶段的投入指标。考虑到国家在大力提倡利用金融创新来加快金融业的发展，选择非利息收入和净利息收入（由于各家银行的统计口径不一，为了统一口径，本章用贷款利息收入-存款利息支出来表示净利息收入，不含金融机构往来、手续费、汇兑收益等项之差）作为产出指标，运用非参数方法 DEA 测算 2005—2009 年各样本商业银行的服务效率和盈利效率，并在测算结果的基础上，进一步测度商业银行的综合效率，本章选取的投入、产出指标如图 3-1 所示：

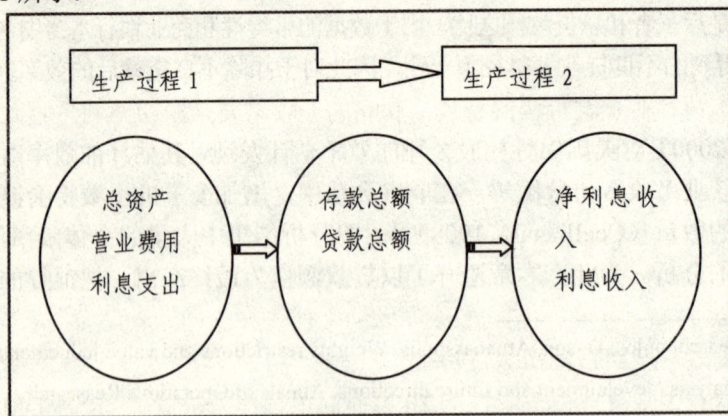

图 3-1　本章拟选投入、产出指标

---

[1] 2007 年 4 月中国银监会《关于改进和加强银行业服务的八条意见》。

[2] 根据各银行年报统计口径，营业费用包括职工费用（薪酬）、资产折旧等项目。

1. 总资产

总资产代表经济主体的经营实力和发展潜能，是经济主体产生、发展甚至消亡的根基，因此以其作为银行经营效率最重要的投入指标。

2. 营业费用、利息支出

营业费用涵盖了当年的职工费用（薪酬）、资产折旧、资产摊销、员工培训费和其他业务费用（年报上有些年度资产负债表上没有统计营业费用，本章就用经营管理费用或业务费用来代替营业费用）。银行营业费用水平表明了一个银行在经营过程中的成本管理控制能力。在取得同等收益的情况下，只有使用了最少的人力、物力和财力投入，才能达到最佳的经营效率。营业费用连同利息支出一起，是主营业务成本的重要组成部分，因此将此两项列为投入指标。将利息支出指标单列的原因在于我国银行业最主要的利润来源是利差收入，利息支出是其一项较为重要的投入。

3. 存款和贷款

存款和贷款体现了银行的金融服务功能。存款和贷款的总额是人民币存贷款与外币存贷款的合计金额。存款业务究竟是作为投入还是产出常常是学者们争论的焦点，许多时候由于考虑到没有存款就没有贷款，而且存款需要支付储户一定的成本，因此在 DEA 的分析中经常被作为投入变量。但换一个角度，如果利息为零或者存款还要支付银行一部分费用，储户还会不会存？很多时候是会的，而且这种情况经常在发达国家存在。事实上，Resti（1997）指出作为银行经营业务的存款（尤其是零售存款）常常要耗费掉近 50%的运营成本。国内学者庞瑞芝、张健华等认为将存款作为产出变量更为合适。

4. 净利息收入和非利息收入

根据我国银行业金融机构的特点，利润的一项重要来源即净利息收入，在资产负债表中如有以"利息净收入"单列的，直接摘取相应数据，否则，以以下公式计算净利息收入：净利息收入=利息收入-利息支出。由于近年来我国银行业迅速发展中间业务，非利息收入在营业收入中所占的比重日益增大，因此本章亦选非利息收入作为银行产出的指标之一，其值以以下公式计算：非利息收入=营业收入-利息收入。

（四）投入、产出指标稳健性检验

本章选取我国银行业有代表性的 20 家商业银行作为决策单元，各 DMU 2005—2008 年投入、产出数据来源于《中国金融年鉴》，2009 年相关数据来源于各银行官方网站公布的 2009 年年度报告，上海农村商业银行投入、产出数据均来源于该行官方网站公布的 2005—2009 年年度报告。

为了更加准确地评估投入、产出指标，本节对 2005—2009 年的投入、产出指标进行了描述性统计以及相关关系检验，统计分析结果如表 3-2、表 3-3 所示。从

表 3-2 投入、产出指标的描述性统计可以直观看出，各个商业银行投入与产出指标之间差异较大。从差异系数（差异系数=标准差/平均值）来看，2005—2009 年间各个银行所有的投入、产出指标之间差异较大，差异系数都大于 1（差额系数小于 1，说明指标之间差异不明显）。

表 3-2　投入、产出指标描述性统计

	N	极小值	极大值	均值		标准差
	统计量	统计量	统计量	统计量	标准误	统计量
总资产	100	218.46	117850.53	19272.63	27946.23	27946.23
营业费用	100	2.05	1591.18	245.15	34.03	340.34
利息支出	100	2.25	1775.37	299.03	42.44	424.43
存款总额	100	132.55	97712.77	15619.04	2316.47	23164.71
贷款总额	100	132.57	57286.26	9906.83	1376.60	13766.00
净利息收入	100	4.25	2630.37	430.69	64.86	648.61
非利息收入	100	-37.04	733.17	83.07	15.08	150.79

注：本数据由 SPSS 17.0 计量软件计算得出。

表 3-3　投入、产出指标相关性系数

	总资产	营业费用	利息支出	存款总额	贷款总额	净利息收入	非利息收入
总资产	1.0000	0.5269	0.5709	0.9979	0.9954	0.9708	0.9102
营业费用	0.5269	1.0000	0.4485	0.9387	0.9300	0.9227	0.8077
利息支出	0.5709	0.4485	1.0000	0.9770	0.9700	0.9813	0.8859
存款总额	0.9979	0.9387	0.9770	1.0000	0.9944	0.9663	0.8957
贷款总额	0.9954	0.9300	0.9700	0.9944	1.0000	0.9532	0.9083
净利息收入	0.9708	0.9227	0.9813	0.9663	0.9532	1.0000	0.8752
非利息收入	0.9102	0.8077	0.8859	0.8957	0.9083	0.8752	1.0000

注：本数据由 SPSS17.0 计量软件计算得出。

由表 3-2 可知，本章所选取的投入产出指标之间具有高度的相关性，例如在第一阶段，投入指标总资产与第一阶段产出指标存款总额之间的相关系数高达0.9979，投入指标利息支出与产出指标存款总额之间的相关系数达 0.9770，与产出指标贷款总额的相关系数达 0.9700；在第二阶段，投入指标存款总额与产出指标净利息收入相关系数高达 0.9663，投入指标贷款总额与产出指标净利息收入相关系数高达 0.9532。而且第一阶段投入指标和第二阶段产出指标之间显著相关，其相关性比第一阶段和第二阶段内部投入、产出指标之间的相关性稍强，这符合从商业银行服务性和盈利性两个角度来关联分析投入产出指标的初衷。但如果投入指标间或产出指标间内部的相关性越高，那么单个指标对 DEA 效率的贡献率就会越低，必然影响 DEA 计算结果的区分能力，使得 DMU 得到的效率值与真实情况下的 DEA 效率值之间的差异更加明显化。由表 3-3 可知，本节选取的投入指标内部、产出指标内部相关性不高，例如第一阶段三种投入指标之间的相关性系数都小于 0.6。此外，要使 DEA 模型测度效率的结果更加准确，DMU 的数目还必须满足经验法则的要求，即样本 DMU 个数必须是输入变量数目加输出变量数目的两倍以上，本节 DMU 的个数为 20，投入产出指标共 7，满足该经验法则。

第二节　商业银行经营效率的两阶段 DEA 测算

本节采用数据包络分析的计算软件 DEAP2.1 分别测算我国银行业有代表性的 20 家商业银行的第一、第二阶段静态的经营效率，首先分别对所选 20 个 DMU 在 2005、2006、2007、2008、2009 年每一年经营效率进行横向比较分析，其次对 20 个 DMU 中每一家银行 2005—2009 年的经营效率进行纵向比较分析，然后对 20 个 DMU 进行 Malmquist 全要素生产率分析，最后利用两阶段关联 DEA 模型测算 20 个 DMU 的经营全过程的经营效率。DEAP2.1 软件由澳大利亚新英格兰大学的 Tim Coelli 编写。

一、第一阶段经营效率的静态分析

本节测度的是技术效率、纯技术效率和规模效率。从商业银行服务性的角度看，第一阶段商业银行的技术效率即经营效率。这里的经营效率是描述银行作为一种重要的金融机构，为社会各经济主体提供存、贷款等多种形式的金融服务的技术效率。技术效率测度的是固定规模报酬时决策单元偏离生产前沿的距离，反映在给定投入情况下决策单元获得最大产出的能力；纯技术效率测度的是规模报酬可变时决策单元与生产前沿之间的距离；规模效率衡量的是相似决策单元 DMU 在规模报酬不变的生产前沿与规模报酬可变的生产前沿之间的距离。

（一）经营效率、纯技术效率和规模效率的横向比较

商业银行的横向效率对比分析可以分析各家银行的效率差异，并找出导致这些差异的原因。应用 CCR 模型和 BCC 对偶模型，可以得到 20 个 DMU 在 2005—2009 年的经营效率 PE、纯技术效率 PTE、规模效率 SE 和规模报酬情况。表 3-4、表 3-5、表 3-6 是 20 个 DMU 2005、2006、2007、2008、2009 年的经营效率、纯技术效率、规模效率和规模报酬的分析值。

表 3-4　各样本银行 2005 年经营效率、纯技术效率、规模效率与规模报酬

DMU	PE	PTE	SE	规模报酬
工行	0.854	1	0.854	drs
建行	0.913	0.984	0.928	drs
农行	1	1	1	—
中行	0.901	0.991	0.909	drs
交行	0.921	0.929	0.991	drs
恒丰	0.781	0.857	0.912	drs
华夏	0.796	0.895	0.889	drs
民生	0.780	0.860	0.907	drs
浦发	0.848	0.863	0.984	drs
深发展	0.977	1	0.977	drs
兴业	0.895	0.904	0.990	drs
招商	0.808	0.867	0.932	drs
浙商	1	1	1	—
光大	0.790	0.852	0.927	drs
中信	1	1	1	—
杭州银行	1	1	1	—
北京银行	0.865	0.959	0.902	drs
南京银行	1	1	1	—
宁波银行	0.975	0.981	0.994	irs
上海农商行	0.902	0.950	0.950	drs
平均	0.90	0.945	0.952	

注：本数据由 DEAP2.1 计量软件计算得出。

如表 3-4 所示，2005 年所选取的 20 家样本银行平均经营效率为 0.90，平均纯技术效率为 0.945，平均规模效率为 0.952。其中经营效率低于平均效率值 0.90 的银行有 9 家，分别是工行、恒丰、华夏、民生、浦发、兴业、招商、光大、北京银行；纯技术效率低于平均效率值 0.945 的银行有 8 家，分别是交行、恒丰、华夏、民生、浦发、兴业、浙商和光大银行；而规模效率低于平均效率值 0.952 的银行有 10 家，分别是工行、建行、中行、恒丰、华夏、民生、招商、光大、北京银行和上海农商行。

2005 年生产有效率的银行有 5 家，分别是农行、浙商、中信、杭州银行和南京银行。这说明这 5 家商业银行从服务性的角度来看，其在提供以存、贷款等多种形式的金融服务时是技术有效的。在生产无效率的 15 家银行中，生产无效率源

自规模无效率而非纯技术无效的有 2 家，分别是工行和深发展，其意义为这 2 家银行在现有的市场水平下，可不增加既有投入即能达到更高的产出水平。剩余 13 家的生产无效率既有纯技术无效的因素又有规模无效的因素在内。

表 3-5　各样本银行 2006、2007 年经营效率、纯技术效率、规模效率与规模报酬

年份	2006				2007			
DMU	PE	PTE	SE	规模报酬	PE	PTE	SE	规模报酬
工行	0.972	1	0.972	drs	0.933	1	0.933	drs
建行	0.946	1	0.946	drs	0.875	0.949	0.921	drs
农行	0.977	1	0.977	drs	0.974	1	0.974	drs
中行	0.945	1	0.945	drs	0.855	1	0.855	drs
交行	0.947	1	0.947	drs	1	1	1	—
恒丰	1	1	1	—	0.961	0.967	0.993	drs
华夏	1	1	1	—	0.956	0.957	1	—
民生	1	1	1	—	0.932	0.935	0.997	Irs
浦发	0.838	0.841	0.997	drs	0.805	0.805	0.999	Irs
深发展	1	1	1	—	1	1	1	—
兴业	0.932	1	0.932	drs	1	1	1	—
招商	0.932	0.946	0.985	drs	0.908	0.913	0.995	drs
浙商	1	1	1	—	1	1	1	—
光大	0.909	0.924	0.984	drs	0.905	0.915	0.989	drs
中信	0.960	1	0.960	irs	0.824	1	0.824	Irs
杭州银行	0.893	0.945	0.945	irs	0.778	0.794	0.981	Irs
北京银行	1	1	1	—	0.946	1	0.946	drs
南京银行	1	1	1	—	1	1	1	—
宁波银行	1	1	1	—	1	1	1	—
上海农商行	1	1	1	—	0.896	0.903	0.992	drs
平均	0.962	0.983	0.979		0.927	0.957	0.970	

注：本数据由 DEAP2.1 计量软件计算得出。

如表 3-5 所示，2006 年所选取的 20 家样本银行平均经营效率为 0.962，平均纯技术效率为 0.983，平均规模效率为 0.979。其中经营效率低于平均效率值 0.962 的银行有 9 家，分别是建行、中行、交行、浦发、兴业、招商、光大、中信、杭州银行；纯技术效率低于平均效率值 0.983 的银行有 4 家，分别是浦发、招商、光大和杭州银行；而规模效率低于平均效率值 0.979 的银行有 8 家，分别是工行、

建行、农行、中行、交行、兴业、中信和杭州银行。

2006年生产有效率的银行有9家，分别是恒丰、华夏、民生、深发展、浙商、北京银行、南京银行、宁波银行和上海农商行。这说明这9家商业银行从服务性的角度来看，其在提供以存、贷款等多种形式的金融服务时是技术有效的。在生产无效率的11家银行中，生产无效率源自规模无效率而非纯技术无效的有7家，分别是工行、建行、农行、中行、交行、兴业和中信银行，其意义为这7家银行在现有的市场水平下，在不增加既有投入下即能达到更高的产出水平。而剩余4家的生产无效率既有纯技术无效的因素又有规模无效的因素在内。

如表3-5所示，2007年所选取的20家样本银行平均经营效率为0.927，平均纯技术效率为0.957，平均规模效率为0.970。其中经营效率低于平均效率值0.927的银行有8家，分别是建行、中行、浦发、招商、光大、中信、杭州银行和上海农商行；纯技术效率低于平均效率值0.957的银行有7家，分别是建行、民生、浦发、招商、光大、杭州银行和上海农商行；而规模效率低于平均效率值0.970的银行有5家，分别是工行、建行、中行、中信、北京银行。

2007年生产有效率的银行有6家，分别是交行、深发展、兴业、浙商、南京银行和宁波银行。这说明这6家商业银行从服务性的角度来看，其在提供以存、贷款等多种形式的金融服务时是技术有效的。在生产无效率的14家银行中，生产无效率源自规模无效率而非纯技术无效的有5家，分别是工行、农行、中行、中信和北京银行，其意义为这5家银行在现有的市场水平下，在不增加既有投入下即能达到更高的产出水平。而剩余9家的生产无效率既有纯技术无效的因素又有规模无效的因素在内。

如表3-6所示，2008年所选取的20家样本银行平均经营效率为0.961，平均纯技术效率为0.975，平均规模效率为0.985。其中经营效率低于平均效率值0.961的银行有6家，分别是恒丰、华夏、浦发、招商、光大、中信、杭州和上海农商行；纯技术效率低于平均效率值0.975的银行有5家，分别是浦发、招商、光大、中信和上海农商行；而规模效率低于平均效率值0.985的银行有6家，分别是工行、建行、中信、杭州银行、宁波银行和上海农商行。

2008年生产有效率的银行有9家，分别是农行、中行、交行、恒丰、华夏、深发展、兴业、浙商和南京银行。这说明这9家商业银行从服务性的角度来看，这9家商业银行提供以存、贷款等多种形式的金融服务是技术有效的。在生产无效率的11家银行中，生产无效率源自规模无效率而非纯技术无效的有5家，分别是工行、建行、杭州银行、北京银行和宁波银行，其意义为这5家银行在现有的市场水平下，在不增加既有投入下即能达到更高的产出水平；另有招商银行的生产无效率源自于纯技术无效而非规模无效率。剩余5家商业银行的生产无效率既有纯技术无效的因素又有规模无效的因素。

表 3-6　各样本银行 2008、2009 年经营效率、纯技术效率、规模效率与规模报酬

年份	2008				2009			
DMU	PE	PTE	SE	规模报酬	PE	PTE	SE	规模报酬
工行	0.964	1	0.964	drs	0.915	1	0.915	drs
建行	0.977	1	0.977	drs	0.897	0.985	0.911	drs
农行	1	1	1	—	0.956	1	0.956	drs
中行	1	1	1	—	1	1	1	—
交行	1	1	1	—	0.967	1	0.967	drs
恒丰	1	1	1	—	0.984	1	0.984	drs
华夏	1	1	1	—	1	1	1	—
民生	0.998	0.999	0.999	irs	0.837	0.907	0.922	drs
浦发	0.836	0.837	0.999	irs	0.865	0.897	0.965	drs
深发展	1	1	1	—	0.987	1	0.987	drs
兴业	1	1	1	—	0.909	0.981	0.926	drs
招商	0.952	0.952	1	—	0.987	1	0.987	drs
浙商	1	1	1	—	1	1	1	—
光大	0.948	0.95	0.998	irs	0.986	1	0.986	drs
中信	0.780	0.846	0.922	irs	0.912	0.919	0.993	drs
杭州银行	0.90	1	0.90	irs	0.852	0.857	0.994	drs
北京银行	0.998	1	0.998	irs	0.942	0.987	0.955	drs
南京银行	1	1	1	—	1	1	1	—
宁波银行	0.976	1	0.976	irs	1	1	1	—
上海农商行	0.888	0.922	0.963	irs	0.82	0.848	0.967	drs
平均	0.961	0.975	0.985		0.941	0.969	0.971	

注 1：表 3-4、3-5、3-6 中 drs 表示规模报酬递减，irs 表示规模报酬递增，—表示规模报酬不变。本数据由 DEAP2.1 计量软件计算得出。

如表 3-6 所示，2009 年所选取的 20 家样本银行平均经营效率为 0.941，平均纯技术效率为 0.969，平均规模效率为 0.971。其中经营效率低于平均效率值 0.941 的银行有 8 家，分别是工行、建行、民生、浦发、兴业、中信、杭州银行和上海农商行；纯技术效率低于平均效率值 0.969 的银行有 5 家，分别是民生、浦发、中信、杭州和上海农商行；而规模效率低于平均效率值 0.971 的银行有 9 家，分别是工行、建行、农行、交行、民生、浦发、兴业、北京银行和上海农商行。

2009 年生产有效率的银行有 5 家，分别是中行、华夏、浙商、南京银行和宁

波银行。这说明这 5 家商业银行从服务性的角度来看，其提供以存、贷款等多种形式的金融服务是技术有效的。在生产无效率的 15 家银行中，生产无效率源自规模无效率而非纯技术无效的有 7 家，分别是工行、农行、交行、恒丰、深发展、招商和光大银行，其意义为这 7 家银行在现有的市场水平下，在不增加既有投入下即能达到更高的产出水平。而剩余 8 家的生产无效率既有纯技术无效的因素又有规模无效的因素。

横向地看，20 家样本银行的经营效率、纯技术效率和规模效率存在差距。本节根据表 3-4、3-5、3-6 整理出 2005—2009 年五年各样本银行的平均经营效率（PE），如图 3-2 所示。4 家国有商业银行中，近五年平均经营效率达到样本平均水平的有 2 家，分别是中国农业银行和中国银行；11 家股份制商业银行中，近五年平均经营效率达到样本平均水平的有 6 家，分别是交行、恒丰、华夏、深发展、兴业银行和浙商银行；4 家城市商业银行有北京银行、南京银行和宁波银行 3 家达到样本平均水平；1 家农村商业银行经营效率水平距样本平均水平有一定差距。其他如民生、浦发、招商、光大、中信、杭州银行距样本平均水平的差距也较大。

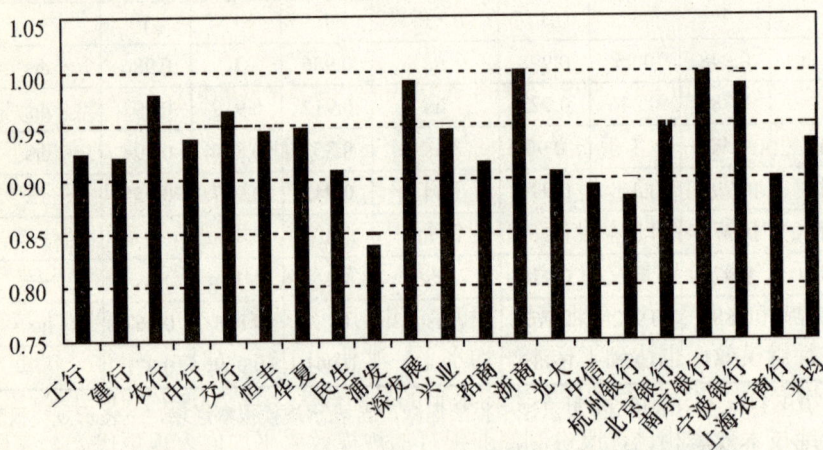

图 3-2　2005—2009 年各 DMU 平均经营效率 PE

2005—2009 年五年各银行的平均纯技术效率（PTE）如图 3-3 所示。从纯技术效率的角度考查，4 家国有商业银行近五年平均纯技术效率均达到样本平均水平；11 家股份制商业银行中，近五年平均经营效率达到样本平均水平的有 5 家，分别是交行、华夏、深发展、兴业银行和浙商银行；4 家城市商业银行有北京银行、南京银行和宁波银行 3 家达到样本平均水平；1 家农村商业银行纯技术效率水平距样本平均水平有一定差距。其他如民生、浦发、招商、光大、中信、杭州银行距样本平均水平的差距也较大。与 2005—2009 年平均纯技术效率相比，国有商业银行的平均纯技术效率表现更优，4 家国有商业银行均达到平均值，而其余样本银行的纯技术效率平均值与其经营效率平均值的表现相差不大，而且有 5 家银行达到了纯技术效率平均值有效。

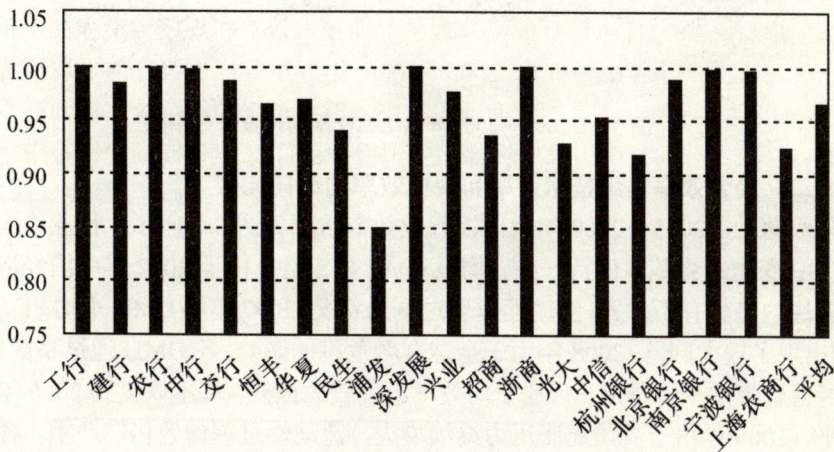

图 3-3　2005—2009 年各 DMU 平均纯技术效率 PTE

2005—2009 年五年各银行的平均规模效率（SE）如图 3-4 所示。从规模效率的角度考察，4 家国有商业银行中，近五年平均规模效率只有中国农业银行达到样本平均水平 0.9714；11 家股份制商业银行中，近五年平均规模效率达到样本平均水平的有 8 家，分别是交行、恒丰、华夏、浦发、深发展、招商、浙商和光大银行；4 家城市商业银行只有北京银行和宁波银行 2 家达到样本平均水平；1 家农村商业银行规模效率也达到了样本平均水平。其他如工行、建行、中行、民生、中信、杭州银行、北京银行距样本平均水平的差距较大。与 2005—2009 年平均经营效率和纯技术效率相比，股份制商业银行的规模效率平均值表现更优，4 家国有商业银行只有农业银行达到平均值，这说明在现有的市场水平下，国有商业银行在不增加既有投入下即能达到更高的产出水平。从另一方面看，国有商业银行较低的规模效率也反映出我国银行业市场和机构准入壁垒较高，股份制商业银行的规模竞争力远强于国有商业银行，国有商业银行必须努力提高自己的规模效率从而提高整体经营效率，进而提高自己的核心竞争力。

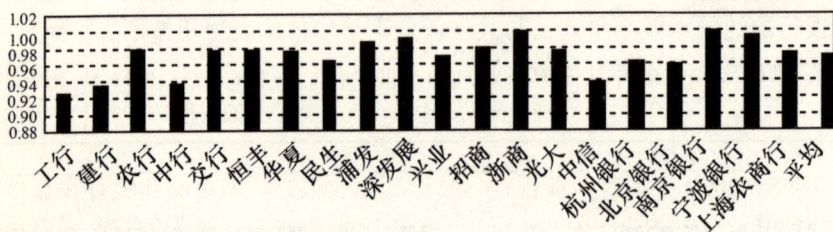

图 3-4 2005—2009 年各 DMU 平均纯技术效率 SE

（二）经营效率、纯技术效率和规模效率的纵向比较

从纵向看，2005—2009 年我国银行业效率水平如图 3-5 所示，行业平均 PE、PTE、SE 变化趋势基本保持一致，均呈"M"形走势。由于 2007 年中国经济增长速度偏快的趋势有所加剧，流动性出现过剩的状况，2007 年各 DMU 平均 PE、PTE、SE 均出现了较大回落。2008 年由于全球金融危机的影响，各 DMU 通过精简机构、提高经营管理水平等措施，行业平均效率出现较大提升，基本恢复到 2006 年的平均水平。2009 年由于我国通胀压力继续增大，流动性过剩问题仍较严重，各效率平均值出现小幅回落，但仍高于 2007 年的水平。

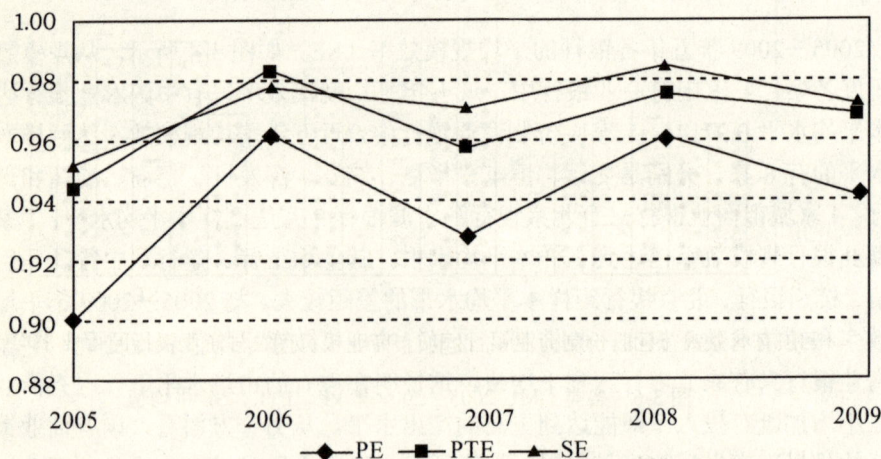

图 3-5 2005—2009 年各 DMU 平均 PE、PTE、SE 趋势图

本章将所研究的 20 个 DMU 按其资产规模、所有权性质等分为国有商业银行、股份制商业银行、城市商业银行和农村商业银行四大类进行纵向分析，具体分类见表 3-7 所示。

表 3-7　DMU 分类表

国有商业银行	股份制商业银行	城市商业银行	农村商业银行
工行、建行、农行、中行	交行、恒丰、华夏、民生、浦发、深发展、兴业、招商、浙商、光大、中信	杭州银行、北京银行、南京银行、宁波银行	上海农商行

2005—2009 年国有商业银行、股份制商业银行、城市商业银行和农村商业银行平均 PE、PTE、SE 如图 3-6 所示。由于国有商业银行庞大的资产规模和政府资源的天然垄断，使其在考察期内平均 PE、PTE 均高于样本平均水平。由于在考察期内国有商业银行相继完成股份制改造，这使得国有商业银行的经营效率和纯技术效率均有较大提升，表现为国有商业银行的平均 PE、PTE 均超过样本平均水平。相比之下，股份制商业银行和农村商业银行的平均 PE 和 PTE 均低于样本平均水平。城市商业银行由于其产权结构明显有别于国有商业银行和股份制商业银行，较高的经营灵活性使其 PE 和 PTE 平均值均高于样本的平均水平。而反观四大类 DMU 规模效率 SE 的表现，国有商业银行是唯一 SE 平均值低于样本平均水平的，反映出国有商业银行由于规模过于庞大，规模效率较低。

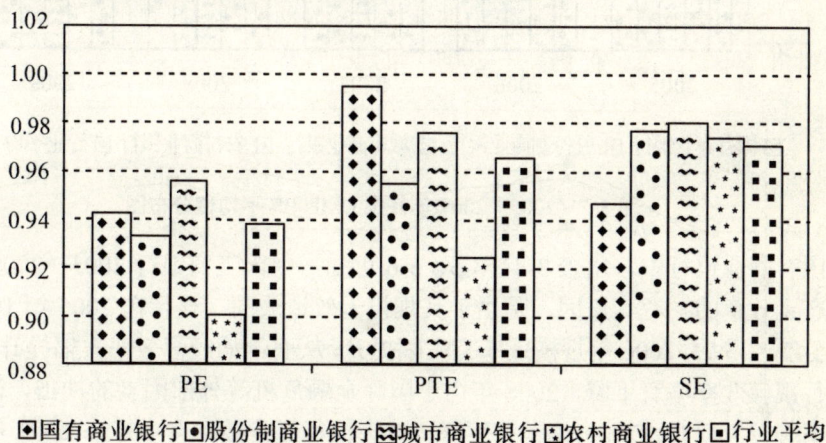

图 3-6　各类 DMU 2005—2009 年 PE、PTE、SE 平均值

1. 2005—2009 年各类商业银行 PE 分析

（1）国有商业银行 PE 分析

如图 3-7 所示，国有商业银行经营效率 2005、2006 年呈上升态势，并且高于行业平均水平，2007 年中国经济增长速度偏快的趋势有所加剧，流动性出现过剩，国有商业银行经营效率有所降低，且低于同年行业平均水平。2008 年受国际金融危机等外部影响，国有商业银行普遍采取有效措施改善经营效率，以应对金融危

机对本行业造成的巨大冲击，从图 3-7 中可以看到，2008 年国有商业银行的经营
效率有显著提高。随着 2009 年国际、国内经济形势好转，国有商业银行经营效率
又略有下降，但仍高于行业平均水平。从 2005—2009 年国有商业银行经营效率的
变化分析可知，国有商业银行的经营效率并不稳定，而是动态变化的，如何变化，
取决于外部环境和内部环境的综合影响。这也反映出国有商业银行的经营效率外
部依赖性很高，必须通过内部管理机制和经营机制的大力改革才能实现经营效率
的稳定。

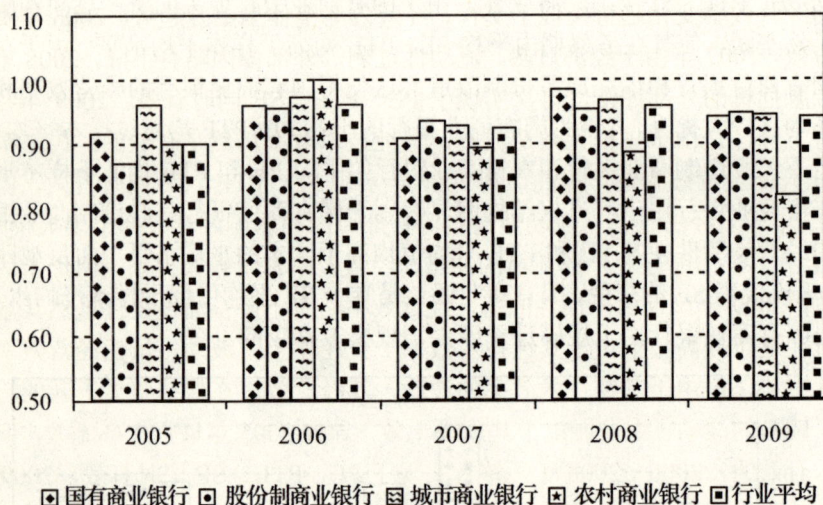

☑国有商业银行 ☑股份制商业银行 ☑城市商业银行 ★农村商业银行 ☐行业平均

图 3-7　2005—2009 年各类 DMU PE 平均值分布图

国有商业银行中，由表 3-4、3-5、3-6 可知，中国工商银行 2005—2009 年都
是生产无效率的，究其原因，是由于其规模无效造成的。该行在 2005 年 10 月完
成股份制改造后，2006 年规模效率有大幅提升，从而带动经营效率大幅提升，2007
年该行规模效率略有下降，2008 年由于国际金融危机等外部因素的冲击，该行规
模效率有较大提升，2009 年稍有下降。建设银行经营效率在 2005—2009 年逐年
提高，2007 年建设银行在上市后第一年经营效率出现惯性回落，这符合前面本节
所得出的国有商业银行经营效率是动态变化的这一结论。中行和农行的经营效率
在 2005—2009 年基本保持稳步提高的态势，且农行的生产无效是因为规模无效造
成的，但是其规模效率正在逐步改善，到 2008 年，农行和中行实现 PE、PTE、
SE 同时有效。2009 年农行的规模效率略有下降，其经营效率也随其下降，但是
下降幅度不大，中行在 2009 年仍然保持 PE、PTE、SE 同时有效。

　　（2）股份制商业银行 PE 分析

　　由表 3-4、3-5、3-6 可知，股份制商业银行中，浙商银行在 2005—2009 年始

终处于生产前沿面上，说明其具有很强的经营灵活性和完善的管理体制；华夏银行从 2005 年的生产无效，到 2006 年实现规模有效，进而在 2007—2009 年实现 PE、PTE、SE 同时有效，反映出该行通过不断进行经营管理体制改革实现了经营有效；交行 2005 年的生产无效是因为纯技术无效和规模无效同时存在，2006 年，该行通过改革其内部管理体制，实现了纯技术有效，该年生产无效是由规模无效造成的，通过其不断的努力，2007、2008 年交行连续实现 PE、PTE、SE 同时有效，2009 年由于规模效率下降，该行经营效率下降，但仍是纯技术有效的；恒丰银行的经营效率变化趋势类似于交行，经营效率整体呈上升趋势，2006 年实现了生产有效，2007 年由于经济过热、流动性过剩等外部原因略有下降，2008 年由于国际金融危机的外部冲击，再次实现了 PE、PTE、SE 同时有效，2009 年经营效率稍有下降，是由于规模无效造成的，其纯技术效率仍然是有效的；民生银行从 2005 年开始经营效率逐年提高，到 2006 年实现 PE、PTE、SE 同时有效，但是其在 2007 年由于经济过热、流动性过剩等外部原因的影响经营效率出现大幅回落，2008 年由于整个银行业外部环境的冲击，经营效率有了较大提高，但仍未达到生产有效，2009 年该行由于惯性回落，经营效率略有下降；浦发银行虽然其规模效率一直在逐年提高，但由于其纯技术效率一直在作上下波动，虽然经营效率整体呈上升态势，但由于其纯技术效率的波动，其经营效率在保持整体上升的趋势中出现了轻微的波动；深发展由于其规模无效，导致 2005 年该行生产无效，但其是纯技术有效的，2006—2008 年，该行实现了 PE、PTE、SE 同时有效，2009 年该行规模效率出现下降从而使其经营效率下降，即生产无效，但是其仍然是纯技术有效的；兴业银行通过其自身的内部改革，从 2005 年开始经营效率稳步提高，2006 年实现了纯技术有效，2007—2008 年实现了 PE、PTE、SE 同时有效，2009 年该行经营效率下降，主要是由于其规模效率出现大幅回落；招商银行 2005—2009 年经营效率呈逐年升高的态势，且其生产无效主要是由纯技术无效造成的，2008 —2009 年，该行规模有效，生产无效是由纯技术无效造成的；光大银行 2005—2009 年，经营效率一直呈上升趋势，且其规模效率一直在稳步提高，2009 年，该行纯技术有效，生产无效是由规模无效造成的；中信银行 2005 年是生产有效的，2007 年经营效率出现较大回落，2008—2009 年开始逐年提高，其生产无效是由规模无效造成的，但是其纯技术有效。

从 11 家股份制商业银行的效率变化趋势可以看出，股份制商业银行的生产无效主要是由于规模小、效率较低造成的，所以股份制商业银行应该加大力度改善规模效率，完善经营管理体制，进一步提高纯技术效率。

（3）城市商业银行及农村商业银行 PE 分析

由表 3-4、3-5、3-6 可知，南京银行一直是生产有效的；宁波银行 2005 是生产无效的，其 $PE=0.975$，该行除了 2008 年规模效率略有下降，导致生产无效外，

2006 年到 2009 年，通过不断持续改革实现了生产有效；北京银行的经营效率总体呈上升趋势，2006 年一度实现了生产有效，由于规模无效，2007 年该行经营效率开始回落，但却实现了纯技术有效；杭州银行 2005 年是生产有效的，2006 年经营效率出现略微下降，2007 年经营效率大幅回落，2008 年经营效率有了回升态势，且实现了纯技术有效，2009 年经营效率下降，其原因是纯技术效率和规模效率同时下降；仅选的一家农村商业银行——上海市农村商业银行 2006 年实现生产有效，之后呈现缓慢下降态势。

2. 2005—2009 年各类商业银行 PTE 分析

图 3-8 为 2005—2008 年各类商业银行 PTE 分布图，从该图可以看出，2005 年国有商业银行的纯技术效率最高，城市商业银行次之，农村商业银行比股份制商业银行稍高。从 2005 年到 2006 年，国有商业银行、股份制商业银行、农村商业银行的 PTE 均出现了较大上升，其中股份制商业银行上升幅度最大，只有城市商业银行出现了小幅回落，而且国有商业银行和农村商业银行实现了纯技术有效。2007 年，由于经济过热、流动性过剩等原因，各类 DMU 的平均 PTE 均出现了下降的趋势，农村商业银行的下降幅度最大。2008 年，由于国际金融危机等外部冲击的影响，各类 DMU 均通过各种改革提高了纯技术效率，国有商业银行和城市商业银行实现了纯技术有效。2009 年，招商银行纯技术效率继续上升，其余各类商业银行纯技术效率有所下降，农村商业银行下降幅度最大。

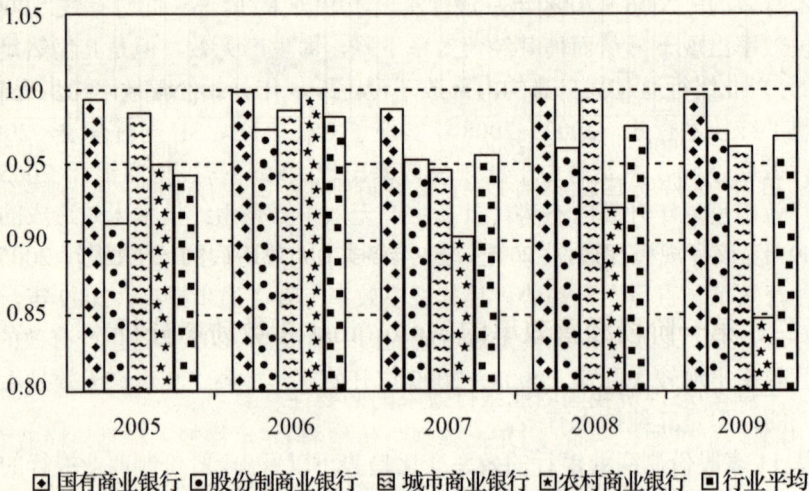

图 3-8　2005—2009 年各类 DMU PTE 平均值分布图

3. 2005—2009 年各类商业银行 SE 分析

图 3-9 为 2005—2009 年各类商业银行 SE 分布图，从该图可以看出，2005 年

国有商业银行的规模效率最低，城市商业银行的规模效率最高，股份制商业银行的规模效率仅次于城市商业银行，只有城市商业银行和股份制商业银行的 SE 平均值超过样本平均水平。2006 年，各类商业银行的规模效率均出现了大幅上升，股份制商业银行、城市商业银行和农村商业银行均超过样本平均水平，而且农村商业银行实现了规模有效，该年国有商业银行的规模效率仍然是全行业最低的。2008 年，由于国际金融危机等外部冲击，国有商业银行的规模效率实现了大幅上升，首次超过样本平均水平，仅次于股份制商业银行，该年城市商业银行和农村商业银行的规模效率下降幅度较大，且低于样本平均水平。2009 年，各类商业银行的规模效率均出现回落，国有商业银行下降幅度最大，成为该年规模效率最低的一类商业银行，股份制商业银行和城市商业银行均超过样本平均水平，农村商业银行略低于样本平均水平。从以上分析可知，国有商业银行由于其特殊的垄断性，规模效率成为其提高竞争力的主要制约因素，而这正是股份制商业银行的竞争优势。

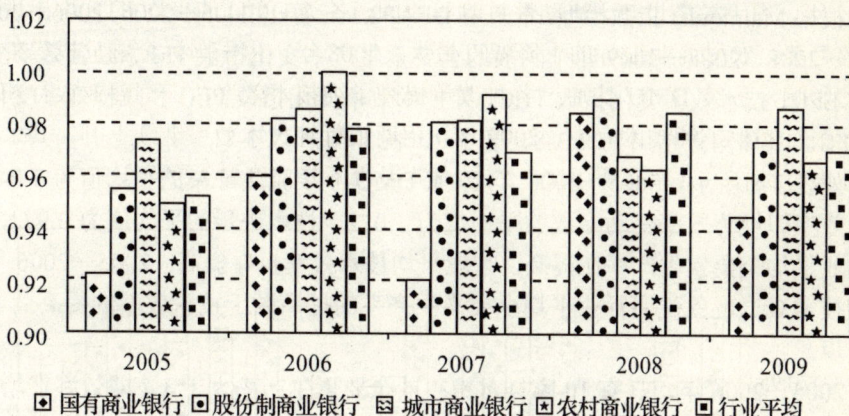

图 3-9　2005—2009 年各类 DMU SE 平均值分布图

二、第一阶段经营效率的 Malmquist 指数动态分析

（一）动态评价我国商业银行效率的必要性

由第一章可知，两阶段 DEA 模型与传统的 DEA 模型一样是用横截面数据得到不同时间点上的被评价银行的效率值。对于不同时间 DEA 有效性的变化情况，由于其生产前沿面的位置不尽相同，不能很好地衡量决策单元生产率的变化，例如：即使被评价银行在不同的时刻处于有效前沿上也无法判断其效率变化情况；如果被评价银行在不同时刻都是非 DEA 有效的，处于不同的有效前沿也不能判断其效率改变情况。尽管本章用两阶段 DEA 模型对效率变动进行横向和纵向的比

较，但其实质属于经营效率的静态分析，不能很好地反映由于技术进步和其他因素的影响而导致评价银行生产前沿面位置的变化。古典厂商理论认为研究不同时期决策单元的效率变化时，应采用生产率指数理论与方法，Malmquist 指数（Malmquist Index）是目前被广泛使用的典型的生产率指数。

Malmquist 指数在投入产出分析中之所以被广泛运用是因为其有以下优点：（1）不需要相关的价格信息，这对实证分析特别重要，因为在一般情况下，相关投入和产出的数量数据比较容易得到，而要素价格等信息的获取通常比较困难，有时甚至不可能；（2）不必事先对研究主体的行为模式进行假设（如成本最小化或利润最大化的假设）；（3）Malmquist 指数更多地倾向于评价决策单元的动态变化，该指数通过"追赶效应"和"前沿面移动效应"对有效性进行动态考察，并进一步被分解为技术效率变化指数和技术进步指数，从而能得到更为细致的动态分析结果；（4）适用于多个国家或地区跨时期的样本分析。

（二）第一阶段经营效率 Malmquist 指数动态分析

根据 Malmquist 指数模型，本节用 DEAP2.1 计算出 2005—2006、2006—2007、2007—2008、2008—2009 四个阶段的全要素生产率变化指数 TFP、经营效率变化指数 EFC、技术效率变化指数 TEC、纯技术效率变化指数 PEC 和规模效率变化指数 SEC。具体测算结果见表 3-8、表 3-9、表 3-10 和表 3-11。

如表 3-8 所示，2005—2006 年 20 家 DMU 全要素生产率的平均值为 1.042，技术效率即经营效率变动指数的平均值为 1.072，技术进步的平均值为 0.972，说明行业平均全要素生产率在提高，行业平均技术效率也在提高。2005—2006 年出现的技术衰退现象说明行业平均全要素生产率的提高源于技术效率的提高而非技术进步。

2005—2006 年，只有 10 家样本银行的全要素生产率大于 1，即效率在增加。这 10 家商业银行分别是中行、恒丰、华夏、民生、浦发、深发展、招商、光大、北京银行和上海农商行。而这 10 家样本银行中，浦发银行是由于技术进步而非经营效率提高导致的整体效率提高；招商、北京银行和上海农商行则是由于经营效率提高而出现了整体效率的提高；其余 6 家样本银行的效率提高既有技术进步的因素，又有经营效率提高的因素。

如表 3-9 所示，2006—2007 年 20 家 DMU 全要素生产率的平均值为 1.033，技术效率即经营效率变动指数的平均值为 0.962，技术进步的平均值为 1.074，说明行业平均全要素生产率在提高，行业平均技术效率在下降，2006—2007 年出现了技术进步，这说明行业平均全要素生产率的提高源于技术进步而非技术效率的提高。

表 3-8　2005—2006 年样本银行全要素生产率指数及其分解结果

DMU	effch	Techch	pech	sech	tfpch
工行	1.138	0.874	1	1.138	0.995
建行	1.036	0.930	1.016	1.019	0.964
农行	0.977	0.986	1	0.977	0.963
中行	1.048	1.011	1.009	1.039	1.060
交行	1.028	0.956	1.077	0.955	0.983
恒丰	1.280	1.027	1.167	1.097	1.315
华夏	1.256	1.038	1.117	1.125	1.304
民生	1.282	1.077	1.162	1.103	1.380
浦发	0.988	1.044	0.975	1.013	1.031
深发展	1.024	1.058	1	1.024	1.084
兴业	1.041	0.948	1.106	0.941	0.988
招商	1.153	0.990	1.091	1.057	1.142
浙商	1	0.986	1	1	0.986
光大	1.151	1.019	1.085	1.061	1.173
中信	0.960	0.861	1	0.960	0.826
杭州银行	0.893	0.981	0.945	0.945	0.876
北京银行	1.156	0.872	1.043	1.109	1.008
南京银行	1	0.954	1	1	0.954
宁波银行	1.025	0.940	1.020	1.006	0.964
上海农商行	1.109	0.917	1.053	1.053	1.016
平均	1.072	0.972	1.042	1.029	1.042

注：本数据由 DEAP2.1 计量软件计算得出。

2006—2007 年，有 14 家样本银行的全要素生产率大于 1，即效率在增加。这 14 家商业银行分别是工行、农行、交行、恒丰、华夏、浦发、深发展、兴业、招商、浙商、光大、北京银行、南京银行和宁波银行。而这 14 家商业银行中，工行、农行、恒丰、华夏、浦发、招商、光大和北京银行这 8 家是由于技术进步而非经营效率提高导致的整体效率提高；交行和兴业银行的效率提高既有技术进步的因素，又有经营效率提高的因素；其余 4 家的经营效率未变，即 effch=1，效率的提高源于技术进步。这 14 家样本银行中，只有交行和兴业银行的效率增加既有技术进步的因素，又有经营效率提高的因素，其余 10 家都是源于技术进步，说明 2006—2007 年各 DMU 提高经营效率的措施效果并不明显。

表 3-9　2006—2007 年样本银行全要素生产率指数及其分解结果

DMU	effch	techch	pech	sech	tfpch
工行	0.960	1.068	1	0.960	1.025
建行	0.925	1.038	0.949	0.974	0.960
农行	0.997	1.053	1	0.997	1.051
中行	0.905	1.053	1	0.905	0.952
交行	1.056	1.174	1	1.056	1.240
恒丰	0.961	1.186	0.967	0.993	1.140
华夏	0.956	1.116	0.957	1	1.067
民生	0.932	0.997	0.935	0.997	0.929
浦发	0.960	1.085	0.957	1.003	1.042
深发展	1	1.103	1	1	1.103
兴业	1.073	1.051	1	1.073	1.128
招商	0.975	1.105	0.965	1.010	1.078
浙商	1	1.048	1	1	1.048
光大	0.995	1.106	0.990	1.005	1.101
中信	0.858	1.050	1	0.858	0.901
杭州银行	0.872	1.067	0.840	1.037	0.930
北京银行	0.946	1.075	1	0.946	1.017
南京银行	1	1.046	1	1	1.046
宁波银行	1	1.033	1	1	1.033
上海农商行	0.896	1.041	0.903	0.992	0.933
平均	0.962	1.074	0.972	0.989	1.033

注：本数据由 DEAP2.1 计量软件计算得出。

如表 3-10 所示，2007—2008 年 20 家 DMU 全要素生产率的平均值为 0.979，技术效率即经营效率变动指数的平均值为 1.037，技术进步的平均值为 0.944，说明行业平均全要素生产率在下降，行业平均技术效率在上升，2007—2008 年出现了技术衰退，这说明行业平均全要素生产率的下降源于技术衰退。

如表 3-10 所示，2007—2008 年，只有 6 家样本银行的全要素生产率大于 1，即效率在增加，这 6 家分别是建行、中行、恒丰、华夏、招商和杭州银行。而这 6 家商业银行中，建行、招商和杭州银行这 3 家是由于经营效率提高而非技术进步导致的整体效率提高；中行、恒丰和华夏银行的效率提高既有技术进步的因素，又有经营效率提高的因素。其余 14 家的全要素生产率都在降低。这 14 家样本银行中，工行、农行、交行、民生、浦发、深发展、兴业、浙商、光大、北京银行和南京银行这 11 家的经营效率增加或者不变，整体效率的降低源于技术衰退。其余 3 家样本银行整体效率的降低既有技术衰退的因素，又有经营效率下降的因素，说明 2007—2008 年各 DMU 提高经营效率的措施效果较为明显，但是由于技术衰退的影响整体效率并没有出现显著提高反而下降。

表 3-10　2007—2008 年样本银行全要素生产率指数及其分解结果

DMU	effch	techch	pech	sech	tfpch
工行	1.034	0.883	1	1.034	0.913
建行	1.117	0.931	1.054	1.061	1.040
农行	1.026	0.941	1	1.026	0.966
中行	1.170	1.095	1	1.170	1.281
交行	1	0.987	1	1	0.987
恒丰	1.041	1.038	1.034	1.007	1.080
华夏	1.046	1.070	1.045	1	1.119
民生	1.070	0.906	1.069	1.002	0.970
浦发	1.039	0.943	1.039	1	0.980
深发展	1	0.996	1	1	0.996
兴业	1	0.90	1	1	0.90
招商	1.048	0.983	1.043	1.004	1.030
浙商	1	0.847	1	1	0.847
光大	1.048	0.903	1.038	1.010	0.946
中信	0.947	0.911	0.846	1.119	0.862
杭州银行	1.155	0.920	1.260	0.917	1.063
北京银行	1.055	0.893	1	1.055	0.941
南京银行	1	0.999	1	1	0.999
宁波银行	0.976	0.957	1	0.976	0.935
上海农商行	0.991	0.831	1.021	0.970	0.824
平均	1.037	0.944	1.020	1.016	0.979

注：本数据由 DEAP2.1 计量软件计算得出。

如表 3-11 所示，2008—2009 年 20 家 DMU 全要素生产率的平均值为 1.062，技术效率即经营效率变动指数的平均值为 0.979，技术进步的平均值为 1.085，说明行业平均全要素生产率在提高，行业平均技术效率反而下降，2008—2009 年出现技术进步，这说明行业平均全要素生产率的提高源于技术进步。

表 3-11　2008—2009 年样本银行全要素生产率指数及其分解结果

DMU	effch	Techch	pech	sech	tfpch
工行	0.949	1.159	1	0.949	1.10
建行	0.918	1.221	0.985	0.932	1.121
农行	0.956	1.228	1	0.956	1.173
中行	1	0.943	1	1	0.943
交行	0.967	0.991	1	0.967	0.958
恒丰	0.984	0.908	1	0.984	0.894
华夏	1	0.910	1	1	0.910
民生	0.838	1.127	0.908	0.923	0.945
浦发	1.035	1.080	1.072	0.965	1.119
深发展	0.987	0.969	1	0.987	0.956
兴业	0.909	1.184	0.981	0.926	1.076
招商	1.037	0.978	1.050	0.987	1.013
浙商	1	1.033	1	1	1.033
光大	1.040	1.147	1.053	0.988	1.193
中信	1.169	1.091	1.086	1.077	1.276
杭州银行	0.947	1.206	0.857	1.105	1.142
北京银行	0.945	1.208	0.987	0.957	1.141
南京银行	1	1.101	1	1	1.101
宁波银行	1.024	1.118	1	1.024	1.145
上海农商行	0.924	1.199	0.920	1.004	1.107
平均	0.979	1.085	0.994	0.986	1.062

注：本数据由 DEAP2.1 计量软件计算得出。

2008—2009 年，有 14 家样本银行的全要素生产率大于 1，即效率在增加，这 14 家商业银行分别是工行、建行、农行、浦发、兴业、招商、浙商、光大、中信、杭州银行、北京银行、南京银行、宁波银行、上海农商行。这 14 家商业银行中，工行、建行、农行、兴业、杭州银行、北京银行、上海农商行这 7 家是由于技术进步而非经营效率提高导致的整体效率提高；浙商和南京银行的经营效率未变，即 effch=1，效率的提高源于技术进步；招商银行的效率提高源于经营效率的提高而非技术进步。上述结果说明 2008—2009 年各 DMU 提高经营效率的措施效果并不明显，效率提高主要源于技术进步。

如表 3-12 所示，2005—2009 年 20 家 DMU 全要素生产率的平均值为 1.029，技术效率即经营效率的变动指数平均值为 1.012，技术进步的平均值为 1.017，纯技术效率的变动指数为 1.007，规模效率的变动指数为 1.005，说明行业平均全要素生产率在提高，行业平均技术效率也在提高，技术进步平均值同样在提高。可见行业平均全要素生产率有逐渐提高的态势，而且其提高既有技术效率提高的因素，又有技术进步的因素，说明行业的平均经营管理水平在逐渐提高。

表 3-12　2005—2009 年样本银行全要素生产率指数及其分解结果

DMU	effch	Techch	pech	sech	tfpch
工行	1.018	0.989	1	1.018	1.006
建行	0.995	1.024	1	0.995	1.019
农行	0.989	1.047	1	0.989	1.035
中行	1.026	1.024	1.002	1.024	1.051
交行	1.012	1.024	1.019	0.994	1.036
恒丰	1.059	1.035	1.039	1.019	1.097
华夏	1.059	1.031	1.028	1.030	1.091
民生	1.018	1.023	1.013	1.004	1.041
浦发	1.005	1.037	1.010	0.995	1.042
深发展	1.003	1.03	1	1.003	1.033
兴业	1.004	1.015	1.021	0.984	1.019
招商	1.051	1.013	1.036	1.014	1.065
浙商	1	0.975	1	1	0.975
光大	1.057	1.039	1.041	1.016	1.099
中信	0.977	0.973	0.979	0.998	0.951
杭州银行	0.961	1.038	0.962	0.999	0.998
北京银行	1.022	1.003	1.007	1.015	1.024
南京银行	1	1.023	1	1	1.023
宁波银行	1.006	1.01	1.005	1.001	1.016
上海农商行	0.976	0.988	0.972	1.004	0.964
平均	1.012	1.017	1.007	1.005	1.029

注：本数据由 DEAP2.1 计量软件计算得出。

如表 3-12 所示，2005—2009 年，有 16 家样本银行的全要素生产率大于 1，即效率在提高。这 16 家分别是工行、建行、农行、中行、交行、恒丰、华夏、民生、浦发、深发展、兴业、招商、光大、北京银行、南京银行和宁波银行。

4 家国有商业银行工行、建行、农行和中行全要素生产效率均大于 1，即 4

家国有商业银行整体效率均在逐渐提高。工行和中行的效率提升是源于经营效率的提高，其中工行经营效率的提高源于规模效率的提升，而中行经营效率提升既有纯技术效率提高的因素，又有规模效率提高的因素；农行和建行的效率提升是源于技术进步。

11家股份制商业银行中，交行、恒丰、华夏、民生、浦发、深发展、兴业、招商和光大的全要素生产效率均大于1，即有9家股份制商业银行整体效率均在逐渐提高。这9家股份制商业银行整体效率的提高既有经营效率提高的因素，又有技术进步的因素。除了深发展的纯技术效率变动指数为1外，其余8家的纯技术效率变动指数均大于1，说明这8家股份制商业银行的纯技术效率都在提高。除交行、浦发和兴业银行的规模效率变动指数小于1外，其余6家的规模效率变动指数均大于1，即规模效率在逐渐提高，而交行、浦发和兴业银行的规模效率均有降低的态势。

4家城市商业银行中，北京银行、南京银行和宁波银行的全要素生产效率均大于1，即这3家城市商业银行整体效率均在逐渐提高。北京银行和宁波银行整体效率的提高既有经营效率提高的因素，又有技术进步的因素。南京银行的经营效率变动指数为1，即2005—2009年间经营效率保持不变。其整体效率的提高源于技术进步。杭州银行的经营效率变动指数小于1，即2005到2009年，经营效率有降低的态势，其整体效率的降低是因为经营效率的降低。

唯一的一家样本农村商业银行（上海农商行）的全要素生产率小于1，说明2005到2009年其整体效率有下降的态势，其整体效率的下降既有经营效率下降的因素，又有技术衰退的因素。

三、第二阶段经营效率的静态分析

从商业银行盈利性的角度看，第二阶段商业银行的经营效率又可称为盈利效率。银行作为一种商业性金融机构，其盈利性是商业机构最终所关注的目标。此阶段商业银行的功能是将低成本资金运用于高收益的债券投资及其他收益性较高的中间业务。本阶段商业银行的盈利效率旨在衡量商业银行运用低成本资金进行高收益投资活动的效率。

（一）经营效率、纯技术效率和规模效率的横向比较

商业银行的横向效率对比分析可以分析各家银行的效率差异，并找出导致这些差异的原因。应用CCR模型和BCC对偶模型，可以得到20个DMU在2005—2009年的经营效率PE、纯技术效率PTE、规模效率SE和规模报酬情况。表3-13、表3-14、表3-15是20个DMU 2005年、2006年和2007年、2008年和2009年的经营效率、纯技术效率、规模效率和规模报酬的分析值。

表 3-13　各样本银行 2005 年经营效率、纯技术效率、规模效率与规模报酬

DMU	PE	PTE	SE	规模报酬
工行	0.719	1	0.719	drs
建行	0.369	0.971	0.380	drs
农行	0.396	0.832	0.476	drs
中行	1	1	1	—
交行	0.415	0.835	0.496	drs
恒丰	0.658	0.669	0.983	irs
华夏	0.637	0.642	0.991	irs
民生	0.482	0.905	0.533	drs
浦发	0.522	0.643	0.811	drs
深发展	0.603	1	0.603	drs
兴业	0.460	0.619	0.742	drs
招商	0.727	0.983	0.739	drs
浙商	0.511	0.656	0.779	irs
光大	0.489	0.887	0.551	drs
中信	0.524	1	0.524	irs
杭州银行	0.475	0.50	0.950	irs
北京银行	0.518	0.881	0.587	irs
南京银行	0.541	0.698	0.775	irs
宁波银行	0.536	0.662	0.810	irs
上海农商行	1	1	1	—
平均	0.579	0.819	0.722	

注：本数据由 DEAP2.1 计量软件计算得出。

如表 3-13 所示，2005 年所选取的 20 家样本银行平均经营效率为 0.579，平均纯技术效率为 0.819，平均规模效率为 0.722。其中经营效率低于平均效率值 0.579 的银行有 13 家，分别是建行、农行、交行、民生、浦发、兴业、浙商、光大、中信、杭州银行、北京银行、南京银行和宁波银行；纯技术效率低于平均效率值 0.819 的银行有 8 家，分别是恒丰、华夏、浦发、兴业、浙商、杭州银行、南京银行和宁波银行；而规模效率低于平均效率值 0.722 的银行有 9 家，分别是工行、建行、农行、交行、民生、深发展、光大、中信、北京银行。

2005 年生产有效率的银行只有 2 家，分别是中行和上海农村商业银行。从盈利性的角度来看，这 2 家商业银行在将低成本资金运用于高收益的债券投资及其

他收益性较好的中间业务时是技术有效的。在生产无效率的18家银行中，生产无效率源自规模无效率而非纯技术无效率的有3家，分别是工行、深发展和中信银行，其意义为这3家银行在现有的市场水平下，可不增加既有投入即能达到更高的产出水平；而剩余15家的样本银行生产无效率既有纯技术无效率的因素又有规模无效率的因素在内。

表 3-14 各样本银行 2006、2007 年经营效率、纯技术效率、规模效率与规模报酬

年份	2006				2007			
DMU	PE	PTE	SE	规模报酬	PE	PTE	SE	规模报酬
工行	0.670	1	0.670	drs	0.573	1	0.573	drs
建行	0.586	0.991	0.591	drs	0.517	0.979	0.528	drs
农行	0.559	0.732	0.764	drs	0.546	0.774	0.706	drs
中行	1	1	1	—	1	1	1	—
交行	0.603	0.761	0.792	drs	0.545	0.784	0.695	drs
恒丰	0.807	0.808	0.999	—	0.728	0.762	0.956	drs
华夏	0.673	0.876	0.768	drs	0.652	0.904	0.721	drs
民生	0.620	0.872	0.711	drs	0.606	0.995	0.609	drs
浦发	0.647	0.731	0.885	drs	0.610	0.786	0.776	drs
深发展	1	1	1	—	1	1	1	—
兴业	0.604	0.638	0.947	drs	0.527	0.604	0.872	drs
招商	1	1	1	—	0.623	0.813	0.767	drs
浙商	1	1	1	—	1	1	1	—
光大	0.666	0.837	0.796	drs	0.583	0.938	0.621	drs
中信	0.558	0.581	0.960	irs	0.535	0.573	0.934	drs
杭州银行	0.570	0.575	0.991	irs	0.570	0.592	0.963	drs
北京银行	0.749	0.832	0.901	drs	0.728	1	0.728	drs
南京银行	0.543	0.565	0.961	irs	1	1	1	—
宁波银行	0.541	0.552	0.980	irs	0.503	0.526	0.956	drs
上海农商行	1	1	1	—	1	1	1	—
平均	0.720	0.818	0.886		0.692	0.851	0.820	

注：本数据由 DEAP2.1 计量软件计算得出。

如表 3-14 所示，2006 年所选取的 20 家样本银行平均经营效率为 0.720，平均纯技术效率为 0.818，平均规模效率为 0.886。其中经营效率低于平均效率值 0.720 的银行有 13 家，分别是工行、建行、农行、交行、华夏、民生、浦发、兴业、光

大、中信、杭州银行、南京银行、宁波银行；纯技术效率低于平均效率值 0.818 的银行有 9 家，分别是农行、交行、恒丰、浦发、兴业、中信、杭州银行、南京银行和宁波银行；而规模效率低于平均效率值 0.886 的银行有 8 家，分别是工行、建行、农行、交行、华夏、民生、浦发和光大银行。

2006 年生产有效率的银行有 5 家，分别是中行、深发展、招商、浙商和上海农村商业银行。从盈利性的角度来看，这 5 家商业银行在将低成本资金运用于高收益的债券投资及其他收益性较好的中间业务时是技术有效的。在生产无效率的 15 家银行中，工行的生产无效率源自规模无效率而非纯技术无效率，其意义为工行在现有的市场水平下，可不增加既有投入即能达到更高的产出水平。而剩余 14 家银行的生产无效率既有纯技术无效率的因素又有规模无效率的因素在内。

如表 3-14 所示，2007 年所选取的 20 家样本银行平均经营效率为 0.692，平均纯技术效率为 0.851，平均规模效率为 0.820。其中经营效率低于平均效率值 0.692 的银行有 13 家，分别是工行、建行、农行、交行、华夏、民生、浦发、兴业、招商、光大、中信、杭州银行和宁波银行；纯技术效率低于平均效率值 0.851 的银行有 9 家，分别是农行、交行、恒丰、浦发、兴业、招商、中信、杭州银行和宁波银行；而规模效率低于平均效率值 0.820 的银行有 10 家，分别是工行、建行、农行、交行、华夏、民生、浦发、招商、光大和北京银行。

2007 年生产有效率的银行有 5 家，分别是中行、深发展、浙商、南京银行和上海农村商业银行。从盈利性的角度来看，这 5 家商业银行在将低成本资金运用于高收益的债券投资及其他收益性较好的中间业务时是技术有效的。在生产无效率的 15 家银行中，工行和北京银行的生产无效率源自规模无效率而非纯技术无效率，其意义为这 2 家银行在现有的市场水平下，可不增加既有投入即能达到更高的产出水平。而剩余 13 家的生产无效率既有纯技术无效率的因素又有规模无效率的因素在内。

如表 3-15 所示，2008 年所选取的 20 家样本银行平均经营效率为 0.869，平均纯技术效率为 0.936，平均规模效率为 0.929。其中经营效率低于平均效率值 0.869 的银行有 9 家，分别是建行、交行、深发展、兴业、招商、光大、北京银行、南京银行和宁波银行；纯技术效率低于平均效率值 0.936 的银行有 7 家，分别是深发展、兴业、光大、杭州银行、北京银行、南京银行和宁波银行；而规模效率低于平均效率值 0.929 的银行有 12 家，分别是工行、建行、农行、中行、交行、华夏、民生、浦发、深发展、兴业、招商、光大。

2008 年生产有效率的银行有 3 家，分别是恒丰、中信和上海农村商业银行。从盈利性的角度来看，这 3 家商业银行在将低成本资金运用于高收益的债券投资及其他收益性较好的中间业务时是技术有效的。在生产无效率的 17 家银行中，工行、农行、中行、交行和民生这 5 家的生产无效率源自规模无效率而非纯技术无效率，其意义为这 5 家在现有的市场水平下，可不增加既有投入即能达到更高的产出水平。而剩余 12 家的生产无效率既有纯技术无效率的因素又有规模无效率的因素在内。

表 3-15　各样本银行 2008、2009 年经营效率、纯技术效率、规模效率与规模报酬

年份	2008				2009			
DMU	PE	PTE	SE	规模报酬	PE	PTE	SE	规模报酬
工行	0.905	1	0.905	drs	0.818	1	0.818	drs
建行	0.819	0.956	0.857	drs	0.777	0.957	0.812	drs
农行	0.896	1	0.896	drs	0.917	1	0.917	drs
中行	0.92	1	0.92	drs	0.85	1	0.85	drs
交行	0.824	1	0.824	drs	0.838	1	0.838	drs
恒丰	1	1	1	—	0.825	0.864	0.955	drs
华夏	0.869	0.974	0.892	drs	0.828	0.869	0.953	drs
民生	0.897	1	0.897	drs	0.843	1	0.843	drs
浦发	0.903	0.976	0.925	drs	0.839	0.879	0.955	drs
深发展	0.768	0.847	0.907	drs	0.782	0.851	0.919	drs
兴业	0.77	0.886	0.869	drs	0.891	0.974	0.914	drs
招商	0.85	0.937	0.907	drs	1	1	1	—
浙商	0.971	0.972	0.999	irs	1	1	1	—
光大	0.802	0.914	0.877	drs	0.899	1	0.899	drs
中信	1	1	1	—	0.859	0.862	0.996	drs
杭州银行	0.893	0.9	0.993	irs	0.809	0.81	0.999	drs
北京银行	0.83	0.892	0.93	drs	0.84	1	0.84	drs
南京银行	0.694	0.702	0.988	irs	0.664	0.673	0.987	drs
宁波银行	0.762	0.762	0.999	—	0.698	0.7	0.998	irs
上海农商行	1	1	1	—	1	1	1	—
平均	0.869	0.936	0.929		0.849	0.922	0.925	

注 1：表 3-13、3-14、3-15 中 drs 表示规模报酬递减，irs 表示规模报酬递增，—表示规模报酬不变。

注 2：本数据由 DEAP2.1 计量软件计算得出。

如表 3-15 所示，2009 年所选取的 20 家样本银行平均经营效率为 0.849，平均纯技术效率为 0.922，平均规模效率为 0.925。其中经营效率低于平均效率值 0.849 的银行有 12 家，分别是工行、建行、交行、恒丰、华夏、民生、浦发、深发展、

杭州银行、北京银行、南京银行和宁波银行；纯技术效率低于平均效率值 0.922 的银行有 8 家，分别是恒丰、华夏、浦发、深发展、中信、杭州银行、南京银行和宁波银行；而规模效率低于平均效率值 0.925 的银行有 10 家，分别是工行、建行、农行、中行、交行、民生、深发展、兴业、光大和北京银行。

2009 年生产有效率的银行有 3 家，分别是招商、浙商和上海农村商业银行。从盈利性的角度来看，这 3 家商业银行在将低成本资金运用于高收益的债券投资及其他收益性较好的中间业务时是技术有效的。在生产无效率的 17 家银行中，工行、农行、中行、交行、民生、光大和北京银行这 7 家的生产无效率源自规模无效率而非纯技术无效率，其意义为这 5 家在现有的市场水平下，可不增加既有投入即能达到更高的产出水平。而剩余 10 家的生产无效率既有纯技术无效率的因素又有规模无效率的因素在内。

横向地看，20 家样本银行的经营效率、纯技术效率和规模效率存在差距。本章根据表 3-13、3-14、3-15 整理出 2005—2009 年五年各样本银行的平均经营效率（PE），如图 3-10 所示。4 家国有商业银行中，只有中国银行 1 家近五年平均经营效率达到行业平均水平；11 家股份制商业银行中，近五年平均经营效率达到行业平均水平的有 4 家，分别是恒丰、深发展、招商和浙商银行；4 家城市商业银行均没有达到行业平均水平，只有北京银行的经营效率较为接近行业平均水平；1 家农村商业银行经营效率水平达到行业平均水平且实现生产有效。其他如建行、农行、交行、兴业、光大、中信和宁波银行距行业平均水平的差距较大。

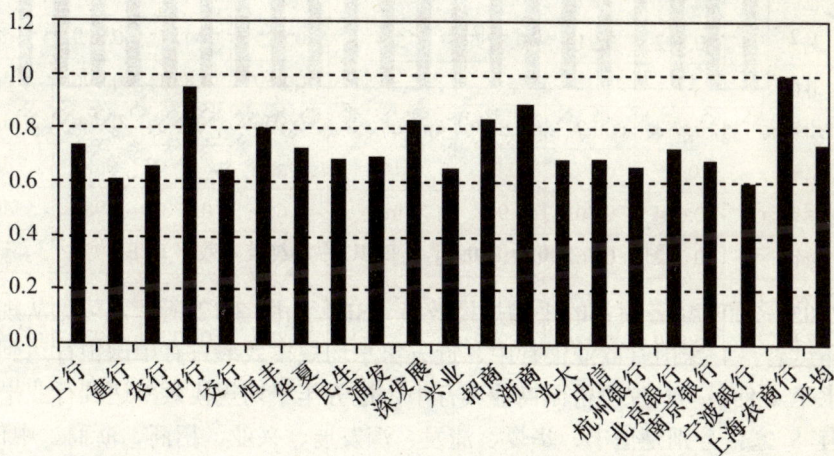

图 3-10　2005—2009 年各 DMU 平均经营效率 PE

我国银行业经营效率普遍较低的现象反映了银行业自身改革步伐滞后。由于商业银行大部分仍是国有或国有控股，作为商业性金融机构其利润最大化的积极性仍有待进一步提高，从而表现出了较低的经营效率。因此，商业银行必须进一步丰富运用低成本资金进行高收益投资活动的方式和方法，提升其经营效率。

2005—2009 年各银行的平均纯技术效率（PTE）如图 3-11 所示，从纯技术效率的角度看，4 家国有商业银行有 3 家近五年平均纯技术效率均达到样本平均水平，而且工行和中行达到了纯技术有效；11 家股份制商业银行中，近五年平均经营效率达到样本平均水平的有 6 家，分别是交行、民生、深发展、招商、浙商和光大银行；4 家城市商业银行只有北京银行达到样本平均水平；1 家农村商业银行纯技术效率水平达到样本平均水平且实现了纯技术有效。其他如兴业、杭州银行、南京银行和宁波银行距样本平均水平的差距较大。与 2005—2009 年平均纯技术效率相比，国有商业银行的平均纯技术效率表现更优，四家国有商业银行有 3 家达到平均值，而其余样本银行的纯技术效率平均值与其经营效率平均值的表现相差不大。

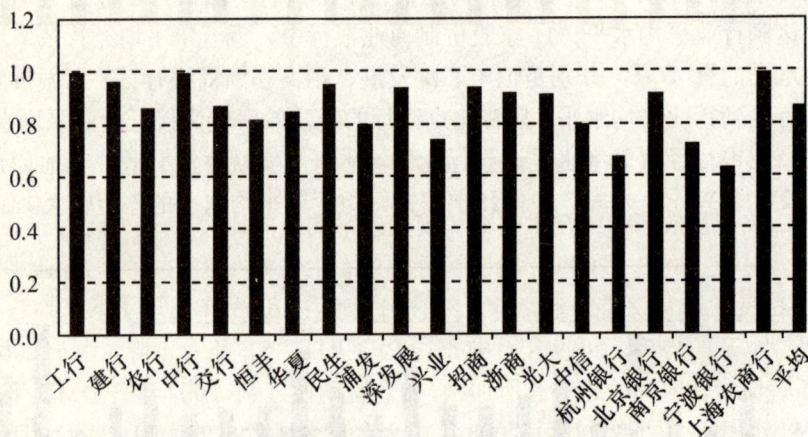

图 3-11　2005—2009 年各 DMU 平均纯技术效率 PTE

2005—2009 年各银行的平均规模效率（SE）如图 3-12 所示，可见从规模效率的角度看，4 家国有商业银行中，近五年平均规模效率只有中国银行达到行业平均水平 0.856；11 家股份制商业银行中，近五年平均规模效率达到行业平均水平的有 8 家，分别是恒丰、华夏、浦发、深发展、兴业、招商、浙商、中信；4 家城市商业银行中杭州银行、南京银行和宁波银行 3 家均达到行业平均水平；1 家农村商业银行规模效率也达到了行业平均水平，且实现了规模有效。其他如工行、建行、农行、交行、民生、光大银行距行业平均水平的差距较大。与 2005—2009 年平均经营效率和纯技术效率相比，股份制商业银行的规模效率平均值表现更优。四家国有商业银行只有中国银行达到平均值，这说明在现有的市场水平下，国有商业银行在不增加既有投入下即能达到更高的产出水平。从另一方面看，国有商业银行较低的规模效率也反映出我国银行业市场和机构准入壁垒较高，股份制商业银行的规模竞争力远强于国有商业银行，国有商业银行必须努力提高自己的规模效率从而提高整体经营效率，进而提高自己的核心竞争力。

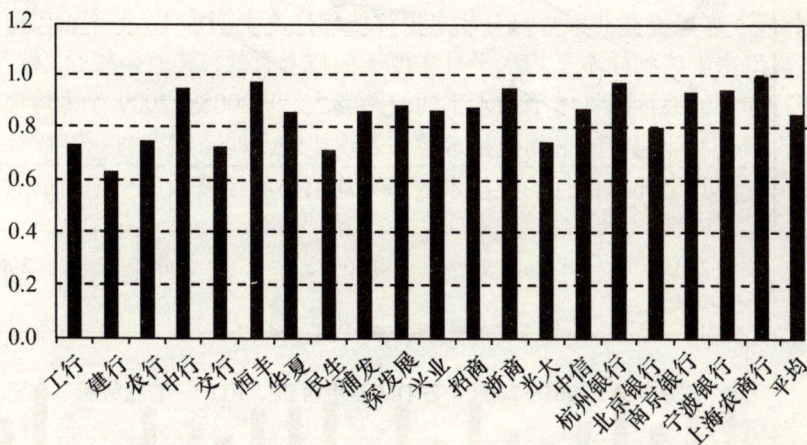

图 3-12   2005—2009 年各 DMU 平均规模效率 SE

（二）经营效率、纯技术效率和规模效率的纵向比较

从纵向看，2005—2009 年我国银行业效率水平如图 3-13 所示，行业平均 PE、PTE、SE 变化趋势保持一致，除了纯技术效率在 2006 年出现了下降趋势外，基本上保持上升的势头，2009 年行业平均 PE、PTE、SE 略有下降。由于 2007 年中国经济增长速度偏快的趋势有所加剧，加之流动性过剩，2007 年各 DMU 平均 PE、PTE、SE 均出现了小幅回落。2008 年由于全球金融危机的影响，各 DMU 通过精简机构、提高经营管理水平等措施，行业平均效率基本恢复到 2006 年的平均水平。2009 年由于我国通胀压力继续增大，流动性过剩问题仍较严重，各效率平均值出现小幅回落。

2005—2009 年国有商业银行、股份制商业银行、城市商业银行和农村商业银行平均 PE、PTE、SE 如图 3-14 所示，国有商业银行和股份制商业银行 2005—2009 年平均 PE、PTE 均高于样本平均水平。截至 2005 年除农业银行外，其余三家国有商业银行均完成股份制改造，这使得国有商业银行的经营效率和纯技术效率均有较大提升，表现为国有商业银行 2005—2009 年的平均 PE、PTE 均高于样本平均水平。股份制商业银行的盈利性情况与国有商业银行类似。相比之下，城市商业银行的平均 PE 和 PTE 均低于样本平均水平，而农村商业银行由于其所有权特征明显有别于国有商业银行和股份制商业银行，因此其经营灵活性较高，表现为其2005—2009年PE和PTE平均值均以较大幅度高于样本平均水平。国有商业银行是唯一SE平均值低于样本平均水平的，反映出国有商业银行规模效率较低。

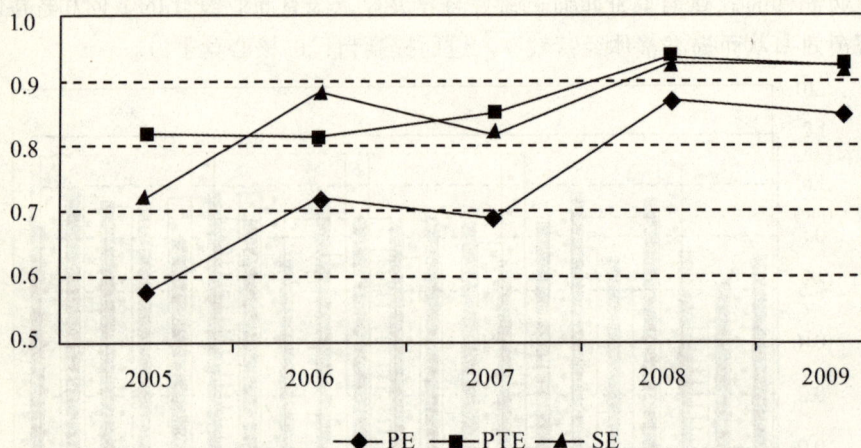

图3-13　2005—2009年各DMU平均PE、PTE、SE趋势图

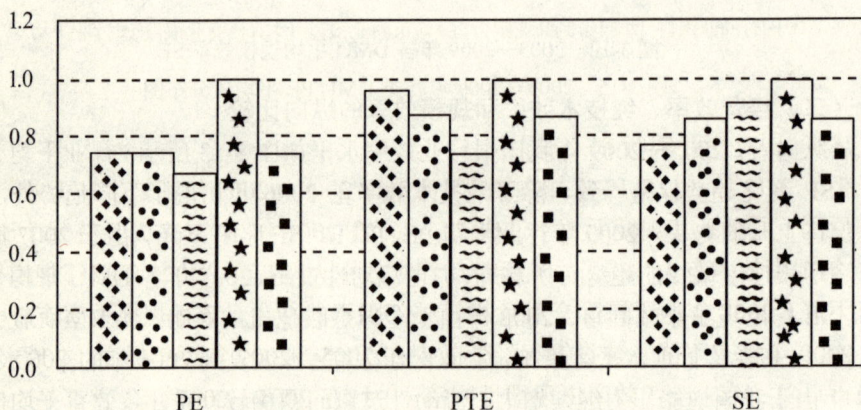

☑国有商业银行 ☑股份制商业银行 ☒城市商业银行 ☑农村商业银行 ☐行业平均

图3-14　各类DMU 2005—2009年PE、PTE、SE平均值

1. 2005—2009年各类商业银行PE分析

如图3-15所示，国有商业银行经营效率2005、2006年呈上升态势，2007年由于受到经济增长速度偏快的趋势有所加剧、流动性出现过剩等状况的影响，国有商业银行经营效率有所降低，且低于同年样本平均水平。2008年受国际金融危机的影响，国有商业银行普遍采取有效措施以应对金融危机对本行业造成的巨大

冲击，取得了较好的成效。从图 3-15 中可以看到，2008 年国有商业银行的经营效率有显著提高。随着 2009 年国际、国内经济形势好转，国有商业银行经营效率又略有下降，基本和样本平均水平持平。从 2005—2009 年国有商业银行经营效率的变化分析可知，国有商业银行的经营效率是动态变化的，变化的方向和程度取决于内外部环境的综合影响。

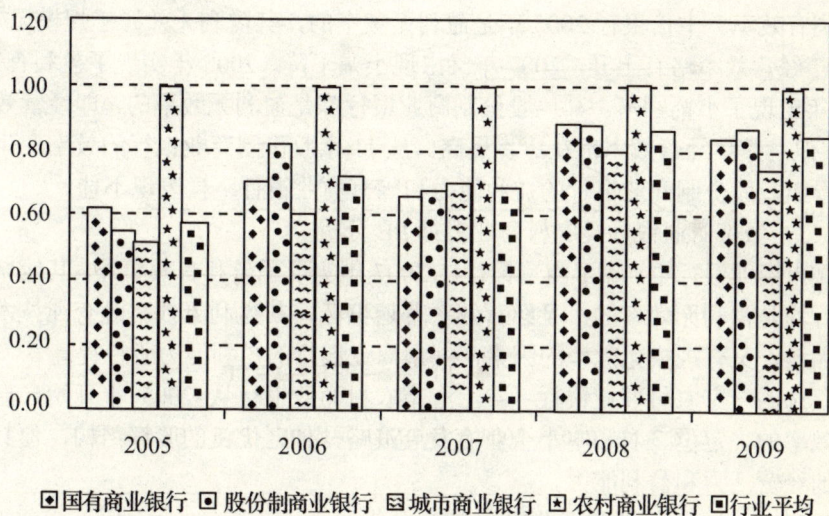

☑国有商业银行 ☑股份制商业银行 ☑城市商业银行 ☑农村商业银行 ☑行业平均

图 3-15 2005—2009 年各类 DMU PE 平均值分布图

（1）国有商业银行 PE 分析

由表 3-13、3-14、3-15 可知，中国工商银行 2005—2009 年都是生产无效率的，究其原因，是由于其规模无效率造成的。该行在 2005 年 10 月完成股份制改造后，2006 年规模效率有大幅提升，从而带动经营效率大幅提升，2007 年该行规模效率略有下降，2008 年由于国际金融危机等外部因素的冲击，该行规模效率有较大提升，2009 年稍有下降。建设银行经营效率在 2005—2009 年逐年提高，2007 年，即上市后第一年，经营效率出现惯性回落。中行在 2005—2007 年一直都是生产有效率的，即经营效率为 1，2008—2009 年出现下降趋势，其生产无效率来源于规模无效率。农行的经营效率在 2005—2009 年基本保持稳步提高的态势。从 2008 年开始，农行的生产无效率是因为规模无效率造成的，其规模效率仍在稳步提高。总体来说，国有商业银行的盈利能力表现不佳，经营效率进一步提升的空间较大。

（2）股份制商业银行 PE 分析

由表 3-13、3-14、3-15 可知，浙商银行 2005 年是盈利无效率的，其盈利无效率既有纯技术无效率的因素，又有规模无效率的因素。2006—2007 年浙商银行实现了盈利有效率，2008 年略有下降，2009 年又实现了盈利有效率，说明浙商银行具有较强的经营灵活性和市场适应能力。深发展2005年是盈利无效率的，其盈利无效率源于规模无效率。2006—2007年深发展实现了盈利有效率，2008年经营效率出现大幅下降，2009年实现了小幅上升。招商银行2005年是盈利无效率的，其盈利无效率既有纯技术无效率的因素，又有规模无效率的因素，2006年实现了盈利有效率，2007年经营效率出现了大幅下降，2008年略有上升，2009年实现了盈利有效率。中信银行2005年是盈利无效率的，其盈利无效源于规模无效率。2006年经营效率略有上升，2007年又出现小幅下降，2008年实现了盈利有效率，2009年出现了小幅回落。其他股份制商业银行都是盈利无效率的，即经营效率小于1，但是整体经营效率都在逐步提高。从11家股份制商业银行的效率变化趋势可以看出，股份制商业银行的盈利能力和国有商业银行一样表现不佳。

（3）城市商业银行及农村商业银行PE分析

城市商业银行中，除了南京银行在2007年实现了盈利有效率外，其他城市商业银行均是盈利无效率的，且经营效率普遍偏低，其盈利无效率既有纯技术无效率的因素，又有规模无效率的因素，城市商业银行的盈利能力亟待提高。

仅选的一家农村商业银行——上海市农村商业银行从2005年开始一直是盈利有效率的。定位三农和中小企业的发展战略，加之优良的股权结构，使其具有较强的经营活力和盈利能力。

2.2005—2009年各类商业银行PTE分析

如图3-16所示，农村商业银行由于其较强的经营活力，上海农商行2005—2009年都是纯技术有效率的。除了上海农商行，2005年国有商业银行的纯技术效率最高，股份制商业银行次之，城市商业银行最低。从2005年到2006年，国有商业银行、城市商业银行的PTE均出现了小幅回落，股份制商业银行的经营效率略有上升。2007年，各类DMU的平均PTE均出现了小幅上升。2008年受国际金融危机等外部冲击的影响，各类DMU均通过各种改革提高了纯技术效率，各类商业银行的纯技术效率均有较大提高，其中股份制商业银行的纯技术效率提高幅度最大。2009年，各类商业银行纯技术效率都略有下降。

3.2005—2009年各类商业银行SE分析

如图3-17所示，2005年国有商业银行的规模效率最低，农村商业银行的规模效率最高，股份制商业银行的规模效率仅次于城市商业银行，只有城市商业银行和农村商业银行的SE平均值超过样本平均水平。2006年，各类商业银行的规模效率均出现了大幅上升，股份制商业银行、城市商业银行和农村商业银行的规模效率均超过样本平均水平，而且农村商业银行实现了规模有效率，该年国有商业银行的规模效率仍然是全行业最低的。2008年受国际金融危机影响，国有商业银行的规模效率大幅上升，但仍然低于样本平均水平，该年城市商业银行和农村商业银行的规模效率上升幅度较大，且高于样本平均水平，股份制商业银行的规模效率略低于样本平均水平。2009 年，股份制商业银行的规模效率仍然有较大幅度上升，除农村商业银行是规模有效率外，其余各类商业银行的规模效率均出现小幅回落，国有商业银行下降幅度最大。从以上分析可知，国有商业银行的垄断性成为其规模效率有效发挥的主要制约因素，而这正是股份制商业银行和其他商业银行的竞争优势所在。

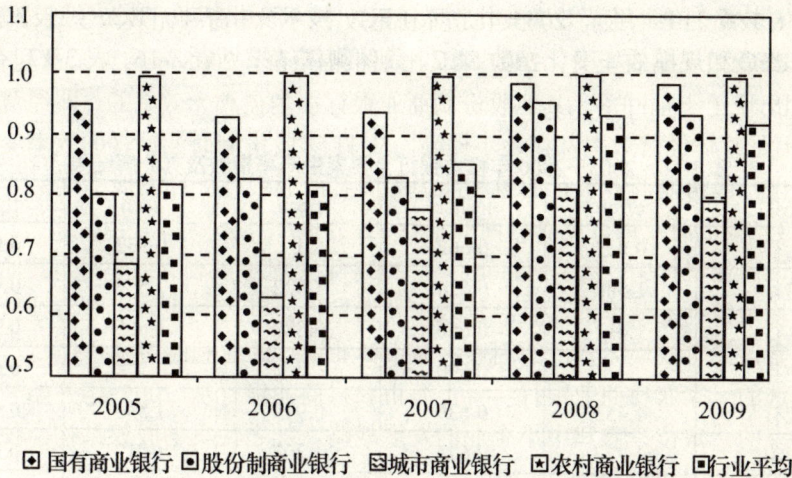

图例：☑ 国有商业银行 ☑ 股份制商业银行 ☒ 城市商业银行 ★ 农村商业银行 ▣ 行业平均

图 3-16　2005—2009 年各类 DMU PTE 平均值分布图

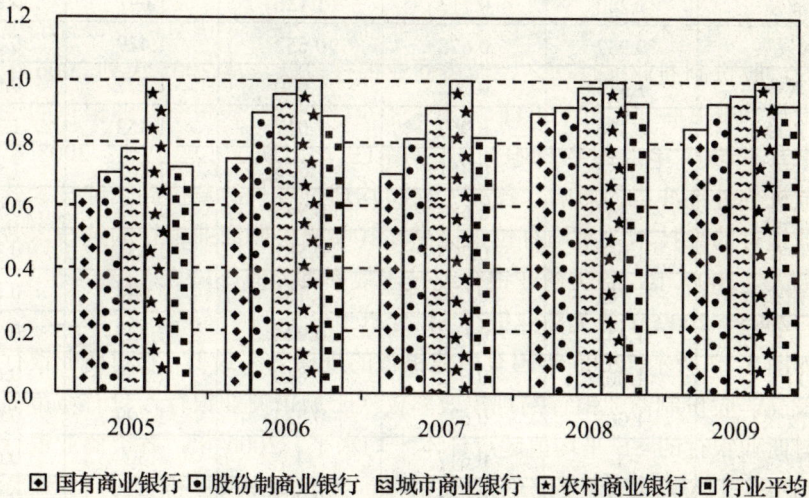

图例：☑ 国有商业银行 ☑ 股份制商业银行 ☒ 城市商业银行 ★ 农村商业银行 ▣ 行业平均

图 3-17　2005—2009 年各类 DMU SE 平均值分布图

四、第二阶段经营效率的 Malmquist 指数动态分析

利用 Malmquist 指数动态评价商业银行效率的必要性已经在第一阶段的 Malmquist 指数动态分析中加以说明。根据 Malmquist 指数模型，本节利用 DEAP2.1 计算出 2005—2006、2006—2007、2007—2008、2008—2009 四个阶段的全要素生产率变化指数 TFP、经营效率变化指数 EFC、技术变化指数 TEC、纯技术效率变化指数 PEC 和规模效率变化指数 SEC，具体测算结果见表 3-16、表 3-17、表 3-18 和表 3-19。

表 3-16 2005—2006 年样本银行全要素生产率指数及其分解结果

DMU	effch	techch	pech	sech	tfpch
工行	0.932	0.662	1	0.932	0.617
建行	1.588	0.624	1.022	1.553	0.991
农行	1.413	0.656	0.880	1.605	0.927
中行	1	0.690	1	1	0.690
交行	1.453	0.639	0.912	1.593	0.929
恒丰	1.227	0.674	1.207	1.017	0.827
华夏	1.057	0.70	1.364	0.775	0.740
民生	1.286	0.708	0.968	1.328	0.910
浦发	1.240	0.713	1.136	1.091	0.884
深发展	0.932	0.678	0.652	1.429	0.631
兴业	1.315	0.702	1.030	1.277	0.923
招商	1.376	0.962	1.017	1.353	1.324
浙商	1.956	0.751	1.525	1.283	1.468
光大	1.363	0.688	0.943	1.445	0.937
中信	1.065	0.705	0.581	1.831	0.751
杭州银行	1.201	0.670	1.151	1.044	0.804
北京银行	1.448	0.604	0.944	1.535	0.874
南京银行	1.003	0.672	0.810	1.239	0.674
宁波银行	1.008	0.631	0.834	1.209	0.636
上海农商行	1	0.617	1	1	0.617
平均	1.219	0.684	0.977	1.249	0.834

注：本数据由 DEAP2.1 计量软件计算得出。

如表 3-16 所示，2005—2006 年 20 家 DMU 全要素生产率的平均值为 0.834，技术效率即经营效率变动指数的平均值为 1.219，技术进步的平均值为 0.684，说明

行业平均全要素生产率在降低，而行业平均技术效率在提高，2005—2006 年出现了技术衰退现象，这说明行业平均全要素生产率的降低源于技术衰退。

2005—2006 年间，只有招商和浙商 2 家样本银行的全要素生产率大于 1，即整体效率在增加，这 2 家银行的效率增加均源于经营效率的提高而非技术进步。其余 18 家样本银行的全要素生产率都小于 1，整体效率在降低。除了深发展的效率降低既有经营效率降低的因素又有技术衰退的因素外，其余 17 家的效率降低均源于技术衰退。

表 3-17　2006—2007 年样本银行全要素生产率指数及其分解结果

DMU	effch	Techch	pech	sech	tfpch
工行	0.856	0.904	1	0.856	0.774
建行	0.882	0.913	0.989	0.892	0.805
农行	0.977	0.866	1.057	0.924	0.846
中行	1	0.820	1	1	0.820
交行	0.905	0.886	1.048	0.863	0.801
恒丰	0.902	0.859	0.944	0.956	0.775
华夏	0.969	0.868	1.045	0.927	0.841
民生	0.978	0.897	1.142	0.857	0.877
浦发	0.944	0.867	1.084	0.871	0.819
深发展	0.907	0.867	0.987	0.919	0.786
兴业	0.872	0.866	0.950	0.918	0.755
招商	0.623	0.763	0.821	0.76	0.476
浙商	1	0.789	1	1 .	0.789
光大	0.875	0.913	1.182	0.741	0.799
中信	0.959	0.923	0.985	0.973	0.884
杭州银行	1	0.935	1.029	0.972	0.935
北京银行	0.972	0.918	1.202	0.808	0.892
南京银行	1.841	1.026	1.769	1.041	1.890
宁波银行	0.930	0.927	0.953	0.976	0.862
上海农商行	1	0.845	1	1	0.845
平均	0.952	0.881	1.047	0.909	0.838

注：本数据由 DEAP2.1 计量软件计算得出。

如表 3-17 所示，2006—2007 年 20 家 DMU 全要素生产率的平均值为 0.838，技术效率即经营效率变动指数的平均值为 0.952，技术进步的平均值为 0.881，说明行业平均全要素生产率在降低，行业平均技术效率下降。2006—2007 年出现了技术衰退，这说明行业平均全要素生产率的降低既有经营效率降低的因素又有技术衰退的因素。

2006—2007 年间，只有南京银行 1 家的全要素生产率大于 1，即整体效率在增加，其全要素生产率的增加既有经营效率提高的因素又有技术进步的因素。其余 19 家样本银行的全要素生产率均在下降，除了中行、浙商、杭州银行全要素生产率的降低源于技术衰退外，其余样本银行全要素生产率的下降既有经营效率降低的因素又有技术衰退的因素。

表 3-18　2007—2008 年样本银行全要素生产率指数及其分解结果

DMU	effch	techch	pech	sech	tfpch
工行	1.579	0.642	1	1.579	1.014
建行	1.585	0.643	0.974	1.628	1.019
农行	1.640	0.651	1.292	1.269	1.067
中行	0.920	0.644	1	0.920	0.592
交行	1.511	0.651	1.253	1.206	0.983
恒丰	1.373	0.679	1.312	1.046	0.932
华夏	1.333	0.660	1.064	1.253	0.880
民生	1.479	0.654	1	1.479	0.967
浦发	1.479	0.660	1.232	1.201	0.977
深发展	1.509	0.661	1.316	1.146	0.997
兴业	1.462	0.653	1.462	1	0.954
招商	1.364	0.659	1.142	1.194	0.899
浙商	0.971	0.650	0.972	0.999	0.631
光大	1.375	0.650	0.925	1.487	0.893
中信	1.869	0.845	1.746	1.071	1.579
杭州银行	1.567	0.646	1.519	1.031	1.011
北京银行	1.139	0.664	0.892	1.277	0.756
南京银行	0.694	0.734	0.702	0.988	0.509
宁波银行	1.515	0.642	1.449	1.045	0.972
上海农商行	1	0.863	1	1	0.863
平均	1.335	0.675	1.136	1.174	0.901

注：本数据由 DEAP2.1 计量软件计算得出。

如表 3-18 所示，2007—2008 年 20 家 DMU 全要素生产率的平均值为 0.901，技术效率即经营效率变动指数的平均值为 1.355，技术进步的平均值为 0.675,说明行业平均全要素生产率在降低，行业平均技术效率提高，2007—2008 年出现了技术衰退，这说明行业平均全要素生产率的降低源于技术衰退。

2007—2008 年间，有 5 家样本银行的全要素生产率大于 1，即整体效率在增加，这 5 家分别是工行、建行、农行、中信和杭州银行，其全要素生产率的增加源于经营效率的大幅提高。其余 15 家样本银行的全要素生产率均在下降。除了中行、浙商、南京银行全要素生产率的降低既有经营效率降低的因素又有技术衰退的因素外，其余样本银行全要素生产率的下降仅源于技术衰退。

表 3-19　2008—2009 年样本银行全要素生产率指数及其分解结果

DMU	effch	techch	pech	sech	tfpch
工行	0.904	1.40	1	0.904	1.266
建行	0.949	1.398	1.001	0.947	1.327
农行	1.023	1.328	1	1.023	1.359
中行	0.924	1.409	1	0.924	1.301
交行	1.017	1.331	1	1.017	1.353
恒丰	0.825	1.252	0.864	0.955	1.033
华夏	0.953	1.310	0.892	1.068	1.247
民生	0.940	1.336	1	0.940	1.255
浦发	0.930	1.321	0.901	1.032	1.228
深发展	1.018	1.324	1.005	1.013	1.349
兴业	1.157	1.326	1.10	1.052	1.534
招商	1.176	1.319	1.067	1.103	1.551
浙商	1.030	1.371	1.029	1.001	1.412
光大	1.122	1.338	1.094	1.026	1.501
中信	0.859	1.158	0.862	0.996	0.995
杭州银行	1.006	1.234	1.362	0.90	
北京银行	1.012	1.418	1.121	0.903	1.434
南京银行	0.957	1.403	0.958	0.999	1.342
宁波银行	0.917	1.359	0.919	0.998	1.247
上海农商行	1	0.857	1	1	0.857
平均	0.977	1.309	0.983	0.994	1.279

注：本数据由 DEAP2.1 计量软件计算得出。

如表 3-19 所示，2008—2009 年 20 家 DMU 全要素生产率的平均值为 1.279，技术效率即经营效率变动指数的平均值为 0.977，技术进步的平均值为 1.309，说明行业平均全要素生产率在提高，行业平均技术效率出现下降，这说明行业平均全要素生产率的提高源于技术进步。

2008—2009 年间，有 18 家样本银行的全要素生产率大于 1，即经营效率在提高，这 18 家分别是工行、建行、农行、中行、交行、恒丰、华夏、民生、浦发、深发展、兴业、招商、浙商、光大、杭州银行、北京银行、南京银行、宁波银行。而这 18 家商业银行中，光大和北京银行等 8 家全要素生产率的提高既有经营效率提高的因素又有技术进步的因素，其余 10 家全要素生产率的提高只源于技术进步。上述结果说明 2008—2009 年各 DMU 提高整体效率和经营效率的措施效果明显，各 DMU 的全要素生产率均出现了不同程度的提高。

如表 3-20 所示，2005—2009 年 20 家 DMU 全要素生产率的平均值为 0.947，技术效率即经营效率的变动指数平均值为 1.109，技术进步的平均值为 0.854，纯技术效率的变动指数为 1.034，规模效率的变动指数为 1.073，说明行业平均全要素生产率在降低，行业平均技术效率即经营效率在提高。2005—2009 年行业平均经营效率在提高，经营效率的提高既有纯技术效率提高的因素，又有规模效率提高的因素。

表 3-20　2005—2009 年样本银行全要素生产率指数及其分解结果

DMU	effch	techch	pech	sech	tfpch
工行	1.033	0.857	1	1.033	0.885
建行	1.205	0.846	0.997	1.209	1.019
农行	1.234	0.837	1.047	1.178	1.033
中行	0.960	0.847	1	0.960	0.813
交行	1.192	0.837	1.046	1.140	0.998
恒丰	1.058	0.837	1.066	0.993	0.886
华夏	1.068	0.851	1.079	0.990	0.909
民生	1.150	0.863	1.025	1.122	0.992
浦发	1.126	0.857	1.081	1.042	0.965
深发展	1.067	0.847	0.961	1.111	0.904
兴业	1.180	0.852	1.120	1.054	1.005
招商	1.083	0.894	1.004	1.079	0.968
浙商	1.183	0.852	1.111	1.064	1.008
光大	1.165	0.859	1.030	1.130	1.001
中信	1.131	0.893	0.964	1.174	1.010
杭州银行	1.143	0.861	1.128	1.013	0.984
北京银行	1.129	0.850	1.032	1.094	0.959
南京银行	1.052	0.918	0.991	1.062	0.966
宁波银行	1.068	0.845	1.014	1.053	0.903
上海农商行	1	0.788	1	1	0.788
平均	1.109	0.854	1.034	1.073	0.947

注：本数据由 DEAP2.1 计量软件计算得出。

如表 3-20 所示，考察期内有 6 家样本银行的全要素生产率大于 1，即整体效率在增加，这 6 家分别是建行、农行、兴业、浙商、光大和中信银行。4 家国有商业银行只有建行和农行 2 家全要素生产效率大于 1，即这 2 家国有商业银行整体效率均在逐渐提高。建行和农行的效率提升是源于经营效率的提高，其中建行经营效率的提高源于规模效率的提升，而农行经营效率提升既有纯技术效率提高的因素，又有规模效率提高的因素。11 家股份制商业银行中，只有兴业、浙商、光大和中信银行这 4 家全要素生产效率大于 1，即这 4 家股份制商业银行整体效率均在逐渐提高，这 4 家股份制商业银行整体效率的提高源于经营效率提高。4 家城市商业银行和唯一的一家样本农村商业银行即上海农商行的全要素生产率均小于 1，说明在商业银行经营过程的第二阶段，即盈利阶段，城市商业银行和农村商业银行的整体效率在下降，整体效率的降低是由技术衰退造成的。

五、经营全过程经营效率的测度

本研究以第一阶段投入为经营全过程的投入变量，以第二阶段的产出变量为经营全过程的产出变量，对样本商业银行 2005—2009 年经营全过程的经营效率分别进行静态和动态测度。

（一）经营全过程经营效率的静态测度

如表 3-21，考察期内只有中国银行是技术有效率的，在剩下的 19 家银行中，工行、中信和上海农商行的技术无效率是由于规模无效率造成的，其余 16 家商业银行的技术无效率既有纯技术无效的因素，又有规模无效率的因素，这说明我国商业银行整体经营效率有待提高。

表 3-21　样本银行 2005—2009 年效率平均值

	PE	PTE	SE
工行	0.862	1	0.862
建行	0.872	0.996	0.876
农行	0.898	0.966	0.926
中行	1	1	1
交行	0.951	0.985	0.964
恒丰	0.949	0.96	0.988
华夏	0.945	0.959	0.984
民生	0.915	0.958	0.954
浦发	0.783	0.797	0.982
深发展	0.942	0.969	0.971
兴业	0.95	0.978	0.972

续表 3-21

	PE	PTE	SE
招商	0.944	0.954	0.989
浙商	0.98	0.981	0.998
光大	0.899	0.929	0.967
中信	0.942	1	0.942
杭州银行	0.865	0.904	0.955
北京银行	0.9	0.977	0.922
南京银行	0.917	0.953	0.965
宁波银行	0.968	0.997	0.97
上海农商行	0.993	1	0.993
平均	0.924	0.963	0.959

注：本数据由 DEAP2.1 计量软件计算得出。

如图 3-18 所示，考察期内行业平均 PE、PTE、SE 变化趋势保持一致，除了纯技术效率在 2006 年上升外，其余各指标在 2006 年均出现了下降态势，然后逐年上升，2009 年由于宏观经济形势的影响，行业平均 PE、PTE、SE 出现小幅回落。

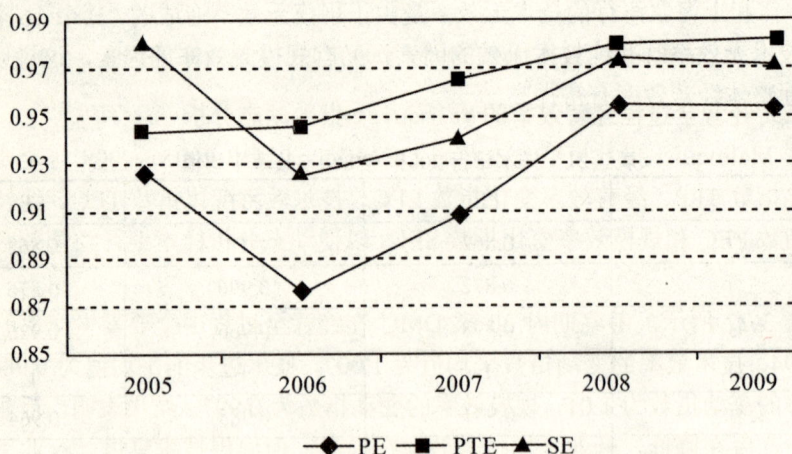

图 3-18 2005—2009 年各 DMU 平均 PE、PTE、SE 趋势图

如图 3-19 所示，在商业银行经营全过程中，国有商业银行和城市商业银行在考察期内平均 PE 均低于样本平均水平，说明国有商业银行和城市商业银行由于其盈利动力不足，在由服务性过程向盈利性过程的转换中，整体表现为经营效率

低于样本平均水平。股份制商业银行和农村商业银行由于其经营较为灵活，因此整体经营效率要高于样本平均水平。国有商业银行和农村商业银行的纯技术效率高于样本平均水平，国有商业银行由于其良好的经营机构布局和强大的技术实力使其纯技术效率明显高于样本平均水平，而农村商业银行由于更好的经营灵活性，表现为 PTE 平均值均以较大幅度高于样本平均水平。国有商业银行 SE 平均值大大低于样本平均水平，反映出国有商业银行规模效率较低。股份制商业银行和农村商业银行规模效率高于样本平均水平，城市商业银行规模效率略低于行业平均值。

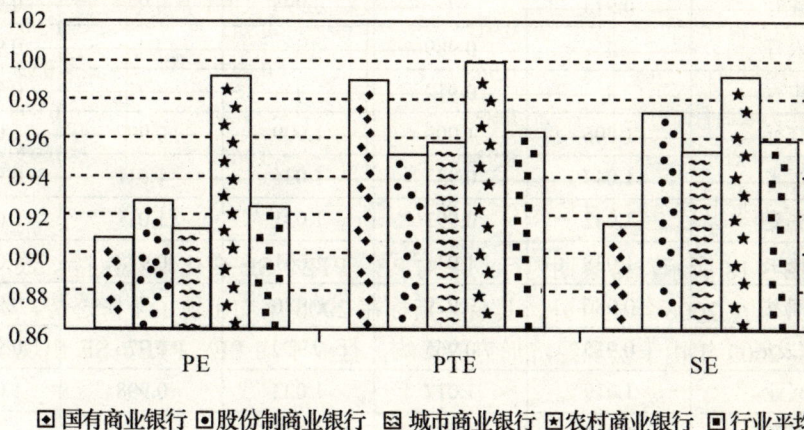

国有商业银行　股份制商业银行　城市商业银行　农村商业银行　行业平均

图 3-19　各类 DMU 2005—2009 年 PE、PTE、SE 平均值

（二）经营全过程经营效率的 Malmquist 指数动态分析

根据 Malmquist 指数模型，本节用 DEAP2.1 计算出 2005—2009 年全要素生产率变化指数 TFP、经营效率变化指数 EFC、技术效率变化指数 TEC、纯技术效率变化指数 PEC 和规模效率变化指数 SEC，以便动态分析样本银行经营效率的动态变化。

如表 3-22 所示，考察期内 20 家 DMU 在经营全过程中全要素生产率的平均值为 0.994，技术效率的变动指数平均值为 1.007，技术进步的平均值为 0.986，纯技术效率的变动指数为 1.01，规模效率的变动指数为 0.997。结果表明，行业平均全要素生产率在降低，行业平均技术效率在提高，但出现技术衰退，行业平均经营效率在提高，经营效率的提高源于纯技术效率提高；行业的平均经营管理水平在逐渐提高，行业整体经营能力在逐渐提高，而由于我国商业银行体制上的特殊性，规模效率偏低的状况没有得到改善。

如表 3-22 所示，在 2005—2009 年商业银行经营全过程中，有 10 家样本银行的全要素生产率大于 1，即整体效率在增加。这 10 家分别是交行、华夏、民生、兴业、招商、浙商、光大、北京银行、南京银行和宁波银行。4 家国有商业银行工行、建行、农行和中行在经营全过程中全要素生产效率均小于 1，即 4 家国有商业银行整体效率均出现下降。除了建行的效率下降源于经营效率下降外，其余三家的效率下降均源于技术退步。

表 3-22　2005—2009 年样本银行经营全过程中全要素生产率指数及其分解结果

DMU	effch	techch	pech	sech	tfpch
工行	0.983	0.97	1	0.983	0.953
建行	0.973	1	0.995	0.979	0.973
农行	1	0.989	1	1	0.989
中行	1	0.912	1	1	0.912
交行	1.006	1.009	1.009	0.997	1.016
恒丰	1.047	0.933	1.036	1.011	0.977
华夏	1.042	0.991	1.031	1.011	1.033
民生	1.038	1.035	1.061	0.978	1.074
浦发	0.986	0.979	0.986	1	0.966
深发展	0.955	0.965	0.979	0.976	0.922
兴业	1.019	1.017	1.022	0.998	1.037
招商	1.019	1.071	1.019	1	1.091
浙商	1.027	0.997	1.025	1.002	1.024
光大	1.066	1.018	1.049	1.017	1.085
中信	1	0.975	1	1	0.975
杭州银行	0.976	0.992	0.977	0.998	0.968
北京银行	1.021	0.983	1.021	1	1.004
南京银行	0.988	1.05	1	0.988	1.037
宁波银行	1.007	1.011	1.003	1.004	1.019
上海农商行	1	0.853	1	1	0.853
平均	1.007	0.986	1.01	0.997	0.994

注：本数据由 DEAP2.1 计量软件计算得出。

11 家股份制商业银行中，交行、华夏、民生、兴业、招商、浙商和光大等 7 家全要素生产效率大于 1，即整体效率均在逐渐提高。除了华夏银行的效率增加源于经营效率增加外，其余各家整体效率的提高既有经营效率提高的因素，又有技术进步的因素。这 7 家的纯技术效率变动指数均大于 1，表明纯技术效率都在提高。除华夏银行外其余 6 家的规模效率变动指数大于 1，即规模效率在逐渐提高。4 家城市商业银行中，北京银行、南京银行和宁波银行的全要素生产效率大于 1，整体效率均在逐渐提高。宁波银行整体效率的提高既有经营效率提高的因素，又有技术进步的因素。北京银行整体效率的提高源于经营效率的提高，南京银行整体效率的提高源于技术进步。杭州银行整体效率的降低既有经营效率降低的因素，又有技术退步的因素。唯一的一家样本农村商业银行——上海农商行的全要素生产率小于 1，说明考察期内其整体效率有下降的态势，其整体效率的下降既有经营效率下降的因素，又有技术衰退的因素。

第三节　小结

本章利用非参数法中的数据包络分析法对我国 20 个样本商业银行 2005—2009 的经营状况分服务和盈利两个阶段进行了静态和动态评价，最后对样本商业银行经营全过程进行了静态和动态评价。结果表明，从服务性看，我国商业银行整体效率在提高，而其提高原因既有经营效率提高的因素，又有技术进步的因素；从盈利性的角度看，大部分样本商业银行整体效率都在降低，其降低主要源于经营效率的下降；从商业银行经营全过程来看，国有商业银行的整体效率都在下降，而其他商业银行的整体效率从经营全过程的角度看也表现不佳，只有 10 家出现整体效率的稳步提高。

分论一　范围经济与商业银行经营效率

近年来，我国金融业尤其是银行业的改革发展进程明显提速。从宏观角度看，入世保护期结束后，银行业的逐步开放对中国的整体经济发展将起到重要的推动作用；从微观角度看，外资银行的多元化的发展模式以及更为灵活的经营形式，将给国内仍然受到分业管制的商业银行造成巨大的经营压力。虽然从历史角度看，金融业很难走出"分久必合，合久必分"的自然规律，但可以预见，在今后一段很长的时期内，混业经营将是商业银行快速发展的必然趋势。研究商业银行的范围经济效应实质上就是研究商业银行混业经营问题。我国商业银行的混业经营正处在逐渐起步的阶段。商业银行范围经济主要研究商业银行经营品种的增加或者经营业务领域的扩张所导致银行交易费用降低或效益提高的情况。因此，在混业经营的大趋势下研究商业银行范围经济对提高商业银行的竞争力意义重大。

首先，本分论对范围经济的一般含义从不同角度进行界定，并分析了范围经济效应的经济特性。随后，对范围经济的一般含义进行延伸和扩展，并对商业银行范围经济的概念进行了界定。

其次，利用广义的超越对数成本函数对我国20家具有代表性的样本商业银行2005—2009年的总体范围经济效应和特定产品（存款、贷款和中间业务）的范围经济效应进行了测度，测度结果显示样本商业银行存在较弱的总体范围经济、较强的存款和贷款的范围经济，而中间业务存在范围不经济。

最后，对总体范围经济效应、特定产品范围经济效应与我国商业银行经营效率的相互影响关系进行经验分析，并根据目前商业银行分业经营现状下存在的一些问题提出相应的政策建议，以提高范围经济效应，进而实现商业银行经营效率的改进。

第四章　理论及文献回顾

范围经济（Economies of Scope）是指单个企业的联合产出超过多个各自生产一种产品企业所能达到的产量的情况，商业银行范围经济指由于商业银行经营业务领域的扩张或经营品种的增加，导致银行交易费用降低或效益提高。本章界定了范围经济和商业银行范围经济的含义，并介绍了范围经济测度方法和影响因素，对国内外范围经济研究的现状、研究成果、研究方法作了对比分析和评述。

第一节　概念界定

一、范围经济的一般含义

（一）范围经济的界定

范围经济（Economies of Scope）既是产业组织理论中市场组织结构理论的重要内容，又是微观主体进行经营决策和制定发展战略的重要依据，还是影响企业微观效率的关键因素之一。[①]各国学者对范围经济的概念基于不同角度作出了多种解释。本节从微观经济学、产业组织学以及交易成本的角度，对范围经济的一般含义进行界定，并分析范围经济效应的经济特性。

1. 基于微观经济学的定义

范围经济是指单个企业的联合产出（一个厂商同时生产两个或多个产品）超过多个各自生产一种产品的企业所能达到的产量的情况（两个企业分配到的投入物相等）。如果企业的联合产出低于独立企业所能达到的产量，那么其生产过程就存在着范围不经济。

现实生活中同时生产多种产品的厂商比比皆是，如一个食品生产厂商同时生产蛋糕、面包、月饼、粽子等，一个化妆品公司同时生产爽肤水、沐浴露、洗面奶、香水等。大多数的厂商不止生产一种产品，是因为一起生产比分开生产更经济、更省成本，这就是范围经济所带来的节约。假设某厂商同时生产 q_1 单位产

---

① Panzar J C, Willig R D. Economics of Scope[J].American Economic Review,1981 (2):156-166.

品 1 和 q_2 单位产品 2，单独生产每一种产品的成本函数是 $C(q_1, 0) + C(0, q_2)$；一起生产的成本函数是 $C(q_1, q_2)$，范围经济 SOE 如方程 4.1 所示：

$$SOE = \frac{\left[C(q_1,0) + C(0,q_2) - C(q_1,q_2)\right]}{C(q_1,q_2)} \tag{4.1}$$

SOE 衡量产品分开生产可能导致的成本相对增加程度。上式中 SOE>0，即联合生产成本大于分别生产的成本和，表示两种商品一起生产会更经济。而 SOE<0，即 $C(q_1,0) + C(0, q_2) - C(q_1, q_2) < 0$，则表示存在范围不经济。

2. 基于产业组织学的定义

钱德勒（1999）将范围经济定义为联合生产和经销经济。即范围经济是通过单一经营单位自身的生产或销售过程来生产或销售不少于一种产品而产生的经济效应。即当技术水准和投入要素不变时，同一家生产厂商生产多种服务或者产品的成本，将会小于厂商个别生产一种产品或服务的成本之和，他强调的是联合生产和销售的经济。Teece（1980）、Panzar & willig（1981）认为，当两个或多个产品生产线联合在某个企业中生产比把它们独立分散在只生产一种产品的不同企业更加节约时，就说这个企业存在范围经济。他们重点强调了生产的范围经济，即厂商经常生产多种产品以获取销售和分配的范围经济。Baumol、Panzar & Willig（1982）指出：当生产的产品投入是共享或联合利用时，就会产生生产过程中的范围经济。

3. 基于交易成本的定义

交易成本指的是将产品（包括服务）从一个经营单位转移到另一个经营单位所花费的成本，当在企业之间或个人之间进行这些交易时，交易通常包括产权的转移，并以合同条款来规定，这便产生了交易成本[①]。

范围经济是指经济组织的生产或经营范围的扩张导致平均成本减低的状况。有两个技术单位 T_1 和 T_2，T_1 的产出就是 T_2 的投入，T_1 的产品向 T_2 的转移既可以是市场划转的交易方式，也可以是企业内部划转的交易方式。在一般情况下，采取企业内部划转的交易方式所花费的成本要低于市场划转的交易方式。如果这种经常的商业交易和契约关系所产生的交易成本增加，而企业在这种情况下把相关的产品纳入内部生产，却非通过外部交易进行，这时企业就产生了范围经济。

（二）范围经济的经济特性

1. 联合效应

范围经济的产生大部分是建立在企业联合经营的基础之上的，而联合经营可以从降低成本、增加收益、分散风险、合理避税、稳定企业市场等多方面表现出

---

① 科斯.企业的性质[M].上海:上海三联书店, 1990.

来。而企业经营的多元化带来收入的多元化和风险的分散，从而实现不同产品及服务之间的风险对冲，这要比专业化的单一企业将其经营业务集中到一两项业务上的效果好得多。而能够形成范围经济的企业所生产的产品都是关联度极高的，例如，电脑生产厂商同时生产主机、显示器、鼠标、键盘、显卡等等，而消费者在购买电脑的时候会连带产生购买键盘、鼠标的需求。因此从市场供给的角度来看会出现联合生产，从消费者需求的方面来看也会产生联合消费，从市场供求平衡的关系中逐渐产生了企业经营的范围经济。

2. 协同效应

为了使业务范围不断扩大，企业在扩大业务经营范围的同时会采用并购或联合经营的模式。协同效应，指在企业发生并购后，其总体效应表现出大于两个独立企业效应算术和的特征，即表现出 1+1 > 2 的特征。协同效应可以分为财务协同效应和经营协同效应。财务上的协同效应是指企业发生并购活动后，会计、税法处理的惯例和投资理念等方面发生的变化，这些变化可以协助企业取得一些预期的效应，如合理避税、节约成本等；经营上的协同效应是指发生并购后企业经营活动的效率变化及效率提高所产生的效益。同时，多样化的业务经营会使企业内部形成一种损益互补的机制。例如混业经营的商业银行或金融控股公司，通过银行、证券、保险在多方面的联合互补经营，既可以获得多方面的协同效应，也能使风险在一个控股集团内得到分散与转移，从而实现来自混业经营供给方的范围经济。

3. 品牌效应

拥有多种经营业务的大企业，一般具有客户广泛、客户共享度高的特征，而具有规模的分销体系可以将最新的产品及服务以最快的速度送达客户手中，对客户的维护也能够起到长期效果。企业良好的全方位服务、多元化的产品、持续良好的客户维护、极高的市场占有率能形成自己独特的品牌效应，良好的品牌效应又能使之具有信誉外溢的效果。信誉外溢在经营上表现为便于更多的低成本扩张和进一步提升品牌形象。例如，汇丰银行在 1998 年创建全球统一品牌后，在其当年的年报中，单独列出了一项"商誉摊销"的管理费用，可见汇丰银行对其营造自身品牌的投资是何其的重视。由此可知，这种极佳的良性循环，对企业范围经济的形成起着不可或缺的作用。

4. 不良效应

范围经济的发展会使企业产生某些不良效应，而这些不良效应可能加大企业的市场风险、信用风险、财务风险、法律风险、经营风险等。因此企业在发展及扩大经营业务范围的同时，更应注重自身范围的适度控制，而不能盲目地扩大自己的业务范围，应选择适合自身特色的业务种类。只有选好适合自己发展的业务种类，才能使企业走上可持续发展的道路。

二、商业银行范围经济的界定

（一）商业银行范围经济的含义

商业银行范围经济是指由于商业银行经营业务领域的扩张或经营品种的增加，导致银行交易费用降低或效益提高。如果商业银行经营的业务范围（或产品品种）扩大后，其交易费用的下降引起边际成本降低或边际收益增加，就表明该商业银行实现了范围经济效应。商业银行是保持其原来经营的业务范围（或产品品种），还是决定开展其他业务品种进而转向多产品、多业务经营，取决于商业银行综合化经营的交易费用和专业化经营的交易费用相比较的结果。如果综合化的交易费用小于专业化的交易费用，则商业银行就会采取相应措施，开展其他业务和产品品种，进而由专业化经营向综合化经营进行转化（郁红、彭仪瑞，2000），用经济学中的产品转换曲线表示，如图 4-1 所示：

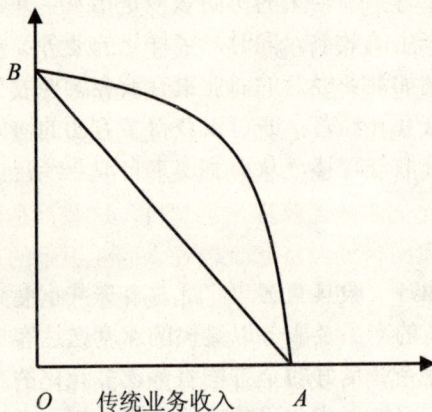

图 4-1 商业银行产品转换曲线

若某家商业银行只经营传统业务，则这家商业银行的产出曲线（图 4-1 中以传统业务收入来表示）为 OA。反之，如果相同的投入全部用于引进新的业务和产品品种（如证券、保险、投资基金等），则其产出曲线为 OB。要实现商业银行的多元化生产经营，则商业银行的范围经济效应使得原先的产品转换曲线（AB 直线）可能会出现相对圆心 O 的外凸的趋势（即 AB 弧线）。这表示在既定的投入水平下，多业务经营的产出会高于单业务经营的产出，或者说，商业银行经营的单位成本会由于多业务经营而下降。

（二）商业银行范围经济的测度

通过对范围经济理论的介绍，可以看出范围经济本质上是通过充分利用企业的剩余资源，以达到降低成本或提高收益的目的。就其经济属性而言，金融业乃至商业银行也必然存在范围经济。对微观金融效益来说，能最大限度地扩展经营范围和产品品种，实现协同效应和管理效应，对商业银行必定是一种理性的选择。

对商业银行而言，范围经济效应指的是随着银行经营范围或所经营产品品种的多元化，即由传统存款、贷款、结算、代理等业务逐步扩大业务范围和种类，最后进入证券、信托、保险等非银行业务，银行的单位经营成本逐步下降，并且利润逐渐增加的现象。

（三）商业银行范围经济的影响因素

商业银行是资金需求者和资金盈余者融通资金的信用中介，其通过引导社会盈余资金流动，实现了资源在经济社会中的合理配置，提高了整个社会的经济运行效率，在整个国民经济运行中起着举足轻重的作用。由于商业银行在国民经济体系中的特殊地位，除了一般影响因素外，商业银行范围经济还受到以下因素影响。

1. 经济环境

商业银行多元化经营水平要受到社会经济发展水平的制约，社会经济发展水平越高，社会盈余资金就越多，商业银行的信贷资金也就越充足，从而更有利于商业银行进行多元化经营以实现范围经济。目前，我国经济发展最主要的特点体现在经济高速发展和结构的重大调整。一方面，经济的高速发展使社会资金总量增加，为商业银行的多元化发展提供了有力的物质支撑；另一方面，社会经济结构的调整又为商业银行进行多元化业务经营提供了契机，这些都是商业银行取得范围经济的有利因素。然而，我国市场经济起步较晚，商业银行的市场化改革还处于起步阶段，相关制度还不健全，利率和汇率的市场化水平较低。金融市场的发展还不成熟，同时我国居民、企业和金融机构所持有的股票、债券和外汇等金融资产的数量有限，这些因素都制约着我国商业银行的多元化经营。[①]

2. 政策环境

银行体系是一个高度脆弱的系统，如果任由市场机制自发完成对金融资源的配置，就会产生配置错位现象，甚至会导致银行支付危机，进而通过"多米诺骨牌效应"在银行体系快速传递，导致整个社会经济系统的瘫痪[②]。因此，为了维护金融系统的公平、效率和安全，消除市场经济的固有缺陷，政府一般都会对商业银行进行监管和调控。然而，过度的政府管制会导致政策失灵，使商业银行的业务发展受到限制，业务范围狭窄，进而导致商业银行的创新能力变差，产品结构单一，久而久之，过度的价格竞争就会使商业银行进入恶性发展轨道。因此，只有有效、适度的监管才能既防范风险，又使商业银行的经营具有一定的自主性。

---

①许崇正.论发展我国国有商业银行表外业务的对策[J].南京师范大学学报, 2007 (1):40-75.

②林捷瑞恩.银行稳健经营与宏观经济政策[M].北京:中国金融出版社, 1997.

随着金融体制改革的深入,间接融资比重的不断下降和直接融资比重的不断提高,相关监管部门对商业银行的监管有了一定程度的放松,商业银行进行多元化经营具有了一定的可操作性。

3. 商业银行业务的多元化程度

对商业银行而言,范围经济与其多元化经营是紧密联系在一起的。多元化经营导致商业银行获得范围经济效应的途径主要表现在以下两个方面。

第一,商业银行多元化经营能够降低经营成本。

客户对商业银行所提供的金融产品的需求具有多样性,而且其综合性的需求有加强的趋势。客户不仅需要存款、贷款和结算等商业银行基本业务服务,而且还有对保险、证券等业务的服务需求。在分业经营的情况下,客户为了获取综合化的金融服务必须与银行、证券等不同金融机构进行业务往来,而在这个过程中其花费的成本相对较高。商业银行实行多元化经营,就可以向客户打包提供包括存贷款、证券发行与投资、保险和基金买卖等在内的全方位金融服务。这种"打包式"和"一体化"的金融服务一方面简化了客户业务办理程序,减少了客户费用,节约了客户时间;另一方面,商业银行可以通过这种"打包式"和"一体化"的金融服务实现稳定的经营收益,降低客户开发成本[①]。

第二,商业银行多元化经营能够降低商业银行的经营风险。

多元化经营既可以改善商业银行的资金使用结构,使商业银行具有相对合理的资产组合,还可以分散商业银行的非系统性风险,使商业银行通过其他业务的盈利来弥补一部分业务亏损,从而增强商业银行抵御外部冲击的能力[②]。

4. 商业银行的创新能力

商业银行创新是其适应新的经营环境,对各种金融要素进行重新组合和创造性变革的过程。其内容包括创造或引进新的经营管理理论和管理方法、新的监管制度、组织形式、金融产品以及交易方式等。[③]通过金融创新,商业银行不仅可以提升行业地位、吸引更多的客户,而且可以使各种生产要素得到优化组合,分散风险。

---

①郁红,彭仪瑞.从范围经济角度来分析商业银行开展投资银行业务的必要性[J].经济师, 2000 (9):80-81.

②杨雪.中国商业银行范围经济研究[D].武汉:华中科技大学, 2007.

③张国策.浅谈对当前商业银行金融创新的几点认识[J].中国商界, 2009(4):40-41.

第二节　国内外研究现状

一、国外研究综述

为了避免零产出，Murray & White（1983）、Gilligan、Smirlock & Marshall（1984）、Kim（1986）、Mitchell & Onvural（1996）、Green（2003）等人纷纷对其中的某一产量赋值（往往取该产量的一个很小的百分比，使其能够代替零产出，然后再运用超越对数成本函数）。采用这一方法，最主要的优点就是通过数据处理，避免了零产出情况，从而可以采用超越对数成本函数来估计范围经济。然而，该方法的缺点也是显而易见的，例如 Leigh Drakf（1992）在研究英国银行的范围经济时，取了产出数量的 10%，而 Green（2003）在研究东欧国家的银行的范围经济时，取了产出数量的 1%。由于取值的随机性，不同的取值会得出不同甚至是截然相反的结论，稳定性较差。

Mayo（1984）、K. C. Tseng（1997）等人利用多产出的二次成本函数（Quadratic Cost Function）能够有效地解决产出为零的情况。二次成本函数可以分为两种：一种是不包括投入品价格的二次函数；另一种是包括投入品价格的二次函数。由于二次成本函数成功地解决了当产出为零时的情况，同时取值完全按照产出的变化而变化，稳定性较好，因此在分析银行范围经济方面运用得较多。

Murray、John D. & Robert W. Whito（1983）利用 Box-Cox 变换对超越对数成本函数进行改进后得到广义超越对数成本函数，对 1976—1977 年加拿大 140 个信用合作社进行了考察，并基于生产法将银行的盈利资产（Earning Assets）作为产出，其他资产与负债作为投入，研究表明：（1）对于小型且一般的信用合作社，不能证明生产函数的齐次性、单一替代弹性及规模报酬不变的存在性；（2）其余大多数的信用合作社存在着规模经济，这与早期的一些对加拿大信用合作社的研究相一致。在采用了 Box-Cox 函数的转化后，不仅有效地解决了当产出为零时的情况，而且又保留了对数成本函数的所有优点，本章将利用此方法测度我国商业银行的范围经济。

二、国内研究综述

国内对范围经济的研究文献较少，现有对银行业范围经济的实证研究大多是从节约成本的角度来进行的，研究方法主要通过超越对数成本函数、广义超越对数成本函数和复合成本函数法对我国商业银行的范围经济进行测度和研究。

徐传湛、郑贵廷和齐树天（2002）运用超越对数成本函数分析了 1994—2000 年中国商业银行的规模经济问题，指出在考虑了银行不良贷款比例和对非国有经济放款比例情况下，四大国有商业银行几乎都存在着规模不经济，而其他新型股份制商业银行存在规模经济，但是其幅度越来越小。

杜莉和王锋（2002）利用广义超越对数成本函数分析了中国商业银行1994—1999年的经营情况，发现中国金融业的运营中同时存在着范围经济和范围不经济的现象。刘宗华和邹新月（2004）利用广义超越对数成本函数估计了我国国有商业银行及股份制商业银行1994—2001年的成本函数，并计算出各自的规模经济和范围经济。迟国泰等（2005）利用超越对数成本函数模型，基于随机前沿原理，评估了中国14家主要商业银行在1998—2003年的成本效率情况，并按贷款产出质量进行银行的排序。邹新月、邓亭（2009）认为对商业银行范围经济的研究应从收益变化的角度进行研究，而不能仅仅局限于节约成本。正是出于这样的考虑，他们在确定成本函数时将投入定义为商业银行的收益而不是成本。通过对我国12家主要商业银行1997—2006年数据的实证分析，得出国有商业银行的范围经济情况比股份制商业银行差，他们还对这种结果存在的原因进行了分析，认为虽然股份制商业银行在存、贷款等传统业务方面不如国有商业银行，但股份制商业银行经营机制更灵活、激励管理方式更为有效、还有其较好的风险管理能力和不断提高的金融创新能力，使得股份制商业银行在新兴业务的发展上比国有商业银行更好。

成刚（2006）利用复合成本函数，并引入横截面单位的虚拟变量，对中国14家商业银行1998—2003年的数据进行了研究，发现四大国有商业银行和股份制商业银行存在略微的规模不经济和范围不经济的情况。两类银行比较而言，国有银行的规模经济和范围经济情况要略好于股份制商业银行。

赵一婷（2000）分析了我国国有商业银行范围经济的现状，指出分业经营导致国有商业银行业务范围过窄造成范围不经济。熊鹏、王飞（2005）基于范围经济的分析框架对我国国有商业银行的表外业务进行了研究，发现商业银行范围经济的大小决定了它实现多元化经营以节约成本、提高效益的空间与机会。

三、国内外研究述评

研究商业银行的范围经济，可以让经营决策者了解商业银行追求混业经营的原动力，并在商业银行涉足证券、保险、信托基金等新的金融业务后对商业银行有何影响作出正确判断，进而通过采取有效措施使商业银行实现或改善其范围经济效应，充分发挥商业银行范围经济的效益。

由以上分析可以看出，国内外学者从不同的角度对商业银行的范围经济情况进行了研究。国外的研究广泛采用了数理模型，能够较为准确地估算出商业银行范围经济或范围不经济的程度。但是由于不同国家商业银行在监管体制、市场化程度、市场结构等方面存在一定的差异，国外的研究成果只能反映特定国家商业银行的范围经济状况，并不具备普遍意义。从研究方法上看，国内学者对银行业范围经济的实证研究大多是从节约成本的角度来进行的。从目前的研究成果看，对范围经济的测度主要集中在总体范围经济的测度，而对特定产品的测度相关研究较少，现有对特定产品范围经济的研究也仅仅局限于对中间业务范围经济的测度，还没有对存款、贷款和中间业务三种特定产品的范围经济同时进行测度的研究。除此之外，目前还没有专门对范围经济效应和商业银行经营效率的相互影响关系的研究文献。

本章试图通过对商业银行的总体范围经济效应、特定产品（存款、贷款和中间业务）的范围经济效应进行测度，为之后对总体范围经济效应、特定产品范围经济效应与我国商业银行经营效率的相互影响关系进行经验分析提供验证依据，并针对目前商业银行分业经营现状提出一些政策建议，希望能够通过提高商业银行的范围经济效应，进而实现商业银行经营效率的改进。

第三节　小结

本章首先对范围经济的一般含义从微观经济学、产业组织学以及交易成本的角度进行界定，并分析了范围经济效应的经济特性，得出范围经济效应具有联合效应、协同效应、品牌效应和不良效应四大经济特性。其次，通过范围经济的一般含义引出商业银行范围经济的定义，即商业银行范围经济被界定为银行业务领域的扩张或经营品种的增加所引起的银行交易费用降低和效益提高的情况。在对商业银行范围经济效应进行界定后，本章对商业银行范围经济的成因、影响因素及测度方法作了简单阐述。最后，在对商业银行范围经济的定义及影响因素作了阐述之后，对国内外范围经济研究的现状、研究成果、研究方法作了对比分析和评述。

第五章 范围经济的测度

商业银行范围经济效应的测度主要从节约成本的角度考虑，所采用的方法主要有超越对数成本函数法和广义超越对数成本函数法。利用超越对数成本函数法测度商业银行多业务联合经营时，由于对特定产出为零的情况无法有效处理，因此本章将采用广义超越对数成本函数法对商业银行的总体范围经济效应和特定产品的范围经济效应进行测度。

第一节 模型及指标体系的构建

一、范围经济研究中的成本函数

（一）超越对数成本函数（Translog cost Function）模型

商业银行业务拓展依赖于其规模效率和产品组合效率，那些在规模和产品组合上最具有成本效率的银行在扩张时也具有相对成本优势，从而能获得更高的利润和持续发展能力。20 世纪 60、70 年代以来，各国学者对商业银行的范围经济问题运用各种方法作了多方面的研究。虽然由于研究方法和样本选择等方面存在差异，不同研究得出的结论也不尽相同，但在这些研究中，超越对数成本函数·（Translog Cost Function）得到了广泛应用。超越对数成本函数（Translog Cost Function，简称 TCF）是由 Christensen、Jorgenson & Lau（1973）提出的，后来由 Fussetal（1978）等人加以发展，该函数主要是考虑到了技术因素，具有如下优点：首先，明确考虑了多产品企业的联合生产，不仅考虑各自变量对因变量的影响，又考虑了各个自变量之间的交互效应对因变量的影响；其次，该函数对数据的要求不高，其参数很容易通过标准统计方法估计出来；最后，该函数参数的经济含义是直截了当的。它的易估计性和包容性等优点已经使它逐渐成为商业银行范围经济研究的主要方法。

该函数的定义如下：

$$\ln TC = \partial_0 + \sum_{i=1}^{m} \partial_i \ln y_i + \sum_{k=1}^{n} \beta_k \ln w_k + \sum_{i=1}^{n} \sum_{k=1}^{n} \rho_{ik} \ln y_i \ln w_k +$$

$$\frac{1}{2}\left(\sum_{i=1}^{m} \sum_{j=1}^{m} \partial_{ij} \ln y_i \ln y_j + \sum_{k=1}^{n} \sum_{h=1}^{n} \delta_{kh} \ln w_k w_h \right) + e \qquad (5.1)$$

其中，$\ln$ 为取自然对数，y_i 是第 i 项输出；w_k 是第 k 项投入要素价格；∂_0，∂_i，β_k，ρ_{ik}，ϑ_{ij}，δ_{kh} 为待估计参数，e 为随机误差项；$\partial_{ij} = \partial_{ji}$，$\delta_{kh} = \delta_{hk}$。由成本函数的性质可知，$TC$ 对投入价格一定是线性齐次的。只有在下面 $n+3$ 个线性约束条件成立时，这个性质才会被超越对数成本函数满足：

$$\sum_{k=1}^{n} \beta_k = 1 \quad , \quad \sum_{i=1}^{m} \sum_{k=1}^{n} \rho_{ik} = 0 \quad , \quad \sum_{k=1}^{n} \sum_{h=1}^{n} \delta_{kh} = 0$$

TCF 方法的优点在于：（1）明确考虑了多产品企业的联合生产；（2）其参数很容易通过标准统计方法估计出来；（3）其参数的经济含义是直截了当的。然而，这一方法具有如下缺点：（1）由于利用对数函数进行转换只适用于正值的情况，所以对于样本中商业银行的特定产出为零时，TCF 方法就失去了意义；（2）传统上用于估计范围经济的几种方法要求对联合生产和单独生产的成本进行比较，这些方法的测量结果只能通过大致估计得到。为了解决这一问题，许多学者采取了如下方法：（1）把不能生产特定产品的企业从样本中剔除掉；（2）对样本中的观察值进行加总以消除零产出现象，过分的加总会使联合生产所可能产生的规模（不）经济也以总量的形式出现；（3）在对成本函数参数进行估计前，对数据集中的零产出以一个主观选择的正值代替，但这些改进的方法又会导致参数估计的样本选择偏误等问题。

（二）广义超越对数成本函数（Generalized Translog Cost Function）模型

Caves、Christensen & Tretheway（1980）利用 Box-Cox 转换对 TCF 方法进行了修正，提出了广义超越对数成本函数（Generalized Translog Cost Function，GTCF)。通过这一转换，成本函数不仅能考虑联合生产，也能考虑在特定产出为零时的情况。

广义超越对数成本函数(GTCF)是用 Box-Cox 因子替换出现在 TCF 方程 5.1 中的独立产出的对数值 $\ln y_i$ 而得到的，其转换如下：

$$Y_i = \frac{y_i^{\theta_i} - 1}{\theta_i} \qquad (5.2)$$

若 $y_i = 0$，则 $Y_i = \left(-\dfrac{1}{\theta_i} \right)$，对所有的 $\ln y_i$ 进行替换，则 TCF 方程（5.1）转化为

GTCF 方程（5.3）：

$$\ln TC = \partial_0 + \sum_{i=1}^{m} \partial_i Y_i + \sum_{k=1}^{n} \beta_k \ln w_k + \sum_{i=1}^{n} \sum_{k=1}^{n} \rho_{ik} Y_i \ln w_k +$$

$$\frac{1}{2} \left(\sum_{i=1}^{m} \sum_{j=1}^{m} \partial_{ij} Y_i Y_j + \sum_{k=1}^{n} \sum_{h=1}^{n} \delta_{kh} \ln w_k \ln w_h \right) + e \qquad (5.3)$$

当 $\theta_i \rightarrow 0$ 时，$Y_i \rightarrow \ln y_i$，因此，TCF 方程是 GTCF 方程的一种特殊情况。

对称性要求：$\partial_{ij} = \partial_{ji}$，$\delta_{kh} = \delta_{hk}$。

价格奇次性条件：

$$\sum_{k=1}^{n} \beta_k = 1 \quad , \quad \sum_{i=1}^{m} \sum_{k=1}^{n} \rho_{ik} = 0 \quad , \quad \sum_{k=1}^{n} \sum_{h=1}^{n} \delta_{kh} = 0$$

模型变量定义如下：TC 为总成本，Y_1 为存款，Y_2 为贷款，Y_3 为中间业务收入，w_1 为劳动价格，w_2 为资本价格。

（三）基于广义超越对数成本函数的范围经济测度

范围经济分为总体范围经济（Global Economies of Scope，简计为 GSOE）和特定产品范围经济（Product-Specific Economies of Scope，简称为 PSSOE)。其定义如方程（5.4）所示：

$$GSOE = \frac{\left\{ \left[C(y_1, 0, \cdots, 0) + \cdots + C(0, \cdots, 0, y_m) \right] - C(y_1, \cdots, y_m) \right\}}{C(y_1, \cdots, y_m)} \qquad (5.4)$$

其中成本函数 C（) 是（5.3)式的 GTCF 函数。如果 $GSOE > 0$（或 < 0），则意味着存在总体的范围经济（或范围不经济)，即单独生产每一种产品的成本大于（或小于）联合生产这些产品的成本时就存在范围经济（或范围不经济）。

对于特定产品范围经济，有两种衡量方法[①]。第一种方法要求决定总成本和增加成本。其定义如方程（5.5）所示：

$$PSSOE(1) = \frac{\left\{ \left[C(y_1, \cdots, y_{i-1}, 0, y_{i+1}, \cdots, y_m) + C(0, \cdots, 0, y_i, 0, \cdots, 0) \right] - C(y_1, \cdots, y_m) \right\}}{C(y_1, \cdots, y_m)} \qquad (5.5)$$

其中 C（) 为 GTCF 成本函数。当 $PSSOE$（1）> 0（或 < 0）时，意味着存在

---

① 刘宗华.中国银行业的规模经济和范围经济研究[D].上海：复旦大学，2004.

特定产品范围经济（或范围不经济）。特定产品范围经济的第二种测度方法集中于任意两种产品间成本互补的充要条件，第二种定义的特定产品范围经济的定义如方程（5.6）所示：

$$PSSOE(2) = \frac{\partial^2 TC}{\partial y_i \partial y_j}$$

$$= \left(\frac{TC}{y_i y_j} \right) \left[\frac{\partial^2 TC}{\partial \ln y_i \partial \ln y_j} + \varepsilon_i \varepsilon_j \right] \tag{5.6}$$

其中，$\dfrac{\partial^2 TC}{\partial \ln y_i \partial \ln y_j} = y_i \cdot y_j \cdot \partial_{ij}$，$\varepsilon_i = y_i^{\theta_i} \left[\partial_i + \sum_{j=1}^{m} \partial_{ij} Y_j + \sum_{k=1}^{n} \rho_{ik} \ln w_k \right]$ （5.7）

当 $PSSOE$（2）<0 时，意味着在产品 i 和 j 之间具有成本互补性，也就是说存在特定产品范围经济，反之则不存在成本互补（特定产品范围经济）。

二、指标体系的选择

本章拟选取的样本银行为 4 家国有商业银行、11 家股份制商业银行、4 家城市商业银行和 1 家农村商业银行，具体见表5-1。本章所选取样本商业银行资产总额 547 927.63 亿元，占银行业金融机构总资产 787 690.5 亿元的 69.6%（数据来源：中国银行业监督管理委员会 2009 年年报），所选取样本可基本代表我国商业银行的经营状况。本书旨在对我国商业银行的现状进行测度，重在评价近年来的绩效表现，所以选取的样本区间为 2005—2009 年。

表 5-1　范围经济研究的样本银行

银行全称	银行简称	银行全称	银行简称
中国工商银行	工行	兴业银行	兴业
中国建设银行	建行	招商银行	招商
中国农业银行	农行	浙商银行	浙商
中国银行	中行	光大银行	光大
交通银行	交行	中信银行	中信
恒丰银行	恒丰	杭州市商业银行	杭州银行
华夏银行	华夏	北京市商业银行	北京银行
中国民生银行	民生	南京市商业银行	南京银行
上海浦东发展银行	浦发	宁波市商业银行	宁波银行
深圳发展银行	深发展	上海农村商业银行	上海农商行

数据来源：《中国银行业监督管理委员会 2009 年年报》。

　　本章主要采用对偶法来分析中国商业银行的范围经济，这种方法把银行的产出定义为存款、贷款和中间业务，投入为资本、劳动和存款。本章的总成本（Total Cost，TC）采用银行损益表中的利息支出、手续费支出、营业费用和其他营业支出之和，贷款（Loan）包括资产负债表中的长期贷款和短期贷款，中间业务主要包括证券投资和其他业务，存款（Deposit）包括资产负债表中的长期存款和短期存款。中间业务用中间业务收入衡量，由于各样本商业银行年报的统计口径不一致，本节用非利息收入代替中间业务收入。资本成本应该用年度固定资产折旧/年度固定资产净值来衡量，由于在《中国金融年鉴》和各样本商业银行年报中，有部分商业银行并未披露其固定资产折旧，所以本节用总的固定资产除以总存款来近似代替资本成本。劳动成本应该用银行的工资支出/银行员工数来衡量，但由于我国金融统计资料里许多银行并没有披露工资成本及员工数，所以本节用营业费用除以总存款来近似代替劳动成本。

　　本节在选择投入、产出指标体系时将存款选为投入指标，其价格（R）用利息支出除以总存款[①]来衡量。在我国，由于中国人民银行规定各商业银行的存贷款利率必须在相同的存贷款基准利率条件下进行浮动，所以各样本商业银行成本的差异主要不是由于存款价格（利率）差异而产生的，而是来源于其他方面，这样本节就可以把存款价格（R）从成本方程中剔出而不会影响测度结果[②]。

第二节　测度结果分析

　　模型选择广义超越对数成本函数（Generalized Translog Cost Function，GTCF），如方程（5.3）所示。样本数据为中国 20 家商业银行，如表 5-1 所示。所用的方法为 LS（最小二乘法）。全部数据为面板数据（Panel Data），数据来源于各银行年度报告（2005—2009 年），所有数据的处理都是利用 Eviews6.0 软件进行计算的。

　　将各模型变量、对称性条件和奇次性条件代入 GTCF 函数（5.3），得到本节的 GTCF 函数，如方程（5.8）所示：

[①] Caves D, Christensen L, Tretheway M. Flexible Cost Functions for Multiproduct Firms [J]. Review of Economics and Statistics, 1980,62: 477-481.

[②] Cavallo L, Rossi S P S. Scale and scope economies in the European banking systems[J]. Journal of Multinational Financial Management, 2001, 11:515-531.

$$\ln TC = \partial_0 + \partial_1 Y_1 + \partial_2 Y_2 + \partial_3 Y_3 + \beta_1 \ln w_1 + \beta_2 \ln w_2 + \rho_{11} Y_1 \ln w_1 + \rho_{12} Y_1 \ln w_2$$
$$+ \rho_{21} Y_2 \ln w_1 + \rho_{22} Y_2 \ln w_2 + \rho_{31} Y_3 \ln w_1 + \rho_{32} Y_3 \ln w_2 + \partial_{11} Y_1^2 + \partial_{22} Y_2^2 \qquad (5.8)$$
$$+ \partial_{33} Y_3^2 + \partial_{12} Y_1 Y_2 + \partial_{13} Y_1 Y_3 + \partial_{23} Y_2 Y_3 + \delta_{11} \ln^2 w_1 + \delta_{22} \ln^2 w_2$$
$$+ \delta_{12} \ln w_1 \ln w_2 + e$$

本节对模型中的 Box-Cox 转换因子 θ_i 采用固定值 θ，并使用网格搜寻法求使得残差平方和最小的 θ。当 θ=0.1 时，成本函数的全部系数的 P 值都接近于 0，残差平方和为 0.689，与 θ=0.125 时仅相差 0.01，所以，本节选取 θ=0.1。

通过利用最小二乘法对面板数据进行回归，方程（5.8）中各系数的估计值如表 5-2 所示：

表 5-2　模型估计结果

Variable	Coefficient	Variable	Coefficient	Variable	Coefficient
∂_0	15.84743	ρ_{12}	0.125871	∂_{33}	0.001073
∂_1	1.928731	ρ_{21}	-0.019313	∂_{12}	-0.23846
∂_2	-1.487361	ρ_{22}	-0.194691	∂_{13}	0.026428
∂_3	0.083373	ρ_{31}	-0.004535	∂_{23}	-0.018225
β_1	6.064893	ρ_{32}	0.043323	δ_{11}	0.487666
β_2	1.2252	∂_{11}	0.073905	δ_{12}	0.015997
ρ_{11}	-0.022124	∂_{22}	0.14473	δ_{12}	0.130261
R-squared	0.997523	Mean dependent var			5.202488
Adjusted R-squared	0.995913	S.D.dependent var			1.675886
S.E.of regression	0.107133	Sum squared resid			0.688649
F-statistic	619.6354	Durbin-Watson stat			2.085789
Prob（F-statistic）	0.000000				

注：本数据由 Eviews6.0 计算得出。

一、总体范围经济（GSOE）的测度

将表 5-2 中各系数值代入 GTCF 方程（5.8），利用总体范围经济的测度方程（5.4）对 2005—2009 年 20 家样本商业银行的总体范围经济进行测度，结果如表 5-3 所示：

表 5-3　总体范围经济测度结果

DMU	2005	2006	2007	2008	2009	平均
工行	0.1337908	0.1324461	0.1238738	0.1322085	0.1315829	0.1307804
建行	0.1140468	0.1160319	0.1117883	0.1165557	0.1259018	0.1168649
农行	0.1140503	0.1121703	0.1048189	0.1121202	0.105658	0.1097635
中行	0.1008758	0.1027326	0.1040044	0.1193917	0.1249452	0.1103899
交行	0.10468	0.100481	0.064862	0.067247	0.0678872	0.0810314
恒丰	0.0986182	0.0769076	0.0665617	0.0511905	0.0658334	0.0718223
华夏	0.0750236	0.053897	0.0444639	0.0309598	0.0561366	0.0520962
民生	0.0886516	0.0565217	0.0686201	0.0644296	0.0775894	0.0711625
浦发	0.0942947	0.0725016	0.0638568	0.0607118	0.0649684	0.0712667
深发展	0.0893759	0.0134996	0.005909	0.0433586	0.0605871	0.0425461
兴业	0.0827723	0.08344	0.0710743	0.0707258	0.0790829	0.0774191
招商	0.1064732	0.0764327	0.0633735	0.0508096	0.0648206	0.0723819
浙商	0.1267932	0.1233445	0.1440787	0.0617919	0.1202162	0.1152449
光大	0.0993415	0.071435	0.0715318	0.0651761	0.0680205	0.075101
中信	0.1712393	0.2045224	0.1370386	0.0726826	0.0869927	0.1344951
杭州银行	0.1776423	0.1385693	0.1350115	0.1006896	0.1059844	0.1315794
北京银行	0.1421639	0.1325527	0.1160204	0.0975669	0.1139129	0.1204433
南京银行	0.236106	0.1599905	0.0642772	0.0914179	0.1119294	0.1327442
宁波银行	0.2446694	0.1554163	0.1176715	0.0874594	0.0784089	0.1367251
上海农商行	0.1436094	0.1276661	0.1239752	0.0997086	0.1009014	0.1191721
平均	0.1272109	0.1055279	0.0901406	0.0798101	0.090568	

注：本表数据由表 5-2 中各系数值、方程 5.4、5.8 计算得出。

　　如表 5-3 所示 20 家样本商业银行在 2005—2009 年存在较弱的总体范围经济，即联合生产这些产品的成本略小于单独生产每一种产品的成本之和。这说明对我国商业银行来说，联合生产比单独生产这些产品要节省成本。4 家国有商业银行和其余 16 家商业银行总体范围经济相差不大，原因可能是我国商业银行业务结构单一，银行提供的产品同质性较为严重，且管理模式大致相同。

　　如图 5-1 所示为 2005—2006 年 20 家商业银行平均总体范围经济的变化趋势，20 家样本银行的总体范围经济平均值从 2005 年开始逐年下降，2009 年开始上升。说明 2008 年全球金融危机之后，我国商业银行加强自身生产经营，提高产品联合生产能力的措施取得了较好的效果，表现为总体范围经济的提高。

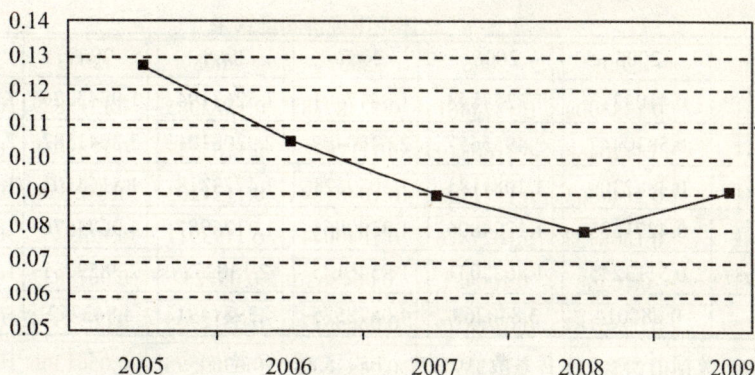

图 5-1　2005—2009 年样本银行平均总体范围经济（GSOE）趋势图

二、特定产品范围经济（PSSOE）的测度

（一）基于第一种定义的 PSSOE 的测度

基于特定产品范围经济的第一种定义，本章将存款、贷款、中间业务三种具体的商业银行特定产出的范围经济进行测度，如表 5-4、5-5、5-6 所示。

表 5-4　存款的范围经济测度结果

DMU	2005	2006	2007	2008	2009	平均
工行	1.0868263	8.4933911	8.7797458	9.1623315	9.7343013	7.4513192
建行	1.0170885	7.8331469	8.1573179	8.5894403	9.1936448	6.9581277
农行	0.9914599	7.5016335	7.7773488	8.0885175	8.9686501	6.665522
中行	1.0401431	7.9896247	8.2620638	8.3849177	8.9928711	6.9339241
交行	0.8219901	5.3020476	5.6586605	6.0177039	6.5694681	4.873974
恒丰	0.6528681	3.2605777	3.507975	3.7137078	3.9256417	3.0121541
华夏	0.7185611	4.0190072	4.2739961	4.5843022	5.0735183	3.733877
民生	0.7199966	4.0275138	4.3296359	4.6998399	5.1796277	3.7913228
浦发	0.6215254	2.7152176	2.9476326	3.2526448	3.5485396	2.617112
深发展	0.659572	3.5772413	3.8600183	4.128899	4.6107647	3.3672991
兴业	0.7482709	4.3205306	4.6751982	5.1760926	5.6338349	4.1107854
招商	0.7039873	3.7007579	3.8747445	4.1286787	4.499819	3.3815975
浙商	0.4296401	1.2289636	1.429461	1.8211443	2.0787709	1.397596
光大	0.726075	4.0476167	4.4013475	4.8500898	5.3645953	3.8779449
中信	0.4421855	0.9163578	1.2240537	1.5973542	2.0229604	1.2405823

续表 5-4

DMU	2005	2006	2007	2008	2009	平均
杭州银行	0.4103313	1.2353848	1.3412401	1.6263194	1.9845226	1.3195596
北京银行	0.5830447	2.4955657	2.6460487	2.9208101	3.3041582	2.3899255
南京银行	0.3882309	1.1081185	1.3059521	1.4723318	1.8164101	1.2182087
宁波银行	0.4271585	1.1704806	1.3500966	1.6175987	1.9674676	1.3065604
上海农商行	0.5113245	1.8622031	1.9546125	2.130258	2.3852731	1.7687342
平均	0.685014	3.840269	4.0878575	4.3981491	4.842742	

注：本表数据由表 5-2 中各系数值、方程 5.5、5.8 计算得出。

如表 5-4 所示，2005—2009 年 20 家样本商业银行存款的范围经济系数均大于 1，即这 20 家商业银行均有较强的存款范围经济。说明存款对我国商业银行来说，"公共品性质"较强，可以较低成本用于商业银行其他产品的生产，同时也说明对存款来说，联合生产的成本比各存款业务单独生产成本低。

如图 5-2 所示为我国国有商业银行、股份制商业银行、城市商业银行和一家农村商业银行 2005—2009 年存款的范围经济的趋势图。国有商业银行和股份制商业银行存款业务的范围经济很强，一家农村商业银行即上海农商行的存款范围经济比城市商业银行的存款范围经济略高。从图中可以看出，各类商业银行存款的范围经济在逐年增加。

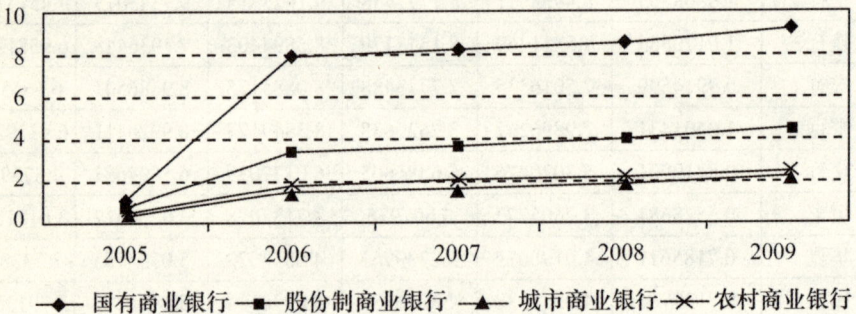

图 5-1 各类商业银行存款的范围经济（PSSOE1）

表 5-5 所示为 2005—2009 年 20 家样本银行贷款的范围经济。所有样本银行贷款的范围经济系数均大于 0，这说明贷款对我国商业银行来说，"公共品性质"较强，其可以以较低成本用于商业银行其他产品的生产。同时也说明对贷款来说，联合生产的成本比各个贷款业务单独生产成本低。工行、建行、农行和中行四家国有商业银行贷款范围经济均大于 1，即范围经济较强。而其他股份制商业银行、

城市商业银行和农村商业银行贷款的范围经济均大于 0 且小于 1，即这三类商业银行也存在贷款的范围经济，但相比国有商业银行稍弱。这说明了我国国有商业银行的贷款业务相比其他商业银行来说成本优势较为明显。

表 5-5　贷款的范围经济（PSSOE2）

DMU	2005	2006	2007	2008	2009	平均
工行	1.1748451	1.1732665	1.180302	1.2038321	1.2846197	1.2033731
建行	1.0896528	1.1123809	1.1084769	1.1522774	1.2452746	1.1416125
农行	1.06659	1.0478455	1.063966	1.1123685	1.2424005	1.1066341
中行	1.1118874	1.1177579	1.1326672	1.0891861	1.1847956	1.1272588
交行	0.8730868	0.8896673	0.8775447	0.9008945	0.9795567	0.90415
恒丰	0.7037228	0.6713565	0.6730477	0.6613858	0.7214352	0.6861896
华夏	0.7673503	0.7545563	0.7555245	0.7600744	0.8537204	0.7782452
民生	0.7539438	0.750861	0.7778971	0.7939291	0.8655031	0.7884268
浦发	0.6483552	0.6192323	0.6165851	0.6304244	0.7159605	0.6461135
深发展	0.6788272	0.6173944	0.6214675	0.7023554	0.7975594	0.6835208
兴业	0.7947522	0.8141907	0.8149773	0.8492449	0.9336892	0.8413709
招商	0.7342351	0.701299	0.7212556	0.7160149	0.807246	0.7360101
浙商	0.4411209	0.4848509	0.4833313	0.4427761	0.5547804	0.4813719
光大	0.7601388	0.7609846	0.7893757	0.8050232	0.9142279	0.80595
中信	0.4240133	0.437605	0.4494789	0.4208266	0.54394	0.4551728
杭州银行	0.4340245	0.431185	0.4319217	0.4664057	0.547856	0.4622786
北京银行	0.5950154	0.6047415	0.6073411	0.6160072	0.7150492	0.6276309
南京银行	0.4160914	0.3985305	0.3461713	0.4284887	0.5199407	0.4218445
宁波银行	0.4266911	0.4331544	0.4460114	0.4507813	0.5362958	0.4585868
上海农商行	0.5032309	0.5375069	0.542626	0.5206988	0.5875572	0.538324
平均	0.7198787	0.7179184	0.7219984	0.7361503	0.8275704	

数据来源：本表数据由表 5-2 中各系数值、方程 5.5、5.8 计算得出。

如图 5-3 所示为我国国有商业银行、股份制商业银行、城市商业银行和一家农村商业银行 2005—2009 年贷款的范围经济趋势图。国有商业银行 2005—2009 年各年贷款的范围经济均大于 1，贷款业务的范围经济很强。股份制商业银行、城市商业银行和一家农村商业银行即上海农商行的贷款范围经济较强，这三类商业银行中，股份制商业银行贷款的范围经济最高，上海农商行比城市商业银行的贷款范围经济略高。从图中还可以看出，各类商业银行贷款的范围经济有逐年增加的趋势。

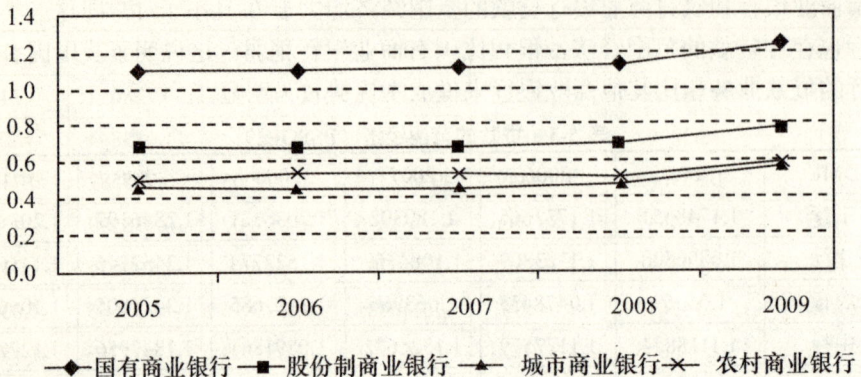

图 5-3　各类商业银行贷款的范围经济测度结果

　　如表 5-6 所示为 2005—2009 年 20 家样本商业银行中间业务的范围经济。所有样本商业银行中间业务的范围经济系数均小于 0，即存在中间业务范围不经济。这说明中间业务对我国商业银行来说，"公共品性质"较弱，不能以较低成本用于商业银行其他产品的生产，同时也说明对中间业务来说，联合生产的成本比各存款业务单独生产成本要高。工行、建行、农行和中行四家国有商业银行中间业务范围经济均小于 0，且大于-1，即范围不经济较小。而其他股份制商业银行、城市商业银行和农村商业银行中间业务的范围经济均小于 0，即这三类商业银行存在中间业务的范围不经济，且相比国有商业银行稍大。说明我国国有商业银行的中间业务相比其他商业银行来说具有成本优势。

表 5-6　中间业务的范围经济（PSSOE3）

DMU	2005	2006	2007	2008	2009	平均
工行	-0.732247	-0.729737	-0.709312	-0.749012	-0.78439	-0.74094
建行	-0.688946	-0.685777	-0.679164	-0.69285	-0.777646	-0.704876
农行	-0.642245	-0.608009	-0.59508	-0.69992	-0.736345	-0.65632
中行	-0.657959	-0.624462	-0.634749	-0.494264	-0.613861	-0.605059
交行	-0.695831	-0.686154	-0.519855	-0.518459	-0.585969	-0.601254
恒丰	-1.021664	-0.785121	-0.693446	-0.60176	-0.729421	-0.766282
华夏	-0.963179	-0.689283	-0.622993	-0.522873	-0.671725	-0.694011
民生	-0.889802	-0.665742	-0.703083	-0.679579	-0.766298	-0.740901
浦发	-1.029379	-0.926739	-0.854023	-0.824655	-0.908815	-0.908722
深发展	-0.884466	-0.454285	-0.400031	-0.628781	-0.782549	-0.630022
兴业	-0.82927	-0.818184	-0.695542	-0.632658	-0.757716	-0.746674

续表 5-6

DMU	2005	2006	2007	2008	2009	平均
招商	-0.982653	-0.726375	-0.729238	-0.542902	-0.728057	-0.741845
浙商	-1.532392	-1.450374	-1.391225	-0.706917	-1.083844	-1.23295
光大	-0.859662	-0.69449	-0.682319	-0.609005	-0.745582	-0.718211
中信	-2.114337	-1.887066	-1.363876	-0.855507	-0.978599	-1.439877
杭州银行	-1.593444	-1.392865	-1.346761	-1.13465	-1.109576	-1.315459
北京银行	-1.142613	-1.044041	-1.040485	-0.892816	-1.058665	-1.035724
南京银行	-1.796605	-1.320156	-0.863171	-0.857279	-1.044225	-1.176287
宁波银行	-1.782887	-1.323866	-1.110243	-0.855724	-0.935545	-1.201653
上海农商行	-1.344011	-1.224111	-1.200761	-0.928833	-0.870475	-1.113638
平均	-1.10918	-0.936842	-0.841768	-0.721422	-0.833465	

数据来源：本表数据由表 5-2 中各系数值、方程 5.5、5.8 计算得出。

如图 5-4 所示为国有商业银行、股份制商业银行、城市商业银行和一家农村商业银行 2005—2009 年中间业务范围经济的趋势图。国有商业银行 2005—2009 年各年中间业务的范围经济均小于 0，中间业务的范围不经济较为显著。股份制商业银行、城市商业银行和一家农村商业银行中间业务的范围不经济较国有商业银行更为显著。从图中可以看出，各类商业银行中间业务的范围不经济绝对值有逐年减小的趋势，即各商业银行中间业务的范围不经济显著性在降低。

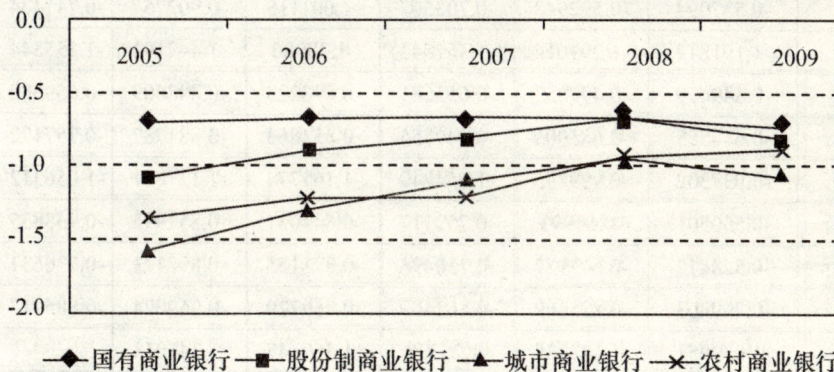

图 5-4　各类商业银行中间业务范围经济（PSSOE3）

（二）基于第二种定义的 PSSOE 的测度

将表 5-2 中各系数值代入第二种定义的特定范围经济的测度方程(5.6)对 2005—2009 年 20 家样本商业银行的特定产品范围经济（存款、贷款、中间业务）进行测度，测度结果如表 5-7、5-8、5-9 所示。

　　如表 5-7 所示，2005—2009 年 20 家样本商业银行存款和贷款的范围经济系数均小于 0，即这 20 家商业银行均存在存款和贷款的范围经济。这说明对我国商业银行来说，存款和贷款具有成本互补性。同时也说明对存款和贷款来说，联合生产的成本比存款和贷款业务单独生产成本低。

表 5-7　存款和贷款的范围经济系数测度结果

DMU	2005	2006	2007	2008	2009	平均
工行	-1.734781	-1.781143	-1.838757	-1.885702	-1.880205	-1.824118
建行	-1.682509	-1.731744	-1.818425	-1.848297	-1.832248	-1.782645
农行	-1.68192	-1.765997	-1.809393	-1.812169	-1.797553	-1.773406
中行	-1.691602	-1.760891	-1.803833	-1.894415	-1.879333	-1.806015
交行	-1.407125	-1.463767	-1.590796	-1.648894	-1.653894	-1.552895
恒丰	-1.061489	-1.20284	-1.289351	-1.395022	-1.354461	-1.260633
华夏	-1.177531	-1.300345	-1.389029	-1.485861	-1.472191	-1.364991
民生	-1.190132	-1.306117	-1.358937	-1.451214	-1.466215	-1.354523
浦发	-0.957833	-1.071323	-1.17177	-1.268719	-1.218818	-1.137692
深发展	-1.123335	-1.269034	-1.366941	-1.446247	-1.423554	-1.325822
兴业	-1.246631	-1.30737	-1.419889	-1.507585	-1.4944	-1.395175
招商	-1.135568	-1.265939	-1.320433	-1.415071	-1.375021	-1.302406
浙商	-0.537094	-0.592948	-0.703507	-1.001116	-0.902757	-0.747484
光大	-1.191812	-1.299014	-1.362843	-1.48086	-1.442192	-1.355344
中信	-0.349479	-0.497053	-0.653581	-0.898223	-0.898609	-0.659389
杭州银行	-0.614555	-0.685903	-0.749755	-0.853863	-0.881787	-0.757172
北京银行	-0.937302	-0.999895	-1.054749	-1.161774	-1.127841	-1.056312
南京银行	-0.550501	-0.66993	-0.752717	-0.844031	-0.851995	-0.733835
宁波银行	-0.528412	-0.647977	-0.730496	-0.878155	-0.898113	-0.736631
上海农商行	-0.799403	-0.825469	-0.862409	-0.969729	-0.969074	-0.885217
平均	-1.079951	-1.172235	-1.25238	-1.357347	-1.341013	

　　数据来源：本表数据由表 5-2 中各系数值、方程 5.6、5.8 计算得出。

　　如图 5-5 所示为我国国有商业银行、股份制商业银行、城市商业银行和一家农村商业银行即上海农商行 2005—2009 年存款和贷款范围经济的趋势图。国有商业银行和股份制商业银行存款和贷款业务的范围经济较为显著，一家农村商业银行即上海农商行的存款范围经济比城市商业银行的存款范围经济略高，但都处于较强的位置。而且从图中可以看出，各类商业银行存款的范围经济在逐年增加。

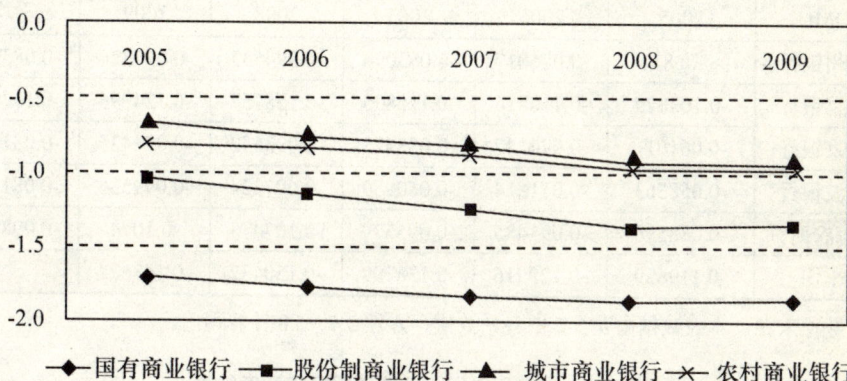

图 5-5　各类商业银行存款和贷款范围经济

如表 5-8 所示，2005—2009 年 20 家样本商业银行存款和中间业务的范围经济系数均小于 0，即这 20 家商业银行均存在存款和中间业务的范围经济。说明对商业银行来说，存款和中间业务具有成本互补性。同时也说明对存款和中间业务来说，联合生产的成本比存款和中间业务单独生产成本低。

表 5-8　存款和中间业务范围经济测度结果

DMU	2005	2006	2007	2008	2009	平均
工行	-0.192262	-0.1974	-0.203785	-0.208988	-0.208379	-0.202163
建行	-0.186469	-0.191925	-0.201532	-0.204843	-0.203064	-0.197567
农行	-0.186403	-0.195722	-0.200531	-0.200839	-0.199219	-0.196543
中行	-0.187477	-0.195156	-0.199915	-0.209954	-0.208282	-0.200157
交行	-0.155949	-0.162226	-0.176304	-0.182743	-0.183297	-0.172104
恒丰	-0.117643	-0.133308	-0.142896	-0.154607	-0.150112	-0.139713
华夏	-0.130503	-0.144114	-0.153943	-0.164675	-0.16316	-0.151279
民生	-0.1319	-0.144754	-0.150608	-0.160835	-0.162497	-0.150119
浦发	-0.106154	-0.118732	-0.129865	-0.140609	-0.135079	-0.126088
深发展	-0.124497	-0.140644	-0.151495	-0.160284	-0.157769	-0.146938
兴业	-0.138161	-0.144893	-0.157363	-0.167082	-0.165621	-0.154624
招商	-0.125852	-0.140301	-0.146341	-0.156829	-0.152391	-0.144343
浙商	-0.059525	-0.065715	-0.077968	-0.110951	-0.100051	-0.082842
光大	-0.132086	-0.143967	-0.151041	-0.16412	-0.159835	-0.15021
中信	-0.038732	-0.055087	-0.072435	-0.099548	-0.099591	-0.073079

续表 5-8

DMU	2005	2006	2007	2008	2009	平均
杭州银行	-0.06811	-0.076017	-0.083094	-0.094632	-0.097726	-0.083916
北京银行	-0.103879	-0.110816	-0.116895	-0.128757	-0.124996	-0.117069
南京银行	-0.061011	-0.074247	-0.083422	-0.093542	-0.094425	-0.081329
宁波银行	-0.058563	-0.071814	-0.080959	-0.097324	-0.099536	-0.081639
上海农商行	-0.088596	-0.091485	-0.095579	-0.107473	-0.1074	-0.098107
平均	-0.119689	-0.129916	-0.138799	-0.150432	-0.148622	

数据来源：本表数据由表 5-2 中各系数值、方程 5.6、5.8 计算得出。

表 5-9 贷款和中间业务的范围经济测度结果

DMU	2005	2006	2007	2008	2009	平均
工行	0.1325857	0.136129	0.1405324	0.1441203	0.1437002	0.1394135
建行	0.1285906	0.1323536	0.1389784	0.1412615	0.1400349	0.1362438
农行	0.1285456	0.1349715	0.1382882	0.1385003	0.1373833	0.1355378
中行	0.1292856	0.1345812	0.1378632	0.1447862	0.1436335	0.1380299
交行	0.1075436	0.1118727	0.1215812	0.1260215	0.1264037	0.1186845
恒丰	0.0811274	0.0919305	0.0985424	0.1066186	0.1035187	0.0963475
华夏	0.0899962	0.0993827	0.1061606	0.1135613	0.1125165	0.1043234
民生	0.0909593	0.0998238	0.1038607	0.1109132	0.1120597	0.1035234
浦发	0.0732051	0.081879	0.0895559	0.0969656	0.0931517	0.0869515
深发展	0.0858542	0.0969896	0.1044724	0.1105337	0.1087993	0.1013298
兴业	0.0952774	0.0999195	0.1085191	0.1152216	0.1142139	0.1066303
招商	0.0867891	0.0967531	0.1009179	0.1081509	0.10509	0.0995402
浙商	0.041049	0.0453178	0.0537676	0.0765132	0.0689958	0.0571287
光大	0.0910877	0.0992809	0.1041592	0.113179	0.1102237	0.1035861
中信	0.02671	0.0379887	0.0499518	0.0686493	0.0686788	0.0503957
杭州银行	0.0469691	0.0524221	0.0573022	0.0652589	0.0673931	0.0578691
北京银行	0.0716361	0.0764199	0.0806122	0.0887919	0.0861985	0.0807317
南京银行	0.0420736	0.0512014	0.0575286	0.0645076	0.0651162	0.0560855
宁波银行	0.0403855	0.0495235	0.0558303	0.0671156	0.0686409	0.0562991
上海农商行	0.0610967	0.0630888	0.0659121	0.0741143	0.0740643	0.0676553
平均	0.0825384	0.0895915	0.0957168	0.1037392	0.1024908	

数据来源：本表数据由表 5-2 中各系数值、方程 5.6、5.8 计算得出。

如表 5-9 所示,2005—2009 年 20 家样本商业银行的贷款和中间业务的范围经济系数均大于 0,即这 20 家样本商业银行贷款和中间业务存在范围不经济。这说明对我国商业银行来说,贷款和中间业务没有成本互补性。同时也说明对贷款和中间业务来说,联合生产的成本比贷款和中间业务单独生产成本高。

如图 5-6 所示为我国国有商业银行、股份制商业银行、城市商业银行和一家农村商业银行(上海农商行)2005—2009 年存款和中间业务范围经济的趋势图。首先从图中可以看出各类商业银行都存在存款和中间业务的范围经济,但显著性不高。其次可以看出,各类商业银行存款的范围经济在逐年增加。这说明我国商业银行通过不断进行自身改革,其存款业务会随着中间业务的扩大而增加。

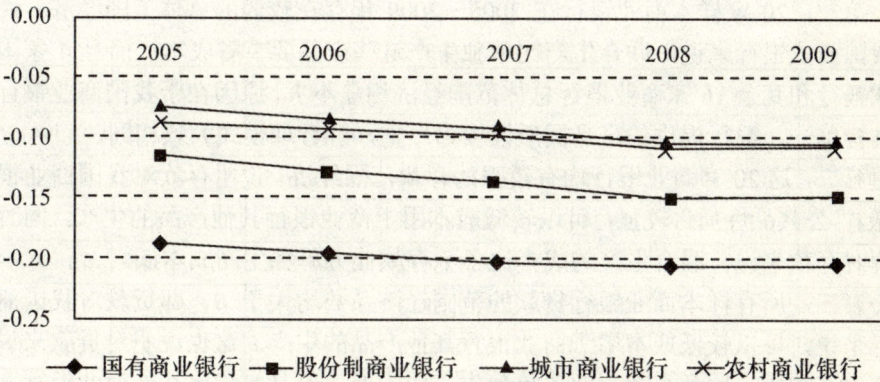

图 5-6 各类商业银行存款和中间业务范围经济

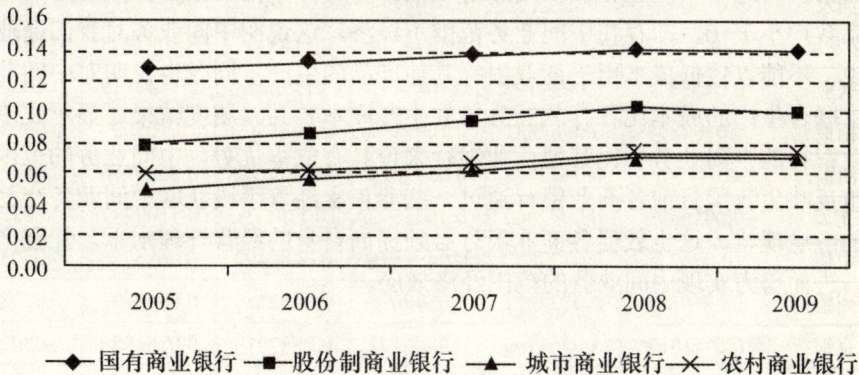

图 5-7 各类商业银行贷款和中间业务范围经济

如图 5-7 所示为我国国有商业银行、股份制商业银行、城市商业银行和一家农村商业银行(上海农商行)2005—2009 年贷款和中间业务范围经济的趋势图。首先可以看出各类商业银行贷款和中间业务是范围不经济的,但显著性不高。其次,可以看出,各类商业银行贷款和中间业务的范围不经济在逐年减小。这说明我国商业银行通过不断地进行自身改革,其存款业务会随着中间业务的扩大而增加。

第三节 小结

本章利用广义超越对数成本函数对 20 家样本商业银行 2005—2009 年的总体范围经济效应和特定产品的范围经济效应,即存款、贷款和中间业务的范围经济效应进行了测度,得出如下结果。

第一,20 家样本商业银行在 2005—2009 年存在较弱的总体范围经济。说明对我国商业银行来说,联合生产比单独生产这些产品要节省成本。而且 4 家国有商业银行和其余 16 家商业银行总体范围经济相差不大,原因在于我国商业银行业务结构单一,银行提供的产品同质性较为严重,且管理模式大致相同。

第二,这 20 家商业银行均有较强的存款范围经济。说明存款对我国商业银行来说,"公共品性质"较强,可以较低成本用于商业银行其他产品的生产。同时也说明对存款来说,联合生产的成本比各个存款业务单独生产成本低。

第三,所有样本商业银行贷款的范围经济系数均大于 0,即贷款对我国商业银行来说,可以较低成本用于商业银行其他产品的生产。这也说明对贷款来说,联合生产的成本比各个存款业务单独生产成本低。但是,相比其他商业银行,国有商业银行的贷款的范围经济效应更强一些。

第四,对于中间业务的范围经济效应,所有样本商业银行中间业务的范围经济系数均小于 0,即存在中间业务范围不经济。这说明中间业务对我国商业银行来说,不能以较低成本用于商业银行其他产品的生产。同时也说明对中间业务来说,联合生产的成本比各存款业务单独生产成本要高。测度结果还显示我国国有商业银行的中间业务相比其他商业银行来说具有成本优势。中间业务的范围不经济也反映出我国目前各商业银行通过一些非正常经营手段获取中间业务交易量提升的尴尬现状,这也敦促各商业银行必须提高自身的经营管理水平,加强产品创新,进而努力实现中间业务的范围经济效应。

第六章　范围经济与商业银行
经营效率的经验分析

本书第五章对商业银行范围经济效应进行了测度，但对商业银行的范围经济效应和其经营效率、纯技术效率以及规模效率的相互影响并未解答，本章试图利用计量软件 Eviews6.0 并采用 Tobit 回归模型对二者的影响关系进行考察。

第一节　模型及指标体系的构建

从理论上来说，通过改变投入、产出的数量可以提高商业银行的生产效率，但是由于投入、产出的改变对提高银行经营效率的作用是暂时的，要提高国有商业银行的竞争力，需要确定影响商业银行经营效率的长期的、实质性的因素并采取相应措施。

本章拟从经营效率（PE）、纯技术效率（PTE）及规模效率（SE）三个方面分别分析范围经济对银行效率的影响。因此，设定三个 Tobit 回归模型，如方程（6.1）、（6.2）、（6.3）所示。

$$PE_{it} = \partial_0 + \partial_i \sum_{n=1}^{n} \partial_n X_{nit} + U_{it} (i=1,2,\cdots,20; t=1,2,\cdots,5) \tag{6.1}$$

$$PTE_{it} = \beta_0 + \beta_i \sum_{n=1}^{n} \partial_n X_{nit} + V_{it} (i=1,2,\cdots,20; t=1,2,\cdots,5) \tag{6.2}$$

$$SE_{it} = \gamma_0 + \gamma_i \sum_{n=1}^{n} \partial_n X_{nit} + W_{it} (i=1,2,\cdots,20; t=1,2,\cdots,5) \tag{6.3}$$

根据本分论第五章的分析，鉴于前文中所测算的商业银行经营效率和范围经济都属于相对值，一旦改变样本范围及时间跨度，经验分析结果将失去意义。因此，本节仍然采用这 20 家商业银行，时间跨度为 2005—2009 年，n 为指标个数，PE_{it} 代表第 t 年银行 i 的 DEA 经营效率值，PTE_{it} 代表第 t 年银行 i 的 DEA 纯技术效率值，SE_{it} 代表第 t 年银行 i 的 DEA 规模效率值，X_{nit} 代表总体范围经济效

应 $GSOE_{it}$ 和特定产品范围经济 $PSSOE_{it}$。

一、基于总体范围经济的回归方程

鉴于本章主要讨论范围经济对我国商业银行经营效率的影响，首先将方程（6.1）、（6.2）、（6.3）中的影响因素 X_{nit} 简化为前文测算出的总体范围经济 $GSOE_{it}$，另外考虑到样本商业银行的区域特性，添加虚拟变量 D，国有商业银行和股份制商业银行是全国性的，D 值取 1，城市商业银行和农村商业银行 D 值取 0。由此，方程（6.1）、（6.2）、（6.3）可简化为：

$$PE_{it} = \partial_0 + \partial_1 GSOE_{it} + D_{it} + U_{it} \, (i = 1, 2, \cdots, 20; t = 1, 2, \cdots, 5) \tag{6.4}$$

$$PTE_{it} = \beta_0 + \beta_1 GSOE_{it} + D_{it} + V_{it} \, (i = 1, 2, \cdots, 20; t = 1, 2, \cdots, 5) \tag{6.5}$$

$$SE_{it} = \gamma_0 + \gamma_1 GSOE_{it} + D_{it} + W_{it} \, (i = 1, 2, \cdots, 20; t = 1, 2, \cdots, 5) \tag{6.6}$$

其中，PE_{it} 代表第 t 年银行 i 的 DEA 经营效率值，PTE_{it} 代表第 t 年银行 i 的 DEA 纯技术效率值，SE_{it} 代表第 t 年银行 i 的 DEA 规模效率值，$GSOE_{it}$ 代表总体范围经济效应。

二、基于特定产品范围经济的回归方程

本章在将总体范围经济回归方程中的影响因素 X_{nit} 具体化后，再将方程（6.1）、

（6.2）、（6.3）中的影响因素 X_{nit} 简化为前文测算出的特定产品范围经济 $PSSOE_{it}$，另外考虑到样本商业银行的区域特性，添加虚拟变量 D，国有商业银行和股份制商业银行是全国性的，D 值取 1，城市商业银行和农村商业银行 D 值取 0。由此，方程（6.1）、（6.2）、（6.3）可简化为：

$$PE_{it} = \partial_0 + \partial_1 PSSOE_{it} + D_{it} + U_{it} \, (i = 1, 2, \cdots, 20; t = 1, 2, \cdots, 5) \tag{6.7}$$

$$PTE_{it} = \beta_0 + \beta_1 PSSOE_{it} + D_{it} + V_{it} \, (i = 1, 2, \cdots, 20; t = 1, 2, \cdots, 5) \tag{6.8}$$

$$SE_{it} = \gamma_0 + \gamma_1 PSSOE_{it} + D_{it} + W_{it} \, (i = 1, 2, \cdots, 20; t = 1, 2, \cdots, 5) \tag{6.9}$$

其中，PE_{it} 代表第 t 年银行 i 的 DEA 经营效率值，PTE_{it} 代表第 t 年银行 i 的 DEA 纯技术效率值，SE_{it} 代表第 t 年银行 i 的 DEA 规模效率值，$PSSOE_{it}$ 代表

特定产品范围经济效应（*i*=1 表示存款，*i*=2 表示贷款，*i*=3 表示中间业务）。

三、决策单元及截尾数据的选取

鉴于前文中所测算的商业银行经营效率和范围经济都属于相对值，一旦改变样本范围及时间跨度，经验分析结果将失去意义。因此，本节仍然采用这 20 家商业银行，时间跨度为 2005—2009 年，具体如表 6-1 所示。

表 6-1　DMU 简称及 2009 年底资产状况

银行全称	DMU	资产总额（亿元）	银行全称	DMU	资产总额（亿元）
中国工商银行	工行	117850.53	兴业银行	兴业	13321.62
中国建设银行	建行	96233.55	招商银行	招商	20679.41
中国农业银行	农行	88825.88	浙商银行	浙商	1634.18
中国银行	中行	87519.43	光大银行	光大	11977.0
交通银行	交行	33091.37	中信银行	中信	17750.31
恒丰银行	恒丰	2137.64	杭州市商业银行	杭州银行	1499.91
华夏银行	华夏	8454.56	北京市商业银行	北京银行	5334.69
中国民生银行	民生	14263.92	南京市商业银行	南京银行	1495.66
上海浦东发展银行	浦发	16227.18	宁波市商业银行	宁波银行	1633.52
深圳发展银行	深发展	5878.11	上海农村商业银行	上海农商行	2119.16
银行业资产总额	787690.50	样本资产总额	547927.63	百分比	69.6%

数据来源：各样本银行 2009 年年报、中国银行业监督管理委员会 2009 年年报。

第二节　实证检验结果

本书第三章利用非参数法即数据包络分析法测算出了商业银行经营效率、纯技术效率和规模效率。本节将其与第五章测算出的总体范围经济和特定产品范围经济进行 Tobit 经验分析，进而得出范围经济与商业银行经营效率的经验分析结果。

一、基于总体范围经济的经验分析

（一）基于总体范围经济的回归结果

总体范围经济对商业银行经营效率（PE）、纯技术效率（PTE）、规模效率（SE）的 Tobit 回归结果如表 6-2、6-3、6-4 所示：

表 6-2　总体范围经济（GSOE）对样本银行经营效率（PE）影响的 Tobit 回归结果

变量	系数	标准差	Z 值	P 值
GSOE	-0.501444	0.421471	-1.189746	0.2341*
D	-0.023956	0.038434	-0.623315	0.5331**
C	1.033738***	0.062669	16.49533	0

注：*、**、***分别表示 10%、5%和 1%的显著水平。本结果由 Eviews6.0 计算得出。

表 6-3　总体范围经济（GSOE）对样本银行纯技术效率（PTE）影响的 Tobit 回归结果

变量	系数	标准差	Z 值	P 值
GSOE	0.330995**	0.512419	0.645946	0.0483*
D	-0.01029	0.048139	-0.213762	0.8307
C	1.030473***	0.078042	13.20401	0

注：*、**、***分别表示 10%、5%和 1%的显著水平。本结果由 Eviews6.0 计算得出。

表 6-4　总体范围经济（GSOE）对样本银行规模效率（SE）影响的 Tobit 回归结果

变量	系数	标准差	Z 值	P 值
GSOE	-0.638361**	0.296	-2.156622	0.031*
D	-0.023208	0.026912	-0.862364	0.3885
C	1.073109***	0.044187	24.28556	0

注：*、**、***分别表示 10%、5%和 1%的显著水平。本结果由 Eviews6.0 计算得出。

（二）基于总体范围经济回归结果的经验分析

如表 6-2 所示，样本银行的总体范围经济系数对其经营效率的 P 值为 0.2341，大于 5%的显著性水平，可见总体范围经济系数对商业银行经营效率的影响并不显著。样本银行的总体范围经济系数对其纯技术效率、规模效率的 P 值分别为 0.0483、0.0310，小于 5%的显著性水平，因此总体范围经济系数对商业银行的纯技术效率和规模效率有显著影响。由于总体范围经济对样本银行纯技术效率的系数大于 0，说明其对纯技术效率有正的显著影响，即范围经济水平越高，商业银行纯技术效率越高，反之亦然。这也符合范围经济成本互补性的特征。总体范围经济对规模效率的系数小于 0，说明总体范围经济系数对商业银行的规模效率有负的显著影响，即商业银行规模越大，越不重视范围经济效应，而相反，规模相对较小的商业银行，为了保持其竞争力，较为重视范围经济效应和强化产品之间的成本互补性。

基于上述经验分析结果，本书联系目前商业银行的经营现状中存在的问题进行相关解释。

1. 市场结构问题

市场结构对商业银行范围经济效应影响较大，由于我国政府对外资银行的市场准入限制和对国内商业银行的企业行为干预较多，使我国商业银行尤其是大型国有商业银行面对市场的自我调控能力较差。在产业组织理论的"结构—行为—绩效"理论模式下，市场结构决定企业行为，而企业行为又决定企业绩效。如图6-1 所示，四大国有商业银行总资产份额占银行业金融机构总资产的 50%以上，且较为稳定。国有商业银行的高垄断性破坏了市场竞争机制，从而导致其改善其范围经济效应的原动力不足，因而商业银行的范围经济系数对其经营效率的影响并不显著。

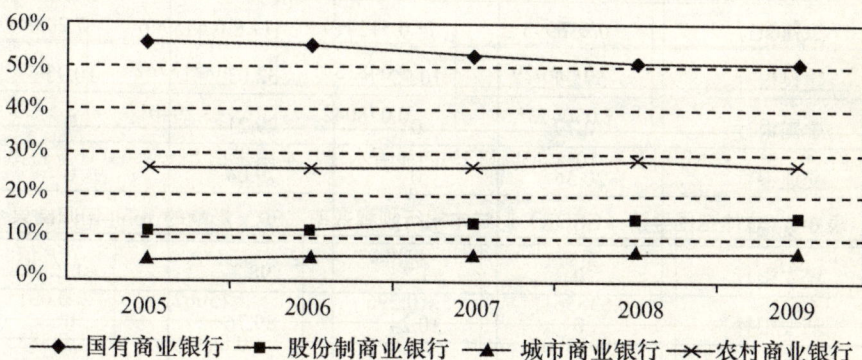

图 6-1　各类银行资产份额趋势图

2. 产权结构问题

按照所有权的不同，商业银行可分为三类：一是公共产权银行，即由政府拥有全部所有权或控股的国有银行；二是私有产权银行，即由一般法人拥有所有权的私营商业银行；三是一般地区性银行，即由自然人和团体所组织的互助合作性质的合作银行。对于完成股份制改造的商业银行，商业银行产权结构与其股权结构概念相同。考虑到数据的可获取性，本章选取样本银行其中的 14 家分析其股权结构，如表 6-5 所示。其中除交通、华夏、民生、浦发、深发展、兴业、招商、杭州银行、南京银行、宁波银行和上海农商行以外，其余商业银行都是国有股权占绝对优势。我国商业银行产权结构正处在改革发展之中，其产权主体是各级政府及代理各级政府行使股东权利的国有资产管理公司，国有股权处于主导地位，具有重要控制力。单一的产权结构造成了产权主体不到位、所有者虚置和自身监督机制薄弱等问题。

由于国家股东剩余控制权和剩余索取权不匹配，他们不能从银行经营的改善和企业效率的提升中获得相应的经济利益，因而缺乏足够的动力去有效地监督管理层，形成了所谓的"内部人控制"。而由于国有商业银行在市场上处于寡占型垄断地位，因此使得商业银行外部治理机制不能有效发挥，甚至可能给银行的经营效率带来负面影响。因而，从产权结构的角度来看，大多数国有持股占优的商业银行缺乏市场竞争意识，业务和产品创新的动力不足，范围经济效应对其经营效率没有显著相关性。对非国有持股占优的股份制商业银行来说，其进行业务和产品创新的动机较强，更愿意通过技术创新和多元化经营以提高其市场竞争力。因此，范围经济效应对商业银行纯技术效率影响显著。

表6-5　2009年14家样本商业银行股权结构

银行	国家股（%）	法人股（%）	个人股（%）	外资股（%）
工商银行	70.7	11.4	17.9	7.2
建设银行	57.09	10.95	32.03	10.95
中国银行	70.79	0	29.21	0
交通银行	20.36	0	79.64	0
华夏银行	0	24.18	75.82	13.69
民生银行	0	1.3	98.7	1.3
浦发银行	0	10.24	89.76	0
深发展银行	0	5.84	94.16	5.84
兴业银行	20.4	0	79.6	0
招商银行	0	0	100	0
杭州银行	18.56	76.36	5.09	23.95
南京银行	12.99	23.78	63.23	12.61
宁波银行	10.8	45.8	42.14	10
上海农村商业银行	0	79.25	20.75	19.9

数据来源：各样本银行2009年年报。

高寡占型的市场结构和特定的产权结构导致国有商业银行通过技术创新和改善管理水平的动力不足，没有较强的意愿进行业务和产品创新，进而从事多元化经营。从而规模经济与范围经济呈现负向的显著相关，即商业银行规模越大，越不重视范围经济效应，而相反，规模相对较小的商业银行，为了保持其竞争力，较为重视范围经济效应，强化产品之间的成本互补性。

3. 多元化经营表现不佳，产品创新能力不足

商业银行的经营模式单一，业务创新能力不足。近年来，我国商业银行虽大力发展中间业务，如客户理财、委托理财、代收代付、基金托管等，网络银行和

电子银行也发展较快，但是商业银行自身的传统业务仍占较大比例。商业银行的资产分散度和其产品和业务的多元化程度呈正相关关系。为了量化分析商业银行传统业务规模和中间业务规模资产结构现状，本章利用资产分散度来衡量商业银行产品创新和业务的多元化程度。

商业银行资产分散度用盈利资产中的贷款余额占总资产的比例（NLR）[①]来表示。NLR 越大，就说明商业银行的传统业务资产即信贷资产在资产结构中的比例也越大，这也表示商业银行经营的多样化程度越低，从而商业银行产品创新能力也就越弱。如表 6-6 所示，各样本银行的 NLR 值都较高，且大部分都在 50%以上，而同期国外大型商业银行 NLR 值都相对较小，这意味着我国商业银行产品和业务的多样化程度表现不佳，但从总体趋势看，NLR 值有减小的趋势，说明我国商业银行在多元化经营方面有所改善。

表 6-6　各样本银行 2005—2009 年 NLR　　　　单位：%

NLR	2005	2006	2007	2008	2009
工商银行	51.61	48.35	46.90	46.86	48.61
建设银行	53.61	52.74	49.59	50.21	50.08
中国银行	47.12	45.67	45.94	45.86	54.82
农业银行	59.30	58.75	57.52	44.20	46.59
交通银行	53.31	52.94	52.50	49.61	55.58
华夏银行	65.62	58.37	51.67	48.59	50.89
民生银行	68.94	65.11	60.40	62.44	61.90
浦发银行	65.77	66.86	60.22	53.27	57.24
深发展银行	70.10	69.87	62.70	59.81	61.16
兴业银行	51.05	52.53	47.00	48.92	52.67
招商银行	64.28	60.56	51.35	55.63	57.34
光大银行	58.88	59.08	56.49	55.00	54.19
恒丰银行	66.57	62.93	42.83	43.55	43.85
中信银行	62.23	65.52	56.88	55.36	60.04
浙江商业银行	60.68	59.45	59.37	61.32	53.51
杭州商业银行	58.41	60.03	58.64	58.33	57.18
北京商业银行	47.97	47.47	44.38	46.30	51.26
南京商业银行	41.30	43.98	40.50	43.72	44.81
宁波商业银行	46.22	49.76	48.34	47.60	50.12
上海农村商业银行	49.68	54.15	52.53	53.50	56.05

数据来源：由各银行 2005—2009 年年度报告数据计算得出。

①张方方，张艳.我国商业银行混业经营状况分析[J].财会月刊，2010（10）：38-39.

从资产结构角度分析了商业银行多元化经营后,再从收入结构的角度来分析其多元化经营的表现。为了量化分析商业银行收入结构,在此采用传统业务资产即信贷资产的利差收入占总营业收入的比例(INTR)来分析商业银行的收入结构。各样本银行 2005—2009 年 INTR 值如表 6-7 所示,业务和产品的多样化进而经营多元化的实质是为了收入来源的多样化。除华夏银行外,其余银行的 INTR 值均在 75%以上,而且大多数商业银行的 INTR 值随时间的波动程度不大。这说明从收入结构来分析的商业银行产品和业务创新进而多元化经营状况表现不佳。虽然我国商业银行中间业务发展较快,但从收入结构来看,其对银行的收入贡献并未达到预期效果。因而要想获得多样化产品经营进而获得多元化经营的范围经济效应,就必须采取有效措施加大中间业务创新能力,进而提高多元化经营水平。

表 6-7　各样本银行 2005—2009 年 INTR　　　　　　　单位: %

INTR	2005	2006	2007	2008	2009
工商银行	76.62	91.20	87.83	84.92	79.44
建设银行	89.99	91.95	88.56	83.93	79.30
中国银行	86.54	87.71	84.54	71.37	68.42
农业银行	78.14	81.89	77.91	91.79	81.12
交通银行	88.77	89.57	85.71	85.62	85.38
华夏银行	62.34	65.47	72.63	65.09	63.66
民生银行	75.81	91.61	88.29	86.04	76.10
浦发银行	91.26	93.94	93.44	91.24	91.08
深发展银行	87.39	87.88	87.69	85.60	84.75
兴业银行	93.67	116.02	121.61	88.14	85.87
招商银行	85.48	84.16	81.15	83.22	76.73
光大银行	87.96	98.43	86.56	88.83	79.57
恒丰银行	77.91	95.92	93.42	85.40	92.66
中信银行	90.97	91.33	93.06	89.61	88.19
浙江商业银行	91.99	92.06	92.29	97.36	91.77
杭州商业银行	66.62	92.77	90.66	82.54	87.46
北京商业银行	94.23	93.04	94.70	89.38	91.25
南京商业银行	55.59	88.89	100.88	80.22	86.70
宁波商业银行	88.56	91.71	91.08	83.60	83.70
上海农村商业银行	95.42	95.75	95.14	98.90	97.85

数据来源:由各银行 2005—2009 年年度报告数据计算得出。

二、基于特定产品范围经济的回归分析

（一）基于特定产品范围经济的回归结果

鉴于特定产品的范围经济有两种定义，此处将第一种定义下的特定产品范围经济对商业银行经营效率（PE）、纯技术效率（PTE）、规模效率（SE）的影响分别进行 Tobit 回归。基于第一种定义的特定产品范围经济（PSSOE）对商业银行经营效率的影响如表 6-8、6-9、6-10 所示。

表 6-8　特定产品范围经济（第一种定义）对样本银行经营效率的影响

变量	系数	标准差	Z 值	P 值
PSSOE1（存款）	-0.001976**	0.005693	-0.347018	0.7286
PSSOE2（贷款）	-0.032514	0.06773	-0.480052	0.6312
PSSOE3（中间业务）	0.047143*	0.037656	1.251962	0.2106
D	-0.008358	0.026094	-0.320324	0.7487
C	1.003165***	0.062843	15.963	0

注：*、**、***分别表示 10%、5%和 1%的显著水平。本结果由 Eviews6.0 计算得出。

表 6-9　特定产品范围经济（第一种定义）对样本银行纯技术效率的影响

变量	系数	标准差	Z 值	P 值
PSSOE1（存款）	0.005926**	0.004015	1.476151	0.1399
PSSOE2（贷款）	0.026535	0.047764	0.555532	0.5785
PSSOE3（中间业务）	-0.00065*	0.026555	-0.024492	0.9805
D	-0.028042	0.018402	-1.523858	0.1275
C	0.942641***	0.044318	21.26983	0

注：*、**、***分别表示 10%、5%和 1%的显著水平。本结果由 Eviews6.0 计算得出。

表 6-10　特定产品范围经济（第一种定义）对样本银行规模效率的影响

变量	系数	标准差	Z 值	P 值
PSSOE1（存款）	-0.007776**	0.003794	-2.049251	0.0404
PSSOE2（贷款）	-0.059831	0.045144	-1.325352	0.1851
PSSOE3（中间业务）	0.047937*	0.025098	1.909949	0.0561
D	0.019339	0.017392	1.111934	0.2662
C	1.059402***	0.041887	25.29213	0

注：*、**、***分别表示 10%、5%和 1%的显著水平。本结果由 Eviews6.0 计算得出。

（二）基于特定产品范围经济回归结果分析

如表 6-8 所示，样本银行存款范围经济系数（PSSOE1）对其经营效率的 P 值为 0.7286；贷款范围经济系数（PSSOE2）对其经营效率的 P 值为 0.6312；中间业务的范围经济系数（PSSOE3）对其经营效率的 P 值为 0.2106，三者都大于 10% 的显著性水平，可见特定产品范围经济系数对商业银行经营效率的影响不显著。

如表 6-9 所示，样本银行存款范围经济系数（PSSOE1）对其纯技术效率的 P 值为 0.1399；贷款范围经济系数（PSSOE2）对其纯技术效率的 P 值为 0.5785；中间业务的范围经济系数（PSSOE3）对其纯技术效率的 P 值为 0.9805，三者都大于 10% 的显著性水平，可见特定产品范围经济系数对商业银行纯技术效率的影响不显著。

如表 6-10 所示，样本银行存款范围经济系数（PSSOE1）对其规模效率的 P 值为 0.0404，小于 5% 的显著性水平。存款范围经济系数对样本银行纯技术效率的系数小于 0，即存款范围经济水平越高，商业银行规模效率越低，反之亦然。这说明存款范围经济对商业银行的规模经济有负的显著影响；贷款范围经济系数（PSSOE2）对其规模效率的 P 值为 0.1851，大于 10% 的显著性水平，说明贷款范围经济系数对商业银行规模效率的影响不显著；中间业务的范围经济系数（PSSOE3）对其规模效率的 P 值为 0.0561，小于 10% 的显著性水平，中间业务范围经济系数对样本银行纯技术效率的系数大于 0，即中间业务范围经济水平越高，商业银行规模效率越高，反之亦然。这说明中间业务范围经济对商业银行的规模经济有正的显著影响。由上可知，存款范围经济系数（PSSOE1）和中间业务的范围经济系数（PSSOE3）对商业银行规模效率影响显著。

从市场结构、产权结构以及多元化经营等角度，研究范围经济对商业银行经营效率、纯技术效率和规模效率的影响已在前文中进行了探讨，此处不再赘述。这里仅提出信贷期限错配问题对商业银行范围经济效应的影响。近年来，商业银行负债短期化，资产长期化，由图 6-2 就可以看出，金融机构中长期贷款占其贷款总额的比例越来越大，已经超过 55%，商业银行也不例外。因此，商业银行信贷期限结构错配问题非常突出，这也客观上对加快商业银行利用范围经济的成本互补特性来进行产品和业务创新，进而进行多元化经营的步伐提出了客观要求。

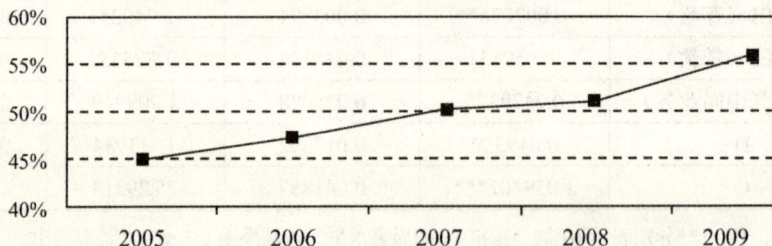

图 6-2　2005—2009 年金融机构中长期贷款占比

第三节 小结

本章首先对范围经济的概念做了阐述及界定，然后延伸到商业银行的范围经济效应，并介绍了其测度模型。利用广义超越对数成本函数（GTCF）对 2005—2009 年 20 家样本商业银行的总体范围经济、特定产品的范围经济进行了测度，得出样本商业银行呈现弱范围经济效应。基于第一种定义对样本商业银行特定产品范围经济进行测度之后，得出样本银行存款和贷款有较强的范围经济，而且这种范围经济在逐年增加。中间业务由于起步较晚则表现出范围不经济，而这种范围不经济在逐年减小。基于第二种定义即基于成本互补性对样本商业银行的特定产品的范围经济进行测度之后，得出存款和贷款、存款和中间业务产品表现出范围经济效应，并且这种范围经济效应在逐年增加，而货款对中间业务产品则表现出了范围不经济。

对样本商业银行的总体范围经济和特定产品范围经济进行测度之后，本章第二节利用 Tobit 模型对商业银行经营效率、纯技术效率、规模效率和范围经济系数做基于 Tobit 模型的经验分析。结果表明，总体范围经济对商业银行的纯技术效率有正向的显著影响，对规模效率有反向的显著影响；特定产品的范围经济中，存款和中间业务的范围经济对商业银行的规模经济影响显著，前者对商业银行规模经济有负的显著影响，后者对商业银行规模经济有正的显著影响。分析出范围经济效应和商业银行经营效率、纯技术效率和规模效率之间的影响关系之后，本章以商业银行的经营现状为切入点分析了二者之间关系的必然性，并为下章提出改进商业银行范围经济效应的政策建议作好铺垫。

第七章　政策建议与展望

商业银行范围经济是由于商业银行经营品种的增加或者经营业务领域的扩张所导致银行交易费用降低或效益提高的情况。第六章在对范围经济效应和商业银行经营效率进行经验分析后得出，应从市场结构、产权结构、产品和业务创新等层面对商业银行经营管理进行改进和提高。本章将从这几个方面入手，提出改进范围经济的政策建议。

第一节　政策建议

本书第五章利用 GTCF 函数测度了商业银行总体范围经济和特定产品（存款、贷款、中间业务）的范围经济，第六章对总体范围经济和特定产品范围经济与商业银行经营效率的相互影响关系进行经验分析并得出二者的影响关系，接下来将以此为基础，探讨改善商业银行范围经济效应的政策建议。

第一，第五章首先分析得出所选 20 家样本银行在 2005—2009 年存在较弱的总体范围经济。20 家样本商业银行的存款的范围经济系数均大于 1，即这 20 家商业银行均有较强的存款范围经济。20 家样本银行贷款存在范围经济，所有样本银行贷款的范围经济系数均大于 0。所有样本银行中间业务的范围经济系数小于 0，即存在中间业务范围不经济。说明中间业务对我国商业银行来说，"公共品性质"较弱，不能以较低成本用于商业银行其他产品的生产。

第二，本分论第六章利用 Tobit 模型对商业银行范围经济效应和其经营效率影响关系的分析表明，总体范围经济对商业银行的纯技术效率有正向的显著影响，对规模效率有反向的显著影响；特定产品的范围经济中，存款和中间业务的范围经济对商业银行的规模经济影响显著，前者对商业银行规模经济有负的显著影响，后者对商业银行规模经济有正的显著影响。

一、基于市场结构问题的建议

商业银行发展范围经济，最重要的是构建一个有效的银行业竞争市场结构，逐步放开对银行业市场准入的限制，降低政府对商业银行企业行为的过度干预，发挥其应有的市场自我调控能力。同时，要适当扩大商业银行产品以及经营业务的范围，相对放松对商业银行金融业务的管制，允许适度的混业经营，以便更好地享用商业银行的范围经济效应。因此，进一步放松政府管制，形成有效的竞争市场结构，是商业银行实现并增强范围经济效应，获得金融领域竞争优势的必由之路。

二、基于产权结构问题的建议

以产权改革为核心的国有商业银行公司治理结构的重构，已成为当前我国国有商业银行改革的核心问题。持续推进商业银行产权结构改革，建立现代商业银行产权制度，并完善商业银行公司治理机构，是商业银行实现范围经济的必然选择。国有商业银行中间业务的范围经济不如股份制商业银行，这与国有商业银行的产权结构不合理有很大的关系。四家国有商业银行中虽然工商银行、建设银行和中国银行已经顺利完成了股份制改造以及产权制度的改革，且中国农业银行也在2009年1月15日完成股份制改造并成功上市，但其经营绩效仍受到先前传统体制机制的影响，因此，必须正视体制机制中存在的各种矛盾，不断创新传统体制机制，尤其要重视商业银行产权结构问题。建立完善的国有商业银行产权结构，要求在商业银行内部建立起一套激励经营者和职工积极性的权、责、利相统一的激励约束机制。因此，无论是股份制商业银行、国有商业银行还是其他商业银行都应始终抓住转换经营机制、防范风险、强化内部控制这条主线，严防不良资产反弹和经营效益下滑，确保稳健经营。因此，要深化分支机构和基层改革，增强内部改革的联动性，加强对基层机构风险和内控的考核管理，推进新体制新机制在全行的有效运行，而以上目标的实现有赖于建立股权适度集中、国家相对控股的健康的商业银行产权结构。

三、基于多元化经营及产品创新问题的建议

金融创新使得商业银行规模经济的边界不断扩大，业务范围的种类不断增多。商业银行通过金融创新工具和金融工程的应用，能够以更低的成本来实现投资收益性、流动性、安全性和风险分散化。商业银行混业经营可以从业务多元化、成本降低、信息共享、信誉溢出、消费金融产品关联等方面产生商业银行范围经济，也就是说商业银行混业经营与其范围经济兼收并存。国有商业银行资金实力雄厚、资产规模庞大、市场占有率高、人才队伍素质高，为商业银行全业务经营框架的构建提供了有利的条件；股份制商业银行具有较好的金融创新能力、新兴业务拓展能力、风险管理能力及技术创新能力，为混业经营创造了良好的前提条件。但并不是所有商业银行都应一味选择混业经营，而要根据商业银行自身的实际情况及其经营优势选择适合自己的混业经营模式，才能有利于国有商业银行和股份制

商业银行范围经济的有效发展。因此，加强商业银行产品和业务创新能力，提高商业银行核心竞争力，是商业银行实现范围经济效应、获得金融领域竞争优势的必然要求。从我国商业银行范围经济效应的特征来看，商业银行应积极增加证券投资业务、不断扩大中间业务，以遵守现行金融法律法规为基本前提，探求银信、银证、银保合作的多种业务模式及产品模式。

为了彻底改变商业银行产品和业务创新模式，以至于创新制度的形成，本章仅提出以下提高商业银行创新能力的建议：

（一）建立以市场需求为导向的创新理念

市场需求是商业银行进行金融创新的主要来源和不竭动力。我国的金融市场已由卖方市场转向买方市场，客户需求是商业银行进行金融创新的主要驱动力，客户是商业银行最重要的资源之一，因此商业银行应该建立以市场为导向、以客户为中心的经营服务理念。商业银行要根据市场需求进行创新就必须贯彻以市场为导向、以客户为中心的服务理念。商业银行的金融产品创新应建立"始于客户，终于客户"的服务机制，建立全方位的客户服务理念，包括内部和外部、内部各部门、各行别之间都应真正实现"以客户为中心"，进而实现了解市场、融入市场、服务市场、开拓市场并最终占有市场的目的。

（二）构建以混业经营为目标的经营实践模式

随着自由化和全球金融一体化的呼声不断高涨，混业经营已成为各国商业银行经营和发展的必由之路。商业银行的混业经营，是指商业银行与证券公司、保险公司、信托公司等金融机构的业务互相渗透、交叉，而不仅仅局限于自身分营业务的范围。商业银行进行混业经营可以分散经营风险并获得范围经济的成本或利润优势。我国商业银行已经开始在不违背现行法规的基础上，寻求银证、银保和银信合作的途径，探索混业经营模式。混业经营还必须建立在专业化经营的基础上，不同类型的商业银行拥有不同的资源优势和业务优势，要根据商业银行自身的实际情况及其经营优势选择适合自己的混业经营模式，才能有利于国有商业银行和股份制商业银行实现范围经济的有效发展。

（三）完善内部创新运作机制，提高创新原动力

商业银行应建立由前台、中台、后台无缝衔接的高效的运作机制，并明确各项职能的工作内容和责任归属。在这个过程中应该强调学习机制，充分重视学习新知识、新技术和各种创新的经验和教训。在商业银行将学习到的各种新知识、新技术和创新的经验引入自身的创新体系之后，就会形成具有市场竞争力的新产品。金融产品的创新涉及客户需求采集和市场反馈收集、信息的归纳分析、产品概念模型、产品可行性研究、产品功能和流程设计、相关信息系统开发、新产品试点、产品推广和营销活动以及产品后期评价等诸多环节。

第二节 展望

本书第四章到第七章在第三章基于非参数法对商业银行经营效率测算的基础上，利用广义的超越对数成本函数对 20 家样本商业银行 2005—2009 年的范围经济进行了测度。本书在前人研究成果的基础上，测算了商业银行总体范围经济效应和存款、贷款和中间业务的范围经济效应，分析了不同类型的商业银行的范围经济效应，并且利用本书第三章测算出的经营效率与范围经济系数，利用 Tobit 模型作了经验分析，并基于经验数据探讨二者之间的相互影响关系，得出一些有用的结论。

但是由于本人的时间和研究能力有限，本书还存在一些有待进一步改进的地方。

第一，本书在测度范围经济效应时，由于样本数据的时间期限较短，因此在面板数据的效应模型选择上遇到了一定困难，因此若能采用适当的方法选择出最优的面板数据效应模型则能够提高测度结果的准确性。

第二，由于在《中国金融年鉴》和各样本银行年报中，有部分商业银行并未披露其固定资产折旧，所以本节用总的固定资产除以总存款来近似代替资本成本，因此若能找到各样本银行准确的固定资产折旧数据，则能进一步提高测度结果的准确性。

分论二 规模经济与商业银行经营效率

20 世纪 80 年代以来，伴随着以"一体化"和"自由化"为主旋律的金融改革，获得更大的市场份额和更高的利润成为商业银行经营的主导思想。然而，研究表明银行规模扩大到一定程度会导致规模不经济。马克思在《资本论》中指出：资本家为了谋求超额利润，相互之间的竞争诱发了以减轻生产费用为主的生产方式来追求规模的经济性，致使企业向大型化方向发展，通过淘汰落后企业，最后发展为垄断。垄断可能导致整个银行体系效率的下降，并与其他社会利益发生冲突，给国民经济带来负效应。可见，规模经济反映了经营规模与成本收益的变动关系，对经营效率和成本效率有着重要影响，从而对银行的效率起着不可忽视的作用。

首先，第八章对规模经济和商业银行规模经济的概念进行了梳理，总结了商业银行规模经济的影响因素，并对国内外相关文献进行了综述。

其次，第九章运用参数法，选用超越对数成本函数测算了我国具有代表性的 20 家商业银行 2005—2009 年的规模效率。结果显示我国商业银行整体呈现轻微的规模不经济，国有商业银行存在较为明显的规模不经济，而股份制商业银行普遍存在规模经济。

最后，第十章运用 Tobit 模型对经营效率、纯技术效率和规模效率的回归结果进行了经验分析，结果表明规模经济系数对商业银行经营效率的影响不显著而对商业银行的纯技术效率有显著影响。

第十一章结合现状与实证结果，从规模经济的角度，提出了对策建议，并对基于规模经济的商业银行经营效率研究方法作了展望。

第八章　理论及文献回顾

全球经济的迅猛发展为规模经济理论的深化提供了大量研究资料，经济学家们从各个角度丰富规模经济的研究领域。亚当·斯密在《国民财富的性质和原因的研究》一书中指出当企业规模开始扩大时，企业内部会采用导致劳动分工进一步分化而且分工受市场范围限制的不可细分的专业化科技。亚当·斯密为了说明了专业化和劳动分工带来的规模报酬递增现象，特别引用了某制造厂的例子①。约翰·斯图亚特·穆勒在其1848年发表的《政治经济学原理及其在社会哲学上的若干应用》一文中指出"在很多情况下，进行大规模生产，可以大大提高生产效率"。1933年英国经济学家琼·罗宾逊（J. Robinson）出版的《不完全竞争经济学》和美国经济学家张伯伦（E. H. Chamberlin）出版的《垄断竞争论》两本书中都对竞争和垄断的关系进行了实际的研究②。到近代，对规模经济的理论和现实研究越来越深入。

第一节　理论概述

一、规模经济的一般含义

（一）规模经济的涵义

马歇尔作为新古典经济学派的代表人物首先在其《经济学原理》一书中提出规模经济的概念，指出企业在效率驱动下追求规模经济，同时指出规模经济生产对工业的影响，但规模经济造成的高度垄断会导致效率低下出现规模不经济③。经济学中，企业的规模是指"在一定时期和特定条件下该企业的总收益水平"，其数

---

① 亚当·斯密.国民财富的性质和原因的研究[M].北京:新世界出版社，2007.

② 徐传谌，郑贵廷，齐树天.我国商业银行规模经济问题与金融改革策略透析[J].经济研究，2002（10）:22-94.

③ 马歇尔.经济学原理(上卷) [M].北京:商务印书馆，1981.

学表达式：$TR = \sum_{i=1}^{n} P_i Q_i$ 。其中 P_i 为某商品 i 的销售价格，Q_i 为商品 i 的销售量，TR 为总收益水平,企业规模水平越高 TR 数值越大。[1]规模经济（Economics of scale）在西方经济学理论中是描述企业当成本变动时导致规模产生变动的关系理论，指在给定的技术水平下，投入要素随着组合的磨合期缩减和效率的提高从而降低生产成本，反映了生产经营能力的提高使产品单位成本下降的趋势，具体表现为长期平均成本曲线向下倾斜。规模不经济（Diseconomics of scale）是指企业由于规模扩大使得管理无效而导致长期平均成本上升的情况。[2]

如图 8-1 所示，在传统理论中，企业的长期平均成本曲线（LAC）描述商品平均成本随着生产规模的不断增加起初是逐步下降的，这一阶段的规模扩张会引起规模经济；当生产的规模水平达到 X 时，商品的平均成本最低，此时规模经济最佳；如果生产规模再继续以超过 X 点来扩大，会导致商品的平均成本逐渐升高，这一阶段生产规模扩张会导致不经济。因此 LAC 总体曲线呈现 U 形。

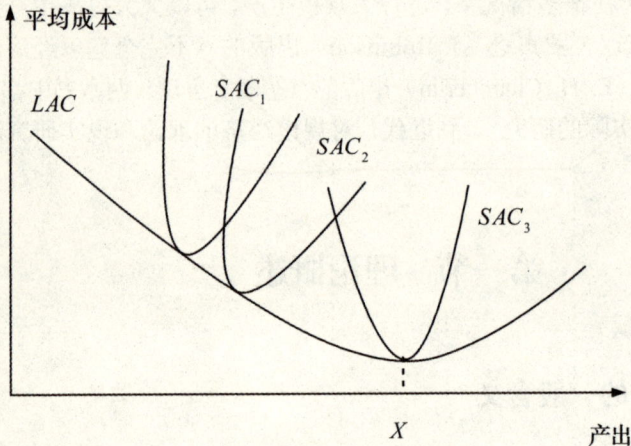

图 8-1　长期平均成本曲线

伴随着产出的增加，规模与效率之间有什么样的关系，可以观察比较平均成本曲线 AC 与边际成本曲线 MC 的位置来判断得出。当 AC 高于 MC 时，生产额外一单位产出的成本将低于平均单位产出的量，最终产出点达到图 8-2 中显示的 Q_1 点，在 Q_1 点 AC 与 MC 相交或重合，这说明存在大规模生产的经济性；随着产出的不断扩大，AC 会不断下降直到等于 MC，即规模收益不变；如果产出超过 Q_1

[1] 刘胜会.商业银行规模经济之谜研究理论框架与实证分析[J].山西财经大学学报，2006 （3）:97-102.

[2] 丹尼斯·卡尔顿，杰弗里·佩罗夫.现代产业组织[M].北京：人民出版社，1997.

点继续扩大，此阶段 AC 位于 MC 之下称为规模不经济。如图 8-2 所示：Q_1 点作为平均成本的最低点被称作最低经济规模（Minimuin Efficieni Scale），简称 MES。其经济学意义为企业至少要选择大于 Q_1 产量的水平来进行资本投资或达到相应生产能力规模。函数系数 FC（Function Coefficient）为反映规模经济的一个基本指标，为边际成本与平均成本值的比率，即：

$$FC=MC/AC \qquad (8.1)$$

式中：FC 为函数系数；MC 为边际成本；AC 为平均成本。

规模经济关系如下表：

当 $FC<1$ 时	规模经济	边际成本小于平均成本，此时 $MC<AC$
当 $FC=1$ 时	不存在规模经济	边际成本等于平均成本，此时 $MC=AC$
当 $FC>1$ 时	规模不经济	边际成本大于平均成本，此时 $MC>AC$

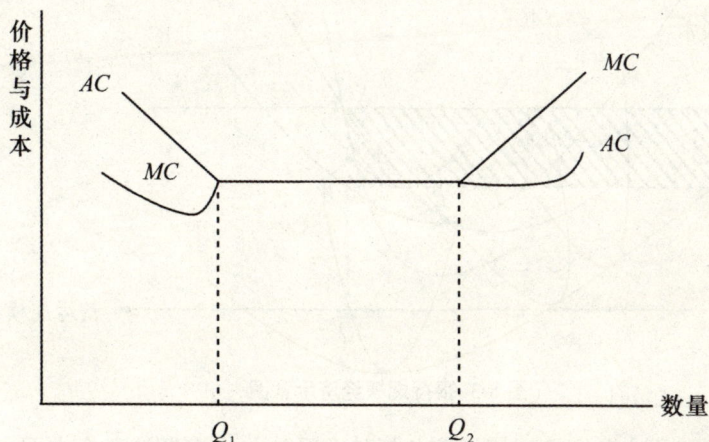

图 8-2　规模经济与规模不经济

（二）商业银行规模经济的含义

规模经济的判断法对商业银行同样适用，可将商业银行看做是经营货币商品的特殊企业。商业银行的规模经济反映了商业银行经营规模与其运行成本、经营收益的变动关系，是指随着银行的业务规模、人员数量、机构网点、金融产品的扩大或增多而发生的单位运营成本下降、单位收益上升的现象。当然只有规模处在合理范围内时，规模经济才能提高银行效率，因为随着规模的扩大，也会出现规模不经济的情况。

假定银行主要经营存贷业务。图 8-3 中，纵坐标表示银行成本价格，包括银行存款以及平均利率与费用支出成本；横坐标表示银行机构网点吸收资金量的能力。金融市场价格 P 用银行贷款的平均利率，且为常数，则银行的适度规模 Q 是长期边际成本曲线（LMC）与价格线 P 的相交点 X。其决定过程如下：图 8-3 中 LAC 为长期平均成本曲线，该曲线的长期边际成本曲线 LMC 必将经过其最低点 E。经济学理论证明：当边际成本 MC 等于边际收益 MR 时，企业获取的利润最大或者受到的亏损最小。又因为此时价格为常数，故 MR=P。因此，图中规模 Q 点也即 P 与 LMC 相交的 X 点规模可以获取最大的收益。又因为，LMC 比 SAC 的短期边际成本曲线 SMC 上升得慢，其中一定有一条 SMC 与 LMC 和 P 同时相交，即交于 X 点，与这条 SMC 相对应的 SAC 即为确定其经营规模后的该银行短期平均成本线。此时，该银行经营效益最大，其收益值等于总收入 PXQO 减去总成本 CWQO 所得利润 PXWC 区域的面积。[①]

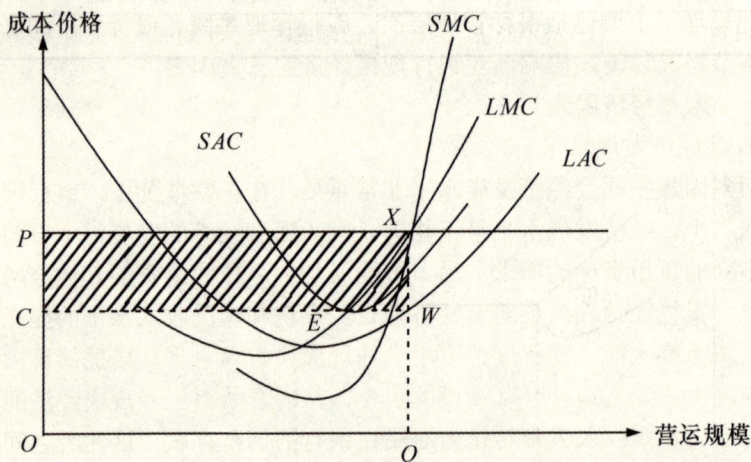

图 8-3 银行规模经济示意图

　　一般来说，商业银行的规模经济包括外在经济与内在经济两个方面。不管是单个商业银行还是整个银行业，当存贷规模达到 MEC 后都会出现规模不经济。所谓外在经济是指单个银行因为整个银行系统规模扩大获得良好信息，在吸引高层次人才、资金融通和银行业结算等便利服务升级的情况下引起收益递增的现象。比如整个银行系统通过产业规模的扩大和结构层次的优化，通过系统的分工和有效的协作，使金融资源得到了优化配置，促使银行系统平均成本下降的同时平均成本效益也在不断增加；有外在经济就有外在不经济，它是指单个商业银行由于银行系统整体规模的扩张导致成本增加、收益减少的现象。例如，当银行系统整体规模增加时，各个银行之间竞争加剧，相互之间协调困难诸多，使得银行平均

---

① 何靖华，苟思. 对商业银行规模经济的思考[J].重庆交通学院学报，2006(6):81-83.

成本增加，收益减少。所谓内在经济则是指单个商业银行内部收益由于经营规模的扩张引起的增长。比如当银行固定营业成本变化很小的情况下，随着经营规模扩大会引起单位资金运营成本的减小，这种效益提高便是内在经济。与内在经济相反的是内在不经济，它是指单个银行在规模扩大的同时，引起内部收益递减。

二、商业银行规模经济的影响因素

研究商业银行的规模经济问题，首先应该考察决定和影响银行规模经济的主要因素。根据产业组织理论，影响规模经济水平的因素主要分为三大类：一是宏观经济因素，主要是指社会经济发展水平、融资政策和金融政策等；二是行业因素，主要包括商业银行的市场结构，是反映商业银行规模经济的重要指标；三是银行内部管理，主要包括银行管理层次、银行管理系统、银行科技和金融创新水平等。本节将具体阐述影响商业银行规模经济的三大因素。

（一）宏观经济因素

1. 社会经济发展水平

在诸多因素中社会经济发展水平非常重要。在正常情况下，银行规模经济与国民收入水平、经济发展水平呈正相关。因为随着经济的发展，一方面加大了作为交换中介的货币资产的需求，另一方面又加大了作为融资的其他金融资产的需求。所以，银行经营规模会随着经济增长的加快和国民收入水平的提高而相应增大。居民货币收入在一定程度上可用来体现国民收入水平。居民储蓄的增减变化在一定程度上决定着银行经营规模的大小，从而影响着银行规模经济的形成与发展，因为居民货币收入大都转化为居民在银行的储蓄存款。这几者之间的函数关系用数学公式可表达为：

$$MQ = f\left[S_i(Y,Y_i),i\right] \quad \left(\frac{\partial MQ}{\partial i}<0, \frac{\partial MQ}{\partial Y}>0, \frac{\partial MQ}{\partial Y_i}>0, \frac{\partial MQ}{\partial S_i}>0\right) \quad (8.2)$$

式中：MQ 为银行经营规模；S_i 为居民总储蓄；Y 为国民可支配收入；Y_i 为居民可支配收入；i 指市场利率水平。

（8.2）式表明银行经营规模 MQ 是市场利率的二元函数。当 S_i（Y，Y_i）为一定时，MQ 是 i 的递减函数，表明居民存在对其他金融工具的选择性偏好；当 i 一定时，MQ 是 S 的递增函数，表明银行规模随居民储蓄的增大而增大。

2. 融资制度和金融政策

财政主导型和商业银行主导型目前是融资制度的两种主要划分形式。在商业银行主导型的融资政策下，在社会金融资源配置中居于主导地位的商业银行对经济的渗透力比较强，容易从规模经济中获取效益。从政策看，规模经济的形成由于立法的不同以及金融监管当局对商业银行准入的差异也产生着较大的影响。准入的差异不但会损害社会公众的利益，而且会降低社会福利和增加进入成本，从而保护了已有银行，削弱了竞争，降低了银行效率。进入管制对效率的影响主要表现在两个方面：一是银行技术创新和开发金融新产品的动力不足，从而降低了银行参与市场竞争的能力；二是导致银行对自身服务质量的不够重视，员工提高自身业务素质的内在动力不足，从而导致银行的低效率。因此，对于存在较高进入壁垒的银行业，容易造成在位银行的低效率，从而不利于规模经济的形成。

（二）行业因素

通常规模经济与银行业市场结构的关系表现在两方面：一是一国银行业的市场结构是该国银行业是否达到规模经济的衡量指标，且通常用平均份额、集中度和集中系数几个指标衡量一个行业的竞争或垄断程度；二是有效竞争会促进银行规模经济的形成，竞争性的市场结构有利于银行规模经济的形成。国外学者研究发现，集中度在 10%~15%区间内，资产利润率与集中度负相关；集中度超过 50%后，资产利润率随着集中度的增加而增加。

然而 Bain 在 1951 提出传统共谋假说，主要认为企业的行为由一个行业的市场结构决定，而前者又决定企业的绩效表现。市场集中度越高，意味着存在少数较大规模、较高市场占有率的大企业，这些企业具有操纵市场的力量，彼此之间容易达成协议，共谋成本较小，从而获得垄断利润。共谋假说观点认为市场集中度越高，大银行支配市场的能力越强，银行业利润率越高，绩效越好。

（三）银行内部管理

1. 银行管理层次

法国管理顾问 V. A. 格兰丘纳斯针对企业内部相互关系的数量给出一个表达式，表达式为：$n\left[\dfrac{2^n}{2}+(n-1)\right]$（$n$ 为下属人数）[1]，此表达式表示下级人员或者单位的数量增加会导致企业内部相互关系数量的急剧增长。这样，银行内各等级之间关系非线性地增加，当下级人员或单位数量增加时会导致银行内部交易费用的非线性地增加，其交易的边际费用也会受到此类影响。商业银行为了克服因为规模扩大导致内部交易边际费用的非线性增加，必须对银行管理层次进行补充。

然而，没有限制的银行管理层次增加会产生负面影响。管理层次越多，最高管理层与基层操作层之间的信息传输就会出现遗漏以及偏差，管理层次越多信息的遗漏及偏差就越大，这样导致管理层次成为了信息的"过滤器"。[2]与此同时，过多的管理层次会使计划与控制难以协调，导致复杂化。因此，在管理交易中增

---

① 哈罗德·孔茨, 西里尔·奥唐奈.管理学[M].贵阳: 贵州人民出版社，1982.
② 李明.我国商业银行规模经济分析[J].金融与经济，1999(12):10-12.

加管理层次的同时必须相应增加管理幅度。设管理幅度为 A，管理层次数为 B，银行基本经营单位数为 n，则有：

$$A = \frac{1}{B}n \tag{8.3}$$

（8.3）式表明管理层次 B 和管理幅度 A 是互为倒数的。考虑到 A 和 B 的数值在实际中是受到各种因素制约的[①]，A 和 B 的相互替代不可能是任意的，其相互替代要看 A 和 B 的边际变动所引起的边际费用（或边际节约）是否达到均衡，如果均衡，即表明实现了规模经济。如果将 11 个基本经营单位视为 A 值的上限，当 n 增大时，管理层次就会相应地增加。从而会因为层次的增加加重带来的问题：企业信息的遗漏及信息的扭曲、计划与控制不相协调等。问题的存在导致更低的管理效率和交易成本增加，从而出现规模不经济。

2. 银行决策系统

当银行系统中存在众多管理层次时，决策的集中与分散不但会对银行效率产生影响，而且决定着银行规模经济的形成与否。由于我国的特殊国情促使我国商业银行的运营决策偏重于集中决策，这也成为影响我国规模经济的重要内因之一。集中决策中所需要的信息费用及决策规模的优劣不但影响决策的平均质量而且间接影响集中决策的效率。

决策时间配置对银行决策至关重要，管理层在决策时间总量一定的情况下进行决策时，每一项决策的平均时间与决策规模或项目数量呈负相关；另一方面，管理层在决策时间规模一定的情况下进行决策时，每一项决策的平均时间随着决策时间总量的增加而增加。当银行集权决策信息费用不变时，决策规模以及所花时间总量决定了每项决策的平均时间，进而影响到集中决策的平均质量。用 M 表示银行集中决策的平均质量，用 N 表示银行集中决策规模，用 t 表示可用于决策的时间总量，则有：

$$M = M(N,t) \tag{8.4}$$

式中，$\frac{\partial M}{\partial N} < 0$，$\frac{\partial M}{\partial N} > 0$，即决策的平均质量是决策规模的减函数，是决策时间总量的增函数。一般来说，作出全部决策所需要的时间总量的多少受单项决策的最佳信息搜索量所需时间的控制以及集中决策的规模的影响。在银行集中决策体制下，决策投入的必需时间总量过大，会超出时间预算约束和实际决策时间的投入，这样常常使得决策者在时间投入不足以及信息严重匮乏的情况下作出许多决策。当然，集中决策规模不经济并不是造成集中决策效率过低的唯一原因，然

---

①管理学证明，一个管理人员即企业的上级，可以直接管辖的人数是4~11人。见:哈罗德·孔茨,西里尔·奥唐奈.管理学[M].贵阳: 贵州人民出版社, 1982.

而却是最为重要的原因之一。

3. 银行科技水平

随着科技进步以及网络时代的到来，银行科技也伴随着科技的发展而进步，随着商业银行网上银行的建设，使未来电子商业银行与传统柜台式商业银行存在较大的区别，其实力取决于投资规模以及商业银行管理层的智慧决策。电子商业银行的优势在于科技发展及信息技术，它使客户通过电话、PC 和 Internet 来登录到电子银行，它的金融业务可以涉及各个领域，因此竞争对手遍及国内外各个领域。因此，商业银行要想形成一定的规模经济，必须在科技进步的情况下不断创新、改变原有的经营理念、精简管理机构来提高决策效率，从而降低营运成本。

4. 金融创新

金融创新是金融机构和金融管理部门对机构设置、业务品种、金融工具及制度安排等各种金融要素进行开发组合的创造性变革和研发活动。企业的规模经济从递增到递减的转变过程就是各种生产要素重新分配、不断组合的过程，而企业的技术效率点决定着企业由规模经济转变为规模不经济，技术效率点的位置随金融创新水平的不同是可以改变的。熊彼特曾指出，创新就是促使生产要素不断组合，是关乎企业自身内部创造性的关于经济生活的一种变动。归结到银行业来说，货币资源、人力资源是商业银行最重要、最基本的两种资源，目前，这两种资源派生出的组织和信息资源也逐渐体现出了其重要性。在各种要素资源的组合下，资产、负债和表外业务这三项基本业务的运行就是以上资源相互匹配的结果。一般来说，金融创新可以使银行中的各种生产要素得到优化配置，通过改变技术效率点的位置来扩张规模经济的边界，从而促进银行业效率的提高，它主要可以分为工具创新、制度创新、市场创新、业务创新、管理创新这五种类型。

第二节　文献概述

一、国外研究现状

Alhadeff（1954）的研究最早提出银行业存在递减的成本规模效率和递增的产出规模效率。以后的研究者认为，银行业的平均成本曲线呈上述理论中的 U 形。商业银行有两种方法来实现规模经济：一是通过资产的投资组合降低风险，从而降低风险资本准备，于是降低资金来源的平均成本；二是通过劳动力的专业分工来配置更多的资本以降低单位成本。Kolari & Zardkoohi（1991）研究认为，商业银行大小是影响规模经济的重要因素；Benston（1972）提出了银行业的规模经济效应，认为无论银行自身规模大小如何，给定其他条件不变，只要银行规模扩大一倍，银行的平均成本将下降 5%～8%；Baumol（1982）假定成本的增减比例与产出的规模及构成相关，并首次运用规模弹性（Scale Elasticity）来衡量规模经济性的大小；Kim（1985）提出包含多种产出的 Translog（超越对数）成本函数。此后，超越对数成本函数在此研究领域得到广泛应用。

Mester（1987）、Clark（1996，1988）、Berger（1993）、Humphrey（1995）在对美国银行业的实证研究中发现：大银行规模不经济，中小银行规模经济。对于各国银行业的研究，不同的经济学家有不同的结果：Cossutta（1988）、Conigliani（1991）发现意大利银行业存在规模经济；Altunbas 等人(1994)发现德国的全能银行比其他银行更加有效率；Zardkoohi & Kolaris（1994)发现芬兰的中等规模的银行存在规模经济；Allen、Rai（1996）对 15 个国家的银行进行研究后发现，小银行的规模经济程度更大；Laura Cavallo（2001）& Stefania P. S. Rossi 采用超越对数（Translog）成本函数对欧洲银行业进行实证考察后发现，所有的欧洲银行规模经济；Lawrence（1989）在对美国的中小银行进行研究时发现，总资产小于 1 亿美元的商业银行具有明显的规模经济性。

二、国内研究现状

国内研究商业银行规模经济侧重于股份制商业银行和国有商业银行的比较研究。于良春等（1999）在早期研究中主要采用指标分析法来比较不同商业银行的获利能力和经营绩效。赵怀勇和王越（1999）通过运用市场集中度和资产利润率对中国商业银行进行比较研究，分析了影响银行规模经济形成的因素并提出了对策建议。王振山（2000）分析中外银行业规模效率时发现，发达国家商业银行的规模相比较中国商业银行而言大得多，不论规模过大或规模过小，从规模效率的角度进行考察都会导致规模不经济，而且指出技术决定银行规模。

近几年，国内学者针对我国商业银行规模经济，借鉴国外方法运用计量模型来进行实证研究。总的来说，目前国内研究已经开始从过去的定性分析发展到定量分析。徐传谌等（2002）对我国 14 家商业银行 1994—2000 年的经营情况进行了研究，认为我国商业银行规模不经济的主要原因在于银行不良贷款比例太高。阙超（2004）采用超越对数成本函数对我国四家国有商业银行和股份制商业银行运用 1992—2003 年的数据针对经营情况进行实证分析，发现我国股份制银行规模经济递减，是其非理性规模扩张行为所导致；国有商业银行从整体规模不经济转变为整体规模经济。刘宗华、范文燕(2003)采用中介法,利用 Translog Cost Function 估计了中国银行业 1996—2001 年的规模经济系数。实证表明，在样本期内，四家国有商业银行经历了从规模不经济到规模经济再到规模不经济的过程，而其他商业银行则逐步显示了明显的规模经济特征。结论是四家国有商业银行要么是管理效率低，要么是规模过大，而其他商业银行可通过规模扩张来获取规模收益[①]。孙秀峰等人（2005）也使用 Translog Cost Function，发现 1998—2003 年国有商业银行的规模经济平均水平低于股份制商业银行，但呈向好趋势。可见，国内的研究尚无一致的结论，但比较倾向于认为国有商业银行的规模经济情况不佳。赵子铱、邹康、彭琦（2006）采用 SFA 法构建了我国银行业超越对数成本函数的 panel data 固定效应模型及效率测度方程，对 1993—2003 年间我国银行产业总体规模效率进行了计量实证分析。结果显示，除个别银行外，我国银行业没有显示出明显的规模经济或规模不经济现象。陈婵娟、陈勇（2007）兼顾参数法与非参数法的利弊，在利用 DEA 方法针对我国商业银行的特点获得生产可能性及前沿面的基础上，建立了通过拟合生产函数获得各种规模经济评价指标的方法。[②]李成、赵琳（2008）采用超越成本对数函数法进行实证研究，却得出 1994—2005 年，中国商业银行规模弹性系数趋于下降，规模经济性越来越明显，银行效率趋于提高的结论，并从商业银行规模经济内部和外部因素来解释理论与现实之间的悖论。[③]程婵娟、周伟（2009）基于开放特征的表现从社会经济制度、科学技术水平等影响因素对商业银行规模经济的作用机理，探讨了其余银行规模经济实现程度之间的相关关系，指出商业银行规模经济的效应是多重因素综合作用的结果，其改革必须在多维的框架内进行[④]。邹巍（2010）通过运用超越对数成本函数模型对我国 12 家上市银行进行了实证研究，通过回归分析发现 2006—2008 年我国商业银行整体规模经济性增强，但 3 家国有控股商业银行呈现趋于改善的规模不经济情况，并针对现状提出了一系列改善建议。[⑤]

三、国内外研究评述

国内外学者大都从商业银行是否存在规模经济以及规模经济的影响因素着手进行规模经济研究，同时研究的方法和工具都较最初有了很大的进步，这对我国学者在相关领域的研究有很好的借鉴作用。通过国内外文献的研究，可得到以下几点结论。

第一，规模经济的理论研究日趋丰富。外在经济的概念最初被新古典经济学家所忽略，更多的研究聚焦在比较静态意义上的单个企业内部的技术规模经济。

① 刘宗华.中国银行业规模经济的实证检验[J].统计研究, 2003 (11):56-58.
② 程婵娟，陈勇.我国商业银行规模经济评价方法研究[J]. 统计研究, 2007 (11):29-36.
③ 李成，赵琳.中国商业银行规模与效率：理论与现实的悖论[J].统计研究, 2008 (5):55-59.
④ 程婵娟，周伟.开放条件下影响我国商业银行规模经济的因素分析[J].统计研究, 2009 (1):18-24.
⑤ 邹巍.中国商业银行规模经济的实证研究——基于2006年—2008年面板数据模型的分析[J].统计研究, 2009(5): 129-131.

然而在区域经济学家看来聚集经济乃是一种动态的空间意义的企业外在经济。

第二，研究领域不断深入和拓展，研究对象范围逐步扩大。从最初只是对现象层面的认识和描述，片面分析问题产生的原因以及影响，逐渐深入到对原有领域进行横向挖掘和纵向拓展。从纵向来看，最佳规模经济的确定以及规模与经济的内在联系是其主要研究内容；从横向来看，企业规模与规模经济还有与利润率的关系，规模经济与垄断、市场结构还有市场绩效之间的关系等日渐被人们关注。早期的研究对象集中在生产领域而后扩展到整个商业以及其他经济活动，而不仅仅只是生产的规模经济。

基于国内外的文献综述研究可以得到以下两点结论：

一是一些基本概念包括对银行规模的界定以及投入、产出与成本等，这些是研究银行规模经济问题的基础。从企业规模出发推导出银行规模是指银行经营中各种投入要素及其产出在一定空间范围内量的聚集程度。由此，银行的投入和产出就成为界定银行规模的关键。目前学术界有关银行投入与产出的界定一直都有不同的观点和争议（如生产法、中介法等），不同的方法会导致银行成本函数的确定以及规模变量的选择不同。

二是银行的最小规模（MES）如何确定确实是一个具有实质性内容的难点问题。由于长期平均曲线和长期边际成本曲线在很长规模范围内往往是水平线，因此银行最佳规模的范围是较为宽广的，而且不同规模的银行样本数据所得出的结论并不相同；这可能意味着大银行和中小银行在我国就表现为国有商业银行和股份制商业银行以及其他类型的银行所面临的成本函数形式存在一些根本性差异。[1]

本分论主要根据当前的研究理论结合我国商业银行的业务现状确定较为合理的投入产出，然后运用参数法中的超越成本对数函数计算出我国商业银行规模效率，最后运用 Tobit 回归得到我国商业银行规模效率与商业银行经营效率相互影响关系进行经验分析，并且结合开放条件下影响商业银行效率的各种因素与商业银行现状提出相应提高商业银行的规模效率，进而通过商业银行规模效率的提高来实现商业银行经营效率的改进措施。

第三节　小结

本章首先介绍了规模经济的发展历程，引申出规模经济的一般含义。随后分析了规模经济的含义和商业银行规模经济的含义。商业银行的规模经济是指随着银行的业务规模、人员数量、机构网点、金融产品的扩大和增多而发生的单位运

---

① 赵紫剑.规模经济与银行业发展综述[J].当代财经, 2004(5):45-48.

营成本下降、单位收益上升的现象。它反映了商业银行经营规模与其运行成本、经营收益的变动关系。影响商业银行规模经济的因素有很多,包括宏观经济因素、行业因素以及银行的内部管理等。随后对国内外研究现状进行综述,对国内外规模经济研究的现状、研究成果、研究方法作了对比分析和评述,为下文的实证作好铺垫。

第九章 商业银行规模经济测度

本章将借鉴 Baumol（1982）提出的运用产出弹性衡量规模经济性的思路，在确定成本函数的基础上，通过计算产出弹性得出商业银行规模经济系数。通过商业银行的规模效率讨论银行是否在最节省成本的状态下提供产出，即当银行在扩张业务规模时，单位成本的变动状况。

第一节 投入产出指标的选取

投入产出指标的确定是测算规模经济进而测算工商业银行经营效率的基本环节。本节将结合我国商业银行业务特点，借鉴国内外关于银行投入产出的研究方法，选定商业银行的投入和产出指标。

一、投入指标的确定

在投入指标的选择上，现有的银行规模经济研究基本上达成了共识，即从借贷资金支出、固定资产支出、劳工费用支出三项中选择，只是计算方法不完全相同。

第一，可贷资金。可贷资金包括存款、同业拆借、同业存款、借入款项、向中央银行借款和发行债券等等。存款在金融机构的投入产出分类中作为可贷资金来源之一是最有争议的，因为存款是银行进行贷款投资的重要基金，故具有产出特性，同时要支付储户存款利息使得存款有投入特征。

第二，营业资本总额。营业资本包括职工人数、固定资产资本及其他营业资本，很多文献里面将职工人数与固定资产分开成两项，于是就有三项投入，但是在金融年鉴以及可得到的数据中，固定资产通常都包含在营业费用中，于是这两项合并在营业资本中。

二、产出指标的确定

在产出指标的选取上，通过对文献综述可得到有关规模经济研究应用较为广泛的是资产法和中介法。中介法将银行视为提供金融中介服务的机构，以账户金额——存款余额和贷款余额衡量银行的产出。资产法同样将银行看做提供金融服务的中介者，但把银行的产出严格定义为银行资产负债表中资产方项目，主要是贷款和证券投资的金额。缺点是无法考虑银行经营的基础——存款情况，本节综合各种因素将产出指标确定如下：

1. 存款余额。指年度的存款平均余额，它具有产出和投入双重性质，对商业银行的生存具有举足轻重的意义。国外研究通常按照存款规模大小对样本银行进行分类，由此判断银行效率最佳时的资产规模形式。因此，应该将银行存款作为产出考虑。存款是商业银行经营的基础。

2. 贷款总额。中介法和资产法都把贷款数量当做一个产出，它是国有商业银行的一项传统业务，是其重要的投资经营活动，因而可作为一项产出。

3. 证券与投资总额。证券和投资可反映一个银行经营活动能力的高低，是一项比较重要的投资经营活动。尤其是在近年来我国一直通过扩大投资来促进经济增长的情况下，参照生产法的定义，本节把证券投资当做另一个产出。

表 9-1　投入产出指标

指标		指标内容及计算方式
投入（X）	1 可贷资金	X_1（存款、同业存入、同业拆借、央行借款等）
	2 营业资本总额	X_2（营业资本包括职工人数、固定资产资本及其他营业资本）
投入价格（W）	1 可贷资金价格	W_1（利息支出/可贷资金）
	2 营业费用价格	W_2（营业费用/总资产）
产出（Y）	1 存款余额	Y_1（测算年度的存款平均余额）
	2 贷款余额	Y_2（测算年度的贷款平均余额）
	3 投资与证券	Y_3（包括短期投资和长期投资及其他证券投资）
实际总成本（RC）		商业银行的实际成本 $RC=X_1W_1+X_2W_2$

三、投入产出指标的统计学描述

对选取的投入产出指标进行统计学描述，计算其均值、标准方差、最大值和最小值，然后对数值特征进行大体的描述。在建立的模型中，共有7个解释变量，1个被解释变量，我国商业银行样本统计学描述见表9-2。

表 9-2　我国商业银行样本数据的统计学描述

		均值	标准方差	最小值	最大值
可贷资金总额	X_1	15882.62	23504.21	132.55	98094.03
营业资本总额（总资产）	X_2	19272.63	27946.23	218.46	117850.5
可贷资金价格	W_1	0.020568	0.006985	0.011596	0.051745
营业费用价格	W_2	0.013251	0.003374	0.006603	0.023337
存款总额	Y_1	15619.04	23164.71	132.55	97712.77
贷款总额	Y_2	9074.619	12834.8	132.57	56401.59
投资与证券总额	Y_3	9168.898	14006.76	81.85	59718.01
总成本	C	544.1815	752.8373	4.3	2809.7

注：由于构成营业资本的各类投入均与银行的总资产高度相关，故而使用总资产代替。营业费用价格按照表中所定义的营业费用与总资产之比确定。

从表 9-2 中可以看出，我国商业银行营业资本总额 X_2 的标准方差高达 27946.23，说明其数据分布分散；存款总额 Y_1 的差异也非常大，标准差为 23164.71，说明数据偏离均值的程度比较大，偏离均值的数据较多；贷款 Y_2 和投资与证券 Y_3 的情况大体也是如此，不过总成本 C 的差异也非常大，大体较为分散；营业费用价格 W_1 和可贷资金价格 W_2 的标准方差分别是 0.003374 和 0.006985，方差较小，数据分布相对集中。

从选取的 20 个商业银行样本的统计性描述中可以看出，不同商业银行之间，也存在着很大差别。考虑到个别银行的成本差异，这里选取变截距模型，又由于模型仅就我国商业银行资料进行研究，故宜选取确定效应模型。

第二节　模型构建

一、参数法原理

参数法研究商业银行的规模经济主要依靠对成本函数的产出弹性计算。首先需要确定一个较为合理的成本函数形式来测定商业银行规模效率，然后通过银行样本估算出效率前沿函数中的各参数。由于该方法的函数形式与样本量对计算结果影响较大，故而对样本量和方程求解的要求较高。参数法假定随机误差项存在且服从一定的分布。该方法研究的规模经济评价结果离散小，且样本银行间差异较为明显，具有一定的参考价值。

首先假定银行的成本函数为：

$$\ln TC = f(Y_j, W_i) + \varepsilon \tag{9.1}$$

其中 TC 为银行的总成本，Y_j 为银行的产出向量，W_i 为投入要素的价格向量，ε 则为包括随机干扰项和 X 非效率项的干扰项。

商业银行的理论成本函数(Cost Function)、平均成本(Average Cost，AC)与边际成本(Marginal Cost，MC)表达式分别为：

$$C = f(Y, W) \tag{9.2}$$

$$AC = \frac{C(Y, W)}{Y} \tag{9.3}$$

$$MC = \frac{\partial C(Y, W)}{\partial Y} \tag{9.4}$$

C 为银行投入年成本；W 为银行的投入价格向量，$W = (w_1, w_2, \cdots, w_m)$；$Y$ 为银行的产出向量，$Y = (y_1, y_2, \cdots, y_m)$，$n$ 为产出指标的个数。

使用规模弹性的思想，银行规模经济的计算公式为：

$$SE = \frac{AC}{MC} \tag{9.5}$$

SE (Scale Economy)为银行的规模经济因子。

将平均成本（AC）和边际成本（MC）的表达式代入公式（9.5）：

$$SE = \frac{AC}{MC} = \frac{C(Y, W)/Y}{\partial C(Y, W)/\partial Y} = \frac{\partial Y/Y}{\partial C(Y, W)/C(Y, W)} = \left(\frac{\partial \ln C(Y, W)}{\partial \ln Y}\right)^{-1} = E_r^{-1} \tag{9.6}$$

在多产出情况下，总的边际成本等于各项产出的边际成本之和，即

$MC = \sum MC_i$。于是，公式（9.6）变为：

$$SE = \frac{AC}{MC} = \frac{C(Y, W)/\sum_{i=1}^{n} y_i}{\sum_{i=1}^{n} \partial C(Y, W)/\partial y_i} = \left(\sum_{i=1}^{n} \frac{\partial C(Y, W)/C(Y, W)}{\partial y_i/\sum_{i=1}^{n} y_i}\right)^{-1}$$

$$= \left(\sum_{i=1}^{n} \frac{\partial \ln C(Y, W)}{\partial \ln y_i}\right)^{-1} = \left(\sum_{i=1}^{n} E_{yi}\right)^{-1} \tag{9.7}$$

y_i 代表第 i 项产出；E_{yi} 为第 i 项产出的产出弹性，它是产出和投入价格变量

的函数，其他参数符号经济学含义与公式（9.2）、（9.3）、（9.4）相同。

使用规模经济因子 *SE* 判断商业银行规模经济状况的原则为：

当 *SE*>1 时	存在规模经济	平均成本大于边际成本，即 *AC>MC*
当 *SE*<1 时	存在规模不经济	平均成本小于边际成本，即 *AC<MC*
当 *SE*=1 时	不存在规模经济	平均成本等于边际成本，即 *AC=MC*

二、模型构建

目前，国内外常使用的成本函数是超越对数成本函数和 Cobb-Douglas 成本函数两种。但由于后者表达式中假定规模报酬不变，故不宜作为规模效率的计算函数。而自 1973 年 Chistensen 和 Jorgenson 提出 Translog Function 至今，凭借其良好的弹性、允许规模报酬变化的特性和易估算性而获得了较为广泛的应用。

在确定投入产出指标的基础上，建立商业银行的超越对数成本函数表达式。本章考虑两种投入和三种产出。计量模型的成本函数定义如下：

$$\ln RC = A + \sum_{i=1}^{2} B_i \ln w_i + \sum_{j=1}^{3} C_j \ln y_i + \frac{1}{2}\sum_{i=1}^{2}\sum_{k=1}^{2} D_{ik} \ln w_i \ln w_k$$
$$+ \frac{1}{2}\sum_{j=1}^{3}\sum_{i=1}^{3} E_{ji} \ln y_i \ln y_i + \sum_{j=1}^{3}\sum_{i=1}^{2} F_{ij} \ln w_i \ln y_i + \varepsilon \tag{9.8}$$

$\ln C$ 是实际成本的自然对数；$\ln w_i$ 是第 i 项投入价格的自然对数，$i=1,2$；$\ln y_j$ 是第 j 项产出数量的自然对数，$j=1,2,3$；ε 是随机误差项。

由线性同质性要求，确定如下约束条件：

$$D_{ik}=D_{ki}, E_{ji}=E_{ij}, \sum_{i=1}^{2} B_i = 1, \sum_{k}^{2} D_{ik} = 0, \sum_{i=1}^{2} F_{ij} = 0$$

依据规模经济计算原理，得到商业银行规模经济因子的具体计算表达式：

$$SE = \frac{\partial \ln RC}{\partial \ln Y} = C_1 + C_2 + C_3 + (F_{11}+F_{12}+F_{13})\ln w_1$$
$$+ (F_{21}+F_{22}+F_{23})\ln w_2 + (E_{11}+E_{12}+E_{13})\ln y_1 \tag{9.9}$$
$$+ (E_{21}+E_{22}+E_{23})\ln y_2 + (E_{31}+E_{32}+E_{33})\ln y_3$$

为了简化计算，现有研究均直接使用商业银行各项产出的产出弹性之和（$\sum_{j=1}^{3} E_{yj}$）来判断规模经济情况。本研究也沿用这种思想，于是最终确定的商业银行规模经济计算模型为：

$$\sum_{j=1}^{3} E_{ji} = \sum_{j=1}^{3} \frac{\partial \ln C}{\partial \ln y_i} = \sum_{j=1}^{3}\left(C_j + \sum_{l=1}^{3} E_{ji} \ln y_l + \sum_{i=1}^{2} F_{ij} \ln w_i \right) \qquad (9.10)$$

基于银行产出弹性之和的规模经济判断标准为：

当 $\sum_{j=1}^{3} E_{yj} = 1$ 时	不存在规模经济	产出规模与总成本的变化率相同
当 $\sum_{j=1}^{3} E_{yj} > 1$ 时	存在规模不经济	成本变化率大于产出规模变化的比率
当 $\sum_{j=1}^{3} E_{yj} < 1$ 时	存在规模经济	成本变化率小于产出规模变化的比率

第三节　测度结果分析

一、测度结果

本研究运用最小二乘估计方法，结合样本数据，使用计量经济学软件 Eviews6.0，确定平均超越对数成本函数，得到平均成本函数的参数估计值（见表 9-3），进而对商业银行规模经济系数进行了测度（见表 9-4）。

表 9-3　回归结果系数估计值

Variable	Coefficient	Variable	Coefficient	Variable	Coefficient
B1	1.269085	D12	0.124976	F12	-0.183509
B2	0.128626	E11	0.394735	F13	-0.121848
C1	1.236323	E12	-0.135798	F21	-0.037584
C2	-0.017343	E22	0.016452	F22	0.045573
C3	-0.126316	E13	-0.459393	F23	-0.009295
D11	0.405851	E23	0.168504	F33	0.135883
D22	0.030320	F11	0.321255	C	1.098729
R-squared		0.999738	Mean dependent var		5.256967
Adjusted R-squared		0.999667	S.D.dependent var		1.690841
S.E.of regression		0.030872	Sum squared resid		0.070530
F-statistic		14094.48	Durbin-Watson stat		1.825572
Prob（F-statistic）		0.000000			

注：本数据根据 Eviews6.0 计算得出。

超越对数成本函数中，各项指数都具有理论和实际意义，从以上结果看50%以上的参数在10%显著水平上都通过了 t 检验。调整方程的拟合系数到0.999，说明回归方程的拟合度较好。

本研究使用前沿方法中的随机分布法（SFA）来计算中国商业银行规模经济情况，使用计算软件 Frontier4.1 和 Eviews6.0 确定前沿超越对数成本函数中的参数估计值。之后，结合已确定的样本，利用已确定参数的前沿成本函数，计算2005—2009年中国14家主要商业银行的规模经济情况（产出弹性之和 $\sum E_{ji}$），详见表9-4：

表9-4　2005—2009年商业银行规模效率

	2005	2006	2007	2008	2009
工商银行	1.324	1.312	1.279	1.251	1.213
建设银行	1.425	1.413	1.329	1.318	1.297
中国银行	1.212	1.209	1.207	1.116	1.104
农业银行	1.329	1.318	1.314	1.307	1.258
交通银行	0.986	0.986	0.976	0.965	0.947
华夏银行	0.987	0.979	0.979	0.969	0.932
民生银行	0.994	0.993	0.992	0.99	0.989
浦发银行	0.993	0.992	0.99	0.988	0.986
深发展银行	0.911	0.884	0.873	0.856	0.832
兴业银行	0.993	0.991	0.989	0.987	0.985
招商银行	0.956	0.934	0.921	0.912	0.901
光大银行	0.992	0.991	0.989	0.987	0.985
恒丰银行	0.993	0.992	0.99	0.989	0.986
中信银行	0.992	0.991	0.989	0.987	0.985
浙商银行	0.985	0.976	0.968	0.948	0.927
杭州商业银行	0.985	0.975	0.948	0.939	0.921
北京商业银行	0.983	0.981	0.987	0.979	0.868
南京商业银行	0.869	0.836	0.829	0.818	0.804
宁波商业银行	0.983	0.936	0.927	0.917	0.906
上海农村商行	0.994	0.992	0.983	0.976	0.968
全国	1.044	1.034	1.023	1.010	0.990
国有商业银行	1.323	1.313	1.282	1.248	1.218
股份制商业银行	0.980	0.973	0.969	0.963	0.953

数据来源：运用表9-3的成本函数系数，代入规模效率公式（9.10）得出。

二、测度结果分析

根据计算出的规模弹性值可得出，在样本期内，2005 年到 2009 年我国商业银行总体呈现轻微的规模不经济，但规模经济性在不断地增强。也许是商业银行不断加强管理提高技术的结果，国有商业银行的规模效率值均大于 1，即呈现出规模不经济。四大国有商业银行的规模不经济现象有逐步递增的趋势。在国有商业银行中，工商银行在 2005 年到 2009 年间规模效率区间是[1.297，1.425]，工商银行是国内规模最大的银行，其规模不经济的程度也最大。中国银行的规模不经济程度在四大国有商业银行中最轻，农业银行和建设银行的规模不经济程度较为相似。股份制商业银行的规模效率值基本上都小于 1，说明股份制商业银行存在规模经济，其规模弹性明显小于国有商业银行，扩大经营规模的潜力相当大。其中交通银行的规模效率相对较低，深发展银行的规模效率较高。并且五年间股份制商业银行的规模经济程度有所增加，呈现轻微变好的趋势（如图 9-1）。股份制商业银行规模经济性较高除了得益于机制灵活、充分体现了其经营自主权、股份制银行历史包袱少的自身优势，还得益于优越的外部环境，包括相对高速增长的经济环境和健康运行的金融环境等，这些都使股份制商业银行获得了快速发展的机遇。

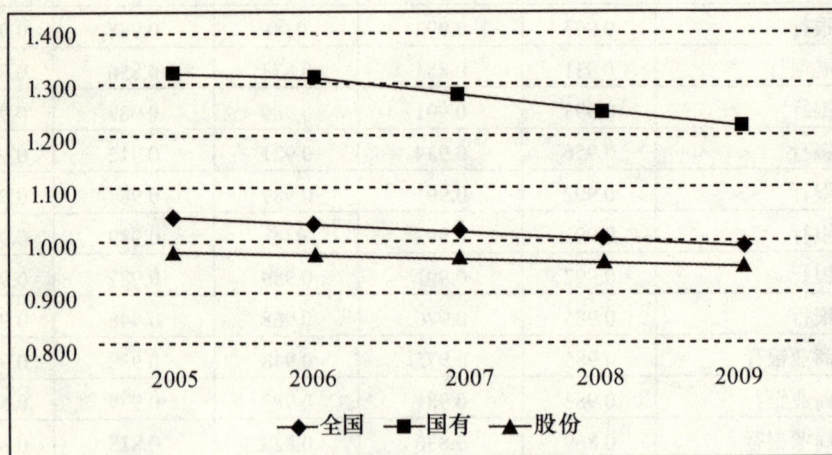

图 9-1　2005—2009 年各类样本银行规模经济变化趋势图

数据变化可以显示出规模经济系数在各类商业银行之间的差距以及在时间上的变化趋势。对每个银行规模经济系数的度量可以反映银行存在规模经济或者规模不经济，并指出其程度的大小。通过纵向的比较观察，可以得出规模经济系数的变化情况。

在现有的成本函数下，国有商业银行的规模经济系数均大于 1，即国有商业银行总体呈现规模不经济。股份制商业银行除了个别银行外，基本上都呈现出规模经济。因此股份制商业银行应该扩大规模。另外本研究还发现股份制商业银行的规模不经济程度要比国有商业银行低。一方面是由于股份制商业银行规模较小的原因；另一方面可能是因为股份制商业银行的服务产品结构更加多元化。

第四节　小结

本章根据已有的投入产出指标选取方法，结合当前我国商业银行现状确定投入产出指标，对选取的各项指标进行统计检验，通过分析指标的特点选定固定效应模型。第二节具体介绍了参数法原理，将选取的投入产出指标代入到超越对数成本函数模型中，确定模型参数，计算得出样本银行的规模效率系数。研究发现国有商业银行普遍规模不经济，而股份制商业银行呈现规模经济状态，同时 20 家银行整体呈现微弱的规模不经济状态，但股份制商业银行的规模经济程度要好于国有商业银行。

第十章 规模经济与商业银行
经营效率的经验分析

本章将运用第二章参数法计算出来的规模效率值来分析我国商业银行的规模运营情况,利用 Tobit 模型来分析商业银行规模经济对商业银行经营效率的影响程度。最后根据实证分析结果结合我国商业银行的现状,分析影响我国商业银行规模经济的具体情况。

第一节 模型及指标体系构建

一、Tobit 计量模型的建立

本章拟从经营效率（PE）、纯技术效率(PTE)及规模效率(SE)三个方面分别分析各个因素对银行效率的影响,因此设定三个 Tobit 回归模型,表达式方程如下:

$$PE_{it} = \partial_0 + \partial_i \sum_{n=1}^{n} \partial_n X_{nit} + U_{it} (i = 1, 2, \cdots, 20; t = 1, 2, \cdots, 5) \tag{10.1}$$

$$PTE_{it} = \beta_0 + \beta_i \sum_{n=1}^{n} \partial_n X_{nit} + V_{it} (i = 1, 2, \cdots, 20; t = 1, 2, \cdots, 5) \tag{10.2}$$

$$SE_{it} = \gamma_0 + \gamma_i \sum_{n=1}^{n} \partial_n X_{nit} + W_{it} (i = 1, 2, \cdots, 20; t = 1, 2, \cdots, 5) \tag{10.3}$$

本章选取的样本银行为 20 家,时间跨度为 5 年（2005—2009）,n 为指标个数。PE_{it} 代表第 t 年银行 i 的商业银行银行经营效率值,PTE_{it} 代表第 t 年银行 i 的商业银行纯技术效率值,SE_{it} 代表第 t 年银行 i 的规模效率值。

二、指标及数据的选取

本书第三章运用非参数法计算商业银行经营效率时,采取了 20 家具有代表性的商业银行,因此,在分析规模经济对商业银行经营效率的影响时,仍然采用这 20 家商业银行,时间跨度为 2005—2009 年。具体如表 10-1 所示:

表 10-1　　DMU 简称及 2009 年年底资产状况

银行全称	DMU 简称	资产总额（亿元）	银行全称	DMU 简称	资产总额（亿元）
中国工商银行	工行	117850.53	兴业银行	兴业	13321.62
中国建设银行	建行	96233.55	招商银行	招商	20679.41
中国农业银行	农行	88825.88	浙商银行	浙商	1634.18
中国银行	中行	87519.43	光大银行	光大	11977.0
交通银行	交行	33091.37	中信银行	中信	17750.31
恒丰银行	恒丰	2137.64	杭州市商业银行	杭州银行	1499.91
华夏银行	华夏	8454.56	北京市商业银行	北京银行	5334.69
中国民生银行	民生	14263.92	南京市商业银行	南京银行	1495.66
上海浦东发展银行	浦发	16227.18	宁波市商业银行	宁波银行	1633.52
深圳发展银行	深发展	5878.11	上海农村商业银行	上海农商行	2119.16
银行业资产总额	787690.50	样本资产总额	547927.63	百分比	69.6%

　　由表 10-1 可见，截至 2009 年年底本章所选取样本银行以资产总额 547927.63 亿元占银行业金融机构总资产 787690.5 亿元[①]的 69.6%，可基本代表我国商业银行的经营状况。本书旨在对我国商业银行规模经济效益的现状进行考察，因此应评价我国商业银行的规模效率并通过规模效率来评价我国商业银行近年来的绩效表现，所选取的样本区间为 2005—2009 年。

<h1 align="center">第二节　测度结果分析</h1>

一、Tobit 回归结果

　　规模经济对商业银行经营效率（PE）、纯技术效率（PTE）的 Tobit 回归结果如表 10-2 所示。

　　如表 10-3 所示，样本银行的规模经济系数对经营效率的 P 值为 0.7381，大于 10%的显著性水平，可见规模经济系数对商业银行经营效率的影响不显著。而样本银行的规模经济系数对纯技术效率的 P 值为 0.0019，小于 1%的显著性水平，因此规模经济系数对商业银行的纯技术效率有显著影响。由于总体规模经济对样

---

① 数据来源：《中国银行业监督管理委员会2009年年报》。

本银行纯技术效率的系数大于 0，因此其对纯技术效率有正的显著影响，即规模经济水平越高，商业银行纯技术效率越高，反之亦然。这也符合规模经济成本控制的特征。由表 10-3 可知，虚拟变量 D 的 P 值大于 10%的显著性水平，说明商业银行的区域特性对其影响并不显著。

表 10-2　规模经济（SE）对样本银行经营效率（PE）影响的 Tobit 回归结果

变量	系数	标准差	Z 值	P 值
SE	-0.023331**	0.069789	-0.334311	0.7381
D	-0.003742*	0.022604	-0.165526	0.8685
C	0.950348***	0.067564	14.06583	0

注：*、**、***分别表示 10%、5%和 1%的显著水平，本结果由 Eviews6.0 计算得出。

表 10-3　规模经济（SE）对样本银行纯技术效率（PTE）影响的 Tobit 回归结果

变量	系数	标准差	Z 值	P 值
SE	0.151099**	0.048539	3.112944	0.0019
D	-0.021855*	0.015721	-1.390149	0.1645
C	0.825352***	0.046992	17.56375	0

注：*、**、***分别表示 10%、5%和 1%的显著水平。本结果由 Eviews6.0 计算得出。

二、实证结果分析

从整体上看，我国商业银行的规模经济并不明显。国有商业银行和股份制商业银行之间的规模效率存在差异，商业银行整体呈现规模不经济。从时间趋势来看，2005—2009 年各银行的规模经济在不断增强，然而规模经济系数值变化不大。针对上述现象本节将从以下方面进行经验分析。

（一）宏观经济发展水平

社会经济发展水平是影响商业银行规模经济的重要方面。宏观经济的稳定和发展不仅是企业成长的必要外部条件，同样也是影响商业银行发展的关键因素。经济发展和金融发展相辅相成。经济发展水平与银行规模经济呈正相关，经济发展水平决定了银行发展的深度与广度。国民收入增加以及货币化程度的提高在很大程度上是经济发展水平提高的结果。改革开放以来，我国经济总体高速运行，实体经济部门稳定发展，为商业银行的成长提供了较为稳定的外部环境和市场需求。尤其近十年来中国 GDP 一直保持强劲增长势头，为银行的发展提供了广阔的基础，提高了银行规模效率。然而金融发展水平滞后于经济发展，金融改革滞后于经济改革，2005 年到 2009 年虽然规模效率有改善，可是规模效率的提高并不明显，与社会经济发展水平刚好对应。

（二）行业因素

1. CR_n 指数

一国银行业的市场结构是该国银行业是否达到规模经济的重要衡量指标之一，竞争性的市场结构有利于银行业规模经济的形成。1994 年至今，随着国有商业银行的改革和不同规模、不同性质的商业银行数量不断增多，加上外资银行的大量进入，中国银行业的市场结构发生了重大变化。虽然四大国有商业银行的市场份额有变小的趋势，但是依旧具有寡头垄断的特征。CR_n 指数是指某行业中前几家最大企业的有关数值的行业比重，式中 n 通常取 4 或 8，对银行业来讲，可直接由前几位大银行所占市场份额之和得到，记为：

$$CR_n = \sum_{i=1}^{n} X_i / \sum_{i=1}^{全部} X_i \qquad (10.4)$$

其中，n 代表行业企业总数；X_i 代表各个企业的有关数值。

根据 CR_n 指数的计算方法，取 n 等于 4，即以自 2005 年以来我国商业银行中规模最大的前四家银行（中国工商银行、中国农业银行、中国建设银行和中国银行）来计算我国银行业的集中度（见表 10-4）。

表 10-4　我国商业银行市场集中度（CR_4）　（单位：%）

	2005	2006	2007	2008
存款额	58.239	57.179	54.869	54.121
资产额	52.233	53.671	48.849	45.799
贷款额	46.660	45.275	41.831	41.467

注：数据来自 2006—2009 年《金融年鉴》。

存款市场集中度的最大值为 58.239%，最小值为 54.121%，可以看出，存款额的市场集中度的最大值小于资产额的最大值，但是依旧占有很重要的比重。贷款市场集中度的最大值为 52.232%，最小值为 45.799%，不过贷款市场集中度的值呈下降趋势，但是四大国有商业银行贷款的核心地位无法动摇。资产市场集中度的最大值为 46.660%，最小值为 41.467%，说明四大国有商业银行在资产方面占有非常大的市场份额，具有绝对优势，虽然这种优势在不断下降。

理解竞争结构的整体特征需要判断一个产业的市场垄断竞争程度。借鉴产业组织理论中以绝对集中度指标划分市场结构的贝恩方法，对竞争结构进行分类，我国银行业的市场垄断和竞争格局是寡占Ⅳ型（表 10-5）。

在这种情况下，非国有商业银行很难与四大国有商业银行竞争。但是从集中度变化的趋势上看，国有商业银行的垄断地位逐渐降低，市场占有份额也在不断减少，这表明国有商业银行的垄断在逐渐被打破，非国有商业银行取得了进步和发展，并不断增加市场占有份额。

表 10-5　贝恩方法结构划分

竞争结构	集中度	
	CR_4 值（%）	CR_8 值（%）
寡占 I 型	$CR_4 \geq 75$	
寡占 II 型	$75 > CR_4 \geq 65$	$CR_8 \geq 85$
寡占III型	$65 > CR_4 \geq 50$	$85 > CR_8 \geq 75$
寡占IV型	$50 > CR_4 \geq 35$	$75 > CR_8 \geq 45$
寡占 V 型	$35 > CR_4 \geq 30$	$45 > CR_8 \geq 40$
竞争型	$CR_4 < 30$	$CR_8 < 40$

2.赫希曼—赫芬达尔指数(HHI)

赫希曼—赫芬达尔指数 HHI（Hirschman-Herfindahl Index）是市场中所有企业市场占有率的平方和，其取值范围为（0，10000）。当 HHI 的值为 0 时，表明每个竞争者只占有很小的市场份额，有无数的竞争者存在于市场中。HHI 数值的大小代表着垄断程度的高低。存在另一种极端情况，当 HHI=10000 时为完全垄断市场，此时市场中只有一家企业。当这个市场为银行业时，只有一家银行占有市场所有的份额；而当 HHI 较低时，每一家银行都只占有市场较低的份额。因此 HHI 不但反映了市场中厂商的数量，而且反映出厂商所占有的市场份额。HHI 具体计算公式为：

$$HHI = \sum_{i=1}^{n} (M\alpha_i)^2 \qquad (10.5)$$

其中，$(Mai)^2$ 等于第 i 家银行的市场占有份额比例乘以 10000，n 代表市场中银行的数目。在完全垄断的市场上，如果仅有一家银行，其市场份额占有率为 100%，此时 HHI 达到最大值，等于 10000；在完全竞争的市场中，存在无数家银行，并且每家银行的市场份额很小，这是 HHI 的最低值。相应结果见表 10-6—10-8。

表 10-6　20 家商业银行资产的 HHI 比较

	2005	2006	2007	2008
工商银行	365.193	333.107	295.944	295.973
建设银行	178.075	184.058	177.355	177.921
中国银行	152.215	138.495	124.846	117.134
农业银行	180.822	184.767	173.587	162.717

续表 10-6

	2005	2006	2007	2008
交通银行	16.538	16.658	15.053	15.236
华夏银行	1.070	1.138	1.197	1.031
民生银行	2.651	2.810	2.802	2.702
浦发银行	2.836	2.938	3.625	3.927
深发展银行	0.452	0.445	0.492	0.569
兴业银行	1.400	1.479	1.588	1.750
招商银行	4.466	4.943	5.536	6.845
光大银行	2.306	2.281	1.955	1.714
恒丰银行	0.009	0.015	0.026	0.034
中信银行	3.123	3.158	3.854	4.619
浙江商业银行	0.002	0.008	0.013	0.022
杭州商业银行	0.020	0.022	0.023	0.029
北京商业银行	0.437	0.449	0.419	0.437
南京商业银行	0.014	0.016	0.016	0.017
宁波商业银行	0.016	0.018	0.019	0.025
上海农村商业银行	0.113	0.111	0.102	0.095

注：数据来自 2006—2009 年《金融年鉴》。

表 10-7　20 家商业银行存款的 HHI 比较

	2005	2006	2007	2008
工商银行	252.542	260.452	214.678	204.132
建设银行	141.046	163.112	138.540	140.566
中国银行	116.580	116.811	98.172	99.353
农业银行	186.811	194.682	156.706	93.856
交通银行	13.436	16.368	15.783	17.237
华夏银行	1.274	1.333	1.212	1.234
民生银行	3.702	4.402	3.985	4.233
浦发银行	3.321	4.196	3.928	4.752
深发展银行	0.567	0.656	0.632	0.786
兴业银行	1.372	2.078	2.072	2.435
招商银行	5.203	6.321	5.863	7.465
光大银行	2.151	2.449	2.256	2.143

续表 10-7

	2005	2006	2007	2008
恒丰银行	0.014	0.025	0.027	0.042
中信银行	3.199	4.237	4.281	5.209
浙江商业银行	0.004	0.009	0.015	0.026
杭州商业银行	0.017	0.023	0.021	0.033
北京商业银行	0.292	0.332	0.320	0.364
南京商业银行	0.009	0.013	0.012	0.016
宁波商业银行	0.009	0.016	0.017	0.024
上海农村商业银行	0.093	0.107	0.089	0.084

注：数据来自 2006—2009 年《金融年鉴》。

表 10-8　20 家商业银行贷款的 HHI 比较

	2005	2006	2007	2008
工商银行	234.417	208.845	172.011	173.744
建设银行	114.306	115.397	103.084	104.445
中国银行	97.707	86.831	72.564	68.761
农业银行	116.070	115.842	100.894	95.520
交通银行	10.616	10.444	8.749	8.944
华夏银行	0.687	0.714	0.696	0.605
民生银行	1.702	1.761	1.628	1.586
浦发银行	1.821	1.842	2.107	2.305
深发展银行	0.290	0.279	0.286	0.334
兴业银行	0.899	0.927	0.923	1.028
招商银行	2.866	3.099	3.218	4.018
光大银行	1.480	1.430	1.136	1.006
恒丰银行	0.006	0.009	0.015	0.020
中信银行	2.005	1.980	2.240	2.711
浙江商业银行	0.001	0.005	0.008	0.013
杭州商业银行	0.013	0.014	0.013	0.017
北京商业银行	0.281	0.281	0.244	0.256
南京商业银行	0.009	0.010	0.009	0.010
宁波商业银行	0.010	0.011	0.011	0.015
上海农村商业银行	0.073	0.070	0.060	0.056

注：数据来自 2006—2009 年《金融年鉴》。

由各商业银行行业集中度指数看，自改革开放以来，国有商业银行在存款、贷款市场上一直占有绝对垄断地位，不过其 HHI 即国有商业银行的市场份额呈现出逐步走低趋势，因为股份制商业银行相继出现且发展极为迅速，这都是经济一体化和金融改革开放以及逐步深化发展的结果。

从股份制商业银行的层面来看，我国股份制商业银行的 HHI 逐年增加，与此同时，国有商业银行的 HHI 逐年降低，说明股份制商业银行已经成为金融市场的重要角色之一，已经有一定的实力，可以与国有商业银行进行激烈的竞争，并且通过自身的优势在竞争中占有国有商业银行的部分市场份额，扩大了自身的经营规模，为向规模经济过渡做了铺垫。

（三）银行内部管理

当银行规模扩大时，必须通过增加管理层次来防止银行进行内部交易边际费用的过快增加。然而管理层次增多不但会导致较低的管理效率，也会增加内部交易的费用，使计划与控制不相协调，出现规模不经济。因此，在银行多层次管理的环境下，要想让整个银行系统的运行效率得到改善，形成规模经济，就必须进行商业银行绩效管理，而经营管理状况的好坏直接反映在商业银行人均费用的基础上。在绩效管理改革初期，商业银行存在资金投入过多和人员冗余现象，随着改革的深入，商业银行的投入过多问题有所改善，所以从整体上看，商业银行的人员冗余越少，其经营效率相对越高，银行的规模经济效益也会越高。

第三节　小结

第九章通过超越对数成本函数得出商业银行规模经济系数，本章利用 Tobit 模型对商业银行规模经济与经营效率之间的影响关系进行了经验分析，发现规模经济对商业银行经营效率的影响不显著，但规模经济对商业银行的纯技术效率有较显著影响。

经验分析表明，宏观经济发展对商业银行规模经济有正相关影响，但是经济发展与金融机构的成长并不完全同步，表现为在考察期间内商业银行的规模经济效益并不显著但同时整体规模经济性在增强。对市场份额、市场集中度中 CR_n 和 HHI 等指数的测算结果表明国有商业银行仍然处于垄断经营格局，造成整体的经营效率不佳，规模不经济较为显著。相对而言，股份制商业银行存在规模经济，可扩大经营规模。银行的内部管理的管理层次和管理技术以及金融创新水平很重要，对单个银行的规模经济性非常重要。

第十一章 政策建议与展望

随着金融业开放程度的日益提高，我国的商业银行面临着更加激烈的竞争。如何提高商业银行的经营规模和盈利能力成为商业银行所关注的焦点。因此，对我国商业银行的规模经济情况进行研究，并提出改善商业银行的规模经济的途径和方法，是银行获得足够市场份额的需要，也是提高商业银行经营水平、应对当前激烈竞争和外来挑战的需要。

本分论利用超越对数成本函数测度了商业银行总体规模经济，得出了 20 家样本银行在 2005—2009 年存在较弱的总体规模经济结论。以商业银行的经营现状为切入点分析了规模与效率之间的关系，在此基于影响商业银行规模经济效益的经营现状中存在的问题提出一些建议，以改善商业银行的规模经济。

第一节 政策建议

一、基于产权问题的对策建议

从上章的经验分析中可以看出，商业银行的垄断性市场结构无疑是影响商业银行经营效率非常重要的因素之一。市场结构论认为，商业银行的发展必须引入竞争机制，这样才能改革银行业的市场结构，达到提高商业银行经营效率的目的。以往学者从优化市场结构、引入竞争机制这两个方面来提出提高商业银行效率的政策建议。为此，要想满足多样化的金融需求以及不同的微观主体，必须降低银行业的准入条件，引入新的竞争主体，形成一种竞争机制，通过优胜劣汰来提高银行业的整体水平。

（一）积极引导发展股份制商业银行

中国银行业改革发展的历史变迁过程就是利用体制外的增量扩张来促进体制内的存量，政府要打破国有商业银行的绝对垄断局面进行金融体制改革，就必须发展股份制商业银行。然而在改革的过程中，政府既是规则的制定者又是规则的施行者，这种双重身份使这种改革的意图很难被彻底实施。一方面，为了促进金融业的良性发展，政府作为国家经济的宏观调控者，不但要制定政策促进银行业有效竞争，而且以提高银行业经营效率为使命；另一方面，政府作为国有商业银行的所有者，会从保护国有商业银行的利益角度出发，对国有商业银行的发展提供便利的政策支持，而阻碍股份制商业银行的正常发展，当股份制商业银行利用自身优势迅速发展时，必然对国有商业银行的地位及市场占有份额造成威胁，一旦危及国有商业银行的生存，政府往往会出于自身考虑直接进行行政干预来保护国有商业银行，阻止这种情况的发生，股份制商业银行则必然受到政府的各种政策歧视。在这种扭曲的竞争机制下，金融业的正常发展会受到阻碍，不利于商业银行经营效率的提高。因此，尽快给股份制银行施以"国民待遇"，让国有商业银行和非国有商业银行开展公平竞争，积极引导发展股份制商业银行是现阶段优化我国银行业结构的迫切要求。

（二）并购股份制商业银行

引入竞争机制，积极引导、发展股份制商业银行不但会促进国有商业银行经营提高效率，而且还会在整体上促进银行业的发展。虽然整体上股份制商业银行的经营效率要高于国有商业银行，但是从规模上来看，单个股份制商业银行还没有办法撼动国有商业银行的地位，在竞争中还是处于劣势，在中国银行业粗放式经营的背景下，无论是哪一家股份制商业银行与国有商业银行单独竞争，都无法获胜，即使在竞争机会均等的情况下，在经营规模、网点建设及服务便捷程度上股份制商业银行还是没有足够的力量来与国有商业银行抗衡，这也是国有商业银行没有顾虑的主要原因。对此，本章认为，政府应该鼓励股份制商业银行之间进行并购，通过并购扩大规模、增强实力，具有与国有商业银行竞争的能力，在扩充股份制商业银行自身优势的同时，对国有商业银行形成更强的外部竞争力，从而对国有商业银行改善经营管理、提升经营效率发挥促进作用。

二、基于改善银行内部管理的政策建议

在金融全球一体化及网络科技快速发展的今天，商业银行要想在激烈的竞争中获得机遇、壮大规模、促进经营效率的提高，必须加大对金融技术及金融业务的创新力度，加快金融技术的推广应用。国外金融机构的进入，不但增强了我国银行业的竞争程度，也增强了国内商业银行学习创新的能力，金融发达国家的外资银行不但可以提供先进的管理经验，而且可以为我国金融机构的技术及业务创新提供机遇。面对多样化的客户需求，商业银行要想占有一定的市场份额，拥有强有力的市场竞争力，就必须紧跟国外一流金融机构的脚步，学习、借鉴管理经验，不断提高商业银行科技水平，并结合我国实际，不断创新出满足不同客户需求的金融业务品种及服务手段来增强自身发展的动力。

第二节 展望

本分论首先从规模经济的一般理论出发，对商业银行规模经济进行了阐述；然后，利用超越对数成本函数对我国 20 家样本商业银行的规模经济进行了实证分析，发现我国商业银行整体规模经济不明显，相对而言，股份制商业银行优于国有商业银行。最后，根据经验分析的结果，结合我国商业银行所面临的生存环境，提出了改善我国商业银行规模经济的方法和途径。本研究虽对商业银行规模经济效益问题进行了初步的探索，但是由于能力局限，还存在着许多不足，有待后来研究者做深入探讨。

第一，本研究与以前大多数国内学者一样都只选用一个成本函数，即假定国有商业银行和股份制商业银行两类银行具有相似的成本函数，然而很可能与事实相悖，因为要素禀赋和其发展历程并不相同。如果能将两者分开考虑，分别建立不同的成本函数，进而求得其规模经济系数，这样所得出的结论将会更加有效。

第二，在处理贷款这个变量时，本研究并没有考虑不良资产的影响，即代入模型的贷款变量并没有包括逾期贷款、贷款减值准备等项目。这样做是基于如下考虑：一是由于各银行的不良资产的数据并没有公布，贷款减值准备等项目并不能真正反映其资产质量，所以很难对它进行分析；另外本研究只是想从产品角度出发，研究各个银行投入产出的转换能力，而非商业银行的风险管理能力。这样处理的结果可能导致所求得的规模经济系数比实际规模系数小。因此我国商业银行规模不经济程度可能比本研究所反映的还要略高一些。

分论三 股权结构与商业银行经营效率

商业银行的现代企业制度建设必须具备合理的治理结构和股权结构，从根本上说，股权结构决定着治理结构及商业银行的经营效率。股权结构作为商业银行法人治理体系的产权基础，不仅决定着商业银行的管理机制与决策机制，也决定着商业银行的激励机制与约束机制。商业银行股权结构从根本上抓住了银行的经营行为与经营效率，进而影响着商业银行的运行与功能发挥。

在商业银行股权多元化的过程中，本分论将探讨股权结构优化对提高商业银行经营效率的作用。首先将对股权结构与商业银行经营效率关系的理论进行简要的概述，并针对国内、国外研究的现状进行评述。其次，分析了商业银行股权结构的现状，然后对股权结构与商业银行经营效率的关系进行了实证检验，指出商业银行股权结构存在的问题。最后，针对商业银行股权结构存在的问题，提出了商业银行股权结构改进的政策建议。

第十二章 理论及文献回顾

市场经济的不断进步促使金融市场快速发展，股份制企业股权结构的不断优化改变着企业的经营效率。作为经济发展助推剂的商业银行，其经营效率的高低更是影响到经济的良性发展与否。股权结构与商业银行经营效率相互影响关系的研究一直伴随商业银行股份制改造的整个过程，随着股份制公司的诞生，国内外对股权结构与公司治理的研究也应运而生，本章将从股权结构的内涵出发，对股权结构与公司治理的理论进行阐述，同时对国内外学者针对股权结构与公司治理关系的研究文献进行总结和述评。

第一节 理论概述

随着早期股份制公司的诞生，国外对股权结构的研究也应运而生，最早可以追溯到亚当·斯密（1776）的《国富论》中有关企业经营权与企业管理权分离导致经营者可能更关注自身利益，使得其偏离企业绩效最大化的经营目标的描述。自此之后，对股权结构的讨论逐渐在学术界深入起来，并由此产生了一系列相关的理论研究成果。

一、股权结构的相关概念

（一）股份制度

股份制亦称"股份经济"，以入股方式把分散的、属于不同人所有的生产要素集中起来，统一使用，合作经营，自负盈亏，按照股权比例分红的一种经济组织形式。生产要素的所有权与使用权分离是股份制的基本特征，在保持生产要素所有权不变的前提下，把分散的使用权转化为集中的使用权。股份制是与商品经济相联系的经济范畴，是商品经济发展到一定阶段的产物。股份制在自身发展过程中，经历了几个不同的社会历史阶段，并采取了几种不同的具体形式。在奴隶社会末期和封建社会初期，随着经济的发展，出现了民间或手工业者之间以人、财、物各项要素的一项或几项为联合内容的合伙经营的经济形式。这种经济形式在合伙内容、经营方式、分配办法等方面都没有明确的规定，更没有形成严格的股份分配制度，这算是股份制的一种原始的形式。17世纪初期，由于商品经济有了进一步较高程度的发展，再加上资本主义经济萌芽已经出现，因而出现了以股份公司为特点的股份经济。到了19世纪后半期，商品经济与资本主义生产方式相结合，成为资本主义商品经济，社会生产力已达到相当高的社会化程度，致使单个的私人资本已经容纳不了社会化的生产力，于是越来越多松散的私人资本集中起来，以私人资本入股或发行和认购股票形式组成的股份公司便迅速发展起来，以适应社会生产力发展的要求。因此，以股份公司为主要形式的股份经济，成为资本主义股份经济的典型形态。

1694年英国首先成立了资本主义最早的股份银行——英格兰银行，英格兰银行拥有股资120万英镑。它把资金贷给政府，取得相当于这笔贷款的银行券发行权，这种银行券发行权具有广泛吸收社会资金的职能。英国政府在1826年还颁布条例为股份银行提供法律保护，进一步促进了股份经济在银行业中的迅速发展。到1841年英国股份银行增加到115家。19世纪末，英国非股份银行几乎绝迹，股份银行已经成为金融市场上的统治力量。

（二）股权

股权是指股份制企业投资者的法律所有权，以及由此而产生的投资者对企业拥有的各项权利，其中包括自益权和共益权。从经济学角度看，股权是产权的一部分，即财产的所有权，而不包括法人财产权；从会计学角度看，股权和产权本质是相同的，都体现财产的所有权；但从量的角度看，产权指的是所有者的权益，股权则指资本金或实收资本。

股权包括直接从公司获得的经济利益的自益权与以参加公司经营为目的的共益权。其中自益权又包括：股利分配请求权、新股认购优先权、剩余财产请求权、股份转让权等；共益权是股东兼顾自身与公司利益而行使的权利，行使的目的是使自己及公司同时受益，包括：表决权、股东大会召集权、股东知情权、代表诉讼提起权、累积投票权等。

（三）股权结构

股权结构是指股份公司总股本中不同性质的股份所占的比例及其相互关系。公司治理结构是股权结构的具体运行形式，而股权结构是公司治理结构的基础，不同的股权结构决定了不同的公司组织结构，从而决定了不同的公司治理结构，而公司治理结构最终决定了公司的经营行为和经营效率。

一般将股权结构分为两类。

第一类是指股权集中度，是从占股比例的量上来衡量，包括第一大股东持股比例（CR_1）、前五大股东持股比例之和（CR_5）、前十大股东持股比例之和（CR_{10}）、Z指数（第一大股东与第二大股东持股份额的比值）、前五大股东持股比例的平方和（H_5）。从这个意义上讲，股权集中度有三种类型：一是股权高度集中，绝对控股股东一般拥有公司股份的 50%以上，对公司拥有绝对控制权；二是股权高度分散，公司没有大股东，所有权与经营权基本完全分离，单个股东所持股份的比例在 10%以下；三是公司拥有较大的相对控股股东，同时还拥有其他大股东，所持股份比例在 10%～50%之间。

第二类则是股权构成，即各个不同背景的股东集团分别持有股份的多少。一般是指国家股东、法人股东及个人股东的持股比例，而随着外资银行的进入以及外资的引入，又将外资持股引入了对股权结构的分析当中。从理论上讲，股权结构可以按企业剩余控制权和剩余收益索取权的分布状况与匹配方式来分类。从这个角度，股权结构可以被区分为控制权不可竞争和控制权可竞争两种类型。在控制权可竞争的情况下，剩余控制权和剩余索取权是相互匹配的，股东能够并且愿意对董事会和经理层实施有效控制；在控制权不可竞争的股权结构中，企业控股股东的控制地位是锁定的，对董事会和经理层的监督作用将被削弱。本节对股权结构进行研究，就是为了从这些量和性质的变化关系当中，找出股权结构与商业银行治理的利弊关系，从而找出股权结构对商业银行效率产生的影响。

二、股权结构与公司治理

从 20 世纪 70 年代开始，随着现代企业制度的发展、股份制企业规模的日益壮大，对股权结构与公司治理问题的研究受到西方各国学者的普遍重视。商业银行的股权结构状况直接影响到商业银行的治理状况，从而进一步影响到商业银行的经营效率，股权结构的优化与否关系到商业银行治理的有效性，直接关系到商业银行经营效率的高低。因此，有必要对股权结构与公司治理的关系理论进行阐述。

股权结构和公司治理之间的关系十分密切。公司治理通过一套包括正式或非正式的内部或外部的制度或机制来协调公司与所有利益相关者（股东、雇员、债权人、供应者、政府、社区）之间的利益关系，这些利益关系决定公司的发展方向和业绩，而股权结构则是这种制度安排的基础。公司治理主要通过内部治理机制和外部治理机制来实现。股权结构正是通过影响公司内、外部治理机制，发挥正面或负面作用，从而在很大程度上决定了公司治理的有效性，从而影响公司经营效率的高低。这些公司治理机制主要包括委托代理、兼并收购和经营激励。

（一）股权结构与代理权竞争

委托代理理论（Principal-agent Theory）是 20 世纪 30 年代美国经济学家阿道夫·伯利（Adolf Berle）和法学家米恩斯（Means）因洞悉企业所有者兼任经营者的做法存在极大的弊端，于是提出"委托代理理论"，倡导企业所有权和经营权分离，企业所有者保留剩余索取权，而将经营权让渡。资本所有权和经营决策权在企业的股东和管理层之间的分离是现代企业制度的特征之一，两权分离直接带来了股东和管理层之间的委托代理关系，即股东和代表股东利益的董事会不直接管理公司的日常业务，而是聘请专业的经理人员来执行这一职能，这样，在股东、董事会和经理人之间就产生了委托代理关系。

1.股权集中度与代理权竞争

商业银行股权结构的变化会对银行的董事会代理权竞争产生不同的影响，不但影响到商业银行的经营管理和策略，而且影响到商业银行的经营效率。股权集中度绝对集中的情况下，商业银行最大控股股东所指派的代理人在与其他代理人的竞争中一般不会失利，除非代理人失去了控股股东的信任，代理人才有可能交出代理权。而控股股东指派的代理人一方面受控股股东的直接影响，会按照控股股东的意图来经营，从而损害中小股东的利益，另一方面由于信息不对称问题，代理人在追求自身利益最大化的同时往往会在代理过程中背离股东的目标，损害所有股东的利益，造成商业银行经营效率的损失。控股股东要发现代理人的经营不当行为，也要付出高昂的成本代价，因此股权高度集中不利于经营者的更换。

股权集中度相对集中的情况下，相对控股股东指派的代理人在保障商业银行经营效率良好的情况下不会被更换。但是当代理人经营不佳时，商业银行的其他主要控股股东就会联合抵制要求更换代理人。在股权集中度有限的情况下，相对控股股东的地位容易被其他股东联合所撼动，相对控股股东想留住原代理人的可能性是微乎其微的，因此股权相对集中有利于对代理人的监管和更换。

股权高度分散的情况下，商业银行所有权与经营权已经高度分离，代理人作为商业银行的经营决策者，相对于众多中小股东而言具有统治力。代理人对商业银行的经营信息掌握得比较透彻，由于存在信息不对称和"搭便车"的问题，使得中小股东参与商业银行治理的成本与收益不对称，参与商业银行治理的积极性不高，使商业银行更多地依赖外部市场对代理人实施监管，即使代理人经营不善，也没有力量去更换代理人。

2.股权性质与代理权竞争

我国商业银行正处在改革发展中，商业银行的股权结构也就显得复杂多样，不同性质的股东会对商业银行经营管理表现出不同程度的关注。不同性质的股本对应不同权益的主体，而不同权益主体对代理人的监督管理也呈现不同的特征。

国有股在国有商业银行中处于主导地位，在商业银行中也具有控制力。其产权主体是各级政府及代理各级政府行使股东权利的国有资产管理公司。由于国家股东剩余控制权和剩余索取权不匹配，他们不能从商业银行经营的改善和企业效率的提升中获得相应的经济利益，因而缺乏足够的动力去有效地监督管理层，形成了所谓的"内部人控制"。国家控股的商业银行在银行治理中会受政策影响、行政干预来完成政府的既定目标，使得商业银行外部治理机制不能有效发挥，给银行的经营效率带来负面影响。

法人股产权主体明确，具有强烈的投资动机和盈利性，具有稳定性和较强的控制力。法人股股东对商业银行的经营效率及代理人的经营管理具有强烈的关注度，有监督和激励管理层的能力，因而法人股有利于银行内部治理的改善和提高。法人股比例的提高，使得法人的利益和商业银行的利益变得一致起来，有利于商业银行的经营和管理。但是，法人之间如果相互持股比例过高，就会产生不规范经营，有时为了某一目的相互达成利益集团内部关联交易，给商业银行经营效率带来负面影响。

社会公众股一般每个人持股比例极小，没有能力参与商业银行的内部治理，也无法对代理人进行相应的监督，因此公众会表现出极强的投机性。公众股东会为了自己的经济利益而关注银行的经营效率，一般不会长期持有银行股票。在以外部治理为主的环境中，公众股东"用脚投票"机制有助于改善银行的短期业绩，而不利于商业银行长期经营效率的改善。

（二）股权结构与兼并收购

兼并收购是一项行之有效的外部治理机制，当商业银行因为经营管理不善而导致效率低下、业绩糟糕时，持有银行股份的企业和个人会在股市抛售股份，导致股价下跌。而市场上的投资者则会乘机收购股份或收集其他股东的委托投票权来接管银行的控制权，从而对银行的管理层进行重新任命。商业银行经营效率差的时候，容易成为别的竞争对手兼并和收购的对象。收购成功后，控股股东则对董事会和管理层人员进行更换。

股权绝对集中的情况下，商业银行的最大控股股东一般持有银行大多数的份额，即使商业银行经营效率差，最大股东也不会轻易抛售自己手中持有的股份，而是通过其他的方式和渠道来改变这种经营状况，因此一般不会成为兼并和收购的对象。而且绝对控股股东对收购兼并有防范和抵制的心理，使得收购存在很大的阻力，即使收购成功，也需要付出相当大的成本代价。

股权高度分散的情况下，小股东采取"用脚投票"的方式来维护自己的经济利益，因此收购者会通过资本市场获取控股所需要的股权份额，由于股权比较分散，控股股东无法阻止对商业银行的兼并和收购，这种情况下收购成功的几率高。

股权相对集中的情况下，由于存在几个大的控股股东，会出现两种不同的情况：如果外来的收购者想要兼并收购银行，银行的几大控股股东会采取各种措施极力抵制。但如果是银行的大股东之一要兼并收购，成功的几率就比较大，只需增加少量的股份便可成功实现收购。

（三）股权结构与经营激励

股权高度分散的情况不利于代理人经营激励的发挥，小股东存在信息不对称及投机性的驱动，对商业银行的治理不关心，使得经营者的利益与股东的利益很难相一致，单纯的年薪制与股票期权等对经理的激励作用有限，代理人可能出于自身的利益考虑，引发道德风险和逆向选择，因此商业银行的激励机制较弱。

股权高度集中有利于经营激励制度的发挥，绝对控股股东会直接委派自己的代理人或者自己来充当经理的角色，由于代理人和股东之间的联系很紧密，使得代理人和股东的利益相一致，因此商业银行的经营激励机制最强。

股权相对集中的情况下，一方面，商业银行的相对控股股东对银行的经营管理注重程度较高，拥有一定数量的股权，参与银行治理的积极性很高，存在一定程度的激励；另一方面，相对控股股东对商业银行经营风险承担的责任有限，参与银行治理的积极性受到影响，当获取的自身利益较大时，会存在损害银行其他股东利益的行为，因此激励程度会受到制约。

第二节　文献概述

国内外对股权结构与公司经营效率的研究基本从股权集中度、股权性质及股权的流通性三个方面来论证。工业化的发展历程使得国外的研究远远早于国内，国内的研究则是在借鉴国外研究的基础上结合自身进行创新，对股权结构与公司经营效率关系问题研究的时间跨度也只有短短二十几年。

一、国外研究现状

国外的研究最早是从一般公司的股权结构开始的，Berle & Means（1932）[1]就指出，在公司股权分散的情况下，没有股权的公司经理与分散的小股东之间的利益是有潜在冲突的，此类经理无法使公司的绩效达到最优。

正式开始公司价值和股权的研究来自于 Jensen & Mecking（1976）[2]，他们在研究公司价值与经理所拥有股权之间关系时，将公司分为两类：一是管理者拥有100%的剩余索取权，也就是内部股东，他们管理着公司，有着对经营管理决策的投票权；另一类是外部股东，没有投票权。公司的价值取决于内部股东所占股份的比例，比例越大公司的价值就越高，因此，传统理论预期，高度集中型和相对集中型股权结构的公司业绩要高于分散型股权结构公司的经营业绩。

Shleifer & Vishny（1986）研究认为，小股东具有"搭便车"倾向，并且缺乏参与公司治理和经营管理的积极性，对公司价值增长的激励不够。对大股东而言，股价上涨会带来财富的增加，驱使大股东有足够的动力去搜集信息并积极地监督

---

① Berle, Means. The Modern Corporation and Private Property[M]. New York: Macmilan, 1932.
② Jensen M, Meckling W.Theory of the Firm: Managerial Behavior, Agency Costs and Ownership Structure[J]. Journal of Financial Economics,1976 (3):305-360.

管理层，施加足够的控制力。可见，股权的适度集中会提高公司的运行效率，从而提升公司的市场价值。然而在西方学者后来的论证中，都对这种观点提出了质疑[①]。

McConnell & Servaes（1990）认为公司价值是公司股权结构的函数，他们采样了 1976 年 1173 个样本公司以及 1986 年 1093 个样本公司的数据，通过托宾 Q 值与股权的实证分析，得到一个显著性的结论，即托宾 Q 值与公司内部股东所持股份之间具有曲线关系。当内部控股股东股权比例在 40% 以下时，托宾 Q 值随控股比例的增大而提高；当控股比例达到 40%～50% 时，公司托宾 Q 值开始下降。McConnell & Servaes 没有对这一结果进一步论证解释，只是提供了一个经验性结论[②]。

Myeong Hyeon（1998）利用《Fortune》杂志 500 家制造业公司的数据，采用普通最小平方回归的方法，得出了股权结构影响公司投资、进而影响公司价值的经验结论。他认为当公司内部股东持有的股份在 7% 以下时，公司价值随内部股东持有股权比例的增加而增加；当内部股东持有的股份大于 7% 小于 38% 时，公司价值随内部股东拥有股权比例的增加而减少；当内部股东持有的股份大于 38% 时，公司价值随内部股东拥有股权比例的增加而增加，另外他认为股权结构是一个内生变量[③]。

Byooketal（2000）、Anderson & Campbell（2000）分别研究了美国银行业和日本银行业，Byooketal 的研究结果表明规模小的商业银行，当外部法人比例、外部法人持股比例、外部大股东持股比例都很高的时候，银行容易成为兼并收购的目标。Anderson & Campbell 则收集了日本银行业 1977 年至 1996 年的数据，对银行的治理结构进行了研究，发现银行的外部治理机制并没有银行股东足够的重组激励。

Larry H. P. Lang & Raymond W. So（2002）收集了全球 78 个国家和地区 958 家上市银行的股权结构及经营利润数据，研究发现这些银行中国家持股银行的比例大大高于个人持股银行的比例。并利用股本回报率等四个指标来衡量银行经营绩效，得出股本回报率和国有股股权的大小、国外金融机构股权大小无关，认为这一结论不仅适用于发达国家也适用于发展中国家。因此，引入外资不能改善银

① Morck R, Andrei Shleifer, Robert Vishny. Large shareholders and corporate control [J]. Journal of Political Economy, 1986, 94(3):120-128.

② McConnell J, Servaes H. Additional evidence on equity ownership and corporate value [J]. Journal of Financial Economics, 1990, 127:20-28.

③ Myeong Hyeon. Ownership structure, investment, and the corporate value: an Empirical analysis [J]. Journal of Financial Economics, 1998, 47:103-121.

行经营绩效。而 Bonin、Hasan & Wachtel（2005）则持相反的观点，他们用 11 个转型国家的 225 个银行数据对这些银行的股权结构和银行效率关系作了实证研究，研究发现外资控股银行比起国内没有外资控股的银行能吸收更多的存贷款，效率也要更高，外国机构投资者的参与对银行经营效率有正面影响[①]。

国外很多学者也从股权性质对公司效率的影响入手来实证检验，Caprioetal（2003）搜集了 44 个国家的样本数据，将这些银行的股份持有者作了详细的分类，然后对银行的股权结构、公司治理与商业银行效率之间的关系进行了实证分析，指出，对股份持有者而言，不同性质的股东会对银行的绩效产生不同的影响。因此，要改善银行经营绩效，改变公司不同性质股东持股份额的比例即可[②]。Makhija & Spiro（2002）则研究了 998 家刚刚完成私有化的捷克企业，发现企业股票价值与外国投资者、内部人持股比例正相关，他们更有动力和能力去发现产生高利润的公司。

二、国内研究现状

（一）股权集中度与公司效率

股权集中度与公司效率一直是国内学者研究的重点，他们将股权集中度分为股权高度集中、相对集中和股权分散三个研究点，用 CR_1（第一大股东持股比例）、CR_5（前五大股东持股比例之和）、Z（第一大股东与第二大股东持股份额比）、H_5（前五大股东持股比例的平方和）等指数利用回归的方法来验证股权集中度和公司的效率关系。

许小年、王燕（1997）选取了沪深两市 300 多家上市公司的数据，选取净资产收益率（ROE）、总资产收益率（ROA）以及职工劳动生产率衡量企业效益，分析得出股权集中度与公司绩效正相关[③]。

孙永祥、黄祖辉（1999）分析股权结构对公司治理的影响，从股权集中度对经营激励、收购兼并、代理权争夺以及监督机制四个方面的影响分析入手，对我国沪深上市公司股权结构与并购进行实证研究。结论认为股权高度集中和股权高度分散的结构相比，有一定集中度、有相对控股股东并且有其他大股东存在的股权结构，总体而言最有利于上述四种治理机制的作用发挥，因而股权高度集中的公司绩效也趋于最大[④]。

① Bonin J P, Hasan I, Wachtel P. Bank Performance, Efficiency and Ownership in Transition Countries [J]. Journal of Banking & Finance,2005(29):31-53.

② Caprioetal. Governance and Bank Valuation. World Bank Working Papers , 2003.

③ 许小年，王燕. 中国上市公司的所有制结构与公司治理[M].北京:人民出版社,2000.

④ 孙永祥，黄祖辉.上市公司的股权结构与绩效[J].经济研究, 1999,12:32-36.

张红军（2000）选择 1997 年 12 月 31 日以前在沪、深证交所上市的公司为研究对象，应用上市公司截面数据，采用 Smith & Watts（1992）的方法计算 Tobin's Q 比率，分析股权结构与公司绩效之间的关系。他认为中国国有企业并不需要极为分散的股权结构，股权结构在一定程度上的集中是必要的，经过实证研究发现，股权集中度与公司绩效存在显著的正相关关系[①]。

刘国亮、王加胜（2000）选取 1999 年沪、深两市上市公司的数据，分别使用总资产收益率、净资产收益率和每股收益三个指标反映公司经营绩效，使用 H 指数衡量股权的分散性程度，通过对股权集中度和三个经营绩效指标的实证研究，认为股权的分散性对公司经营绩效的影响没有验证伯利和米恩斯（1932）的论断，股权的进一步分散仍对公司经营绩效产生正的效应[②]。

吴淑琨（2002）对上市公司 1997—2000 年的数据进行实证分析，研究表明股权集中度（赫芬达尔指数和后九大股东持股比例）与公司绩效呈显著性倒 U 形相关关系，股权集中度对公司绩效的影响主要体现在第一大股东的持股比例，第一大股东对公司绩效的影响在统计意义上主要反映为正相关关系[③]。

李维安、曹廷求（2004）利用山东、河南两省 28 家城市银行的调查样本对这两地商业银行的股权结构、治理机制及其效果进行了实证分析。结果发现，我国地方性银行股权结构集中程度特征明显，但集中型股权结构对银行绩效有明显的积极影响[④]。

郑录军、曹廷求（2005）采用国有、全国股份制和地方商业银行的 25 个银行样本，运用 DEA 方法对我国商业银行效率进行了估计。研究结果表明国有商业银行、全国性股份制商业银行和城市商业银行在效率方面并不存在显著的差异，集中型股权结构是影响我国商业银行效率的重要因素，伴随着股权结构的集中，银行效率呈现出倒 U 形变化趋势[⑤]。

刘海云、魏文军和欧阳建新（2005）采用 1996—2002 年我国 15 家商业银行的数据对股权结构和银行绩效实证研究发现市场集中度与银行绩效显著正相关[⑥]。

杨德勇、曹永霞（2007）选取了境内上市的五家银行，从股权集中度方面与其绩效作了实证研究，结果发现第一大股东持股比例与其绩效显著负相关，这与

① 张红军.中国上市公司股权结构与公司绩效的理论及实证分析[J].经济科学,2000(1):34-44.
② 刘国亮，王加胜.上市公司股权结构、激励制度及绩效的实证研究[J].经济理论与经济管理，2000(5):40-44.
③ 吴淑琨.股权结构与公司绩效的U形关系研究[J].中国工业经济，2002(1):50-53.
④ 李维安,曹廷求.股权结构、治理机制与城市银行绩效——来自山东、河南两省的调查证据[J].经济研究，2004(12):4-15.
⑤ 郑录军,曹廷求.我国商业银行效率及其影响因素的实证分析[J].金融研究，2005(1),62-67.
⑥ 刘海云,魏文军,欧阳建新.基于市场、股权和资本的中国银行业绩效研究[J].国际金融研究，2005(5):62-67.

前面的学者研究的结果相反，而前五大股东持股比例与前十大股东持股比例都与绩效显著正相关[①]。

（二）股权性质与公司效率

股权结构根据性质一般分为国家股、法人股（国有法人股和一般法人股）、公众股、外资股。国内学者针对股权性质与公司经营效率进行了大量的实证分析。

何浚（1998）统计了我国上市公司最大股东持股比例在不同区间上的公司数量情况，以上海、深圳证券交易所上市的530家公司为样本，从公司的股权结构入手，分不同行业对我国上市公司的治理结构进行了分析。结果表明，股权结构畸形、国有资本主体缺位、股东控制权残缺和经理人员的约束机制不健全是我国上市公司治理结构的主要缺陷[②]。

张红军（2000）研究认为法人股东的股权比例对公司绩效有显著的正效应。他认为法人股东既有激励又有能力监督和控制公司经理人员并因而在公司治理结构中扮演着重要角色，因此增加法人股东的持股比例对公司经营有着更好的改善，但他没有对内部人股权集中度与公司绩效的关系进行实证分析[③]。

于东智（2001）以1999年12月31日为止上市的923家A股（包括同时发行B股）上市公司为研究总样本，通过实证研究认为我国目前的股权结构并不利于公司绩效的提高，通过转换大股东身份和适度地减持国有股比例将对公司绩效的提高乃至市场体系的完善产生巨大的推动作用。国家股、法人股与绩效指标正相关。A股、职工股和可流通外资股与绩效指标负相关，但都不具有统计上的显著性。从结果分析认为各类股东都没有在公司治理中发挥应有的作用，且国家股、法人股与公司绩效呈弱正相关关系[④]。

吴淑琨（2002）对上市公司1997—2000年的数据的实证分析认为国家股比例、境内法人股与公司绩效呈显著性U形相关，这样的结果说明当国家或法人持股比例较低时，与公司绩效负相关，而在持股比例较高时，与公司绩效正相关；流通股比例与公司绩效呈U形关系，即在流通股比例高低的两端，公司绩效均表现出较高水平[⑤]。

刘海云、魏文军和欧阳建新（2005）研究认为银行国有股比率对中国的银行业资产收益率的负面影响是显著的，而李维安、曹廷求（2004）的研究则认为虽然样本银行第一大股东国有股居多，集中型股权结构的特点也非常明显，但是银

① 杨德勇，曹永霞.中国上市银行股权结构与绩效的实证研究[J].金融研究, 2007(5):87-97.
② 何浚.上市公司治理结构的实证分析[J].经济研究,1998(5):50-57.
③ 张红军.中国上市公司股权结构与公司绩效的理论及实证分析[J].经济科学,2000(5):34-44.
④ 于东智.股权结构、治理效率与公司绩效[J].中国工业经济,2001(5): 54-62.
⑤ 吴淑琨.股权结构与公司绩效的U形关系研究[J].中国工业经济,2002(1):50-53.

行控股股东的性质并没有对银行绩效产生影响[①]。

杨德勇、曹永霞（2007）研究发现流通股比例与上市银行绩效显著负相关，这是由于中国资本市场不发达，大众持股由于比例较小，单纯追求股票买卖差价利润，对股票的频繁买卖使得流通股股东的市场监督能力无法实现，他们建议通过积极推动国有股、法人股上市流通来改善银行经营绩效[②]。

三、相关研究述评

在对股权结构与商业银行经营效率的实证研究中，国内许多学者选取不同的经营效率指标通过建立多元回归模型分析股权结构与商业银行经营效率的关系。国内学者在研究股权结构与公司经营效率的关系时选择的指标通常有总资产收益率（ROA）、净资产收益率（ROE）和 Tobin's Q 值等。

对我国商业银行来说，这些指标都不能很好地反映商业银行经营目标，采用总资产收益率（ROA）、净资产收益率（ROE）等单一指标来分析，不能全面反映商业银行经营效率水平，会使分析出现偏差。Tobin's Q 值虽然能比较全面地反映效率水平，但在分析我国商业银行股权结构时，由上市商业银行一个主要的特点就是流通股比重较小。由于存在大量非流通股，这些不能交易的国家股和法人股的市场价格难以确定，无法判断流通股的市价是否因为存在大量不能交易的国家股和法人股而偏高或偏低，也无法找到一个合理的偏离范围，这样就使得商业银行股权的市场价值很难估计，也就使利用 Tobin's Q 值来衡量银行经营效率有一定难度。因此，Tobin's Q 值也不适用于商业银行经营效率的测度。国内许多学者试图通过因子分析法对商业银行的经营效率进行综合评价，虽然可信度较高，因子容易控制，但因子数量较少，包含的信息量有限。

目前，采用比较多的商业银行效率测度方法是前沿分析方法。处于效率前沿面的银行在实际中并不存在，它是指在效率分析过程中，相对其他银行而言效率最佳的一家银行，它因银行样本集合的不同而发生变化。在后面的实证中，将采用 SFA 方法计算所选取样本银行的成本效率。对于股权结构与经营效率的关系，鉴于之前许多学者从股权集中度、股权性质、股权流通性三个方面来论证，而且股权机构的划分已经很完善，本书将从股权结构出发，研究其对商业银行经营效率的影响，选用成本效率建立与股权结构的多元回归模型来分析二者的关系。

---

①刘海云,魏文军,欧阳建新.基于市场、股权和资本的中国银行业绩效研究[J].国际金融研究, 2005(5):62-67.

②杨德勇，曹永霞.中国上市银行股权结构与绩效的实证研究[J].金融研究, 2007(5):87-97.

第三节　小结

本章第一节首先从股权结构的基本概念出发，之后从股权结构与代理权竞争、股权结构与兼并收购、股权结构与经营激励三个方面详细阐述了股权结构与公司治理理论。第二节着重梳理了股权结构与公司治理的相关文献，从 Berle & Means（1932）对股权结构的研究开始，介绍了国外学者对股权结构与公司效率研究的一些理论及成果，并对现阶段国外学者的研究作了简单的阐述。国内学者的研究则从股权集中度和股权性质两个方面进行归纳，并对这些相关研究文献作出了简单的述评。

第十三章 股权结构与商业银行
经营效率的经验分析

股权结构发生变化的同时，也会引起商业银行效率发生一定的改变。在我国现有的经济体制下，股权集中度、股东主体的改变会对商业银行效率产生一定的影响。现阶段股权结构的变化如何影响商业银行效率，在分析商业银行现有股权模式的基础上，本章将采用 2005 年至 2009 年的数据对股权结构与商业银行经营效率关系进行经验分析。

第一节 商业银行股权结构模式

随着股份制商业银行的产生，商业银行股权结构的模式也在不断发展、不断完善。从国外和国内股份制银行模式来看，不外乎三种模式：高度集中型、相对集中型及高度分散型，其他股权结构的模式都是这三种模式类型的演化和修改。欧美等西方商业银行发达的国家，一般都是高度集中和高度分散这两种传统模式，我国国有商业银行的股权集中度较高，而全国性的商业银行和城市商业银行股权结构则属于股权结构相对集中模式。

一、商业银行股权集中度概况

由于我国商业银行改革经历了不同的阶段，各个商业银行建立以及股份制改造的时间不一致，导致信息披露的差异比较大，根据各个商业银行 2005 年至 2009 年年报披露的数据选取了信息比较全的 3 家国有商业银行，分别是：中国工商银行、中国建设银行、中国银行，以及 11 家全国性股份制商业银行及地方银行，分别是：交通银行、华夏银行、民生银行、浦发银行、深发展银行、招商银行、兴业银行、宁波商业银行、南京商业银行、杭州商业银行及上海农村商业银行来进行分析。

本章用 CR_1（第一大股东持股比例）、H_5（前五大股东持股比例的平方和）、CR_{10}（前十大股东持股比例之和）这三个指标来衡量股权集中度。从整体上看，我国股份制商业银行股权集中度还是处于较高的位置。从表 13-1 中可以看出国有商业银行股权集中度最高，CR_{10} 指数都在 90%以上，非国有商业银行中 CR_{10} 指数最高的是交通银行，达到了 72.9%，最低的是深圳发展银行，CR_{10} 也达到了 33.69%。再来比较赫芬达尔指数 H_5，国有商业银行的 H_5 指数最高，都超过了 25%，其中建设银行更是达到了 51.82%，股权属于高度集中型。其他非国有商业银行的 H_5 指数最大的是交通银行——15.32%，其余的 H_5 指数都在 7%以下，这说明非国有商业银行的股权集中度趋于分散。

表 13-1　国内主要股份制商业银行股权分布一览表

银行	CR_1/%	CR_5/%	CR_{10}/%	H_5/%
工商银行	35.4	95.1	95.7	27.98
建设银行	59.09	96.22	96.29	40.11
中国银行	67.53	96.92	97.11	51.82
交通银行	26.48	69.92	72.9	15.32
华夏银行	13.98	48.14	53.89	5.25
民生银行	15.29	31.31	42.06	3
浦发银行	21.16	35.03	41.12	5.1
深发展银行	16.76	27.64	33.69	3.2
兴业银行	20.8	43.04	49.66	6.27
招商银行	17.81	41.99	54.24	5.23
杭州商业银行	20	52.61	70.97	7
南京商业银行	13.35	40.8	46.53	4.69
宁波商业银行	10.8	42.28	61.77	3.7
上海农村商业银行	19.9	49.27	61.94	6.17

资料来源：根据各样本商业银行年报披露数据计算得出。

　　由于我国特殊的经济环境，非国有商业银行的股权改革走得更快、更前，非国有商业银行的股权结构比起国有商业银行来说也更加完善，随着市场经济的进一步发展，非国有商业银行的股权结构也更趋向于美国的商业银行股权结构模式，对商业银行经营效率的提升也就凸显得更快一些。

　　在对商业银行股权类型概括之前，根据表 13-1 的内容绘制我国商业银行 2009年 CR_1、CR_5、CR_{10} 及 H_5 指数趋势图，对各个商业银行股权集中度作直观的比较，如图 13-1 所示。

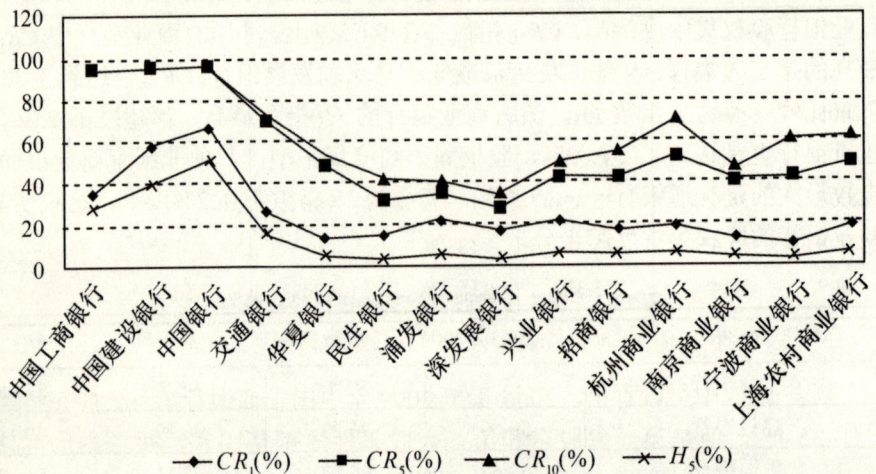

图 13-1　商业银行股权集中度指数变化趋势图

从图 13-1 的曲线趋势图可以看出，中国银行 CR_1、CR_5、CR_{10} 及 H_5 各个指数都处于曲线位置的最高点，三大国有商业银行股权集中度在整体上明显要高于非国有商业银行，股权集中程度更高，而且第一大银行股东对国有商业银行的控制力最强。相比之下非国有商业银行各个指数曲线都趋于平缓，特别是 CR_1 及 H_5 曲线，其中交通银行及杭州商业银行股权集中度略高于其他商业银行，深发展银行股权集中度处于最低位置，从曲线趋势上看，绝大多数非国有商业银行的股权集中度都比较低，股权改革效果比较明显。

二、商业银行股权结构现行模式

（一）股权结构高度集中型

商业银行的最大股东持有银行的大部分股份，对银行的经营具有绝对的控制力，剩余的股东即使合力也无法对大股东的地位产生影响。这种股权模式的商业银行对大股东的约束只能来自内部治理，而外部机制的影响对大股东的制约作用较小。银行绝对控股股东拥有了控制权使得其有能力也有动力积极推进银行的经营管理，选取自己信任的代理人对银行进行经营管理，从而降低代理成本。

商业银行股权高度集中在极个别股东手中，持股份额分布落差大，CR_1 指数超过 50% 以上，其中最典型的就是中国工商银行、中国建设银行、中国银行。根据 2005 至 2009 年，中国工商银行、中国建设银行、中国银行三大国有商业银行年报披露的数据，将股权集中度的变化作一概览，见表 13-2、表 13-3 及表 13-4。

表 13-2　中国工商银行 2005—2009 年股权集中度

	第一大股东	第二大股东	第三大股东	第四大股东	第五大股东	CR_5	CR_{10}
2005	50%	50%	0	0	0	100%	100%
2006	35.4%	35.3%	12.9%	4.9%	4.2%	92.7%	95.6%
2007	35.4%	35.3%	13.1%	4.9%	4.2%	92.9%	95.8%
2008	35.4%	35.3%	13.2%	4.9%	4.2%	93%	95.7%
2009	35.4%	35.3%	16.3%	4.2%	3.9%	95.1%	95.7%

资料来源：根据中国工商银行 2005—2009 年年报数据整理。

从表 13-2 中可以看出，2006 年至 2009 年中国工商银行第一大股东持股虽然只有 35.4%，但是第一大股东和第二大股东性质都是国家，两者相加占总股的 70.7%，而且前五大股东持股比例以及持有法人基本没有变化，CR_5 及 CR_{10} 指数占有绝对地位，股权集中度仍旧高度集中。

表 13-3　中国建设银行 2005—2009 年股权集中度

	第一大股东	第二大股东	第三大股东	第四大股东	第五大股东	CR_5	CR_{10}
2005	61.48%	9.21%	8.52%	5.88%	1.34%	86.43%	88.65%
2006	61.48%	9.21%	8.52%	5.88%	1.34%	86.43%	88.47%
2007	59.12%	12.07%	9.21%	8.19%	5.65%	94.24%	96.25%
2008	48.22%	19.13%	12.53%	8.85%	5.65%	94.38%	96.21%
2009	59.09%	12%	10.95%	5.65%	1.41%	96.22%	96.29%

资料来源：根据中国建设银行 2005—2009 年年报整理。

从表 13-3 中可以看出，中国建设银行 CR_5 及 CR_{10} 指数呈现增长的趋势，但是第一大股东持股即国家持股略有下降，在商业银行股权改革的过程中，绝大多数商业银行股权集中度在不断降低，而中国建设银行股权集中度日趋集中，CR_{10} 指数在 2009 年已经达到了 96.29%，因此中国建设银行属于股权高度集中型。

中国银行股权集中度与中国工商银行及中国建设银行相类似，都是国家持有 50% 以上的股份，从表 13-4 可以看出中国银行中非国家股东持有的份额只占了总股份的 1/3 不到，完全没有能力与占绝对优势的国家股东产生抗衡，中国银行股权集中度 CR_{10} 指数 2009 年高达 97.11%，因此中国银行也属于股权高度集中型。

表 13-4　中国银行 2005—2009 年股权集中度

	第一大股东	第二大股东	第三大股东	第四大股东	第五大股东	CR_5	CR_{10}
2005	83.15%	10%	5%	1.61%	0.24%	100%	100%
2006	67.49%	11.92%	8.25%	4.13%	3.3%	95.09%	97.15%
2007	67.49%	12.15%	8.25%	4.13%	3.3%	95.32%	97.26%
2008	67.52%	12.24%	8.25%	4.13%	3.3%	95.44%	96.98%
2009	67.53%	24.69%	3.3%	1.21%	0.2%	96.92%	97.11%

资料来源：根据中国银行 2005—2009 年年报整理。

（二）股权结构相对集中型

商业银行的股权由少数股东持有且相互之间持股，日德国家的商业银行普遍是这种模式。以日本的银行为例，日本的银行业高度集中，且日本的大商业银行与大工商企业组成工商与金融集团，在同一集团内部实业公司和银行之间相互以法人形式持股、循环持股，具有较强的封闭性。由于主要股东相互持股，很少参与股票市场交易，这类银行的股权结构较为稳定[1]。

德国的商业银行股权结构也相对比较集中，德国政府对银行持股公司和其他银行的管制比较宽松，只有当持股超过 25% 时才有义务披露，超过 50% 才需要进一步通知监管机构。因此，银行之间、银行与企业之间法人交叉持股现象十分普遍，银行之间相互持股，互相拥有表决权[2]。

这类商业银行股权分布呈从高到低的阶梯式形态，其中最大的股东拥有一定的控股权。图 13-2 中列出股权相对集中型商业银行，从图中可以看出共同点。

股权结构相对集中型的商业银行包括交通银行、华夏银行、兴业银行、招商银行、杭州商业银行、上海农村商业银行、宁波商业银行。在数据上它们反映出的共同点是：第一，CR_1 指数都在 20% 以上，交通银行最高，达到 26.48%，华夏银行、兴业银行、招商银行、杭州商业银行、上海农村商业银行分别为 13.98%、20.8%、17.81%、20%、19.9%，宁波商业银行最低，只有 10.8%；第二，CR_5 指数大于等于 40%，表明公司的股权具有相对较高的集中性，交通银行最高，达到 69.92%；第三，CR_{10} 都在 50% 左右；第四，H_5 指数在 6% 以上。只要符合上述条件中的三项，就属于这一类型。

[1] 冯军.关于我国国有商业银行治理结构若干问题的思考[J].北方经贸,2001(3):113-115.
[2] 赵勇.商业银行股权结构的国际比较[J].海南金融,2007(2):16-19.

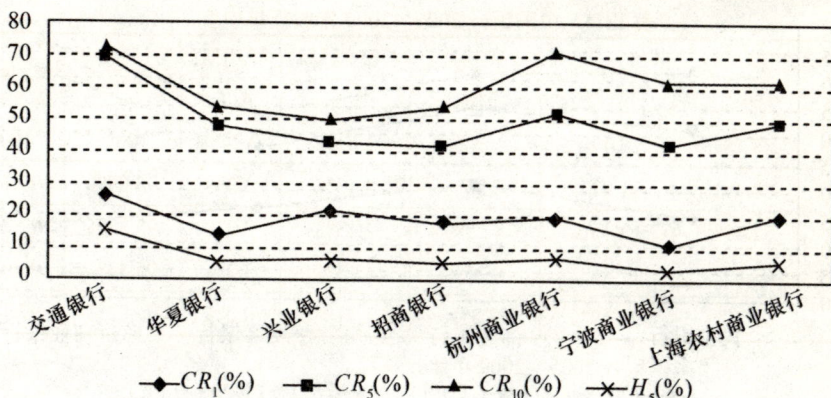

图 13-2 股权相对集中型银行股权集中度指数变化趋势图

（三）股权结构相对分散型

这类商业银行股权流动性比较大，即便公司的前几大法人，也只持有商业银行一小部分股权，这种商业银行的股权几乎都是由机构投资者或个人投资者持有，而一般选择这种股权模式的商业银行，所在国家资本市场相当发达，其中以美英的商业银行最为典型。美国的商业银行体系是发达国家中最为重要的银行体系，与其他国家相比，不仅规模庞大，而且更具开放性和竞争性，再加上成熟的证券市场和较为完善的投资者保护法律体系，促使美国银行形成了股东主权型企业制度，美国公司更注重股东的利益，并以股东利益最大化为己任。

在美国，个人和机构股东在商业银行所拥有的利益是分离的，机构投资者和个人投资者对其所投资的银行没有控制力，个人投资者只能通过资本市场采取"用脚投票"的措施来对银行实施外部治理，从而形成对银行的行为约束。而机构投资者则采取短线操控，利用买卖差价来获取利益，忽视银行的长期效益。

商业银行股权比较分散，股东个数也比较多，图 13-3 中列出股权相对分散型商业银行，从图中可以看出共同点。

股权相对分散型银行包括民生银行、浦发银行、深发展银行、南京商业银行。从数据上看，这些银行具有下列共同之处：第一，单个股东拥有的股份比重都不大，即使是最大股东的持股比重也在 20% 以下；第二，CR_5 指数不超过 40%；第三，CR_{10} 不超过 50%；第四，H_5 指数在 6% 以下。只要符合上述条件中的三项就归为这一类型，股权相对分散性的银行股东数量较多，股权相对而言比较分散。

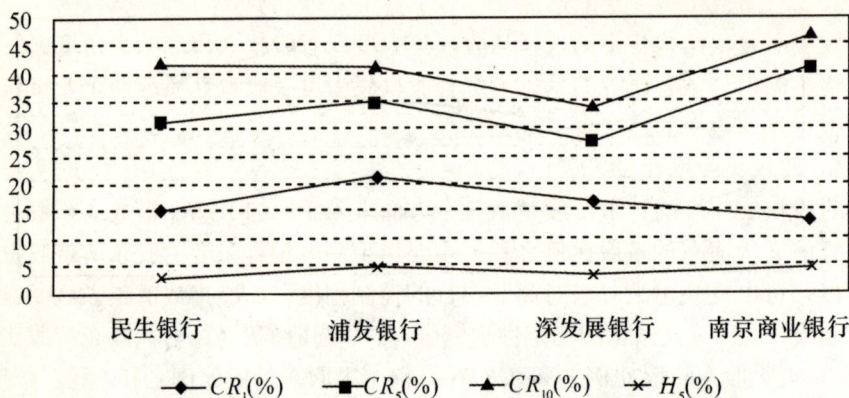

图 13-3 股权相对分散型银行股权集中度指数变化趋势图

第二节 变量及样本选取

一、变量的选取

（一）银行效率的测度

在进行商业银行效率测度时，对投入产出指标的选择很重要。在已有的研究中，国内学者对指标的选取主要有生产法（Production Approach）、中介法（Intermediary Approach）和资产法（Assets Approach）三种。在国外银行业效率研究中，应用较多的是生产法和中介法。在以往的对股权结构和银行效率的研究中，国内学者多用托宾 Q 值来衡量公司的绩效，或者用常用的财务指标——净资产收益率（ROE）和资产净利率（ROA）来关联。但是因为国内资本市场的投机性较强，股市的股票价值不能很好地反映银行的真实情况，且部分资产重置价值难以估算，托宾 Q 值很难反映公司的真实价值，此外部分银行的托宾 Q 值也无法测算，而净资产收益率和资产净利率也不能很好地反映银行的效率，因此都不宜采用。

国内学者最近的研究中，普遍采用 DEA 方法和 SFA 方法测度银行效率，这两种方法都能很好地对银行效率进行测度，因此都适合用在股权结构和效率的关系实证中。以前的研究认为对于转型国家商业银行的效率研究更适合采用 SFA 方法，而我国也是银行业处于转型期的国家，宏观经济环境处在不断发展变化中，因此本章采用 SFA 方法（随机前沿分析方法）来测度我国商业银行的效率。在前沿效率中，由于成本效率的综合性，所以选取成本效率作为评价指标。

（二）股权结构变量的选择

一般对股权结构变量的选择从股权集中度或者股权性质这两个角度出发，本章在借鉴国内外学者研究的基础上选择股权集中度及股权性质这两个变量作为与商业银行经营效率的连接点。

1. 股权集中度变量

对股权集中度的计量一般是从三个方面来入手：（1）CR_n 指数（一般是指商业银行前 n 大股东的持股比例之和）主要用于测度银行主要的股东所持股份的集中程度，可以反映出大股东对商业银行的控制程度，CR_n 指数值越大，商业银行股权越集中，所有权结构的稳定性也越强。本章选取 CR_1（第一大股东持股比例）、CR_5（前五大股东持股比例之和）、CR_{10}（前十大股东持股比例之和）这三个指标。（2）H_n 指数（赫芬达尔指数）指银行前 n 位大股东持股比例的平方和。H_n 是比 CR_n 更理想的指标，它一方面考察了股权集中度的高低和分布是否均匀，另一方面将持股人的持股比例转化为无量纲的量，避免了单位量纲上的问题。该指数反映的股权集中度对银行绩效的影响由于马太效应而加大，从而显示股东持股比例之间的差距。公司的股权越集中，则前面 n 大股东的持股平方和也越大；股权越分散，持股份额平方和赫芬达尔指数越小。H_n 越接近 0，说明前 n 大股东的持股比例差距越小；H_n 越接近 1，说明前 n 大股东的持股比例差距越大。一般认为，若 $H_n > 0.25$，则说明前 n 位股东的持股比例分布不均衡。本章则选取 H_5（前五大股东持股比例平方和）这一个指标。（3）Z 指数（银行第一大股东与第二大股东持股比例的比值）。在商业银行股权结构中，不仅第一大股东的股权比例至关重要，而且第二大股东的股权比例也十分关键，二者实力的对比反映了股权和控制权的均衡程度。Z 指数值越大，则说明第一大股东与第二大股东的持股份额差距越大，对银行的控制力量差异越大，第一大股东的优势也就越明显，制衡能力越弱。本章选取 Z 指数作为股权集中度的变量之一。

2. 股权性质变量

股份制改造的深入使得商业银行股东主体呈现多样化的趋势，因此本章采用连续变量来划分股东性质。对商业银行来说，按照投资主体的性质来划分股本结构和股质分为国有股、法人股（包括外资股）、外资股、社会公众股（即流通股）。和一般企业一样，我国商业银行也形成了股权设置复杂、股票种类繁多的局面。而我国商业银行 2005 年以后引入外资的次数以及外资持股的比例都开始增加，外资入股我国商业银行对商业银行效率也产生了一定的影响，所以也要分析外资股对银行业绩的影响。再加上非国有商业银行流通股份额大量增加，必定对商业银行的效率带来一定的影响。因此在这部分的研究中，拟引进 4 个股本结构的变量：国家股所占比例、法人股（包括外资股）所占比例、外资股所占比例、社会公众股所占比例。

3. 控制变量

除了股权结构对商业银行的效率产生影响之外，还有很多因素也在影响着商业银行效率的高低，例如商业银行资产规模的大小、管理水平、风险控制能力等因素。因此有必要引入控制变量，以描述影响商业银行效率的其他主要因素。本章选择了两个控制变量：（1）银行资产规模。资产规模的大小对其盈利的影响很大，不同规模的商业银行其股权模式也有所不同，不同的股权结构又会影响公司经营管理者的治理，可以引起商业银行治理内容的差异。考虑到选用的其他解释变量指标都是相对值，因此采用商业银行总资产的自然对数作为第一个控制变量，用 ASS 来表示。（2）商业银行的不良贷款率。不良贷款率的大小，间接反映出了商业银行经营状况的良好程度，不良贷款产生的主要原因是银行经营管理水平不高，风险防范能力不强，是银行贷款粗放式经营的必然结果。不良贷款率过高，会影响银行的贷款能力，从而影响商业银行的经营效率，因此采用商业银行的不良贷款率作为第二个控制变量，用 $NPLR$ 表示。

表 13-5　变量的定义

变量名	变量	变量定义
效率	CE	用 SFA 计算出来的成本效率值
国家股比例	BPS	国家持有股份占银行总股份的比例
法人股比例	BPL	法人持有股份占银行总股份的比例
外资股比例	BPF	外资法人持有股份占银行总股份的比例
社会公众股比例	BPT	社会公众持有股份占银行总股份的比例
第一大股东持股比例	CR_1	银行第一大股东持有股份占银行总股份的比例
前五大股东持股比例	CR_5	前五大股东持有股份之和占银行总股份的比例
前十大股东持股比例	CR_{10}	前十大股东持有股份之和占银行总股份的比例
赫芬达尔指数 H_5	H_5	前五大股东持股比例的平方和
Z 指数	Z	银行第一大股东与第二大股东持股比例的比值
公司规模	ASS	银行总资产的自然对数
不良贷款率	$NPLR$	银行的不良贷款比率

二、理论假设

假设 1：国家股比例与商业银行效率负相关。

在我国银行业改革之前，国有商业银行一直处于垄断地位，国有商业银行效率低、不良贷款率高一直为人诟病。之后虽然我国银行业进行了股份制改革，但是对国有商业银行来说，国家还是持有银行绝大多数的股份，对银行具有绝对的控制权，对其他非国有商业银行来说，国家持股越多，对银行经营管理的行政约束就越大。一般来说，一方面政府部门都有其行政目的，当银行经营管理的目标和行政目标有所偏离的时候，会受到政府部门的干预，特别是国有商业银行，经常会根据国家的产业政策来决定向某行业贷款业务的偏移，并制定相应的经营目标，从而承受不必要的损失，导致银行效益下降，不良贷款率升高，盈利性、安全性、成长性均无法保证，更无力抵御金融开放后国际金融市场的冲击。另一方面，政府部门并不直接分享投资决策带来的收益，因而缺乏足够的经济利益驱动去有效地监督和评价银行的经营管理者，从而会影响商业银行的经营效率。因此，本章认为国有股比例的提高会对商业银行经营效率产生负影响。

假设2：法人股比例与商业银行效率正相关。

本章中的法人股包括境内法人股和境外法人股。一般来讲，法人持股稳定性较高，趋向于追求商业银行的长期回报。理论上来讲，法人股东会积极参与商业银行的经营管理，努力改善商业银行的经营状况，从而试图从商业银行长期稳定的效益增长中获取稳定的投资回报，而不会是短期的投机收益。法人股比例越高，法人股东对商业银行的控制力就越大，对商业银行代理人的监督力也就越大，当商业银行的代理人经营管理不善导致商业银行效益下降时，法人股东就会用手中的投票权来更换代理人，使商业银行的经营管理走上良性轨道。因此法人投资者的投资相对来说更加合理，也更有利于商业银行的发展及经营效率的改善。因此，本章认为法人股比例的提高会对商业银行经营效率产生正影响。

假设3：外资股比例与商业银行效率正相关。

外资入股有利于解决商业银行外部监督不力的问题；有利于提高商业银行内部管理水平和改善国有商业银行内部治理结构，会带来商业银行金融产品的创新，拓宽经营渠道；有利于解决当前银行业改革所面临的效益与风险、改革紧迫性与完善制度环境长期性的两个两难选择；有利于建立和完善现代银行制度，最终实现整个银行业的产权明晰、商业化经营的目的。因此本章认为外资股比例的提高会对商业银行经营效率产生正影响。

假设4：社会公众股比例与商业银行效率正相关。

社会公众持股稳定性较差，一般社会公众会根据商业银行的经营效率来决定是否持有商业银行的股票，当商业银行经营效率好的时候，股价会上升，股民会买进股票，而当商业银行经营效率差的时候，股价会下跌，股民会抛售商业银行的股票。公众持股具有强力的投机性，只注重短期的收益，而不会长期持有商业银行的股票，对商业银行的经营业绩关注度极高。但是社会公众缺乏对商业银行的监督管理，只会选择经营效率良好的商业银行的股票，当公众股比例增加时，法人股东会根据流动市场上股票的波动情况对公司的经营管理作出相应的反应，根据公开市场上公众对公司经营业绩好坏的表现来作出判断，改善公司的经营。因此本章认为社会公众股比例的提高会对商业银行经营效率产生正影响。

假设 5：第一大股东持股比例与商业银行效率负相关。

根据股权结构的一般理论，大股东对公司治理既存在支撑行为，又存在隧道行为。随着商业银行第一大股东持股比例不断增加，对公司的经营管理控制力也会加大，这样会减少所有者和管理者之间的委托代理问题。但是随着控股能力的绝对增强，商业银行的经营活动有可能偏向控股股东自己或者关联企业，控股股东不断获取利益的同时会损害其他股东的权益，进而影响商业银行的经营效率。因此本章认为第一大股东持股比例的提高会对商业银行经营效率产生负影响。

假设 6：前五大股东持股比例、前十大股东持股比例与商业银行效率负相关。

较高的股权集中度会使大股东的行为难以受到其他股东的制约，当控股股东委托的代理人经营不善时，其他控股股东即使联合起来也无法更换经营者，大股东可能会做出有利于大股东自身利益而不利于商业银行经营效率的行为，从而可能导致对中小股东利益的侵害。因此，股权的集中度存在一个适度的问题。根据股权结构理论，处于较低的股权集中度时，适当提高股权集中度有利于公司治理，而在较高的股权集中度水平上，适当降低股权集中度，能减少摩擦，改善公司经营管理。因此本章认为 CR_5、CR_{10} 指数的提高会对商业银行经营效率产生负影响。

假设 7：前五大股东持股比例平方和与商业银行效率负相关。

赫芬达尔指数 H_n 比 CR_n 指数更能测度股权集中度，赫芬达尔指数值越小，股权集中度越低，前几大股东持股份额越小。因此本章认为 H_5 指数的提高会对商业银行经营效率产生负影响。

假设 8：第一大股东持股比例/第二大股东持股比例与商业银行效率负相关。

Z 指数值越高，说明第一大股东持股比例超过第二大股东持股比例越高，第一大股东对银行的控制力就越强，从而导致股权制衡结构失衡，使得其他股东无法对第一大股东的决策进行约束，导致其他股东的权益受到损害。因此本章认为 Z 指数的提高会对商业银行经营效率产生负影响。

这些假设将会在后面的实证分析中得到检验。

三、样本选取及数据统计分析

（一）样本选取

本章主要研究商业银行股权结构与效率的关系，包括国有商业银行、全国性股份制商业银行以及城市商业银行。由于银行信息披露有限，多数数据无法获取，因此本章选取工商银行、建设银行、中国银行三大国有商业银行（农业银行由于股份制改造较晚，因此不予选取）以及 11 家国内股份制商业银行作为样本，其中包括交通银行、华夏银行、民生银行、浦发银行、深圳发展银行、兴业银行、招商银行 7 家股份制商业银行及杭州商业银行、南京商业银行、宁波商业银行、上海农村商业银行 4 家城市商业银行作为研究对象（由于上市商业银行和非上市商业银行公众股没有可比性,因此在分析社会公众股对商业银行效率影响的时候将不选取这四家城市商业银行)。对这一组样本主要分析 2005 至 2009 年五年间股权结构对这 12 家国内股份制商业银行成本效率的影响。

本章将国有商业银行与非国有商业银行区分开来,采取了两组样本进行分析。第一组利用我国三大国有商业银行为研究对象,通过股权结构的变化和效率变化的直观图来作出判断。第二组以建设银行和其他 11 家非国有商业银行为样本,分析股权结构和成本效率的关系。本节的样本数据根据《中国金融年鉴》和各个商业银行年报整理得到,年报的获取主要是来源于各家商业银行网站。

(二)数据考察

1. 股东性质的考察

由于我国银行业的特殊性,统计股东性质时将国有商业银行与非国有商业银行分开对待。对选取的 3 家国有商业银行及 11 家非国有商业银行样本中国家股 BPS、法人股 BPL 及外资股 BPF 变量统计分析如表 13-6 所示。

表 13-6 股东性质统计分析表

	变量	均值 /%	中值 /%	最大值 /%	最小值 /%	标准差 /%
国有商业银行	BPS	68.88	70.7	100	48.17	11.87
	BPL	12.54	12.3	27.17	0	9.15
	BPF	8.24	10.2	16.85	0	5.85
非国有商业银行	BPS	10.63	1.37	38.74	0	12.49
	BPL	43.24	47.96	79.4	0	26.03
	BPF	10.36	10	25	0	9.36
国有及非国有商业银行	BPS	23.11	13.99	100	0	27.02
	BPL	36.66	33.44	79.4	0	26.62
	BPF	9.9	10.1	25	0	8.73

资料来源:根据各样本银行 2005—2009 年年报整理得来。

表 13-6 中数据显示:国有商业银行国家股平均值仍然很高,达到了 68.88%,中值和标准差分别为 70.7%、11.87%;而非国有商业银行国家股的平均值很低,只有 10.63%,中值和标准差分别为 1.37%、12.49%;总体上来看 14 个样本商业银行的国家股平均值只有 23.11%,中值为 13.99%,标准差为 27.02%。这说明各个商业银行国家股所占的比例存在着很大的差异,但国家股总体上有下降的趋势。(以下部分表中未能体现出来)统计显示国有股比例最大的为工商银行,2005 年达到了 100%,而非国有商业银行国有股比例最大的为招商银行,2005 年达到

38.74%。2005 到 2009 年，各个商业银行的国有股比例都有逐步下降的趋势，而且下降趋势还很明显。对法人股来说，国有商业银行法人股平均值达到了 12.54%，而非国有商业银行法人股平均值达到了 43.24%，远远高于国有商业银行。总体上来看 14 个样本商业银行法人股平均值达到了 36.66%，高于国家股的比例。外资法人股平均值国有商业银行和非国有商业银行差距很小，样本商业银行的外资法人股均值为 9.9%，标准差为 8.73%，这说明各个商业银行外资法人股所占的比例差异较小。

2. 股权集中度的考察

考虑到股权集中度对商业银行效率的影响，本章选取了 CR_1（第一大股东持股比例）、CR_5（前五大股东持股比例之和）、CR_{10}（前十大股东持股比例之和）、H_5（前五大股东持股比例的平方和）、Z（第一大股东持股比例/第二大股东持股比例）这五个可以代表股权集中度的变量，表 13-7 列出了样本商业银行的这五个变量的统计值。

表 13-7 股权集中度统计分析表

	变量	均值/%	中值/%	最大值/%	最小值/%	标准差/%
国有商业银行	CR_1	55.61	59.12	83.15	35.4	14.97
	CR_5	94.28	95.09	100	86.43	3.87
	CR_{10}	95.74	96.21	100	88.47	3.23
	Z	378	309	832	100	254
	H_5	40.86	39.74	70.42	27.03	12.25
非国有商业银行	CR_1	16.71	17.81	26.48	5.9	5.47
	CR_5	44.36	42.28	71.68	24.65	12.78
	CR_{10}	55.17	54.47	76.54	27.28	13.09
	Z	182	125	559	100	118
	H_5	5.84	5.27	15.33	1.24	3.28
国有及非国有商业银行	CR_1	25.05	19.9	83.15	5.9	18.09
	CR_5	55.05	45.53	100	24.65	23.59
	CR_{10}	63.87	61.87	100	27.28	20.43
	Z	224	144	832	100	175
	H_5	13.35	6.17	70.42	1.24	15.76

资料来源：根据各样本银行 2005—2009 年年报整理得来。

表 13-7 中的数据显示国有商业银行第一大股东持股比例均值为 55.61%，最大值达到了 83.15%，最小值也有 35.4%，非国有商业银行第一大股东持股比例均

值为 16.71%，最大值仅为 26.48%，最小值仅有 5.9%。由于国有商业银行第一大股东均为国家，因此持股比例居高不下，远远高于非国有商业银行。前五大股东持股比例之和 CR_5、前十大股东之股比例之和 CR_{10}、H_5 指数、Z 指数国有商业银行均值分别为 94.28%、95.74%、40.86%、3.78，而非国有商业银行四个指数的均值分别为 44.36%、55.17%、5.84%、1.82，远低于国有商业银行。因此国有商业银行的股权集中度较高，而非国有商业银行股权集中度适中，且国有商业银行第一大股东控股能力要远远强于非国有商业银行，从图 13-4 可以看出股权集中度的差异。

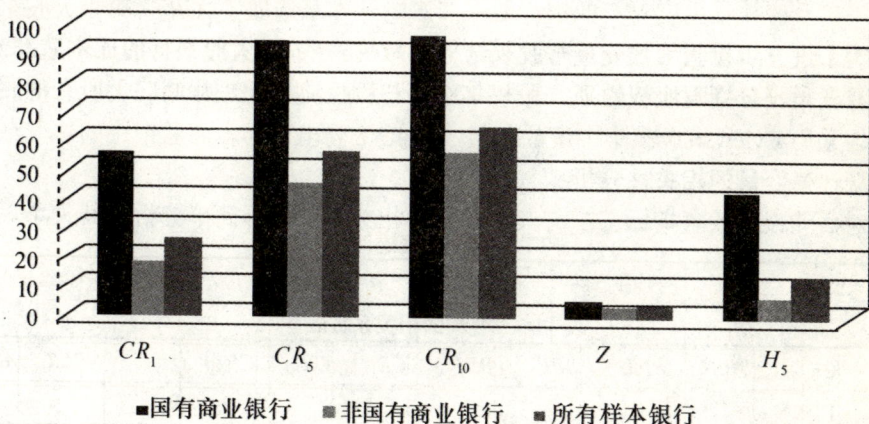

图 13-4　股权集中度（%）均值统计分析对比图

3. 股权流通性的考察

根据前面的分析，选取我国股份制商业银行样本中在 2006 年前上市的 6 家银行。股改后的建设银行在 2005 年上市，中国银行和工商银行均在 2006 年上市，2005 年没有流通股；交通银行、兴业银行和宁波银行均在 2007 年上市，2004 至 2006 并没有流通股，剩下的 3 家城市商业银行还没有上市。所以，在对流通股变量进行统计时，选用 2006 年以前上市的 6 家股份制商业银行（建设银行、华夏银行、民生银行、浦发银行、深发展银行、招商银行）样本进行分析，表 13-8 是对这 6 家股份制商业银行股权流通性的统计分析表。

表 13-8　股权流通性的统计分析

变量	均值/%	中值/%	最大值/%	最小值/%	标准差/%
BPT	57.48	55.14	100	11.35	28.55

资料来源：根据各样本商业银行 2005—2009 年年报整理得来。

表 13-8 的数据显示：流通股比重的均值为 57.48%，其中流通股最小值为

11.35%，最大值为 100%，招商银行股份 2009 年全部转为流通股。流通股的比重在样本商业银行中占有很大的比重，超过了 55%，但各个商业银行间的差异较大，国有商业银行流通股比例仍旧比较低，而非国有商业银行流通股比重较高。

第三节　模型建立及实证分析

一、股权结构和效率回归模型的建立

为了进一步检验绩效变量与股权结构的影响关系，以商业银行的成本效率 CE 为解释变量，分别对股权性质、股权集中度和股权流动性进行回归，所有的回归结果均采用 Eviews6.0 软件计算得出。

（一）变量的相关性分析

对商业银行效率指标 CE 与其他变量的相关关系进行简单分析，其关系矩阵见表 13-9。

表 13-9　变量的相关系数表

	CE	BPS	BPT	BPL	BPF	CR_1	CR_{10}	CR_5	H_5	$NPLR$	ASS
CE	1										
BPS	-0.19	1									
BPT	0.532	-0.504	1								
BPL	-0.485	-0.105	-0.805	1							
BPF	0.278	0.363	-0.594	0.439	1						
CR_1	-0.2	0.8	-0.235	-0.281	0.164	1					
CR_{10}	-0.426	0.792	-0.609	0.158	0.33	0.696	1				
CR_5	-0.355	0.844	-0.477	-0.03	0.312	0.826	0.946	1			
H_5	-0.25	0.848	-0.302	-0.235	0.166	0.967	0.782	0.888	1		
$NPLR$	-0.3	0.023	-0.044	0.036	0.226	0.148	-0.17	-0.04	0.109	1	
ASS	0.3	0.288	0.354	-0.607	-0.372	0.579	0.188	0.354	0.549	-0.018	1

注：本数据根据计量软件 Eviews6.0 计算得出。

由表 13-9 的相关系数矩阵可以看出前五大股东所占股权比例之和 CR_5、前十大股东所占股权比例之和 CR_{10} 以及赫芬达尔指数 H_5（前五大股东持股比例的平方和）与第一大股东持股比例 CR_1 之间有较强的相关性。适当提高流通股的比例能够对商业银行经营效率产生正的影响，有利于商业银行成本效率的提高。国有股比例依旧与商业银行效率负相关，法人股比例也与商业银行效率负相关，这与先前一些学者研究得出的结论相反。从相关矩阵可以看出，商业银行的规模 ASS 与商业银行经营效率正相关，这说明商业银行规模的增大会提高商业银行的经营效率；另一方面商业银行的不良贷款率 NPLR 与商业银行成本效率 CE 负相关，不良贷款率升高会导致商业银行成本效率 CE 的降低，这与之前许多关于股权结构与企业效率关系的研究结论是一致的。

（二）股权性质与银行经营效率的实证分析

模型1：$CE = \beta_0 + \beta_1 BPS + \beta_2 BPL + \beta_3 BPF + \beta_4 ASS + \beta_5 NPLR + \varepsilon$

回归结果：

$$CE = 0.898 - 0.048BPS - 0.046BPL + 0.055BPF + 0.003ASS - 0.473NPLR$$

R-squared=0.399*　　　A- R-squared=0.344**　　　F=7.175***

（其中 β_0 为截距项，β_1、β_2、β_3、β_4、β_5 为待定系数，ε 为随机误差项，括号内为 t 检验值，***、**和*分别为 t 值在1%、5%和10%水平上统计显著）

从回归的结果来看，国有股与商业银行的绩效负相关，国有股比例系数 t 检验值通过了1%的显著性检验。由于国有股权的主体缺位，国有股东存在严重的代理问题，所有者权能严重弱化。国有股没有明晰产权及高度集中，可能引发道德风险，管理者可能以国家利益为名，为自己谋取私利，导致公司效率低下。由于国有股并没有真正地"实体化"，所以并不能为公司带来绩效的提高，近年来虽然各个商业银行的国有股比例在逐步降低，但是国有股东存在的问题仍旧没有改变，因此国有股比例与公司绩效表现为负相关。

法人股比例系数 t 检验值通过了1%的显著性检验，法人股比例对商业银行效率产生负的影响，这与原假设相反，通过分析，原因如下：（1）国内的法人股虽然不以短期利益为目的，能带给目标公司中长期内的稳定性。但是国内商业银行的法人投资者基本上都是其他行业的实业公司，缺少相关的行业信息和管理优势，因此甚少积极参与到公司治理中去，更不用说对公司进行有效的监督。（2）由于部分商业银行的控股股东为国家，因此机构投资者并不能有效地影响控股股东的决策，而是选择了与控股股东趋于一致的行为。因此其预期的效用并没有充分发挥。

外资股比例系数的 t 值较小，外资股与商业银行的绩效正相关，但影响不大，且未能通过显著性检验，表明我国股份制商业银行引入战略投资者使商业银行公司治理结构有所改善，对提高银行管理水平具有一定的正面影响。样本分析表明，在商业银行中适当地提高外资法人股的比例能促进成本效率的提高。

根据选取的样本银行2005年至2009年年报及《金融年鉴》披露的数据制作数据变化趋势图，从数据变化的趋势上来显示股权性质与成本效率的关系表面上是否和实证结果相一致。从非国有商业银行中选取南京银行，国有商业银行中选取建设银行以及所有样本商业银行 *BPL*、*BPS*、*CE* 指数的平均值为代表作 2005 年至 2009 年趋势变化图，从图中可以直观地看出成本效率与国家股以及法人股的简单关系。从图 13-5 中可以看出，南京银行成本效率值 2005 年为 0.944，2006 年成本效率值增加为 0.951，2007 年南京银行成本效率依旧提高到了 0.957，相比 2006 年该行成本效率增长了 0.6 个百分点，2008 年、2009 年南京银行的成本效率值依旧逐年增加，分别为 0.963、0.967。而 2005 年至 2009 年该行的国家股比例及法人股比例却在逐年降低，而且降低幅度较大。南京银行 2005 年国家股及法人股比例分别为 37.98%、54.16%，而到了 2009 年该行的国家股及法人股比例则降至 12.99%、23.78%，国家股减少了 24.99%，法人股减少了 30.38%。从数据上来看，随着国家股及法人股比例的逐步降低，成本效率值逐步升高，国家股比例与商业银行经营效率负相关、法人股比例与商业银行经营效率也负相关，这与实证得出的结论相一致。

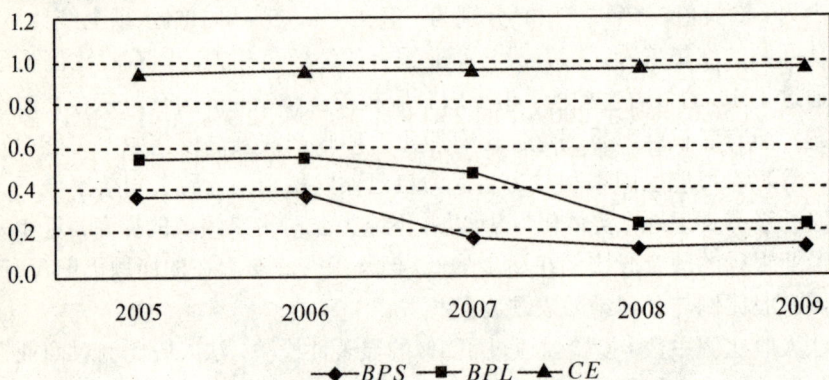

图 13-5 南京银行成本效率、国家股、法人股 2005—2009 变化趋势图

从图 13-6 中可以看出，中国建设银行 2005 年至 2009 年成本效率也是逐年增加，从 2005 年的 0.908 增加到了 2009 年的 0.946，相比南京银行来说经营效率还是较低，但也呈现逐步上升的趋势。由于近几年建设银行也在不断优化股权结构，国家持股份额也在逐步减少，但由于国家仍旧是建设银行最大股东，因此股权份额减小程度较弱。2005 年建设银行国家股比例为 61.48%，到了 2007 年这一比例减小到 59.12%，2008 年国家股份额最低，达到 48.17%，但到了 2009 年又上升为 57.09%，虽然略有上涨，但总体上国家股比例在减少当中。法人股持股比例 2005 年为 27.17%，到了 2009 年这一比例降至 10.95%，减少了 16.22 个百分点，法人股持股比例总体上来看也是不断下降的，从数据上来看国家股比例与建设银行经营效率负相关，法人股比例与建设银行经营效率也负相关，这与实证得出的结论基本一致。

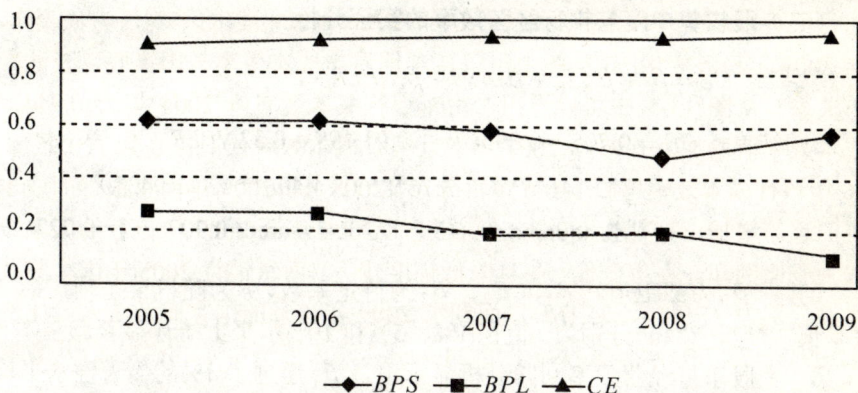

图 13-6　建设银行成本效率、国家股、法人股 2005—2009 变化趋势图

从图 13-7 中可以看出样本银行 2005 年的平均成本效率为 0.9304，2006 年增加至 0.9393，2007 年平均成本效率值升至 0.9467，到了 2009 年平均成本效率更是增加到了 0.9592，相比 2005 总体呈不断上升的趋势。反观样本银行国家股比例，从 2005 年的 56.03%降至 2009 年的 23.13%，降幅达 32.9%，由于之前许多学者分析国家股比例过高带来种种负面效应也使得绝大多数商业银行在股权结构优化当中大幅减少国家持股的比例。样本银行法人股比例在 2005 年为 19.81%，2006 年减少至 16.03%，到了 2007 年法人股比例已经降至 13.69%，到了 2009 年这一比例更是减少到了 11.68%，相比 2005 年减少了 8.13%，总体趋势也是趋于下降的。从曲线变化趋势图上来看，样本银行国家股比例与银行经营效率负相关、法人股比例与银行经营效率也负相关，这与实证得出的结论一致。

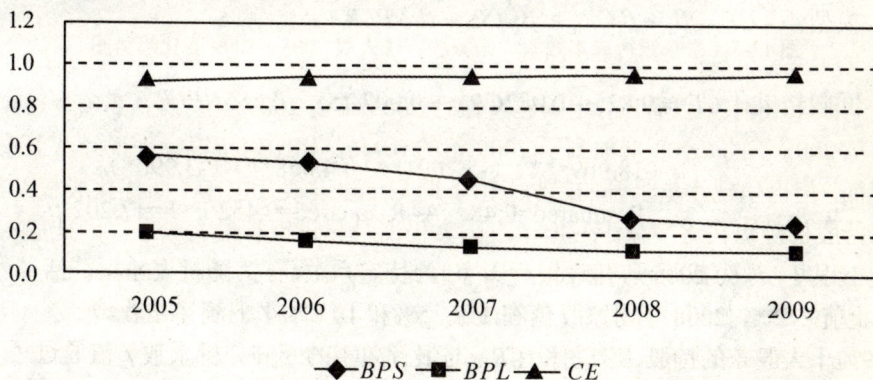

图 13-7　样本银行成本效率、国家股、法人股 2005—2009 变化趋势图

（三）股权集中度与银行经营效率的实证分析

模型 2：$CE = \beta_0 + \beta_1 CR_1 + \beta_2 ASS + \beta_3 NPLR + \varepsilon$

回归结果：$CE = 0.705 - 0.095CR_1 + 0.01ASS - 0.32NPLR$

$$(12.146^{***})\ (-3.76^{***})\ (4.406^{**})\ (-1.943^{*})$$

$$\text{R-squared}=0.343 \quad \text{A- R-squared}=0.307 \quad F=9.727$$

（其中 β_0 为截距项，β_1、β_2、β_3 为待定系数，ε 为随机误差项，括号内为 t 检验值，***、**和*分别为 t 值在 1%、5%和 10%水平上统计显著。）

第一大股东与经营效率回归分析显示出，β_1 通过了 1%的显著性水平检验，第一大股东持股比例越高，银行效率会越差，第一大股东与银行效率存在显著的负相关关系。

模型 3：$CE = \beta_0 + \beta_1 CR_5 + \beta_2 ASS + \beta_3 NPLR + \varepsilon$

回归结果：$CE = 0.771 - 0.071CR_5 + 0.008ASS - 0.467NPLR$

$$(16.481^{***})\ (-4.993^{***})\ (4.492^{**})\ (-3.104^{*})$$

$$\text{R-squared}=0.43 \quad \text{A- R-squared}=0.4 \quad F=14.099$$

（其中 β_0 为截距项，β_1、β_2、β_3 为待定系数，ε 为随机误差项，括号内为 t 检验值，***、**和*分别为 t 值在 1%、5%和 10%水平上统计显著。）

前五大股东的持股比例之 CR_5 和与银行效率的回归分析系数 t 值通过了 1%水平的显著性检验，这表明前五大股东持股比例与公司绩效有显著的负相关关系。

模型 4：$CE = \beta_0 + \beta_1 CR_{10} + \beta_2 ASS + \beta_3 NPLR + \varepsilon$

回归结果：$CE = 0.825 - 0.082CR_{10} + 0.007ASS - 0.583NPLR$

$$(18.909^{***})\ (-5.709^{***})\ (4.068^{**})\ (-3.998^{*})$$

$$\text{R-squared}=0.48 \quad \text{A- R-squared}=0.452 \quad F=17.202$$

（其中 β_0 为截距项，β_1、β_2、β_3 为待定系数，ε 为随机误差项，括号内为 t 检验值，***、**和*分别为 t 值在 1%、5%和 10%水平上统计显著。）

前十大股东的持股比例之和 CR_{10} 与银行效率的回归分析系数 t 值通过了 1%水平的显著性检验，这表明前十大股东持股比例与公司绩效有显著的负相关关系。

模型 5：$CE = \beta_0 + \beta_1 Z + \beta_2 ASS + \beta_3 NPLR + \varepsilon$

回归结果：$CE = 0.694 - 0.14H_5 + 0.01ASS - 0.342NPLR$

$$(12.481***)\ (-4.39***)\ (4.774*)\ (-2.17*)$$

R-squared=0.387　　A- R-squared=0.355　　F=11.809

（其中 β_0 为截距项，β_1、β_2、β_3 为待定系数，ε 为随机误差项，括号内为 t 检验值，***、**和*分别为 t 值在 1%、5%和 10%水平上统计显著。）

前五大股东持股比例的平方和 H_5 与银行效率的回归分析系数 t 值通过了 1% 水平的显著性检验。这表明前五大股东持股比例越高，H_5 值越大，从而导致银行的效率越低；前五大股东持股比例越低，H_5 值就越小，从而银行的效率也就越好。这表明前五大股东持股比例的平方和与公司绩效有显著的负相关关系。

模型 6：$CE = \beta_0 + \beta_1 Z + \beta_2 ASS + \beta_3 NPLR + \varepsilon$

回归结果：$CE = 0.809 - 0.002Z + 0.005ASS - 0.367NPLR$

$$(13.426***)\ (-0.528*)\ (2.406**)\ (-1.61*)$$

R-squared=0.181　　A- R-squared=0.137　　F=4.118

（其中 β_0 为截距项，β_1、β_2、β_3 为待定系数，ε 为随机误差项，括号内为 t 检验值，***、**和*分别为 t 值在 1%、5%和 10%水平上统计显著。）

Z 指数系数的 t 值较小，且未能通过显著性检验。这说明第一大股东持股比例/第二大股东持股比例与银行效率负相关，但对银行效率影响很小。

（四）股权流通性与银行经营效率的实证分析

以 2006 年以前上市的 6 家股份制商业银行为样本，一共 30 个观测数据。同样以银行的成本效率 CE 为被解释变量，建立回归模型，进行回归分析如下。

模型 7：$CE = \beta_0 + \beta_1 BPT + \beta_2 ASS + \beta_3 NPLR + \varepsilon$

回归结果：$CE = 0.671 + 0.08BPT + 0.008ASS + 3.511NPLR$

$$(6.573***)\ (5.318***)\ (2.409**)\ (1.935*)$$

R-squared=0.674　　A- R-squared=0.636　　F=17.898

（其中 β_0 为截距项，β_1、β_2、β_3 为待定系数，ε 为随机误差项，括号内为 t 检验值，***、**和*分别为 t 值在 1%、5%和 10%水平上统计显著。）

从回归的结果来看，流通股与商业银行的绩效正相关，流通股比例系数 t 检验值通过了 1%的显著性检验，检验结果与之前的假设一致。可能由于最近几年，一方面公众对银行股比较看好，随着商业银行流通股比例的不断增加，公众对银行经营业绩预期更加看好，另一方面公众对银行经营效率的关注度较高，促使银行股东不断改善银行经营效率，使得银行效率不断得到改善。

在以上几个模型中，控制变量 *ASS* 与经营效率是正相关的，且相关系数都通过了 1% 的显著性水平检验，说明对我国上市商业银行来说，扩大公司资产规模是有利于提高经营效率的。而 *NPLR* 与银行效率基本上是负相关的，且相关系数基本都通过了 10% 以下的显著性水平检验，这说明对我国商业银行来说，降低不良贷款率有助于银行经营效率的提高。

二、股权结构与银行经营效率分析

（一）股权性质与银行效率比较分析

根据第一组样本银行年报披露数据及计算出的效率数据，对 2005 年至 2009 年股权性质变化和银行经营效率变化作出趋势图 13-8。

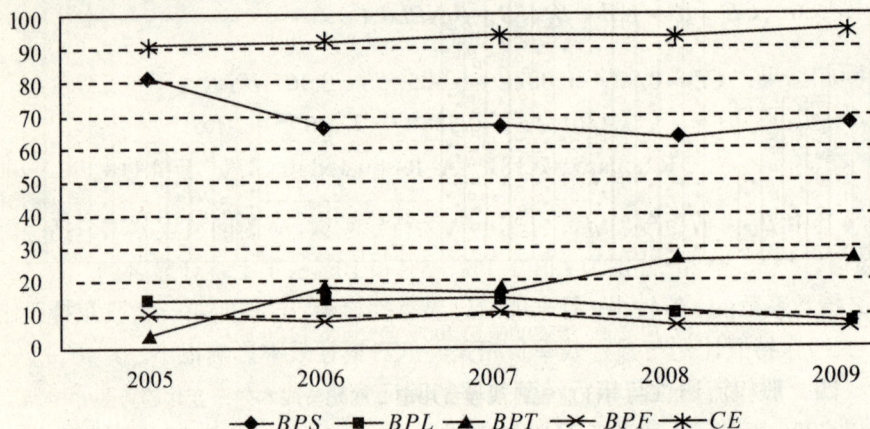

图 13-8　国有商业银行股权性质（%）与成本效率变化趋势图

从图 13-8 中可以看出大概的变化趋势，成本效率随着时间的发展不断增加，2005 年国有商业银行平均效率为 91.24%，到了 2009 年增长到 94.86%。在这期间，国有商业银行国家股 *BPS* 平均值从 2005 年的 81.54% 下降到了 2009 年的 66.19%；法人股 *BPL* 均值则从 2005 年的 14.67% 下降到了 2009 年的 7.45%；外资股 *BPF* 的比例也有下降趋势；而社会公众股 BPT 则从 2005 年的 3.78% 上涨到了 2009 年的 26.38%。国有商业银行股权性质与成本效率的变化趋势与之前第二组样本的实证分析结果基本上趋于一致。

（二）股权集中度与银行经营效率比较分析

2005 年至 2009 年，国有商业银行股权集中度 CR_1、CR_5、CR_{10} 变化不太明显，但是前五大股东控股能力逐步缩小，从赫芬达尔指数 H_5 的变化和第一大股东持股比例/第二大股东持股比例 Z 指数的逐步减小就可以看出，本章对 2005 年至 2009

年股权集中度变化和银行经营效率变化作趋势图 13-9。

从图 13-9 中可以看出，2005 年至 2009 年，国有商业银行第一大股东持股比例 CR_1 略微有所降低；前五大股东持股比例之和 CR_5 及前十大股东持股比例之和 CR_{10} 基本没有变化；而比起 CR_5、CR_{10} 更能测度股权集中度的指标 H_5 则从 2005 年的 53.38% 降为了 2009 年的 39.97%，而成本效率则在同期不断增加；而代表银行第一大股东控股能力的 Z 指数（Z 值在图表中以 1∶100 比例显示）则从 2005 年的 5.3 降低到了 2009 年的 2.28。从趋势图中可以看出，国有商业银行股权集中度与成本效率的变化趋势与之前第二组样本的实证分析结果也基本上趋于一致。

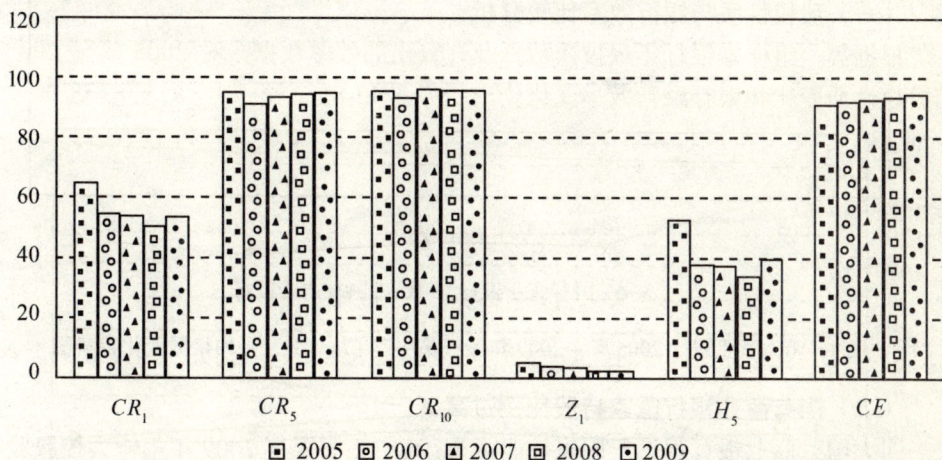

□ 2005 □ 2006 □ 2007 □ 2008 □ 2009

图 13-9　国有商业银行股权集中度（%）与成本效率变化趋势图

三、商业银行股权结构存在的问题

（一）股权集中度偏高

国有商业银行及非国有商业银行股权集中度仍旧偏高，尽管我国商业银行一直在逐步降低股权集中度，但步伐缓慢。如果以 CR_5（前五大股东持股比例之和）来衡量股权集中度，2005 年国有商业银行中工商银行、中国银行、建设银行的 CR_5 指数分别为 100%、86.43%、100%，而到了 2009 年工商银行、中国银行、建设银行的 CR_5 指数分别为 95.1%、96.22%、96.92%，可以看出国有商业银行股权集中度虽然略有降低，但减小趋势极其缓慢，总体上还是高度集中。而对选取的 11 家非国有商业银行来说，2005 年 CR_5 指数最高的是交通银行，达到了 71.68%，到了 2009 年 CR_5 指数降低到了 69.92%，减小程度可见一斑。CR_5 指数最低的深发展银行 2009 达到了 27.64%，比起 2005 年的 24.92% 略有提升。

对国有商业银行及非国有商业银行的 CR_5 指数 2005 年至 2009 年变化的平均

值作直观的比较，显示出国有商业银行与非国有商业银行股权集中度的变化趋势，如图 13-10。从图中可以看出，国有商业银行及非国有商业银行股权集中度 CR_5 指数的变动都是趋于平缓的，每年的变动幅度都很小，非国有商业银行股权集中度略有下降的趋势，但下降趋势不明显，整体上看我国商业银行股权集中度仍旧偏高。

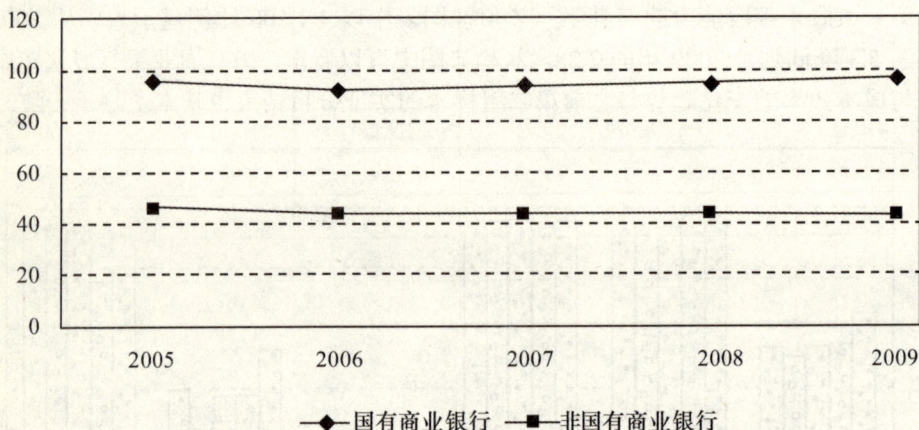

图 13-10　商业银行 2005 年—2009 年股权集中度 CR_5（%）平均指数变化趋势图

（二）国有商业银行国家持股比例过高

四大国有商业银行都属于国家控股类型：其中工商银行 2009 年第一大控股股东为汇金公司，占有 35.4% 的股份，第二大控股股东为财政部，占有 35.3% 的股份；国家持有农业银行 100% 的股份；建设银行 2009 年第一大控股股东也为汇金公司，占有 59.09% 的股份；中国银行 2009 年的第一大控股股东汇金公司也持有 67.53% 的股份。因此，虽然国有商业银行实行了股份制改革，原则上坚持现代企业制度，应该切实贯彻股东大会、董事会以及监事会在银行治理中的职责。然而，由于国有商业银行股份绝大多数由国家持有，在银行经营的过程当中政府干预就显得十分突出。政府部门经常运用行政手段直接干预或间接操纵国有商业银行股东情况改变股权结构，一方面保护国有企业的发展，另一方面减轻国有商业银行的资金压力。同时，国家为了稳定经济发展或出于某一既定经济目标，会放弃银行利益最大化这一目标，过于频繁地干预国有商业银行的日常经营行为，降低了银行的经营效率。这从长远来看并不利于银行和企业双方的良性发展，有悖于市场理性人的假说。

（三）公众股比例较低

公众股是与有条件限售股份即国家股和法人股相对应的概念，与国外发达国家的商业银行相比，我国国有商业银行公众股的比例都只占总股本的一小部分，国有商业银行国家股和法人股的比例依旧过大，而非国有商业银行最近几年公众股比例有所增加，增加幅度比较大。表 13-10 列出了 3 家国有商业银行和 11 家非国有商业银行在 2009 年末公众股和非公众股各自的比重。

表 13-10　商业银行 2009 年末公众股与非公众股比例

银行	非公众股/%	公众股/%	银行	非公众股/%	公众股/%
工商银行	82.1	17.9	深发展银行	5.84	94.16
建设银行	67.97	32.03	兴业银行	20.4	79.6
中国银行	70.79	29.21	招商银行	0	100
交通银行	20.36	79.64	杭州银行	94.91	5.09
华夏银行	24.18	75.82	南京银行	36.77	63.23
民生银行	1.3	98.7	宁波银行	57.86	42.14
浦发银行	10.24	89.76	上海农村银行	79.25	20.75

资料来源：根据各样本银行 2005 年—2009 年年报数据整理得来。

从表 13-10 中可以看出，国有商业银行非公众股比例依旧很高，非公众股比例最低的建设银行占 67.97%；而非国有商业银行中多数银行公众股比例都已经超过 50%，招商银行的公众股达到了 100%，非国有商业银行的股权流动性要远远高于国有商业银行。对国有商业银行及非国有商业银行的公众股比例自 2005 年至 2009 年变化的平均值作一直观的比较，从而看出国有商业银行与非国有商业银行股权流动性的变化趋势。

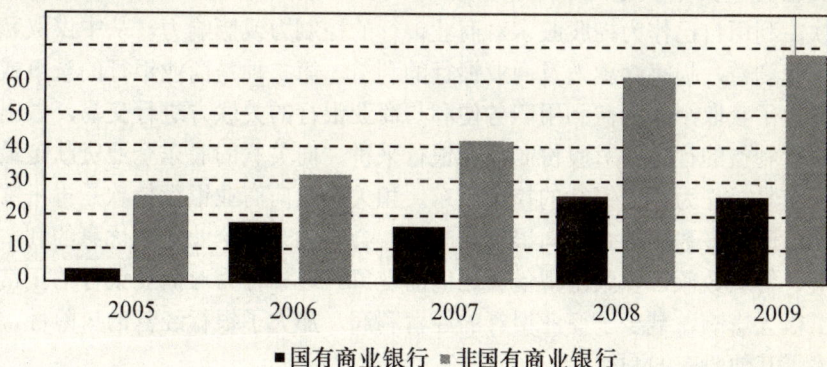

图 13-11　商业银行 2005 年—2009 年公众股份额（%）平均指数变化趋势图

如图 13-11，可以看出非国有商业银行公众股份额平均数从 2005 年的 25.33%上升到了 2009 年的 68.08%，股权流动性明显增强；虽然国有商业银行流通股份额平均数也从 2005 年的 3.78%上涨到了 2009 年的 26.38%，但公众股的比例仍旧很低。

(四) 法人股股权虚置严重

由实证结果看，法人股和商业银行的经营效率呈负相关关系，法人股比例越高，商业银行的经营效率越差。近年来，法人股比例在股份制商业银行的股权比例中有所减小，法人股股东行使自己股权的状况并不如意。我国商业银行的法人股股东普遍关注的是商业银行的股息红利，往往忽视了商业银行的经营状况，那些持股比例较小因此不具有控股地位的法人股股东尤其如此。事实上，股东持有股权不应该只追求股票投资的回报率，股东持股更应该注重商业银行经营决策、日常监督和管理，促进商业银行经营效率的提高，而部分法人股股东往往淡化了这种权利。此外，商业银行各股东之间出于各自的利益而不是银行的利益不能很好地联合沟通，没有形成一定的实力来通过股东大会对商业银行的经营决策、管理运行进行有效监督。因此，在股份制商业银行中，如何调动法人股股东对商业银行经营管理活动以及管理层和大股东进行监督、积极发挥法人股股东的作用，也是一个亟待解决的问题。

(五) 关联交易突出

近年来，由于商业银行股权结构的不断改革，商业银行的持股股东性质也复杂多样，特别是一些国有企业及大企业成为商业银行的控股股东，这些股东会出于自身企业利益的考虑，干预商业银行的日常经营，容易出现关联交易。关联交易轻者会给商业银行带来巨大的信用风险，造成商业银行贷款的损失，形成不良贷款；重者更会导致商业银行和信用社倒闭，影响商业银行正常的经营。关联交易主要有两种表现形式：第一种是商业银行控股股东为了从商业银行获取大量关联贷款，利用自己作为控股股东对商业银行的控制力或影响力，从中谋取私人或关联企业利益，损害存款人及商业银行的利益。第二种是商业银行的董事或管理层人员为了获取个人利益利用职务便利与商业银行的关联方进行交易，做出损害商业银行利益的行为。对股份制商业银行来讲，向关联的股东企业贷款是最常见的关联交易。作为商业银行的控股股东，相关企业向商业银行贷款是再正常不过的现象。而且多数相关企业向银行贷款时，会有比一般企业更加优惠的利率、贷款期限、贷款数额，以致出现借新还旧的现象。这种行为对商业银行的正常经营产生了极大影响，减少了商业银行的经营利润，加大了银行经营的风险性，同时也损害了其他股东的利益。

第四节　小结

本章考察了股权性质、股权集中度及股权流通性三个方面和银行效率的关系，通过实证研究得出如下结论。

第一，国家股比例与商业银行经营效率负相关。说明减小国家持股的比例可以提高商业银行经营效率。这是因为国家作为大股东的商业银行，尤其是国有商业银行中，经营目标的多元化和代理人缺位导致对经营者监督不力，进而对商业银行效率产生一定的负面影响。

第二，法人股比例与商业银行经营效率负相关，流通股比例与经营效率正相关。实证结论与前面作出的假设相反。由于商业银行有条件限售股比例过高，而法人股都属于有条件限售股，因此对商业银行经营效率进行实证分析时，法人股与商业银行效率负相关。2005年以后，商业银行社会公众股比例增长加快，而法人股（有条件限售股份）逐步减少，银行前几大法人股股东大多都大量持有社会公众股以增加对商业银行的控制力，并对商业银行经营管理作出改善。

第三，第一大股东持股比例 CR_1、前五大股东持股比例之和 CR_5、前十大股东持股比例之和 CR_{10}、第一大股东持股比例/第二大股东持股比例 Z 指数、前五大股东持股比例的平方和 H_5 与商业银行经营效率负相关。通过以上实证检验，适当改变商业银行股权结构可以提升商业银行经营效率，最后针对经验分析得出的结论找出了股权结构现存的问题。

第十四章　政策建议

我国商业银行股权结构和西方发达国家相比还有很多地方有待完善，要想把我国商业银行建成产权明晰、权责明确、自主经营、自我发展的现代金融企业还有很长的路要走。只有不断改善股权结构，才能为商业银行有效治理创造良好的条件，并最终提高经营效率。

第一节　政策建议

随着商业银行股份制改革进一步深入和法人治理结构的不断完善，商业银行经营的内外部环境也出现了历史性变革。进一步完善股权结构，提高银行经营效率，将是新时期商业银行有效运行的必由之路。

一、国有商业银行股权结构优化的政策建议

（一）减少国家持股比例，增加法人股及流通股比例

农业银行的上市，标志着我国四大国有商业银行股权改革的初步完成。不论是新近上市的农业银行，还是2004年就上市的建设银行，与国际上先进的大银行相比，在体制和机制等方面仍存在诸多不足之处，特别是较高不良贷款率反映出的许多深层次问题尚没有得到彻底解决。国家持股份额较高，不仅使得代理人问题突出，也使得国有商业银行无法完全发挥出应有的作用。应该在保持国家绝对控股的基础之上，适当增加法人股及流通股的比例，这样将有利于促进对商业银行内部治理的监督，同时可以把内部建设和股份制改革结合起来，建立起符合我国国情的现代金融企业治理框架。

（二）改善国家股东的行为模式

对国有商业银行来说，国家始终是第一大股东，国有股的比例始终会保持在绝对控股的份额上，因此不可能大幅降低国有股的比例，只能从改善国家股东的行为模式来入手，提高国有银行的经营效率。改善国家股投资主体的行为模式首先要从经济体制改革入手，厘清国有资产的产权关系，明确不同行为主体间的权利义务关系，在商业银行股权结构中引入不同的国有投资主体，在明确各自产权

关系的基础上形成相互制衡的治理机制。其次，是要政企分开，采用先进的管理模式和理念。商业银行作为单独的市场主体应该脱离政府的直接管制，成为自主经营、以股东利益最大化为目标的竞争主体，不能再成为各投资主体的融资工具。最后，要增加法人股股东的话语权及监督权，国家股持有者要将国有资产的安全和保值增值放在首位，加强对商业银行经营的管理与监督，建立有效的激励机制，将代理人更换与商业银行效率挂钩，防止所有者虚置引起的"内部人控制"和"逆向选择"等问题。

二、非国有商业银行股权结构优化的政策建议

（一）分散股权形成制衡

研究表明，一方面，股权集中度过高会对商业银行效率产生负的影响，虽然之前许多学者也提出了这样的建议，商业银行股权结构也在不断优化过程中，但是股权集中度还是处于较高的水平上。股权集中度过高使得控股股东可以控制流通股股价，导致商业银行内部管理松散、经营混乱的状况易于出现，给商业银行带来不必要的损失；另一方面，Z 指数过高表明商业银行第一大股东的控股能力很强，这也会造成银行效率的降低。因为当第一大控股股东持股份额较高时，其他股东无法对绝对控股股东的经营策略和方针作出改变，无法制约绝对控股股东危害商业银行和其他股东利益的行为，代理人问题也会更加突出。因此需要分散股权，实行多股制衡。分散股权可以加强对商业银行日常经营管理的有效监督，有利于激励股东搜集信息，加强对商业银行经营管理的控制。通过多股制衡使得任何一个大股东都无法单独控制企业的决策，从而可以互相监督、抑制内部人掠夺及大股东对小股东利益的侵占。

（二）积极推动银行上市

对我国还没有上市的商业银行来说，要解决非流通股比例过大所引起的问题，就必须推动股份制商业银行在资本市场进行融资，增加流通股规模。实践表明，调整企业的产权结构，很难通过增加财政投资来解决，也不可能通过借贷资金来解决，只能通过资本市场的直接融资来实现。由于长期以来股权被人为地分割成一系列权益不同的类型，上市商业银行流通股股东难以对商业银行的经营管理进行监督，因此流通股股东普遍更关心资本市场的股价波动，注重短期的收益而不是银行的长期发展，他们对商业银行经营绩效的提高并不关注，缺乏监督银行经理层的激励。加大商业银行流通股的比例，实现同股同权、同股同利，扭转流通股股东的弱势地位。

（三）积极促进外资进入

1996 年亚洲开发银行入股光大银行，开创了国内商业银行吸引国际资本的先河，此后，越来越多的外资参股国内商业银行。从本书研究的样本商业银行来看，

考察期内几乎所有商业银行均有外资参股。随着金融市场的进一步开放，上市商业银行流通股股份的增加，境外资本参股商业银行的趋势还会继续加强。随着外资对流通股的不断收购，其成为商业银行第一大控股股东的机会也会逐渐增多。就外资股东来看，通过入股全国性股份制商业银行和城市商业银行，可以为未来客户资源的搜集、人民币资金清算的便利、网点的扩充以及进一步扩展金融业务、开拓中国市场奠定坚实的基础。

虽然外资越来越多地参股各个商业银行，但是总体上来看外资持股比例依旧稳定在限定范围之内，变动幅度不大。由于我国处于经济高速发展的阶段，企业对资金的需求量较大，国内商业银行为了更好地服务企业，必须进行内部运行机制重建，通过吸引外资进入商业银行来为这种重建机制提供专业技术和咨询服务。外资参股我国商业银行不仅可以带来先进的服务理念，而且有利于建立灵活且高效的经营机制。一方面，发达的国外金融市场及资本市场，可以为国内商业银行带来技术、业务创新以及金融工具的创新，从而提高商业银行的管理水平；另一方面，外资参股商业银行不仅能提高银行的资本充足率，优化资本结构，降低商业银行经营风险，而且能促进商业银行风险管理和内部控制制度的不断完善，使得商业银行的经营效率得到提升。

（四）加强商业银行监管

在金融市场高速发展的今天，商业银行面临的风险也与日俱增。金融监管部门如果不随着经济发展环境的变化对金融机构采取相应的措施，一旦发生金融风险，带来的损失是不可估量的，因此对商业银行的监管必须从以下几个方面入手。

1. 加强商业银行股权监管

对国有商业银行来说，由于国家持有商业银行的绝大多数股份，国家已经成为商业银行的最大股东，造成金融监管当局对国有商业银行的监管力度较小。对非国有商业银行来说，随着金融体制的进一步深化，股权结构也在不断优化当中。因此，金融监管部门一方面要严格审查，引进优质产业资本的同时加强企业的股权监管，防止不良企业进入金融机构，加大商业银行风险；另一方面，金融监管部门要督促商业银行不断完善内部治理机制。

2. 加强关联交易的审查

产业资本进入商业银行成为其控股股东，会导致关联交易的发生，使得有限的信贷资源发生错配。因此，当金融机构增资扩股时，应制定相关规定限制劣质产业资本进入，并对进入企业制定政策，限制关联企业过多的信贷需求。金融监管当局也要定期审查商业银行关联交易，限制关联交易的次数，如果商业银行过多地对关联企业进行信贷支持，应及时规范，严重者处以高额罚款。金融监管机构更应该督促商业银行建立可靠的授信制度，建立完善信贷管理信用评价机制。

3. 积极推进商业银行信息披露

产业资本以及外资的进入使得商业银行股权结构和管理结构日益复杂。仅仅依靠商业银行内部治理以及金融监管当局的监督和审查，难以对商业银行各个方面实施及时有效的监管，必须借助外部监督减小商业银行的运行风险。及时有效的信息披露能够置商业银行于市场的有效监督之下，使资本市场参与者能够根据披露信息作出理性的判断，避免交易前的逆向选择和交易后的道德风险。

第二节　展望

由于研究水平及时间有限，本分论的研究在得出一些有意义成果的同时，肯定也存在一些局限和不足，主要表现在以下几个方面。

第一，虽然选取的样本商业银行有 15 家，数据涵盖 2005 年至 2009 年，但是部分商业银行由于数据披露不全，未能涵盖在样本中，样本总体数量还是偏小，可能会导致回归结果出现一定的偏差。而且，选取的样本商业银行当中有一部分没有上市，和已经上市的商业银行相比，股权结构对经营效率的影响程度也可能不同，进而会导致实证结果出现偏差。

第二，本分论借鉴国内外众多学者对股权结构与公司治理的相关研究，利用 Tobit 回归模型研究了股权结构与商业银行经营效率的关系。但本分论的研究仍然存在很多缺陷，对我国股权结构与商业银行经营效率关系的研究，应随着经济和股权改革的发展继续深入下去。本章提出的政策建议有待在商业银行以后的运行过程中进一步检验。

分论四　高管薪酬与商业银行经营效率

　　至今，大多数人认为，2008 年全球范围内的金融危机是由美国华尔街的银行家为了追求高额薪酬和红利而创造出的那些高杠杆率、无资产担保的垃圾债券所引起的。所以，2009 年 2 月 4 日，美国总统奥巴马宣布限薪令："得到政府资金救助的金融公司以及未来需要政府救助的其他企业，高层管理人员薪酬将受到严格限制，年薪最高不得超过 50 万美元，而且受到联邦政府的严格监管。"2009 年 9 月 16 日，中国人力资源和社会保障部等六部门联合颁布《关于进一步规范中央企业负责人薪酬管理的指导意见》，这是中国政府首次对所有行业央企发出高管"限薪令"[①]。

　　一年多过去，"限薪令"效果如何？本分论重在通过实证分析高管薪酬对商业银行经营效率的影响，从而找出对商业银行经营效率影响较为显著的因素，并根据这些显著因素寻求从高管薪酬角度提高商业银行经营效率的方法或途径。

　　首先，对商业银行高管薪酬的概念进行界定和对其理论基础进行简要阐释，并对国内外相关文献进行梳理。

　　其次，以截至 2009 年上市的 14 家商业银行为研究对象，选取 2006—2009 年各样本银行年报所公布的数据，对高管的薪酬水平和持股状况、高管薪酬与银行绩效之间的关系以及商业银行高管薪酬的影响因素等方面进行了经验分析。

　　最后，结合第十六章实证分析结果，提出了从高管薪酬角度提高商业银行经营效率的政策建议，并对今后商业银行经营效率与高管薪酬方面的研究作出了展望。

---

① "中国国企高管限薪令出台" [N]. 新加坡联合早报，www.stockstar.com.

第十五章　理论及文献回顾

高级管理人员是商业银行的主体和发展中枢。作为核心决策层，他们担负着包括战略管理在内的一系列重大决策的职责。高管薪酬与商业银行经营效率之间的关系是一直困扰着经济学家、管理学家以及管理实践者的难题之一。与此同时，国内外学者针对商业银行高管薪酬问题展开了大量的理论及实证研究工作，也取得了丰硕的成果。

第一节　理论概述

一、概念界定

（一）高管

作为公司委托代理关系中的一方，高管（Senior Executives）即高级管理人员，是受出资人委托管理企业的日常经营事务，并直接对公司的经营效益负责的相关人员。在所有权与经营权高度分离的今天，公司高管掌握着企业的决策权、控制权和管理权。从某种意义上讲，高管是各种生产要素的配置主体，居于企业中枢地位。

由于高管是在经营层面上从职能分工方面给出的一个定义，在理论上对公司高管的界定和范围存在着分歧，主流观点主要有以下两类：一类是从在经营层面享有的权利大小划分，认为公司的高管就是公司的董事长、总经理，或者包括董事长和总经理两人；另一类是从人员职位高低来区分，认为公司高管包括董事长、总经理、党委书记和工会主席，甚至一些公司副职。

我国《公司法》第二百七十一条明确规定：高级管理人员是指公司的经理、副经理、财务负责人，上市公司董事会秘书和公司章程规定的其他人员。本章承继《公司法》中关于高管的定义，在下文中所研究的高管仅指上市商业银行中参与日常管理的董事、经理、财务负责人、董事会秘书等。

（二）薪酬

苏列英在《薪酬管理》中指出，薪酬（Salary）是指员工从事某企业所需要的劳动，从而得到的货币形式和非货币形式的补偿，是企业支付给员工的报酬。其实质是一种公平的交易或交换关系，是员工在向单位让渡其劳动或劳务使用权后获得的补偿。[①]薪酬在某种程度上可以影响和决定员工的工作态度与行为，与员工的切身利益息息相关：薪酬不仅是员工提供劳动的物质补偿和答谢，代表着员工自身的价值地位和企业对其的认可，而且还是员工的价值和未来发展前景的一种体现。

薪酬，其涵盖的具体范围有广义和狭义之分。从狭义角度上讲，薪酬就是得到的实际货币性酬劳，根据货币的支付形式可以分为直接性货币薪酬和间接性货币薪酬。直接性货币薪酬，是指企业以工资、佣金、奖金、红利等形式支付给员工的全部酬劳，直接反映员工的收入多少；间接性货币薪酬则以一些较为间接的货币形式反映，如员工的福利、保险计划、医疗保障和休假安排等等；直接性货币薪酬和间接性货币薪酬共同反映了企业薪酬的水平。从广义角度来看，薪酬作为一种对员工的激励手段，不仅仅包括以上的货币性酬劳，还应该包括一些非货币性的激励，如一个优越舒适的工作环境可以提高员工的幸福指数，一个富有挑战性和上升通道的工作性质可以体现员工的价值和地位。因此，广义的薪酬应该包括经济型薪酬和非经济型薪酬（如图15-1）。

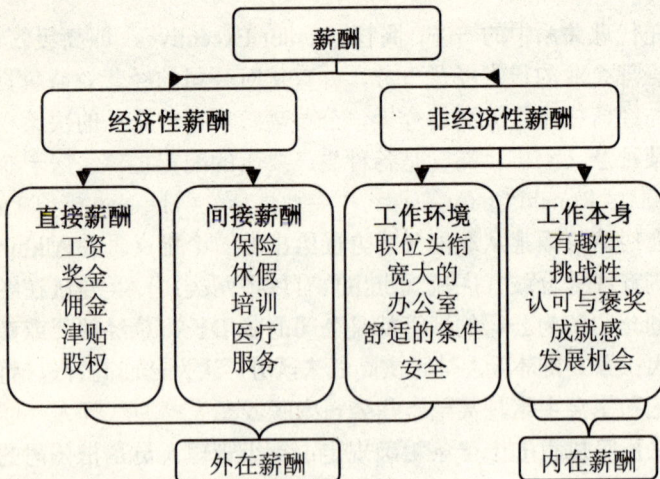

图 15-1　薪酬的构成

其中，非经济性薪酬主要是指个人对工作或环境在心理上或物质上的满足感。

---

① 苏列英. 薪酬管理[M].西安：西安交通大学出版社，2006.

它包括工作得到认可的成就感、具有挑战性的工作、发展的机会、职业的安全、工作的环境等。对一些员工，特别是知识型的高级管理人员来说，非经济性薪酬要重要得多。非经济性薪酬还可以根据对员工所产生的激励是一种外部强化还是内部心理强化，划分为外在薪酬和内在薪酬。

经济性薪酬是指包括基本工资、奖金、津贴、佣金、福利、股权等在内的报酬形式。

（1）基本工资，指员工在企业中获得一个固定数目的劳动报酬，具有高稳定性和高差异性的特点。基本工资一般以小时工资、月薪、年薪等计时工资的形式出现。基本工资又分为基础工资、职位工资等。

（2）奖金，是企业对员工提供的超出正常努力的劳动或劳务的报酬，包括红利、利润分享等。

（3）津贴，指对工资或薪金等不能准确反映的情况的一种补偿。

（4）福利，具有高稳定性和低差异性的特点，其设置的目的就是未来长期稳定和发展壮大员工队伍，充分体现以人为本的经营理念。一个良好的福利体系可以帮助企业吸引外部的优秀人才，提高员工的忠诚度，从而增强企业的凝聚力。

（5）股权，是将企业的一部分股份作为薪酬授予员工，使得员工成为企业的股东。股权薪酬与其他薪酬主要区别在于支付形式上，既不是货币，也不是一种简单的实物或服务，而是一种权利的授予。

本分论所指的商业银行高管薪酬主要是指经济薪酬，公式表示为：

薪酬=基本工资+奖金+津贴+福利+股权（长期激励）

二、理论基础

（一）契约理论

19 世纪 30 年代，Ronald Coase 在探讨"企业性质"（The Nature of The Firm）时，首次提出了公司的决策其实是由权威阶层所决定的论断。而后 Alkhin & DE SaiCi's 则将含有"自愿"及"自由"意味的"契约"观念引入"监督"中[①]。但是，Jason & McLean（1976 年）认为 Coase、Alkhin & DE SaiCi's 的观点都具有一定的局限性，提出了公司的本质基本上是一个复杂的契约系统的主张，将代理关系定义为一种契约关系，在这种契约下，委托人（股东）聘用代理人（职业经理人）代表他们行使其权利，并把若干决策权托付给代理人[②]。这与法国思想家、哲学家 Jean-Jacques Rousseau（1762）在《社会契约论》中所提出的"人是生而自由

---

① 孙永祥,黄祖辉. 高管团队内薪酬差距、公司绩效和治理结构[J]. 经济研究，2003(4): 31-40.

② 魏刚. 高级管理层激励与上市公司经营绩效[J]. 经济研究，2000(3): 32-42.

的，但却无所不在枷锁之中"这一论调颇为类似。

（二）委托代理理论

委托代理理论最早出现在 1932 年，是美国经济学家 Berle 和 Means 通过研究发现，企业所有者兼任经营者的做法存在着极大的弊端，提出所有权和经营权分离这一概念，到 20 世纪 70 年委托代理理论基本成熟。现代意义的委托代理的概念最早则是由 Rose（1973）提出的，而 Mirrlees（1974、1976）和 Stiglitz（1974、1975）随后对它进行了广泛的研究和发展。委托代理理论是制度经济学契约理论的主要内容之一，其主要研究的是委托与代理之间的关系，是指一个或多个委托人根据一种明示或隐含的契约，指定、雇佣代理人为其服务，同时授予代理人一定的决策权利，并根据代理人所提供的服务数量和质量对其支付相应的报酬。在委托代理理论中，最根本的任务是研究在利益相冲突和信息不对称的环境下，委托人如何设计最优契约激励代理人。但是在现实生活中，由于代理人的努力投入难以观测或观测成本太高，因而容易产生道德风险问题从而偏离委托人的利益，为了使两者的利益一致，委托人应该将代理人的报酬与最终产出联系起来，在满足代理人激励约束和参与约束的情况下，达到委托人利益最大化[①]。

委托代理理论从不同于传统微观经济学的角度来分析企业内部、企业之间的委托代理关系，是现代企业理论的重要组成部分，其在管理者报酬决定机制研究领域也一直占据着主导地位，至今大量对高管薪酬的研究也是基于该理论进行的。

（三）马斯洛需求层次激励理论

1943 年，美国著名行为学者 Abraham Harold Maslow（马斯洛）在《人的动机理论》中提出了需求层次理论，该理论认为人的行为是受人的内在需求激励的。需求层次激励理论是现代企业薪酬管理理论的基础，激励与报酬之间互为因果关系是其基本结论之一。有效的薪酬体系以及良好的管理机制与员工激励之间将会是一个良性的互动过程。[②]

马斯洛把人类的多种需求归纳划分为如下五个层次：

（1）生理需求。这是人类维持自身生存的最基本需求，包括饥、水、住、性等方面的要求。从这些意义上说，生理需求是推动人们行动的最强大的动力。较高的薪酬水平可以改良自己的生理需求满足状况，这也是薪酬激励理论的最直观体现。

（2）安全需求。这是人类要求保障自身安全、摆脱失业和丧失财产的威胁、避免职业病的侵袭的需求。因此，稳定的薪酬水平可以较好地满足企业员工的安全需求，提高企业的凝聚力。

---

① 杨伟国,高峰.委托代理理论下高管薪酬研究的新进展[J]. 理论探讨，2009(2):76.

② 周素彦.国有商业银行激励约束机制改革初探[J]. 金融教学与研究，2007(1):18-19.

（3）社会需求。这一层次的需求包括感情、友谊的需求和归属的需求。

（4）尊重需求。与社会需求一样，体现了个人需求的较高级层次，是超脱物质约束下的意识形态需求。完善的薪酬体系和合理的晋升通道，是对个人能力的一种社会化肯定，可以不断满足企业员工的社会需求和尊重需求。

（5）自我实现需求。是指企业员工要求完成与自己能力相符合的任务，最大限度地释放个人的能力和实现自己的理想目标。是需求层次理论的最高级阶段。

这五种需求可以分为高级阶段、中级阶段和低级阶段三个级别，其中生理需求、安全需求和社会需求可以通过外部调节得到满足，而尊重的需求和自我实现的需求必须通过内部因素才能得到满足（图 15-2），而且一个人对尊重和自我实现的需求是无止境的。人的需求是多样和逐层上升的。某一层次的需求相对满足了，就会向高一层次发展，追求更高一层次的需求就成为驱使其行为的动力。相应地，获得基本满足的需求就不再是一股激励力量①。

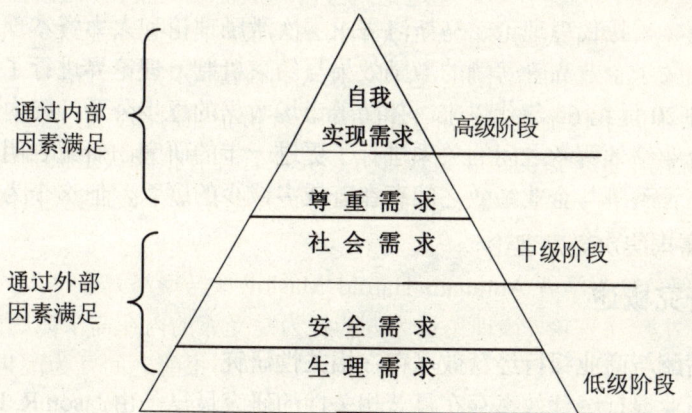

图 15-2　马斯洛需求层次激励理论示意图

（四）人力资本理论

人力资本（HC，Human Capital）理论最早由 20 世纪 60 年代美国经济学家 T. Schultz 和 Gary S. Becker 创立。该理论认为人力资本是体现在人身上的资本，表现为蕴含于人身上的各种生产知识、劳动与管理技能以及健康素质的存量总和。

人力资本理论从高级管理人员自身出发，讨论薪酬水平的决定机制，Agarwal（1981）提出"如果一个管理者凭借其出色的领导能力和英明决策，为公司创造了更多的价值和利润，那么他被授予较高的报酬也是理所应当"。人力资本理论认

---

① 马斯洛. 人的动机理论 [M].2 版.北京：华夏出版社，1987.

为，一个人的价值创造能力取决于边际生产率，边际生产率的高低取决于其在人力资本方面的投资情况。因此，高级管理人员的薪酬状况可以用教育水平、工作经验、后期培训和任期等指标衡量。[①]周其仁（2006）认为，人力资本具有极其重要的产权特征。区别于其他经济资源，人力资本是一种独一无二的所有权。如一个人的身体健康程度、工作生活阅历、特殊技能和其他精神方面特质都只能不可分割地隶属于其载体。[②]管理者人力资本所蕴含的价值不可能脱离管理者而存在，作为商业银行的管理者和决策者，高级管理人员不仅需要拥有丰富的专业知识和先进的管理理念，更需要有敏锐的洞察力和驾驭全局的能力，而这些知识和技能是需要通过较长时间的学习、培训和实践才能掌握的。

第二节　文献概述

随着契约理论、委托代理理论、马斯洛需求层次激励理论和人力资本理论的不断衍生和深化，关于企业高管薪酬的激励效果与约束机制，理论界进行了深入的探讨。尤其是自 20 世纪 60 年代以来，伴随着市场数据的逐步公开，国内外学者对高管薪酬和企业绩效两者之间的关系进行了更进一步的研究。研究表明，虽然主流观点认为高管薪酬与企业绩效之间存在着或多或少的联系，但迄今为止仍然没有形成一个确定的结论。

一、国外研究概述

（一）高管薪酬与商业银行经营效率存在相关性研究

关于薪酬与商业银行经营效率存在显著相关性的研究最早是由 Jason R. Barro & Robert J. Barro Source（1990）进行的，他们通过对 1982—1987 年一些大型商业银行新任首席执行官（CEO）和现任首席执行官的数据为样本分析了银行高管报酬与效率的关系，发现 CEO 的薪酬与经营业绩之间存在着正相关的关系，其中股票期权对高管人员的激励效应也十分显著。

Anthony J. Crawford、John R. Ezzell & James A. Miles Source（1995）以 1976—1988 年商业银行 CEO 的数据作为样本根据商业银行 CEO 薪酬和商业银行绩效之间关系的估计，对商业银行管理业务干预越少商业银行 CEO 薪酬对绩效越具有敏感性这一假设进行验证。研究发现商业银行 CEO 绩效薪酬敏感性水平在

---

① 黄再胜.企业经理报酬决定理论: 争论与整合[J]. 外国经济与管理，2005(8): 33-40.

② 周其仁.市场里的企业: 一个人力资本与非人力资本的特别合约[J]. 经济研究，1996(6): 71-78.

1982 年之前与 1982 年之后两段时期之间显著增加。数据显示：对风险更多的商业银行来说，CEO 绩效薪酬敏感性更大。

Sylvie Stonge、Source & Michel L. Magnan（1997）从高层管理人员拥有自主管理的权限大小角度，对商业银行绩效水平与高管薪酬之间的关系进行了分析探讨。他们经过研究发现，高管的自主管理权可以影响到商业银行绩效与高管薪酬之间的关系：在拥有较高的管理自主权的商业银行中，高级管理人员往往能够左右企业战略，他们的薪酬和银行绩效的关系相对于拥有较低管理自主权的商业银行来说更为紧密。

（二）高管薪酬与商业银行经营效率不存在相关性研究

这方面最早的工作是由 Taussins & Baker（1925）完成的，其研究结果表明高管薪酬与商业银行绩效之间的相关性很小。Jensen & Murphy（1990）对 250 家大型公开上市公司 CEO 的薪酬进行了研究，发现公司市场价值每变化 1000 美元，CEO 的薪水和奖金两年间的相应变化为 6.7 美分，改变的长期效应在 CEO 的财富上增加不到 45 美分。商业银行市场价值每变化 1000 美元，由于受到可能被解雇的影响，CEO 财富变化的中位数不到 5 美分。作为中位数变化，股票认购权为 CEO 的财富增加了 58 美分，CEO 持股价值变化的中位数为 66 美分。总之，商业银行价值每增加 1000 美元 CEO 的财富增加 2.59 美元。研究表明，CEO 的报酬与企业业绩的关系高度不相关。Houston & James（1995）[1]、Aggarwal & Samwick（1999）也发现了企业高管薪酬与商业银行绩效几乎无关这一事实。

Adams & Mehran（2003）认为，国外商业银行虽然对高管普遍实施股权激励，但是银行业的报酬绩效敏感度指标通常低于制造业和其他行业，激励机制不合理。同年，Johyn Ky Qia 通过对 1992—2002 年的数据进行研究，也发现美国银行业 CEO 薪酬与绩效的敏感度不高，它与企业负债率和企业规模成反比[2]。

二、国内研究概述

（一）高管薪酬与商业银行经营效率存在相关性研究

陈学彬（2005）通过对内地的几家上市商业银行的薪酬现状和商业银行业绩进行研究，发现商业银行高管人员和员工薪酬与商业银行资产规模、资产收益率有较强的正相关性。[3]

杨大光、朱贵云、武治国（2008）通过对 2001—2007 年招商银行等 5 家上市

① Houston, James. ˙CEO Compensation and Bank Risk：Is Compensation Structured in Banking to Promote Risk Taking[J]. Journal of Monetary Economics, 1995(36):405-431.

② Johyn K, Qia Y. Incentive Features in CEO Compensation in the Banking Industry[J]. Frbny Economic Policy Reviews，2003(4):109-121.

③ 陈学彬. 中国商业银行薪酬激励机制分析[J]. 金融研究, 2005(7):76-94.

商业银行年报所公布的相关数据进行研究分析，指出这5家上市商业银行的高管薪酬与商业银行的盈利性水平之间存在显著正相关关系，但是与商业银行经营的安全性、流动性及不良资产率之间的关系相关性不显著[①]。

郑向杰、淡华珍（2010）通过对河南省2008年37家上市公司年报披露数据进行研究分析，认为高管薪酬与企业业绩呈现较显著的正相关关系。史晓明、尼楚君（2011）认为，董事会对高管薪酬业绩敏感性具有显著影响，其中与大规模董事会、两职合一负相关，与提高独立董事比例、设置薪酬委员会正相关。

（二）高管薪酬与商业银行经营效率不存在相关性研究

苟开红（2004）参考美国银行业的薪酬水平及构成，以国内股份制商业银行为研究对象，发现股份制商业银行高管的薪酬与主营业务收入、净利润相关性不明显，且高管薪酬总额与收入和利润还呈现出负的相关性，指出只有引入长期激励机制才能解决这一现象[②]。魏华、刘金岩（2005）通过对山东、河南两省商业银行高管薪酬数据进行实证分析，得到商业银行高管薪酬与商业银行绩效之间相关性不明显的结论，指出高管薪酬激励机制存在不合理现象使其没有发挥应有的作用。

蔡维菊（2010）以沪深两市的全部共13家上市商业银行2007、2008年年报数据为主要研究对象，发现我国银行业针对高管薪酬仍然缺乏与业绩挂钩的有效的量化考核标准以及外部监督体系，这使得近两年上市商业银行的高管薪酬与公司绩效之间不存在显著的正相关关系[③]。

赵坚、秦杨（2010）以2007—2009年沪深两市上市的14家商业银行为研究对象，采用固定效用模型对上市商业银行高管薪酬和经营绩效的关系进行实证分析，指出由于忽视了提升商业银行资本使用效率对高管薪酬的激励效用，造成我国上市商业银行盈利的增加更多是依靠资本的扩张[④]。

三、文献述评

上述文献研究表明，西方对高管薪酬与商业银行经营效率的研究开展较早，自20世纪60年代开始，随着委托代理理论的兴起和公开市场数据的公布，西方广大学者都利用各自不同时期的数据对高管薪酬与商业银行经营绩效之间的关系

---

① 杨大光，朱贵云，武治国. 我国上市银行高管薪酬和经营效率相关性研究[J].金融论坛，2008(8):9-13.

② 苟开红. 我国股份制商业银行高管薪酬构成及长期激励研究[J].国际金融研究，2004 (11):17-21.

③ 蔡维菊. 上市银行高管报酬与银行绩效关系的实证分析——基于2007年和2008年的数据比较[J].福建商业高等专科学校学报，2010(3):30-33.

④ 赵坚，秦杨. 我国上市银行高管薪酬与经营绩效关系的实证研究[J].东方企业文化——商业文化，2010(14):79-80.

进行了广泛的研究。我国在这方面的研究起步较晚，2002 年中国人民银行发布《商业银行信息披露暂行办法》，2005 年首次要求年报有关薪酬的披露细化到上市公司高管人员个人，因而针对商业银行高管薪酬问题的研究程度并不高。其中，国内的研究始于陈学彬等人，他们认为上市企业的高管薪酬与绩效之间存在较强的相关性。但是，无论从委托代理理论、契约理论、人力资本理论，还是各种各样的激励理论出发，它们都有着许多的假设和前提，都依赖于各家上市商业银行公布的数据样本、计量方法以及公司薪酬、业绩的各变量。总之，无论是以高管的股权、期权、奖金或年薪支付水平，还是以其实际获得的全部收益来衡量高管薪酬激励的强度，商业银行经营效率与高管薪酬的关系均很难用一个简单的线性关系来表述[①]。

因此，本书拟在前人的研究基础上，通过我国商业银行高管薪酬对经营效率的影响的实证检验和经验分析，找出对商业银行经营效率影响较为显著的因素，并根据这些显著因素寻求从高管薪酬角度提高商业银行经营效率的方法或途径。

第三节　小结

本章首先从高管薪酬的内涵出发，指出高级管理人员在企业中有着举足轻重的地位：是企业日常经营的决策者、管理者、控制者和责任者，发挥着配置各种生产要素作用的领导者。并对本分论所研究的商业银行高管及高管薪酬的构成进行理论界定。其次以委托代理理论、契约理论、人力资本理论和马斯洛需求层次激励理论为基础，分析了高管薪酬与企业之间的关系。最后对国内外研究现状、成果进行整理，认为西方对高管薪酬与商业银行经营效率的研究开展较早，他们利用各自不同时期的数据对高管薪酬与商业银行经营绩效之间的关系进行了广泛的研究；我国在这方面的研究起步较晚，目前学术界对高管薪酬与商业银行经营效率的研究还不够深入，仍然没有一个统一的答案。

---

① 赵青华. 高管薪酬、激励与公司业绩关系研究评述[J]. 管理纵横，2010(1): 101-108.

第十六章　高管薪酬与商业银行
经营效率的经验分析

　　随着我国金融体制改革的不断深化，国有商业银行股份制改革已经完成，全国性股份制商业银行和地方性商业银行纷纷上市。由于上市商业银行组织结构设计和内部运营机制都相对完善，已经成为我国商业银行的"领头羊"和"主力军"。但是，考虑到数据的完整性、代表性和准确性，本章以截至 2009 年上市的 14 家商业银行为研究对象，选取 2006—2009 年年报所公布的数据，对高管的薪酬水平和持股状况、高管薪酬与银行绩效之间的关系以及商业银行高管薪酬的影响因素等方面进行了经验分析。

第一节　理论假设

　　关于高管薪酬激励与商业银行经营效率的实证研究，学术界普遍采用"委托代理"理论的观点来检验高管薪酬与商业银行经营业绩之间的相关性。本节将首先从商业银行业绩的角度研究高管薪酬激励的有效性，然后站在业绩成长性的角度对高管薪酬激励的有效性进行检验。因此，本节建立以下三个方面的理论假设。

一、商业银行高管薪酬与经营业绩呈正相关关系

　　从商业银行管理者角度来看，股东利益最大化就是所有管理和经营活动的核心，而股东利益最大化这一目标可以通过对银行价值的衡量来反映。在委托代理理论的分析框架下，商业银行股东与高级管理人员之间通过签订薪酬契约，以降低高级管理人员在商业银行经营过程中由于道德风险和信息不对称所产生的代理成本。商业银行股东为实现高级管理人员与自身利益追求的一致性，施行以商业银行业绩高低决定薪酬多少的薪酬制度。

二、我国上市商业银行高管薪酬与商业银行的成长性呈正相关关系

　　一般来说，上市公司成长性是指公司在自身的发展过程中，其所在的产业和

行业受国家政策扶持，具有发展性、产品前景广阔、公司规模呈逐年扩张、经营效益不断增长的趋势。而对商业银行成长性的分析，不仅仅是依靠已经成为历史的数据和过去的辉煌，更重要的是要看商业银行在未来所具有的成长潜力与发展空间，所以在"知己"的同时也需要"知彼"，即了解整个银行业市场及产品的变化趋势。成长能力强的商业银行在不断增加自身价值的同时，也在不断为股东带来财富。按照委托代理理论，商业银行股东会在薪酬契约中将商业银行成长性与高管薪酬之间的关系设置成正相关，以此来激励高管的行为目标，使其与自身利益追求相一致。

三、我国上市商业银行高管薪酬与商业银行的规模正相关

为保证商业银行不断成长，并在激烈的市场竞争中立于不败之地，正确的领导决策十分重要。一般来说，商业银行的规模越大，高级管理人员拥有的权利和威望越大，控制的资源也越多。控制资源的增多将使资产多样化的程度增加，使商业银行风险分散化，让有限的资源从风险管理领域中转移出来，转向更高收益的资产，从而提高了商业银行的收益。其中涉及的经营管理问题越复杂，对高级管理者的能力要求也就越高。此时，高级管理人员将要求更高的薪酬作为其能力提升的补偿。因此，大型商业银行中高级管理人员的能力所产生的租金要远远高于小型商业银行，其报酬也就相应地更多。

第二节　指标及样本选取

一、变量选取

（一）被解释变量（Dependence）

根据上文所建立的理论假设，在此相应地构造了两类被解释变量，即业绩变量和成长性变量。

1. 业绩变量

在业绩方面，虽然国外学者大多采用反映公司市场价值的 Tobin's Q 值[①]指标来衡量商业银行经营效率，但是这并不适用于我国现状。因为，一方面，我国上

---

① Tobin's Q 理论：由诺贝尔经济学奖获得者詹姆斯·托宾（James Tobin）于 1969 年提出。詹姆斯·托宾把 Tobin's Q 定义为企业的市场价值与资本重置成本之比。它的经济含义是比较作为经济主体的企业的市场价值是否大于给企业带来现金流量的资本的成本。Tobin's Q 值大于 1，说明企业创造的价值大于投入的资产的成本，表明企业为社会创造了价值，是"财富的创造者"；反之，则浪费了社会资源，是"财富的缩水者"。

市商业银行股权结构普遍存在"股权分置"的现象（指上市商业银行中有一部分由社会公众持有的可以上市流通的股份，另一部分由国家和国有法人持有的暂时不上市的非流通股份），虽然从 2005 年开始针对这一问题进行了不断的改革和创新，但是对于将非流通股份完全转变为非限制性流通股份在短期内是不可能一次性实现的。而商业银行股权结构中存在的非流通股份，又为评估上市商业银行的市场价值增加了难度。另一方面，由于我国资本市场尚处于不发达阶段，公司股票的价格并不能完全反映公司的业绩，在某些情况下还会出现一定的背离。公司在资本市场上的市值并不能有效地反映公司的价值。

因此，本节选取财务指标来反映上市商业银行的经营业绩。由于国内一些上市公司为了迎合监管部门的审批和要求，往往虚报利润，对净资产收益率存在着一定程度的操纵，因此，本节将选取总资产收益率而非净资产收益率来反映经营业绩，作为检验上市商业银行高管薪酬对经营效率效果的重要变量。

2. 成长性变量

成长性变量，是一家企业在业绩和规模方面的提升比例，反映了未来的产出预期。在一定时期内代表着这家企业的实际经营能力发展状况。商业银行的经营状况反映了宏观经济形势的走向，因此，作为商业银行的股东和债权人，甚至于普通职员、政府和其他利益相关者，对其成长性指标都要有足够的关注和重视。

在商业银行的各项经营指标中，本节拟选取股东权益增长率和净利润增长率两项指标来反映商业银行的成长性。首先，商业银行作为一家企业，股东利益最大化是经营者追求的终极目标，而且股东权益的增长作为股东真正的财富积累展现了商业银行的发展活力，是商业银行发展强势的有力体现；其次，作为商业银行经营运作的最终结果，利润是银行积累和发展的基础。净利润的连续增长是公司成长性的基本特征。净利润增长率不仅反映了商业银行的赢利增长状况，而且还体现了商业银行的持续发展能力。所以，本节从投资者和商业银行两个角度分别选取股东权益增长率和净利润增长率来反映成长性，作为检验上市商业银行高管薪酬对经营效率效果的另一个重要变量。

（二）解释变量（Independence）

1. 检验变量

检验变量，即本节所考察的商业银行高管薪酬水平，考虑到数据的可比性，本节拟选取商业银行年报中公布的高级管理人员年薪的平均值来衡量。在此，根据 2006—2009 年年报公布数据，剔除了非执行董事、独立董事、外部监事和未公布年薪的高级管理人员，以及在其他关联单位领取薪酬而仅在银行领取津贴和补贴的高级管理人员。需要特别说明的是，由于存在不同商业银行、不同年份所披露的年报数据中的高管年薪存在税前税后情况不一致的情况，而个人所得税额是对高管的薪酬水平产生直接影响的因素，出于研究的规范性和对结论推理的科学性负责考虑，本节对 14 家上市商业银行年报披露的高管薪酬数据进行了统一口径，将高级管理人员的税后年薪部分统一换算为税前年薪，用税前年薪来计算检验变量的值。

2. 控制变量

控制变量是指为了准确地检验上市商业银行高管薪酬对经营效率的影响，必须控制可能影响银行业绩与成长性的重要指标。在此，本节将选取特征变量和治理变量这两种类型的控制变量对二者之间的关系进行实证分析。

研究表明，商业银行规模是影响经营业绩与成长性的重要指标，不同规模的商业银行具有不同的经营成长特性。本节拟选取商业银行的规模指标作为特征类控制变量，具体使用商业银行年度账面平均值来表示。近年来，随着商业银行股改的基本完成，国内关于商业银行股权结构与经营业绩的关系进行了大量深入的研究，而学者们对两者之间的关系也进行了各种实证分析，虽然没有获得高度一致的结果，但都说明了股权结构同样是影响商业银行经营效率和成长性的重要指标之一。因此，本节拟选取商业银行前 3 大股东持股比例作为治理类变量。

本节所选择的具体变量指标见表 16-1。

表 16-1　变量指标描述

变量名称	代表符号	变量指标含义	变量名称	代表符号	变量指标含义
被解释变量指标			解释变量指标		
总资产收益率	ROA	ROA=利润总额／平均资产总额	高管平均年薪	AC	AC=高管年度薪酬总额／高管人数
股东权益的增长率	RNA	RNA=本年股东权益增长额／年初股东权益	银行规模	$SIZE$	$SIZE$=年初与年末账面资产的平均值
净利润增长率	RNP	RNP=本年净利润增长额／上年净利润额	前三大股东持股比例	CR_3	CR_3=前三大股东持股比例之和

二、样本筛选

考虑到数据的可得性和可比性，在此舍弃了前面章节所选取的浙江银行和上海农村商业银行，以 2006—2009 年年报信息披露较为完善的上市商业银行为样本，选取当年年报所披露高管人员薪酬的上市商业银行：样本容量共 48 个，其中 2006 年为 7 个样本，2007 年为 13 个样本（北京银行高管薪酬未公布，农业银行和光大银行尚未上市），2008 和 2009 年各 14 个样本，样本量基本达到实证研究的要求。需要特别说明的是，自 2006 年起我国商业银行在薪酬制度方面进行了较大层面的改革，高管的薪酬也出现了较大幅度的上涨，考虑到数据的稳定性和趋势性，本章将考察样本区间设定为 4 年（2006—2009 年）。根据样本数据的可得性、可比性和准确性，2006—2009 年样本选择如表 16-2 所示。

表 16-2　2006—2009 年样本选取情况

上市银行		样本选取时间				
名称	上市时间	2006	2007	2008	2009	合计
中国银行	2006-07-05	√	√	√	√	4
工商银行	2006-10-27	√	√	√	√	4
建设银行	2007-09-25		√	√	√	3
交通银行	2007-05-15		√	√	√	3
农业银行	2010-07-15					0
浦发银行	1999-11-10	√	√	√	√	4
华夏银行	2003-09-12	√	√	√	√	4
民生银行	2000-12-19	√	√	√	√	4
招商银行	2002-04-09	√	√	√	√	4
中信银行	2007-04-27		√	√	√	3
兴业银行	2007-02-05		√	√	√	3
北京银行	2007-09-19			√	√	2
南京银行	2007-07-19		√	√	√	3
宁波银行	2007-07-19		√	√	√	3
深发展银行	1991-04-03	√	√	√	√	4
光大银行	2010-08-18					0
合计		7	13	14	14	48

数据来源：由 2006—2009 年各样本商业银行年报数据整理。

注：√表示选取该样本，空白表示不选择；其中农业银行、光大银行因上市时间过短，牵涉到股改和业绩重估，可比性较弱，故在统计分析时未作考虑。

三、数据的描述性统计

（一）高管年薪报酬 *AC* 的描述性统计

从 2005 年起，我国商业银行在高管薪酬方面的改革力度不断加大，2007 年上海荣正投资咨询有限公司发布《中国企业家价值报告》（简称《报告》），《报告》根据上市公司 2006 年的公开数据，制作了国内上市公司高管年薪及持股市值排行榜等研究成果，对上市公司高管的薪酬水平作出比较和分析。《报告》显示，2006 年我国上市商业银行高管的年薪均在百万元以上，其中深发展银行董事长兼 CEO 法兰克·纽曼以 995 万的税后年薪居于榜首。工商银行、中国银行等国有上市银行也位居前列。2007 年我国银行业更是诞生了三位千万富豪，其中法兰克·纽曼更是以 2285 万元的高额年薪稳居我国商业银行中"最贵的打工皇帝"。紧随其后的民生银行董事长董文标和行长王澎世也突破千万。2009 年 9 月 16 日，人力资源和社会保障部等六部门联合颁布《关于进一步规范中央企业负责人薪酬管理的指导意见》，受此影响，2009 年上市商业银行高管年薪有所回落。表 16-3 列示了 2006—2009 年上市商业银行高管平均年薪 *AC* 的基本描述性统计量的特征。

表 16-3　样本商业银行高管平均年薪 *AC* 的基本统计特征　　单位：万元

年份	样本量	均值	最大值	最小值	标准差	偏度	峰度
2006	9	170.36	306	76.22	83.54	0.369	-1.496
2007	12	282.43	861.68	84.12	236.84	1.676	2.302
2008	15	253.04	730.34	100.66	172.42	1.831	3.432
2009	15	217.2	641.83	63.01	162.16	1.532	2.339
合计	51	234.82	861.68	63.01	175.01	1.857	3.45

数据来源：由 2006—2009 年各家上市商业银行披露年报数据整理。

由表 16-3 可以直观地看出，2006—2009 年我国上市商业银行高管平均年薪为 243.82 万元，但除了 2006—2007 年高管薪酬有所增加外，2007—2009 年均呈下降趋势。其中，2006 年我国上市商业银行高管的平均年薪在这四年中达到了最低值，为 107.36 万元，2007 年则达到了最高值，为 282.43 万元。

从偏度值来看，2006—2009 年我国上市商业银行高管年薪呈偏向分布，说明在这四年里大部分上市商业银行高管平均年薪低于 243.82 万元，而峰度值也证明了这一点。2006—2009 年我国上市商业银行高管薪酬成尖峰分布，且除 2006 年峰度为负值，尖峰偏左以外，自 2007 年之后峰度皆为正值，高管薪酬分布右偏趋势更加明显。

（二）商业银行业绩与成长性指标的描述性统计

如表 16-4 所示，由商业银行的业绩指标可以看出，除了 2009 年受到国际金融危机的影响，业绩有所下降之外，2006—2008 年我国上市商业银行的业绩水平总体呈现稳步上升的态势。而且在这四年中，业绩指标的中位数和均值相对变化不大，这说明了各上市商业银行每年的业绩指标 ROA 都相对均匀且集中地分布在均值的附近，离散程度较小。

表 16-4　2006—2009 年样本商业银行业绩与成长性指标的基本统计特征

指标		统计量	样本量	均值/%	最大值/%	中位数/%	最小值/%	标准差/%
2006 年	业绩指标	ROA	15	0.7613	1.28	0.8	0.36	0.23637
	成长性指标	RNA	14	40.3436	112.17	27.4	8.43	29.93682
		RNP	14	57.5943	335.1	32.925	-1.65	82.58187
2007 年	业绩指标	ROA	16	0.9869	1.44	1.04	0.41	0.26698
	成长性指标	RNA	14	93.9707	278.86	73.91	9.68	84.48132
		RNP	14	87.7314	254.98	64.85	44.21	56.24803
2008 年	业绩指标	ROA	16	1.0825	1.55	1.2	0.13	0.38397
	成长性指标	RNA	16	19.9831	110.04	13.715	-60.08	32.86967
		RNP	16	34.4762	127.61	37.985	-76.83	40.66578
2009 年	业绩指标	ROA	16	0.9962	1.27	1	0.48	0.2063
	成长性指标	RNA	16	22.0269	63.04	14.765	7.25	18.34821
		RNP	16	61.2706	719.33	15.845	-12.94	176.34714

　　数据来源：由 2006—2009 年各家上市商业银行披露年报数据整理。

从成长性指标来看，2006—2009 年间我国上市商业银行 RNA 和 RNP 各年的标准差相距较大，且每年 RNA 和 RNP 的全距（最大值与最小值的差）均能说明四年间的成长性指标 RNA 和 RNP 变化的波动幅度比较大这一现象。其中，2006、2007 两年 RNP 的标准差达到了 82.58％和 56.25％；而且 2006—2009 年成长性指标 RNA 和 RNP 的最大值、最小值之间存在着几十倍甚至上百倍的差距。2007 年 RNA 达到最大值，为 93.97％，明显高于其他三年。2006 和 2007 年的 RNP 分别为 57.6%和 87.7%，明显高于 2008 年。

第三节　实证检验结果及分析

一、实证检验结果

为了检验上文提出的假设,本节通过 SPSS17.0 软件计算变量指标间的 Pearson 相关系数来分析高管报酬与商业银行业绩、成长性之间线性相关的强弱,见表 16-5、表 16-6。

表 16-5　高管薪酬与商业银行业绩相关系数矩阵

		AC	ROA	RNA	RNP
AC	Pearson Correlation	1	-0.179	0.137	0.315*
	Sig. (2-tailed)		0.229	0.358	0.031
	N	47	47	47	47
ROA	Pearson Correlation	-0.179	1	-0.022	0.023
	Sig. (2-tailed)	0.229		0.882	0.877
	N	47	47	47	47
RNA	Pearson Correlation	0.137	-0.022	1	0.129
	Sig. (2-tailed)	0.358	0.882		0.389
	N	47	47	47	47
RNP	Pearson Correlation	0.315*	0.023	0.129	1
	Sig. (2-tailed)	0.031	0.877	0.389	
	N	47	47	47	47

注:本结果由计量软件 SPSS17.0 计算得出。*表示在 10%的水平上显著。

由表 16-5 可得,上市商业银行高管的平均年薪 AC 与总资产收益率 ROA 间的相关系数为-0.179,相关系数检验的概率为 0.229,大于校验值 0.05。因此可以得出,高管的薪酬水平与商业银行的总资产收益率并不显著相关,而且从相关系数的大小可以看出,上市商业银行的高管薪酬与经营业绩的相关性很小。2008 年公布的商业银行高管薪酬数据显示:中信银行发放的高管报酬总额为 4936 万元,平均每人 362 万元;经营业绩相当,而且同为全国性股份制商业银行的华夏银行高管薪酬却只有平均每人 86 万元，只有中信银行的四分之一。通过商业银行之间的横向比较，不同的薪酬水平却得到了同样的经营业绩，商业银行高管薪酬水平与经营效益之间正相关关系并不存在。因此拒绝假设一：我国上市商业银行高管报酬与经营业绩呈正相关关系。

表 16-6　高管薪酬与商业银行成长性相关系数矩阵

		AC	$SIZE$	CR_3
AC	Pearson Correlation	1	-0.344*	-0.467**
	Sig. (2-tailed)		0.018	0.001
	N	47	47	47
$SIZE$	Pearson Correlation	-0.344*	1	0.799**
	Sig. (2-tailed)	0.018		0
	N	47	47	47
CR_3	Pearson Correlation	-0.467**	0.799**	1
	Sig. (2-tailed)	0.001	0	
	N	47	47	47

注：本结果由计量软件 SPSS17.0 计算得出。*、**分别表示在 10%、5%的水平上显著。

股东权益增长率（ROA）和净利润增长率（RNP）分别从投资者和商业银行自身经营角度来反映商业银行的成长性，它们的提高可以反映这家商业银行具有良好的成长性和发展潜力；商业银行平均年薪与两者的相关程度反映了薪酬水平的激励作用。由表 16-6 得出，商业银行高管的平均年薪 AC 与净利润增长率 RNP、股东权益增长率 RNA 之间的相关系数分别为 0.315 和 0.137，其相关系数检验的概率值均大于 0.01，通过了变量的显著性检验。因此，作为检验变量的高管平均年薪 AC 与净利润增长率 RNP、股东权益增长率 RNA 之间并不具有显著的正相关关系，拒绝原假设二：商业银行高管报酬与商业银行成长性之间呈正相关关系。

其中，从表 16-6 中可以看出，商业银行规模 $SIZE$ 变量与前三大股东持股比例之和 CR_3 变量的相关系数达到了 0.799，相关系数检验的概率 P 值近似为 0，因此商业银行规模 $SIZE$ 与前三大股东持股比例之和 CR_3 之间存在显著的正相关关系，从而接受假设三：我国上市商业银行高管薪酬与商业银行的规模正相关。

二、经验分析

根据实证检验结果，在此对高管的薪酬水平和持股状况、高管薪酬与商业银行绩效之间的关系以及商业银行高管薪酬的影响因素等方面进行经验分析。

（一）商业银行高级管理人员地位超脱

在中国，政府对经济的控制影响效果较为显著，以间接融资渠道占主导的金融体系更是如此，因为商业银行在金融体系中所占据的重要地位，它的健康稳定发展不仅关系到我国金融体系自身的安全，更是决定着国民经济能否持续增长的大局。

一方面我国"股权分置"严重，政府通过国家及国有法人间接持有商业银行部分非流通股份来谋求对商业银行的控制（如表16-7），因此政府行为也就自然而言地渗透进商业银行的日常经营管理过程中。

表16-7　2009年各样本商业银行年末国有持股占比

	工商银行	建设银行	中国银行	交通银行	中信银行	华夏银行	浦发银行	兴业银行
国家持股	70.7%	57.09%	70.83%	26.48%	—	—	—	—
国有法人持股	—	3%	0.12%	5.29%	63.28%	36.02%	33.94%	30.41%
总共	70.7%	60.09%	70.95%	31.77%	63.28%	36.02%	33.94%	30.41%

数据来源：由2009年各家上市商业银行披露年报数据整理。

另一方面，政府行使出资人权利，对商业银行大多数管理者进行的行政任命，也大大影响了商业银行高管薪酬对经营效率的激励作用。而且由政府任命的高级管理人员的薪酬水平和所能享受的福利待遇，并不能与管理者所肩负的责任和风险有效匹配，而是简单地由其行政级别所决定。这将导致商业银行代理者（高级管理人员）与委托者（股东）行为目标发生偏移。为了迎合监管部门的规定，存在着大量的利润操纵行为，使政治目标、职位的提升和领导的赏识取代原有的经济目标，扭曲高管薪酬的激励作用。

（二）商业银行高管薪酬存在差距

1. 商业银行高管薪酬水平与国外存在差距

商业银行薪酬水平的确定必须综合考虑人力资本市场的竞争和综合财务成本的竞争。薪酬水平反映了人力资本的使用成本。商业银行目前较低的薪酬水平虽然使其具有一定的人力资本使用成本优势，但它却使商业银行在与外资商业银行的人才竞争中处于劣势。根据《华尔街日报》2010年3月26日公布的美国各大银行CEO排行榜，排名第一的是富国银行CEO约翰·斯腾普夫，他2009年薪酬总计为 2130 万美元。而在中国，"打工皇帝"深发展董事长法兰克·纽曼 2009 年税前年薪则仅为 1741 万元人民币。

就已经披露的数据来看，通过与 2008 年数据对比，大部分商业银行的最高薪酬与 2008 年相比有很大幅度的降低，其中四大国有商业银行最严重：交通银行（-49.35%）、中国银行（-44.86%）、工商银行（-43.42%）和建设银行（-17.00%）分列降幅最大的第一、二、三、六位，目前暂时公布的最高薪酬普遍较低。工行、建行、中行三大行 2009 年公布的董事长薪酬都未过百万，且降幅都超过了 40%，其中董事长薪酬最高的是工行董事长，年薪 91.1 万元，仍比上年的 161 万元缩水43%。行长方面，整体来看，薪酬普遍有所降低。民生银行行长以 627 万元的年薪位列各行长薪酬之首，但相比 2008 年其薪酬也降了将近 27%。三家国有商业银行继续较低，中国银行行长薪酬降幅超过了 50%。但国有商业银行的高管薪酬仍有待确认未披露部分，因此年报中披露的数据有可能会低于实际的薪酬数据。其中，外籍高管薪酬普遍较高，从高管薪酬水平与商业银行类型、人员来源的关系来看，因为受经济危机和监管政策的影响，2009 年高管薪酬普遍有所降低。

2. 不同商业银行高管薪酬差距较大

随着四大国有商业银行的股份制改造的顺利完成，逐步建立起了科学的管理机制和市场化的管理模式，并依靠自身的力量积极参与到市场竞争中。根据 2009年我国 14 家商业银行的年报所披露的前三名高管人员的平均薪酬，从图 16-1 中可以看出不同商业银行高管薪酬差距显著这一现象。其中，深发展银行前三名高管人员的平均薪酬高达 959.3 万元，而排名最后的交通银行前三名高管人员平均薪酬仅为 76.5 万元，二者相差 12.5 倍。

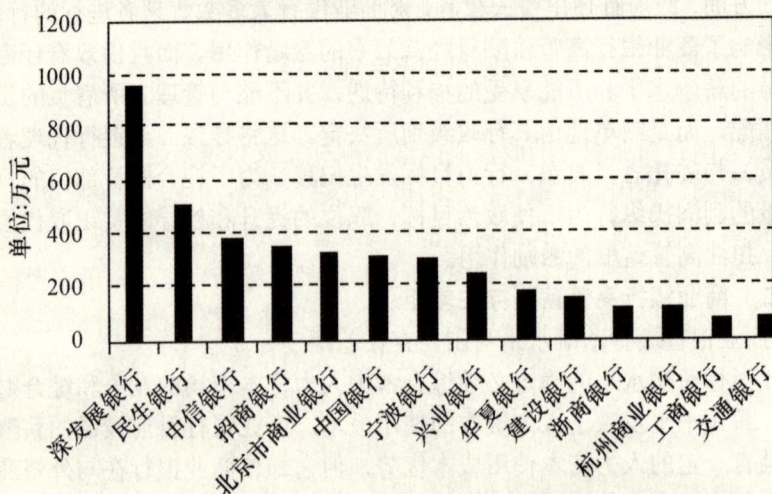

图 16-1　2009 年 14 家上市商业银行前三名高管平均薪酬

3．同一家商业银行高管团队薪酬差距大

银行业属于知识密集型行业，各业务部门之间相关性强，需要更多的横向交流从而形成一种合力，所以同一家商业银行高管团队中薪酬出现较大差距，往往会导致高管之间互相猜忌，为获得更多的个人薪酬会迫使高级管理人员存在政治阴谋及大量利润操控行为，使得高管个人的利益与股东所追求的目标发生偏差。因此，降低同一家商业银行高管之间的薪酬差距，有利于加强高管团队的合作精神，提高商业银行的经营效率。

但是 2009 年上市商业银行年报公布的高管薪酬数据表明，在同一家银行的高级管理人员团队中，高管薪酬仍然存在较大差距（如图 16-2）。

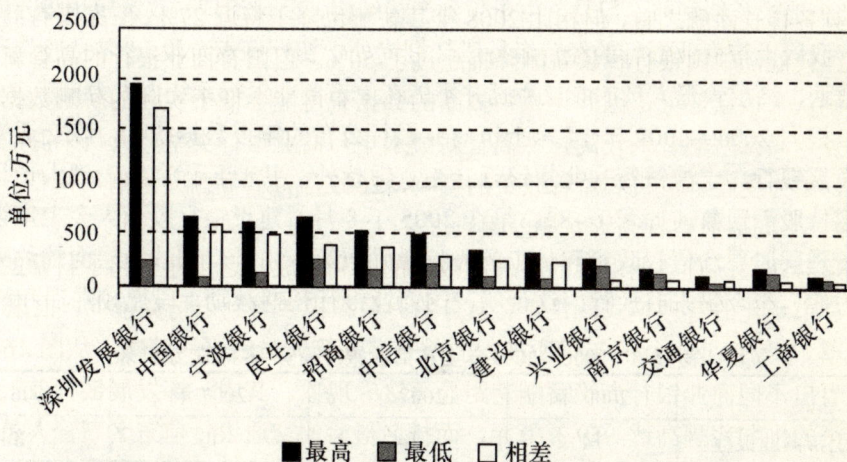

图 16-2　同一家商业银行高管薪酬差距较大

（三）商业银行高管薪酬激励机制不合理

1．以短期激励手段为主

随着四大国有商业银行的股份制改造的顺利完成和越来越多的股份制商业银行登陆资本市场，我国商业银行体系的市场化进程不断加快，竞争程度进一步提高。市场披露的信息显示，我国商业银行高级管理人员的薪酬一般实行年薪制，即按照高管人员名下的日均存款规模、质量和贡献度等指标来分档确定考核层级，与银行总体目标考核完成情况挂钩浮动，年终按照本单位考核目标的完成情况和高管人员的岗位贡献，由上级行一次核定负责人的年薪水平。显然，年薪制使得高管人员的收入水平与个人贡献、岗位职责和企业效益形成了有效衔接，能够较好地体现管理人员的贡献和价值。但是，由于受到产权结构、公司治理、资本市场等方面的制约，我国商业银行薪酬激励体系改革相对来说还较为滞后，薪酬的发放形式主要是现金。以现金支付为主体的薪酬结构体现的是一种短期激励效应，容易导致商业银行高级管理人员行为的短期化[①]。

2．缺乏长期激励手段

长期激励机制，是企业的所有者（股东）为了减少职业经理人的道德风险，激励经营管理者与员工共同努力，使其能够稳定地在企业中长期工作并着眼于企业的长期效益，以实现企业的长期发展目标。股权激励是通过给予高级管理人员以约定的价格，购买未来一定时期内公司股份（股票）的权利来约束和激励员工和高级人员的一项企业管理制度。股权激励是薪酬形式的一种创新，可以通过股权很好地将高层管理人的利益与商业银行本身的利益紧密地结合在一起。商业银行高管人员为了提高自己的股权价值，必然会发挥其足够的积极性不断为股东创造更多的价值，追求长期利益。但是，由于受到产权结构、公司治理、政策瓶颈等方面的制约，我国上市商业银行的经营者持股计划尚处于初期探索阶段，"零持股"现象较为普遍，高层管理人员的股权激励并不能在上市商业银行系统内大力推广。

根据 2006—2009 年 14 家上市商业银行公布的年报数据统计，除交通银行、深发展银行、宁波银行、北京银行、南京银行外，其他各行高级管理人员均存在"零持股"现象（如表 16-8）。早在 2005 年 8 月，建设银行股东大会上审议通过的管理层股票增值权政策和员工的股权激励政策，由于受到政策层面的约束，该"方案"至今仍未获放行。这说明我国商业银行长期激励手段比较滞后和缺乏。

表 16-8　2006—2009 年上市商业银行高管"零持股"统计表

	2009 年	2008 年	2007 年	2006 年
上市商业银行	14	14	13	8
高管"零持股"	9	9	8	6
比例	64.29%	64.295	61.54%	75%

数据来源：2006—2009 年各家上市商业银行年报数据。

3．离退后的福利少

.传统上的福利待遇，一般指现在劳动法所规定的劳动保障和社会保障。一个合理的养老金计划不仅能够有效地激励高级管理人员，而且还能约束其短视行为，有利于商业银行的可持续稳定健康发展。市场数据显示，我国商业银行高层管理人员在职时待遇多，一旦离退甚至缺乏最基本的养老退休保障。中国证监会原副主席蒋定之曾提出：当前我国银行业改革发展所面对的主要矛盾，已经不再仅仅是业务规模和资本实力等方面数量差距，而应该是进一步深化公司治理。规范商业银行高级管理人员长期行为的股权激励等机制的设立和完善，则是我国商业银

---

① 胡晔，黄勋敬．国内上市银行薪酬制度对国有商业银行的启示[J]．广东金融学院学报，2006（5）：31-36．

行良好公司治理的制度保障之一①。

市场数据显示，目前国内大型商业银行在员工退休、养老问题上仍然没有任何改革迹象。行内所有的退休员工，都是按照退休人员的工资待遇按月领取基本工资。即使退休前是高级管理人员，退休后的工资也只有几千元。由于我国商业银行高管的持股激励政策的延后，一些商业银行的高层管理人员在离休后的生活消费主要依靠在岗时期工资的积累。如果一家商业银行制定完善的"退休金制度细则"，将高额的退休金与高管任期内的经营业绩挂钩，并量化许多评价标准的话，将在更大范围内激励商业银行高级管理人员的长期意识，发挥积极的正面激励作用。而如果没有一个退休制度的保障，商业银行高级管理人员将谋求在任期内尽可能地谋求自身的利益，这或许会损害商业银行自身的经营目标②。

（四）商业银行高管薪酬约束机制不健全

约束机制（Constraint Mechanism）是指为规范组织成员的行为，便于组织有序运转，充分发挥其作用而经法定程序制定和颁布执行的具有规范性要求、标准的规章制度和手段的总称，约束包括国家的法律法规、行业标准、组织内部的规章制度，以及各种形式的监督等③。国内大多数商业银行尚未建立起有效的高管薪酬约束机制，存在着以下几方面问题。

1. 主客体之间存在矛盾

从商业银行高管薪酬约束的主体和客体来看，约束主体是商业银行股东，约束客体是高级管理人员。在所有权和经营权高度分离的今天，商业银行股东和高级管理人员之间的利益存在着一定的冲突，商业银行的整体经营目标与管理者的自身利益存在着很大的矛盾。现有的高管薪酬体系很难对高级管理人员进行有效的激励和约束，商业银行高管与广大股东所追求的利益和目标往往存在着偏差，从而极有可能为追求个人私利不惜损害商业银行的整体利益。

2. 内在约束不健全

从商业银行高管薪酬内在约束的方式来看，商业银行高级管理人员的行为缺乏必要的约束，甚至有些时候只规定了奖励措施，而没有规定相应的惩罚机制。以至于在发生资产收益率下降和整体经营目标没有实现的情况下，商业银行高级管理人员依然可以领取高薪，而不必担心会遭受相应的物质惩罚。这说明商业银行对高级管理人员缺乏以经济激励为主、行政和心理激励为辅的内在约束机制。

3. 外在约束不合理

从商业银行高管薪酬的外在约束来看，商业银行高管薪酬激励机制不健全会

① 蒋定之. 关于大型商业银行国际竞争力建设的若干思考[N]. 金融时报, 2006-12-04.
② 李强. 银监会副主席建议改革国内大型商业银行薪酬体系[N]. 新闻晨报, 2006-12-05.
③ 章金萍. 企业人力资源管理中的激励与约束机制[J]. 求实——理论与实践, 2003（6）: 159-160.

造成以下结果：在缺乏约束时，高级管理人员为了实现存款规模、年度利润、不良资产占比等短期目标，可能向不符合授信条件的企业发放贷款，在风险暴露后又可能通过违规重组来暂时掩盖问题；在约束过度时，高级管理人员"少作为"或者"不作为"，使商业银行的创新动力不足，业务过度萎缩[①]。

（五）商业银行高管薪酬信息透明度低

提高商业银行年报对高级管理人员薪酬信息披露的透明度，有利于股东和社会公众对其进行有效的监督和管理。在我国，商业银行年报所披露出来的高级管理人员方面信息仅限于高管姓名、职务、性别、年龄、任职起止日期等内容，其薪酬情况则基本上是保密的。而有些上市银行也仅对个别董事和高级管理人员的年薪总额进行披露，对于在职消费内容则披露较少。在职消费是指企业高级管理人员获取除工资报酬外通过办公费、差旅费、通信费等报销私人支出，从而将其转嫁为公司费用，不以货币形式按时发放到高管"囊中"的额外收益[②]，是高管隐形收入的一大部分。

第四节 小结

本章从商业银行业绩和成长性角度，建立了"商业银行高管薪酬与经营业绩呈正相关关系"、"我国上市商业银行高管薪酬与商业银行的成长性呈正相关关系"、"我国上市商业银行高管薪酬与商业银行的规模正相关"三个假设，选取上市的 14 家商业银行 2006－2009 年年报所公布的数据，对高管薪酬激励的有效性进行实证检验。根据实证结果从高管的薪酬水平和持股状况、高管薪酬与商业银行绩效之间的关系以及商业银行高管薪酬的影响因素等方面进行了经验分析。

首先，我国一些上市商业银行特别是大型商业银行的高管选聘具有浓厚的行政色彩，其薪酬水平往往仅与行政级别挂钩，而与高管任期内的贡献大小和业绩目标完成情况无关。而一些商业银行的薪酬决定模式市场化程度较高。这种双轨道的薪酬管理模式容易导致上市商业银行间高管薪酬的差距变大，直接体现就是国有商业银行和股份制商业银行之间高管薪酬的差别，影响整体的激励效果。

其次，由于受到产权结构、公司治理、资本市场等方面的制约，我国商业银行薪酬体系改革相对来说比较滞后。与国外同业相比数额偏低，结构有失合理。而且在不同商业银行之间高管的薪酬水平差距较大，甚至在同一商业银行的高管团队里，过大的薪酬差距也严重影响了薪酬的整体激励作用。

① 倪凤玥. 我国商业银行激励约束机制探析[J]. 河北金融，2008(10):13-16.
② 刘永欣. 我国上市金融业高管薪酬与业绩相关性研究[J]. 黑龙江金融，2010(12):27-29.

第十七章 政策建议及展望

高管薪酬是影响商业银行经营效率的一个重要因素，相对于这一机制发展较完善的西方发达国家，我国商业银行在经济全球化背景下，其高管薪酬机制根本无法适应商业银行自身所需的更高层次的发展要求，因此，本章在第十六章实证研究结果的基础上，结合我国上市商业银行高管薪酬的实际情况提出如下建议。

第一节 政策建议

一、完善外部环境

随着政府改革的推行，我国政府的角色将从"全能型"转为"有限型"，从"权力型"转为"服务型"。政府要退出对商业银行高管人员任免和薪酬制定的直接干预，转而加强间接调控，为银行实施市场化的薪酬政策提供良好的外部环境①。

（一）加强职业经理人市场制度

建立和完善职业经理人市场制度，是企业高效发展的一个重要条件，但是我国由于历史文化传统等原因，一直流传着"人制"的传统而非"法制"的观念，"集权"的制度而非"分权制衡"的管理方式。所以根据委托代理理论，应该加大力度建设职业经理人、企业家等人力资源市场制度的建设。

（二）健全法律环境

应该尽快颁布有关商业银行高管薪酬方面的法律法规，建设"有法可依"、"有法必依"的法律环境，加大对商业银行高级管理人员通过办公费、差旅费、通信费等报销私人支出从而得到的工资外收益的管理力度，降低商业银行实施薪酬激励计划的成本问题。

---

① 郝梅瑞. 建立企业经理人长期激励与约束新机制——企业股票期权计划[J]. 冶金经济与管理，2001(5):4-6.

二、完善内部高管薪酬分配

John Stacey Adams（1965）在《工人关于工资不公平的内心冲突同其生产率的关系》中认为，人的工作积极性不仅与个人实际报酬多少有关，而且与人们对报酬的分配是否感到公平关系更为密切。而银行业属于知识密集型行业，业务之间相关性强，需要更多的合作，商业银行高级管理人员不仅会将自身所作的贡献与他所得到的奖酬与同一团队的其他人员进行对比，也会与同行业中其他高级管理人员之间进行比较，当发现自身付出与所得不成正比时，则必然会产生不满情绪影响到自身工作态度，继而影响到商业银行经营效率。因此银行高管团队内薪酬差距在充分体现不同贡献的基础上，不应过大地扩大高管团队内薪酬差距，要根据行业的特征制定适宜的薪酬差距。降低不同高级管理者薪酬之间的差距，将有利于加强高管团队的合作精神，有利于提高商业银行的经营效率。

三、完善高管薪酬约束机制

约束机制是指为规范组织成员的行为，便于组织有序运转、充分发挥其作用而经法定程序制定和颁布执行的具有规范性要求、标准的规章制度和手段的总称。商业银行应该建立起以经济激励为主、行政和心理激励为辅的激励约束机制，经济激励应该以与员工绩效紧密联系的绩效薪酬为主，与工作岗位相联系的基本薪酬和福利保障为辅。必须大幅度地提高绩效薪酬的比重，并真正与其工作绩效紧密联系，实现奖惩分明。将无法控制的各种隐性职务消费转化、纳入显性的薪酬激励体系中，才能够更有效地发挥薪酬体系的激励约束作用。

四、完善高管薪酬激励机制

（一）完善制度保障机制

在主观方面，加强商业银行人员的素质教育，提高普通员工对高级管理人员的主动监督及高级管理人员接受监督的意识；在客观方面，完善党委会、董事会、监事会和管理层之间制约与平衡的治理机制，明晰这"三会一层"之间的职责边界，并按照现代企业制度和相关法律法规的要求，借鉴西方成熟的市场经验，理顺分工机制、协商机制等治理机制，从而构建一个科学、高效的治理结构，为管理者薪酬激励机制有效发挥作用提供制度保障。如：明确董事会职责、提高外部董事比例、保证监事会监督到位、形成问责机制等手段方法。

（二）完善管理者的薪酬体系

1. 制定结构合理的高级管理者薪酬制度，不仅要考虑市场竞争因素和业绩因素，还要考虑货币性薪酬与非货币性薪酬的比例。这样一方面可以起到吸引人才、提高商业银行竞争力的作用，另一方面可以抑制隐形激励的增加，从而使高管薪酬的激励机制真正发挥作用。

2. 建立有效的薪酬绩效衡量标准，特别是在薪酬考核过程中，不仅要参考资产规模、总资产收益率的快速增长，还要更加注重净资产收益率、资本收益率的持续稳定增长，以及不良贷款率、资本充足率的实时变化，从而建立科学的、多指标的业绩考核体系。

3. 逐步灵活地引入长期激励计划，除员工持股计划外，针对高级管理人员实行股票期权、溢价股票期权、长期期权、指数化股权、激励绩优股、外部标准的长期激励、职业津贴等激励手段，从而达到优化薪酬结构、提高薪酬激励效果的目的。

五、完善薪酬披露制度，细化披露内容

完善商业银行高级管理人员薪酬相关信息的披露，有利于商业银行股东对高级管理人员的业绩进行评估，以更好地监督其行为。美国证券交易委员会 2006 年 1 月 17 日一致通过提议，要求上市公司详细披露主管与董事会成员的津贴、退休福利以及总体薪酬情况。这是 14 年来美国公司薪酬披露规则最大的一次修改，而上一次修改是 1992 年 10 月将高管人员的长期激励性报酬列入了强制披露内容。[①] 我国商业银行应该借鉴美国的经验，细化高管人员薪酬披露的内容，以便于股东和公众进行比较和监督。

第二节　展望

本分论借鉴前人研究成果，考察了商业银行高管薪酬与经营绩效、高管薪酬与商业银行成长性、高管薪酬与商业银行规模之间的关系，并对改进商业银行高管薪酬提出了自己的意见。但也存在许多不足之处。

首先，以 14 家上市商业银行为研究对象，并选取其 2006－2009 年年报所公布的高管薪酬相关数据进行了经验分析。但是在样本选取的过程中，因为我国对商业银行年报所公布的高管薪酬的相关数据并没有进行统一的规定与要求，所以在研究中剔除了没有上市的商业银行，致使本分论对研究中国商业银行高管薪酬

---

① 1992 年《高管人员薪酬披露规则》：公司需按工资、奖金、股票期权、限制性股票奖励等分别披露过去三年 CEO 及除 CEO 外的前四位获得最高薪酬的高管人员的薪酬汇总表，从而使股东和潜在投资者能够清晰地了解公司主要经营者的激励状况并对公司的经营状况作出判断，为自己对公司的最终控制权的行使和投资决策的确定提供依据。

与经营效率虽然具有一定的代表性，但是准确性方面仍然有所欠缺。

其次，在衡量银行经营效率时，仅采用了大多数学者所惯用的净利润的增长率和股东权益增长率作为衡量的指标。但是，商业银行的经营目标除了提高经营效率外也包括维持稳定经营和控制风险，因此在后续的研究中可以将商业银行不良贷款率、资本充足率作为绩效指标进行更深层次的探讨。

再次，在被解释变量的选择上，由于我国股票市场还处于"弱式有效"的状态，上市商业银行的股权结构普遍存在"股权分置"现象，而且股票价格与其经营业绩相背离的现象也比较常见，致使股价不能客观、准确地反映商业银行经营效率，因此，本分论选取总资产收益率作为衡量公司经营绩效的被解释变量。但是随着我国股票市场的进一步发展与完善，在后续的研究中可选取代表市场价值基础的其他指标（市净值率等）作为商业银行经营效率的代理变量，作进一步的分析。

最后，本分论对高管薪酬激励与商业银行经营效率的分析不够全面和深入，仅在数据分析的基础上进行假设、推导以及实证检验，得出了一系列的结论。因此，在后续的研究中可以更多地从战略的角度出发，对高管薪酬与商业银行经营效率之间的关系进行更加全面的分析与探讨。

分论五　金融创新与商业银行经营效率

金融开放政策的逐步推进以及外资银行的进入，对我国商业银行经营环境造成了极大影响，加剧了商业银行面临的行业竞争。同时，由于受到资本准备要求的限制，商业银行传统业务利润空间不断缩小。因此，如何在竞争加剧和传统业务利润空间不断缩小的情况下，通过金融创新开展有特色的表外业务和表内业务、在风险可控的情况下提高利润、增强商业银行的盈利能力及竞争力，直接关系到商业银行的生存和长期发展。

本分论旨在通过金融创新或产品业务创新对商业银行经营效率影响关系的经验分析，从而找出对商业银行经营效率影响较为显著的因素，并根据这些因素寻求从金融创新角度提高商业银行经营效率的方法或途径。

首先，第十八章对商业银行金融创新的理论基础及有关商业银行金融创新的文献进行了论述。

其次，第十九章运用 Tobit 模型对国内商业银行经营效率、纯技术效率和规模效率进行了回归分析。

最后，第二十章根据研究结论，提出了从金融创新的角度提高商业银行经营效率的政策建议，并对金融创新影响商业银行经营效率的研究作出了展望。

第十八章 理论及文献回顾

金融创新（Financial innovation）是指变更现有的金融体制和增加新的金融工具，以获取现有的金融体制和金融工具所无法取得的潜在的利润，包括新的金融产品、新的交易方式、新的组织形式、新的经营管理理论和管理方法以及新的金融监管制度等的创造或引进。本章将通过对金融创新的界定引申出商业银行金融创新的含义，并对金融创新理论和现有的研究成果进行述评。

第一节 理论基础

一、金融创新的含义

创新理论最早由约瑟夫·熊彼特于 1912 年提出，原意是更新、创造新的东西和改变。创新作为一种媒介，可以打破经济发展原有的均衡状态，从而促进经济的发展。生产要素的改变或优化即创新，如运用新材料或发现原有材料的新特征、生产技术的提高或变革、市场份额的扩大、行业地位的提升等。自从熊彼特提出此创新理论后，创新这一概念在经济学中被广泛应用，并且得到不断发展。

尽管熊彼特的创新理论讨论的是实体经济部门的创新，其原理同样适用于商业银行。但由于商业银行经营的特殊性，如高负债、高风险和易受外部影响等特征，金融创新也有别于一般企业的创新。正确认识金融创新的内涵，可以更好地理解商业银行创新。有关金融创新的含义，有以下几种观点。

（一）《近年来国际银行业的创新》研究报告观点[1]

1986 年《近年来国际银行业的创新》研究报告指出，金融创新包括金融工具的创新和金融创新的趋势。前者主要指票据发行便利、货币和利率互换、外汇期权和利率期权、远期利率协议；后者指证券化的趋势、表外业务的趋势和金融市场全球化的趋势。

---

①刁仁德.关于金融创新与我国金融产权制度关系的探讨[J].东华大学学报，2003 (1)：30-34.

（二）现代观点

陈岱孙、厉以宁（1991）等借鉴以往学者金融创新的理论成果，认为金融创新即各种金融要素的重新组合，是商业银行为了追求利润而形成的市场改革。金融创新泛指金融体系和金融市场上出现的一系列新事物，包括金融工具、融资方式、金融市场、支付清算手段以及金融组织形式与管理方法的创新等内容。

金融创新是金融系统的灵魂，金融业发展史上每一次重大突破都起源于金融创新，如信用货币的出现、商业银行的诞生、支票制度的推广等。通过以上金融创新含义的描述，本分论认为金融创新是指金融主体为了实现利润最大化，通过重新整合其所拥有的金融要素（包括金融商品、金融市场、微观金融机构和宏观金融机构）而进行的创造性活动。

二、商业银行金融创新的含义

商业银行金融创新是指其为了适应新的经营环境，对所拥有的各种金融要素进行重新组合，从而在其经营领域建立"新的生产函数"，以满足社会和自身需求的一系列生产活动。其内容包括新的金融产品、新的交易方式、新的组织形式、新的经营管理理论和管理方法以及新的金融监管制度等的创造或引进。商业银行金融创新是一个普遍的、动态的、贯穿于整个商业银行发展的创造性活动。可以看出，商业银行金融创新的实质是其所拥有资源的优化配置。

商业银行金融创新的含义有狭义和广义之分，商业银行金融创新的狭义含义主要指金融产品的创新；商业银行金融创新的广义含义除了包括金融产品的创新，还包括组织创新、经营管理创新、监管创新，以及技术手段、交易方式等的创新，甚至包括商业银行经营理论的创新。本章讨论的商业银行金融创新采用广义的商业银行金融创新。采用广义的内涵不仅拓宽了研究视角，而且更能反映现实情况，具有更大的现实指导意义。

三、商业银行金融创新的内容

从国内商业银行金融创新看，金融创新发端于金融体制创新，深化于业务创新，而业务创新则是伴随着商业银行组织创新而不断发展的。制度创新、业务创新及组织创新是商业银行创新的三个主要方面，因此本分论将从这三个角度讨论国内商业银行创新。

（一）金融制度创新

在商业银行经营活动中，金融制度体现为节约成本、激励员工、资产配置及抗风险方面，包括正式约束、非正式约束和实施机制三部分，其实质是为保证商业银行运行稳定而有序的机制安排。商业银行制度创新定义为引入新的商业银行金融制度或对其原制度进行重构，主要包括：商业银行管理制度安排的创新、开拓新市场或增加原商业银行金融产品的销量、市场结构的变化（销售渠道的创新）和产权制度的创新。

（二）金融组织创新

商业银行组织创新是指在商业银行战略驱动下，与商业银行技术和人员条件相适应，组织核心层面的结构、流程两个维度的变革过程。商业银行业务流程创新是指商业银行在以使客户满意为宗旨的运营过程中，打破传统的职能部门界限，通过运用信息技术等手段，建立迅速信息传导的业务流程等一系列管理活动；商业银行组织结构层面的创新指商业银行安排其各部分空间位置、聚集状态、联系方式以及各要素之间相互关系的一种模式。

（三）金融业务创新

商业银行业务包括表内业务和表外业务。表内业务可以从商业银行资产负债表上反映出来，分为负债业务和资产业务。无论是表内业务，还是表外业务，其载体都是金融产品或服务。因此，商业银行金融创新主要是指金融产品或服务创新。目前商业银行业务创新较为全面的定义为：商业银行运用新思维、新方式和新技术，进行金融产品或服务、交易方式、交易手段，以及金融市场等方面的创造性活动，从而实现经营利润最大化和经营风险最小化的一系列经济行为。简单地说，它是指金融商品的创造、引进、模仿和推广。

四、商业银行金融创新的动因

商业银行金融创新是多种因素相互作用、交替影响的结果。纵观目前国内商业银行的创新活动，主要有以下促使其创新的因素。

首先，金融创新是为了满足商业银行客户多元化需求的现实需要。现阶段我国经济发展迅速，人民收入大幅增长。财富增长的背后是人们价值理念、风险意识及投资意识的增强，传统的储蓄业务和形式单一的投资产品已经不能满足不同客户的多元化需求。有需求就有相应的供给，因此，商业银行迫于市场的压力考虑会提供多样化的金融产品、细分目标市场从而满足客户多元化的需求。

其次，金融创新是商业银行增强盈利能力、实现经营战略转型的必然途径。国内证券市场的迅速发展吸引了大量资金，而商业银行存贷差的不断扩大又加剧了资金的流动。一方面，优质大客户融资需求"脱媒"，导致商业银行传统的以存贷业务为主的经营模式陷入困境，拓展新的市场和业务增长点势在必行。另一方面，金融监管所要求的资本充足率提高，开发资本占用低、风险可控、收益高的新业务产品及模式有巨大的吸引力。内外部环境要求商业银行在运行模式上从粗放型增长向集约型增长转变，从单一利差收入向多元化收入转变。

再次，金融创新是商业银行转移风险、提高风险控制水平的必然要求。中国加入 WTO 后，国内银行业与国际金融市场的联系愈加紧密，国内外经济发展的剧烈波动使国内商业银行经营面临更大的风险。通过创新金融产品规避信用风险、利率风险和汇率风险有利于商业银行自身的可持续发展。

最后，金融创新是科技进步的必然产物。信息技术的高速发展改变了商业银行传统的经营模式。在电子银行没有出现之前，人们对金融产品的了解过程耗时多、成本大。现今，电子银行业务范围越来越广，信息技术在银行中的应用跨越了地域、时间的限制，其优势不言而喻。商业银行的发展必须与科技进步同步，这样才能实现其经营发展的跨越。

五、商业银行金融创新理论概述

金融创新理论包括动因论、不完全市场论、经济效益论和扩散论等，这些理论大多是在约束引致假说理论的基础上发展起来的。约束引致假说最早由希尔伯（W. L. Silber）提出，他认为商业银行创新就是为摆脱或减少来自内部和外部的约束而进行的创新活动。内部约束指商业银行资产负债表的约束，例如利润目标增长率和流动性的限制。商业银行要兼顾安全性、流动性和盈利性，就意味着商业银行一定会受自身资产负债表的约束。外部约束指政府的管制和市场的制约。政府管制是商业银行最显著的外部约束之一，它通过政府的金融法律法规表现出来。政府的管制使商业银行的机会成本增大，从而使其效率和利润降低。商业银行只能通过规避政府管制的创新活动来降低机会成本带来的损失，提高效率和盈利能力。市场约束通过市场对商业银行金融工具和金融服务的供给和需求的条件表现出来。

此后商业银行金融创新的研究都可以看成是希尔伯内部约束和外部约束观点的进一步发展和延伸：资产负债管理理论可以看做是希尔伯内部约束引致的金融创新的具体化；不完全市场理论可以看成是市场约束引致的金融创新研究的发展；规避监管理论可以看成是对希尔伯政府约束引致的金融创新理论的深化。

（一）资产负债管理理论

商业银行资产负债管理理论的发展表现了其逐渐放松来自内部约束的过程，即资产负债表约束的创新。这个创新过程可以表示为：资产管理—负债管理—资产负债管理—资产负债表外业务管理。

1.资产管理理论

资产管理理论经历了商业性贷款理论、资产转换理论和收入预期理论三个阶段。

（1）商业性贷款理论。直到20世纪50年代，商业银行的业务范围还很窄，负债的来源、种类和数量都比较固定，金融市场也不发达。当时的商业银行更加关注资产，只需要对资产的运用（包括贷款的方向、数量和利率）作出决策就可以保证商业银行取得较多的利润，此即商业性（生产性）贷款理论。该理论认为，商业银行的资金来源主要是活期存款，而活期存款具有流动性高的特点。因此，商业银行的贷款应该主要是短期的流动性贷款。这种贷款由于流动性好，而且以真实的交易为基础，因而比较安全。这一理论的缺陷在于只重视贷款的流动性和安全性，却在一定程度上忽视了贷款的盈利性。

（2）资产转换理论。第二次世界大战后，金融市场迅速发展，商业银行的资产也从短期贷款扩大到政府债券和其他短期投资。人们将商业银行在需要流动性时可以出售政府债券和其他短期投资债券的管理策略称为资产转换管理。此理论主要认为流动性即转换，商业银行的流动性不在于资产期限的长短，而在于资产的变现能力。

（3）收入预期理论。收入预期理论是随着人们对消费性贷款的需求增加而出现的。该理论认为，商业银行资产不能只局限于商业性贷款和易于变现的证券，还应该扩大到以借款人的未来收入为依据的中长期贷款业务和消费贷款业务。商业银行流动性的保持和贷款的偿还实际上取决于借款人未来的收入。只要借款人的未来收入有保证，中长期贷款也能收回；反之，如果借款人未来的收入没有保证，即使是短期贷款也无法收回。因此，借款人的未来收入的现金流才是衡量贷款风险大小的标准。

资产管理理论忽略了负债来源的变化。20世纪60—70年代，第三次科技革命的推动加速了经济的发展，使银行资金的需求迅速增加，商业银行负债管理理论应运而生，其经历了存款管理—资金购买管理—金融产品销售管理的转变。

2.存款管理理论

该理论认为，存款是商业银行资产运用的基础，商业银行必须向存款者支付一定的利息作为对存款者放弃流动性的补偿，同时其必须保证存款的安全，以保证存款者在需要现金时能够兑现。此理论过多地强调了商业银行经营的稳健性，轻视了其盈利性，使其处于被动状态。

（1）资金购买理论

资金购买就是商业银行在需要流动性时，在货币市场上通过支付一定的资金价格的方法来筹集（购买）它所需要的流动性资金，从而满足生产部门或流通部门的资金需求。此举可减少商业银行大量的流动性储备，也可以打破政府存款的限制，以较高的利息、补贴及免费的服务吸引到更多的资金。商业银行借入资金的渠道除了大众存款以外，还可以从同业金融机构、中央银行、财政机构和国际金融机构借入流动性。该理论缺陷在于忽视了获取资金中存在的风险，对宏观经济而言，资金的购买会扩大贷款的资金来源，从而导致通货膨胀，催生泡沫。

（2）金融产品销售理论

此理论认为商业银行是金融产品的制造者，推销这些产品应该成为金融企业负债管理的中心。商业银行应实现金融产品的多样化，向不同类型的客户提供不同的金融产品，同时，此理论明确指出商业银行向客户提供和推销金融产品的目的还在于为商业银行筹集资金。

3.资产负债管理理论

资产负债综合管理的基本要求是资产与负债的数量和结构相匹配、收益与成本相协调，以使资产的收益大于负债的成本。概括地说，资产负债管理理论的主要内容包括：

（1）资产负债管理理论的三条原则：偿还期对称原则（商业银行资产的运用期和负债的偿还期应保持一定的对称关系以满足流动性需求）；目标替代性原则（在保证商业银行总效用最大化的前提下，商业银行的"流动性、安全性、盈利性"是可以互相替代、相互补充的）；资产分散化原则（商业银行要保持经营的安全性和盈利性，必须将资金分散于不同种类、不同期限的资产中，并限制对单个项目和单个客户的贷款或投资总额）。

（2）利率敏感性分析。包括三个方面：一是净利息收入分析，指商业银行通过对资产和负债的利率水平和组合的变化来反映净利息收入的变化，进而分析这一变化对商业银行利率差和收益率的影响。二是利率敏感性缺口分析，指商业银行分析一个计划期内利率敏感性资产与利率性负债之间的货币数量的差额。根据敏感性缺口的分析，商业银行可以对资产或负债进行套期保值或取得盈利。三是持续期缺口分析，商业银行持续期是用资产或负债的现值测算的资产或负债的回收期。持续期缺口就是资产或资产组合的回收期与负债或负债组合的回收期的时间差。

（3）资产负债比例管理。包括反映资产与负债关系的比例、资产结构的比例、资产质量的比例、负债结构的比例和盈利性的比例。资产负债比例管理既是商业银行平衡资产负债表中的各个项目之间的关系、协调资产负债业务的重要的操作方法，也是各国金融监管的重要内容。

4.资产负债表外业务管理理论

资产管理理论、负债管理理论和资产负债管理理论都是关于商业银行资产负债表内业务管理的理论，只有当商业银行的资产负债表外业务开展起来，才能完全释放资产负债表对商业银行的约束。表外业务是指商业银行从事的、按照通常的会计准则不列入资产负债表内的、不影响商业银行资产负债总额、但影响商业银行当期收益、改变商业银行资产报酬率的经营活动。到目前为止，关于商业银行表外业务管理理论的研究主要有以下三种观点。

（1）商业银行应强化信息服务功能。该理论认为，在知识经济时代，商业银行应当强化金融信息服务功能，充分利用计算机网络技术，大力发展以信息处理为核心的金融信息服务业务，提高商业银行的盈利能力。

（2）商业银行应积极开展金融衍生工具交易。该理论认为，面对异常激烈的竞争，商业银行自身基于规避利率风险和汇率风险的需要，应当开展衍生金融工具业务，如期货、期权和互换业务，在规避利率风险和汇率风险的同时，增加商业银行收益。

（3）商业银行应大力发展表外业务。该理论提倡将原本资产负债表内的业务转化为表外业务。如将商业银行贷款转让给第三者，将商业银行存款让渡给需要资金的单位，这虽然会使商业银行表内资产负债规模缩减，但是商业银行却因此可以获得转让差价收入。

（二）市场约束引致的金融创新理论

市场约束包含政府管制和市场约束两方面：政府管制通过政府的金融法律法规表现出来，这些法律法规限制着商业银行的经营活动和范围；而市场约束是通过市场对金融工具和金融服务的供给和需求的条件表现出来的。

1.政府约束引致的金融创新理论

麦金农（1973）在《经济发展中的货币与资本》中提出的金融抑制理论是发展中国家的金融改革之路。金融抑制指人为地压低利率和通货膨胀率，从而导致人们不愿意以货币形式进行储蓄，进而投资减少，经济发展停滞。爱德华·肖在《经济发展中的金融深化》中指出，形成金融抑制的原因有：（1）政策的原因，包括低利率、金融业的垄断经营和本币高估等；（2）经济的原因，如价格和市场不统一、信息流通不畅及投资风险迭生等。他同时还指出金融深化可以解决金融抑制问题，金融深化指政府放弃过度干预金融体系，放松对利率和汇率的严格管制，使利率和汇率反映资金供求和外汇供求对比变化的信号，从而利于储蓄和投资，促进经济增长。

金融抑制和金融深化理论为政府约束的金融创新理论奠定了理论基础。从1977年开始，凯恩（Kane）开始了对政府管制和金融创新关系的研究，他运用的"斗争模型"将金融创新描述为被监管者（金融机构）和监管者（政府）之间持续争斗的结果。

凯恩（Kane）的规避管制理论可以归纳为以下几点：

（1）政府的管制等同于隐含的税收，缩小了商业银行的盈利空间；

（2）规避管制是被管制者创新得到的不受或少受管制的产品替代被管制的产品；

（3）监管的调整需要时间和大量的信息，是逐步进行的；

（4）金融创新危及宏观经济稳定时，政府将加强监管；

（5）新的监管将继续孕育新的创新，生生不息；

（6）监管者和被监管者都受外部力量影响。

规避管制理论最大的缺陷是只从供给方研究金融创新，忽视了需求方对金融创新的驱动力，且不能概括所有的创新。

2.市场约束引致的金融创新理论

1973 年布雷顿森林体制崩溃，关税及贸易总协定被 WTO 取代，国际货币基金组织权威被削弱，同时金融全球化却迅速推进，商品、资本、劳动力和技术等生产要素大规模地跨国界流动，汇率风险、利率风险和价格风险使国际经济活动风险横生，从而推动了金融创新的蓬勃发展，通过金融创新避免市场的不确定性以打破市场约束，此即市场约束引致的金融创新，包括价格风险转移型金融创新、信用风险转移型金融创新和流动性增强型金融创新。

第二节　文献综述

一、国外研究综述

从金融创新理论的角度看，广大学者在熊彼特创新理论的基础上，对金融创新的概念、动因、效应和对策进行了深入的研究。

希克斯（Hicks）和尼汉斯（Niehans J.）最早从交易成本的角度深入地剖析了金融创新，认为金融创新本质是对科技进步导致交易成本降低的自然反应[①]。希尔伯提出了约束诱导型金融创新理论，他构建了一个线性模型，证实了金融创新是微观金融组织为寻求最大利润，减轻外部对其产生的金融压制而采取的自卫行为。凯恩（Kane E. J.）则认为金融创新是金融机构为了规避金融管制而进行的活动。制度学派的主要代表人物诺斯（Douglass C. North）、戴维斯（E. Davies）、塞拉（R. Saylla）等学者主张从经济发展的角度来研究金融创新，认为金融创新并不是信息时代的产物，而是与社会制度紧密相关的，金融创新在不同的社会制度下表现形式不同，并认为只有在混合的市场经济中，金融创新才能得以产生和充分地发展。米勒（Miler M.H.）认为近 20 年来政府的管制和税收政策的变化是金融创新的主要动力，金融领域的创新有"暂时性"和"永久性"两类。"暂时性"金融创新在成功运行一段时间后，会随着导致其产生的特定的税收或管制政策的消失而消失；"永久性"金融创新活动不仅不会随原动力的消失而消失，而且会迅速成长，"永久性"金融创新才是真正意义上的金融创新。艾伦（Allen）和戈尔（Gale）以一家垄断投资银行为例，将其在金融创新中的角色模型化，得出金融创新者与模仿者相比，在市场价格方面有较强的优势，且这种优势会保持较长时间，也暗示了

---

① 生柳荣.当代金融创新[M].北京：中国发展出版社,1998.

开始索取的费用比随后时期高[①]。徒法侬（Tufano）使用 1974 年到 1986 年 58 种金融创新的数据库进行了实证研究，发现创新银行与其模仿者相比，其新金融产品的价格优势很明显，市场份额也比较大，且价格优势和市场份额都会保持很长时间[②]。

从金融创新的目的和特征看，在不同的时期、不同的国家进行的金融创新又有不同的目标和特征。

20 世纪 50—60 年代，国际金融创新主要是为了逃避各国金融资本管制，欧洲美元和欧洲债券是当时最成功的国际金融创新，其发行既达到了融资的目的，又为发行方开辟了新的融资市场。20 世纪 70 年代，国际金融创新的目的在于规避汇率和利率风险，主要形式有浮动利率票据和货币远期交易。20 世纪 80 年代后，国际金融创新主要表现为融资方式的创新，可分为四大类：

（1）票据发行便利（NIF），此为循环融资方式，借款人可以在约定的时间内发行一系列短期票据以实现中期融资；

（2）互换（Swap），指双方同意在约定时间内相互交换货币或利率的一种金融交易；

（3）期权（Option），即一种只转让权利而不转让义务的合约；

（4）远期利率协议（FRA），即双方就未来某一时期的借贷利率签订的协议，以规避风险。

20 世纪 90 年代，国际金融市场尤其是金融衍生工具市场迅速发展，巴林银行的倒闭引发了政府和投资者对金融创新市场风险的密切关注，同时也极大地促进了金融界对金融创新的监管和全球性金融风险的防范。21 世纪以来，金融市场、金融制度不断发展，随着信息技术的高速发展和金融工具种类的激增，金融创新向最大限度地节约交易成本和高流动性的方向发展。

二、国内研究综述

国内学者对金融创新问题的研究始于 20 世纪 80 年代，比较有代表性的观点有王仁祥、姚耀军（1999）在金融创新动因理论的基础上，构建了一个四维分析模型以阐明金融创新的动因，并将金融创新分为三类：主动型金融创新、环境诱发型金融创新和迫动型金融创新[③]。张静、阙方平、王英杰、范薇、夏洪涛（2001）认为金融创新与金融监管的动态博弈促进了金融创新，国内金融监管理论和实践

---

① Miller M H. Financial innovation: the last twenty years and the next[J]. Journal of Financial and Quantitative Analysis,1986(21):459-471.

② 阮景平.西方金融创新理论述评[M].湖北大学学报：哲学社会科学版，2006(2):175-177.

③ 王仁祥，姚耀军.金融创新动因新探[J].上海经济研究，1999(11):49-53.

发展的滞后导致了国内银行业金融创新缺乏动力，制约了银行体系的发展。由此提出了监管制度创新的构想，并就国内商业银行金融创新的原则和方向进行了分析和探索。[①]朱淑珍（2002）运用金融创新、金融风险理论，结合国内证券市场进行实证分析，多角度地阐释了国内金融创新和金融风险的关系，同时深入思考了如何规避和再产生创新所带来的风险问题。王仁祥、喻平（2003）通过比较国内外金融创新的动因，认为国内外金融环境的不同决定了各自金融创新的动因不同，西方的某些金融创新理论可能并不适用于我国，国内金融创新的有些动因可能异于国外金融创新的理论，并指出国内金融创新主要包括"政府推进"型金融创新、"市场失败"型金融创新、"技术推进"型金融创新和"追逐利润"型金融创新四个方面。[②]陈延喜、尹键钧、欧阳海泉等（2005）通过分析国内股份制商业银行在金融创新方面的劣势和优势，认为应该从确立金融创新理念、调整金融组织结构、改革金融调控体制、深化金融创新工具四个方面进行改革。[③]孙文合（2005）讨论了国内商业银行如何通过成立金融控股公司而走向混业经营的模式。李平（2006）分析了我国银行业创新的现状及问题，他认为目前商业银行的短视行为在现阶段不可避免，并提出了相关的建议。[④]李栋、王洪礼（2006）指出虽然国内商业银行近几年在制度、品种、工具上有多项创新突破，但还不能满足人们日益增长的需求量及多样性，金融体制也不够健全，因此很难保护好金融创新银行的利益，从而阻碍金融创新。[⑤]孙可媛（2006）认为国内商业银行金融创新的路径应该以制度创新为先导，重点是产品创新，且创新应以经济区域为依托，从而构建区域性金融创新基地，进行金融研发与先试先行。马君潞、于红鑫、魏凤春（2007）运用期望理论，以国内转轨时期银行业转型为背景，构建了一个金融创新的理论模型，并运用国内银行业的数据对模型进行了实证检验，得到的结论是：银行的初始财务状况较好、对金融创新的投入较多、银行家的情操指数较高、任期较长，则金

①张静,阙方平,王英杰,等.开放趋势下银行业的金融创新与监管制度创新[J].金融研究，2001(12)：88-95.

②王仁祥,喻平.我国与西方金融创新动因之比较[J].武汉理工大学学报：社会科学版，2003，16(3)：254-258.

③陈延喜,尹键钧,欧阳海泉,等.股份制商业银行金融创新中的问题与对策研究[J].财经理论与实践，2005,26(133):39-42.

④李平.我国银行业金融创新的现状与问题[J].上海金融,2006(6)：76-77.

⑤李栋,王洪礼.我国商业银行金融创新发展研究[J].生产力研究,2006(8)：53-54.

融创新成功的可能性较大。[①]孙韦、郑中华认为过度金融创新会造成经济泡沫，而虚拟经济中的信息不对称将导致逆向选择和道德风险，使泡沫不断膨胀，泡沫破裂会导致信用体系崩溃，引发金融危机。刘湘勤、龙海雯（2007）应用凡勃伦金融市场演化理论阐述了金融系统的动态演进过程，揭示了金融工具创新与金融过程创新的互动关系及其对金融结构变迁的推动作用。此理论不仅符合美国 1865 年以来近 150 年金融结构变迁的历史，也对国内金融创新与金融结构优化起到了启示作用。[②]岳世忠（2010）从分析我国商业银行金融创新不足入手，分析了国内商业银行金融创新不足的原因在于金融制度改革滞后、金融市场不完善、信用体系基础薄弱、监管水平不高和创新动力明显不足。

三、研究述评

我国商业银行受到政府高度监管，带有很强的行政垄断性，注定其发展是一个受政府高度引导和推动的过程。此过程的主线是市场经济条件下金融体制的创新和如何在新形势下加强监管，反映到学术理论研究方面，即为如何完善在当今新形势下的制度建设。作为单个商业银行微观主体，创新的突破也应该符合时代发展的外部环境，商业银行制度创新是其业务创新的基础，而组织创新又为其提供了保障。总结国内相关金融创新研究成果，可以看出国内商业银行金融创新更多的是学习和移植西方的成功理论和经验，实践中没有形成异质性，模仿现象很普遍，导致由金融创新带来商业银行效率的提高是有限的，因为大部分的市场份额和成本优势都被先发银行所占有，更进一步讲，模仿只是简单地照搬照抄，催生创新的体制和组织结构并没有形成，因此不利于商业银行长期的良性发展。从一定程度上讲，国内所谓的"创新"可能早已是发达国家或外资银行较为成熟的成果，且目前国内关于金融创新的研究都集中于单独讨论金融创新，没有将其与具体实践中商业银行的经营效率联系起来。本分论在吸收已有研究成果的基础上，对金融创新与商业银行经营效率的关系进行了分析，通过 Tobit 模型分析影响商业银行经营效率的创新方面的因素，旨在为寻求从金融创新的角度提高商业银行经营效率的途径提供参考。

---

①马君潞,于红鑫,魏凤春.财务约束、银行家行为与金融创新研究[J].国际金融研究, 2007 (12): 15-18.

②刘湘勤,龙海雯.金融创新与金融结构变迁的演化论解释——凡勃伦金融市场理论的启示[J]. 人文杂志, 2007(5):6-8.

第三节　小结

　　本章首先对金融创新及商业银行创新的内涵进行了界定和剖析，在此基础上阐述了商业银行创新的内容、方法和动因，接着从时间维度对商业银行创新理论进行了梳理，明确了当代商业银行创新发展的理论和方向，最后对国内外商业银行创新方面的研究成果进行了分析梳理，并作了现状评述，明确了本分论分析的主要内容、方法及创新点。本章对商业银行创新的理论及研究成果进行了深入的剖析，旨在为第十九章对金融创新和商业银行经营效率影响关系的经验分析奠定理论基础。

第十九章 金融创新与商业银行 经营效率的经验分析

本书第三章中采用数据包络分析法对国内银行业总体经营效率水平进行了衡量和评价。本章将在此基础上，运用 Tobit 回归分析法进一步考察影响国内银行业经营效率中的创新因素，旨在通过对创新因素进行实证分析后，为更深入地提高国内银行业经营效率的对策选择奠定理论基础。国内外关于银行经营效率影响因素的研究颇多，但是很少有文献对商业银行创新与经营效率的关系进行更进一步的讨论，在此本章试图从商业银行创新的多个方面分别对其经营效率的影响进行分析。

第一节 指标体系及模型的构建

本节采用 Tobit 计量模型，选取了商业银行制度创新、组织创新和业务创新三个方面可以量化的指标对商业银行经营效率的影响作了实证分析。

一、指标体系的构建

为保持研究的一致性，本分论选用的样本银行为第二章数据包络分析法测算商业银行效率的 20 家样本银行，时间维度是 2005—2009 年。根据本分论前文对商业银行创新内容的阐述，本节选取制度创新、组织创新和业务创新三个方面有代表性、能量化、数据可得的指标表示商业银行创新的内容，进而分析其对商业银行经营效率的影响，具体指标如下。

（一）制度创新指标

受数据可得的限制，本节选取文化创新指标代表商业银行制度创新。文化创新是制度创新里面很重要的一部分，商业银行信息技术的运用也是制度创新里面不可缺少的一部分。文化创新的核心是价值观，也包括品牌效应，而无形资产中包含特许经营权及软件，所以选择无形资产/总资产以衡量文化创新和技术创新，具体数据来源于各银行资产负债表。

（二）组织创新指标

1.成本管理

商业银行创新的目的之一是降低成本，组织创新中流程再造及组织结构安排归根到底就是为了降低成本，加速信息的传递。本节拟选用资产费用率（营业费用/资产总额）表示银行组织创新中流程再造和组织结构安排的优化程度及其管理水平的高低，具体数据来源于各银行资产负债表和利润表。

2.人力资本

生产要素包括劳动力、企业家才能、土地和资本，其中人的因素占了一半，其在商业银行经营中的作用不言而喻。商业银行的竞争一定程度上可以说是人才的竞争。作为"活资本"的人力资本具有创新性和增值性，只有人力资本有了创新性，商业银行的创新才能实现。由于数据资料有限，本节选取培训费占比和本科以上占比两个指标表示人力资本的创新性。前者用工会经费和职工教育经费/员工费用表示，假设培训可以提高员工专业知识和素质，进而增大创新的潜力；后者用员工中本科以上学历的人数/员工总人数表示，假设学历越高，知识越多。

（三）业务创新指标

1.表外业务创新能力

目前商业银行内、外部竞争异常激烈，其必须在保证安全性和流动性的基础上追求利润最大化。而表内业务受监管限制，利润增长空间有限，表外业务在国内发展程度还较低，有较大的发展和创新空间，本节拟选用手续费/营业收入和投资收入/营业收入两个指标表示表外业务创新能力，具体数据来源于各银行年报。

2.资产流动性

国际清算银行（BIS）对金融系统的功能表述为：（1）经济成员之间转接风险的机制；（2）经济体的流动性；（3）对经济成员收入的要求权，此要求权或是债务责任或是股份。对经济体流动性需求越大，流动性增强型创新就越可能出现。资产流动性比率可以表示商业银行业务创新的流动性强度。从另一个角度看，金融创新的途径要么是降低交易成本，要么是提高资产流动性。

表 19-1　　本节选取的商业银行创新指标

衡量对象	衡量指标	变量设定
文化创新和技术创新	无形资产/总资产	X_1
成本管理	营业费用/资产总额	X_2
人力资本	教育费/员工费用	X_3
	本科以上占比	X_4
表外业务创新能力	手续费/营业收入	X_5
	投资收入/营业收入	X_6
资产流动性	资产流动性比率	X_7

二、Tobit 计量模型的建立

本节拟从经营效率（PE）、纯技术效率（PTE）及规模效率（SE）三个方面分别分析各个因素对银行效率的影响，因此设定三个 Tobit 回归模型，如下：

$$PE_{it} = \alpha_0 + \alpha_i \sum_{n=1}^{11} \alpha_n X_{n,it} + U_{it} \, (i=1,2,\cdots,20, t=1,2,\cdots,5) \tag{19.1}$$

$$PTE_{it} = \beta_0 + \beta_i \sum_{n=1}^{11} \beta_n X_{n,it} + V_{it} \, (i=1,2,\cdots,20, t=1,2,\cdots,5) \tag{19.2}$$

$$SE_{it} = \gamma_0 + \gamma_i \sum_{n=1}^{11} \gamma_n X_{n,it} + W_{it} \, (i=1,2,\cdots,20, t=1,2,\cdots,5) \tag{19.3}$$

根据第三章的分析，本章选取的样本商业银行为 20 家，时间跨度为 5 年（2005—2009 年），n 为指标个数。PE_{it} 代表第 t 年商业银行 i 的 DEA 经营效率值，PTE_{it} 代表第 t 年商业银行 i 的 DEA 纯技术效率值，SE_{it} 代表第 t 年商业银行 i 的 DEA 规模效率值。

第二节　实证结果及分析

一、实证结果

本分论选取的创新指标对商业银行经营效率（PE）、纯技术效率（PTE）和规模效率（SE）的实证结果分别见表 19-2、表 19-3 和表 19-4。

表 19-2　样本商业银行经营效率（PE）影响因素的 Tobit 回归结果

变量	系数	标准差	Z 值	P 概率
C	0.719386***	0.080378	8.950048	0.0000
X_1	-31.56150**	12.04536	-2.620219	0.0088
X_2	7.641587*	3.057889	2.498975	0.0125
X_3	1.549249	0.673429	2.300538	0.0214
X_4	0.025174	0.034537	0.728898	0.4661
X_5	0.460016	0.293820	1.565638	0.1174
X_6	0.067420	0.084747	0.795543	0.4263
X_7	0.000941	0.000973	0.967446	0.3333

资料来源：根据各样本商业银行 2005—2009 年年报数据计算。*、**、***分别表示在 10%、5%、1%水平上显著。

表 19-3　样本商业银行纯技术效率（PTE）影响因素的 Tobit 回归结果

变量	系数	标准差	Z 值	P 概率
C	0.867587***	0.060990	14.22496	0.0000
X_1	-14.03644	9.139974	-1.535720	0.1246
X_2	0.809772	2.320314	0.348993	0.7271
X_3	0.844084*	0.510995	1.651843	0.0986
X_4	-0.005536	0.026206	-0.211261	0.8327
X_5	0.607188**	0.222949	2.723432	0.0065
X_6	-0.052780	0.064306	-0.820765	0.4118
X_7	0.000882	0.000738	1.195096	0.2320

资料来源：根据各样本商业银行 2005—2009 年年报数据计算。*、**、***分别表示在 10%、5%、1%水平上显著。

表 19-4　样本商业银行规模效率（SE）影响因素的 Tobit 回归结果

变量	系数	标准差	Z 值	P 概率
C	0.843333***	0.056927	14.81423	0.0000
X_1	-18.88459**	8.531062	-2.213628	0.0269
X_2	7.032614*	2.165732	3.247222	0.0012
X_3	0.742564	0.476952	1.556894	0.1195
X_4	0.032310	0.024460	1.320930	0.1865
X_5	-0.111423	0.208096	-0.535438	0.5923
X_6	0.121809*	0.060022	2.029405	0.0424
X_7	8.17E-05	0.000689	0.118619	0.9056

资料来源：根据各样本商业银行 2005—2009 年年报数据计算。*、**、***分别表示在 10%、5%、1%水平上显著。

二、实证结果分析

（一）制度创新因素

由表 19-2 可知，制度创新指标无形资产/总资产（X_1）与经营效率对应的 P 值为 0.0088，远小于 5%的显著性水平。可见，无形资产/总资产对银行经营效率的影响较为显著，系数为-18.88459。

由表 19-2、表 19-3 可知，无形资产/总资产与纯技术效率、规模效率对应的 P 值分别为 0.1246、0.0269，无形资产/总资产对规模效率的影响较为显著，对纯技术效率的影响不显著。可见，无形资产/总资产变动引起的商业银行经营效率的变动源于规模效率的变动，而非纯技术效率的变动。

本节选用无形资产占总资产的比例表示制度创新中的文化及技术创新，文化建设对商业银行经营效率的提高应该有极大的促进作用。商业银行文化管理的深度和广度决定着其综合竞争力的大小，而商业银行的金融品牌含量在一定程度上就是商业银行文化在其金融产品上的一种物化。商业银行出售其金融产品及服务实际上就是出售其产品文化和服务文化，而这种文化又通过金融产品感染使用它的消费者。如果商业银行的创新文化可以与消费者的价值观相一致，那么文化制度创新就可以很大地促进商业银行的发展，提高其效率，扩大利润和市场份额。而实证结果表明文化及技术创新对商业银行效率的提高具有反作用，且反作用力度很大。

探讨其原因可能有四个：

一是指标本身不够细化。无形资产包括房屋使用权、特许经营权、土地使用权、软件及其他，表示文化创新及技术创新的数据只占很小的一部分，其所带来的效益可能被其他部分的亏损所覆盖。

二是商业银行不同于一般企业，其产品具有易复制性，技术创新等投入较大，但其带来市场份额的提高很快会被模仿商业银行所抢占，文化创新导致的利润增长不足以补偿其初始较大的投入，由此带来商业银行效率的降低。

三是文化创新引致的效率的提高有很大的滞后性，效益不会在文化创新的当年或最近几年产生，具有逐年递增的特征。由于初始投入大，而初始受益甚微，所以对商业银行效率的提高有很大力度的反作用。

四是国内商业银行目前的文化创新仅仅流于形式，没有通过正确的途径达到文化创新的目的。

从国内商业银行文化创新现状来看，商业银行在推行文化创新过程中存在着片面、机械、僵化的现象，这些问题总体来说表现为以下几个方面。

1.认识上出现偏差

具体表现为三个方面：

一是仅仅把企业文化建设单纯地看做思想工作；

二是认为企业文化是表面的、不实在的东西，在制定及实施过程中并没有明确地反映出商业银行的价值取向、经营理念和管理风格；

三是认为企业文化很抽象，不能产生实在的价值，导致国内商业银行在企业文化实施过程中错位和流于形式。

2.重文化引进，轻消化吸收

国内商业银行企业文化建设相对滞后，某些银行已经开始认识到企业文化建设的重要性。近年来国内商业银行引进了大量国外商业银行的先进企业文化，但却仅仅停留在简单地照搬、模仿阶段，没有结合本国的文化及经营环境进行调整。

若不能将企业文化建设与员工的价值取向相结合，就会导致表面化、僵化的现象，并不能对商业银行经营效率的提高产生任何作用。

3.各个商业银行的文化内容趋同化和约束软弱化

商业银行文化旺盛的生命力和独特的魅力来源于各个商业银行本身的独创性，然而事实是不少商业银行的文化模式往往大同小异，缺少个性和特色，从而削弱了文化对价值增值的效果。

4.重眼前利益，轻未来需要

商业银行企业文化的宣传与构建往往只重视眼前利益，对未来商业银行的组织结构、沟通方式和价值观念等缺乏深入认识，对其自身的发展趋势缺乏更深层次的思考和研究。

以中国工商银行为例，近几年实施品牌建设规划，打造具有国际影响力的ICBC品牌。品牌体系层次分明、重点突出、结构简洁、突出特色，由以业务和产品定位品牌的方式向以客户为中心、以服务特色定位品牌转变。"工银牡丹卡"、"理财金账户"、"金融@家"、"财智账户"等深得广大客户青睐。与此同时，通过综合运用网点、网站、大众媒体等多种方式的宣传，增强品牌传播效果，扩展品牌内涵。在国际市场研究机构明略行（Optimor）公布的 2009 年"全球最具价值品牌百强榜"中，中国工商银行品牌价值位于金融类榜单之首。但其经营效率、纯技术效率和规模效率并没有位于商业银行榜单之首，某些年份效率值低于平均值，见图 19-1。

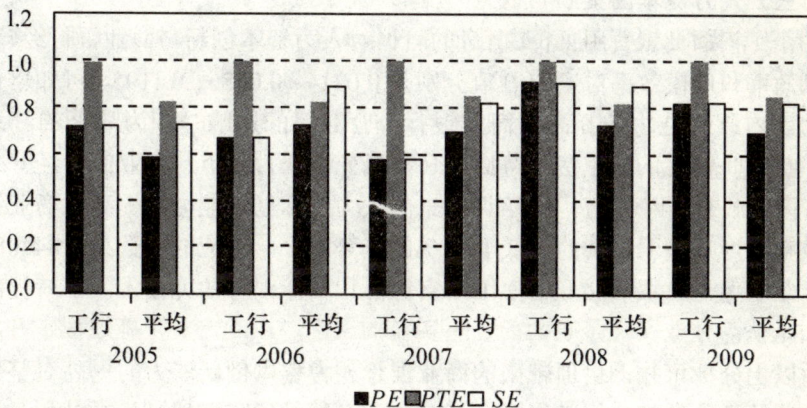

图 19-1　2005—2009 年工商银行 *PE*、*PTE* 和 *SE* 与样本商业银行平均值的比较

从图 19-1 可以看出，工商银行总体效率虽然没有居于样本商业银行之首，但可以看出其效率值逐年提高，尤其是规模效率。具体效率分析本书前文已详细分析，在此强调的是工商银行品牌建设效益已初见端倪，且文化创新可以带动商业

银行经营其他方面的良性发展，大力度的反作用应该只是暂时的。由此可知文化创新对国内商业银行经营效率的提高有很大的影响，各商业银行主体应抓紧时机推进企业文化建设，为其在激烈的竞争中立于不败之地创造好的"软环境"。

（二）成本管理水平

用资产费用率（X_2）衡量的管理水平与商业银行经营效率、纯技术效率和规模效率对应的 P 值分别是 0.3333、0.232、0.9056，远高于 5% 的显著水平，对商业银行效率的影响都不显著。

商业银行组织结构及管理水平是其核心竞争力的制度保障，关系到商业银行内部每个部门、员工，具有全员管理和节约的重要意义。费用的降低直接导致利润的增加。而国内银行业管理水平与经营效率、技术效率、规模效率的影响都不显著，原因可能是国内商业银行的费用管理过程混乱，负面的影响已经超过了成本节约所带来效率提高的效应，从而造成指标与商业银行效率不相关。此结论与目前商业银行现实情况相吻合，虽然进行了一系列的股份制改革，但国内商业银行部门设置仍然太多，四大国有商业银行中工商银行设置了 23 个部门，其他商业银行基本类似。主要股份制商业银行总行中，招商银行设置了 28 个部门，华夏银行设置了 22 个，浦东发展银行设置了 21 个，深圳发展银行设置了 21 个，兴业银行设置了 19 个，民生银行设置的部门最少，只有 17 个，职能配置比较合理。部门职能重叠、机构臃肿及人员配置过多导致商业银行管理费用较高，管理水平达不到预期。

（三）人力资本因素

1.用教育费/员工费用（X_3）衡量的培训对人力资本创新与商业银行经营效率、纯技术效率和规模效率对应的 P 值分别是 0.0214、0.0986、0.1195，可知培训带来的人力资本创新能力的提高对商业银行经营效率的影响是较为显著的。系数为1.549249，即教育费/员工费用每提高（降低）1 个百分点，商业银行经营效率则提高（降低）1.55 个百分点；培训带来的人力资本创新能力的提高对商业银行纯技术效率的影响是弱显著的，低于 10% 的显著水平，对应的系数为 0.844084，即教育费/员工费用每提高（降低）1 个百分点，商业银行的纯技术效率就提高（降低）0.84 个百分点。

由以上分析可知，培训带来的商业银行人力资本创新能力的提高对整体经营效率和纯技术效率都有促进作用，对整体商业银行经营效率的促进作用尤为明显，此结果与现实相符。

培训是组织根据自身战略发展的需要，有计划地对其员工实施一系列教育与训练活动，以提高员工的知识、技能、能力，改善他们的工作态度、价值观、工作行为等，从而使其发挥最大的潜力来提高工作绩效。当今社会经济发展迅速，商业银行要想在激烈的竞争中立于不败之地，必须对市场作出最快的反应，而这取决于该商业银行员工学习的速度。培训不仅可以提高员工学习的速度，还可以为商业银行树立良好的形象，因为培训可以帮助员工形成和商业银行要求相一致的价值观和行为准则，从而使其成为商业银行的优秀形象代表；此外，培训可以提高员工对其就职商业银行的忠实度和信任感，有效的培训使员工更好地胜任工作，减轻其压力，获得成就感，激发员工工作的积极性，从而降低员工的流动率和流失率。培训投资带来的好处是长期的，也具有一定的影响力，可以带动其他方面的良性发展。因此，各商业银行要舍得花重金培训其员工（包括管理层），为其可持续发展备足优质的人力资本。

2.用本科以上占比（X_4）衡量的人力资本与商业银行经营效率（PE）、纯技术效率（PTE）和规模效率（SE）对应的 P 值分别是 0.4661、0.4661、0.1865，可知其对商业银行经营效率、纯技术效率和规模效率的影响都不显著。

由上述分析可知本科以上占比衡量的人力资本并不能促进商业银行整体效率、纯技术效率和规模效率的提高。因此，国内商业银行人力资本创新水平的提高不应只重视人才引入的门槛，更为重要的因素是对人才的培养，学历不等于能力，尤其是创新能力。学历可以体现较强的学习能力和素质，但如果录用后不对其进行量身定制的培训，人力资本将不能得到充分的开发利用，简单地说会造成人力和物力的双重损失。

（四）表外业务创新因素

佣金和手续费收入/营业收入对商业银行经营效率的影响不显著，其对应的 P 值为 0.1174，远高于 5%的显著水平；其与商业银行纯技术效率对应的 P 值为 0.0065，即其对商业银行纯技术效率的影响是显著的，系数为 0.607188，意味着佣金和手续费收入占营业收入的比例提高（降低）1 个百分点，商业银行的纯技术效率则提高（降低）约 0.61 个百分点；其对总经营效率影响不显著的原因在于其规模无效，与规模效率对应的 P 值为 0.5923，远高于 5%的显著水平，说明佣金和手续费收入占营业收入的比重会随着商业银行技术应用水平的提高而提高，但与其规模无关，即不管商业银行处于规模报酬递增阶段、规模报酬递减阶段还是规模报酬不变阶段，其佣金和手续费收入占比都不会受影响，其只与商业银行的技术水平有关。

非利息收入中除佣金及手续费收入的其他收入（主要是投资收入）占营业收入的比重对商业银行经营效率的影响也不显著，对应的 P 值为 0.4263，远高于 5%的显著水平；其对商业银行纯技术效率的影响同样不显著，对应的 P 值为 0.4118，同样远高于 5%的显著水平；但其对商业银行规模效率的影响较显著，P 值为 0.0424，系数为 0.121809，即除佣金及手续费收入外以投资收入为主的其他非利息收入占营业收入的比例每提高（降低）1 个百分点，商业银行的规模效率则提高（降低）0.12 个百分点。此项说明非利息收入中除佣金及手续费收入的其他收入与商业银行的技术水平无关，而与其规模效应正相关。

目前国内商业银行表外业务创新中佣金及手续费收入创新主要包括结算、理财、代理及委托、信用卡手续费收入、咨询顾问费、贸易融资、账户管理及其他。以个人理财业务和信用卡业务为例，截至 2010 年底，全国共有 124 家金融机构开展了个人理财业务，个人理财产品存续数量共计 7049 款，账面余额 1.7 万亿元。丰富多样的商业银行理财产品为企业和居民管理财富资产、调整风险结构、优化资金配置提供了灵活便利的选择，成为社会投资和商业银行服务的重要组成部分；共发行信用卡 2.11 亿张，全年信用卡交易金额达 5.1 万亿元，其中消费金额 2.7 万亿元，信用卡总消费金额在社会消费品零售总额中的占比从 2006 年的 3.1%上升至 2010 年的 17.7%，在 GDP 中的占比从 2006 年的 1.1%上升至 2010 年的 6.9%。信用卡交易进一步活跃了消费，便利了商品流通，增加了消费在经济增长结构中的比重，也可以实现产品功能整合与业务流程再造，从而提高商业银行的整体服务水平。如信用卡业务可与家电、铁路、商旅服务、移动支付等消费市场和信息技术领域合作，从而充实特约特惠商户圈，既增加了商业银行业务量又提升了其品牌影响力。

表外业务创新中的其他创新主要指投资、汇兑及租赁等。目前国内金融市场还不够完善，混业经营虽然是商业银行发展的趋势，但目前政策限制较多，此类表外业务创新还处在模仿的初级阶段，没有成体系的相关研究；另一方面，此类创新所需要配备的投资或贸易等相应的专业人才还很缺乏，导致此类创新份额较小。

（五）资产流动性因素

用资产流动性比率表示的业务创新能力对商业银行经营效率的影响不显著，其 P 值为 0.3333，远高于 5%的显著水平，其对商业银行经营效率的纯技术效率和规模效率的影响也都不显著，对应的 P 值分别为 0.2320、0.9056。按常理，流动性比率的提高对商业银行效率的提高有促进作用，造成此实证结果的原因可能是目前国内商业银行产品创新的流动性效应还没有有效地发挥，商业银行可以以提高产品流动性为基础设计更有效的产品，从而提高商业银行的经营效率。

第三节 小结

本章运用商业银行创新理论，结合国内实际情况，选取能量化的可以代表国内商业银行创新因素的指标，运用 Tobit 回归方法对国内银行业经营效率、纯技术效率和规模效率进行了回归分析，为第二十章提出相应的政策建议奠定了基础。通过本章的分析，得到以下主要结论。

第一，制度创新在国内银行业并没有得到充分的重视，其效应没有充分地发挥。产权创新、文化创新和技术创新虽然最近几年有一定的发展，但是进程较为缓慢，不能跟上商业银行自身发展的脚步，其深度和广度还有待加强。

第二，组织创新方面的结论表明，人力资本创新和业务流程再造如理论预期一样，有效地促进了商业银行经营效率的提高，对人才的理解及成本的节约需要更深入地认识和发展。

第三，业务创新方面的结论表明，较受重视的商业银行表外业务对其经营效率的影响与表外业务的结构有关，佣金、手续费收入相关业务作用于商业银行经营效率的侧重点有别于投资等业务，商业银行要结合其自身实际情况进行创新。

第二十章 政策建议与展望

世界各国商业银行的发展都经历了先扩张规模、后提高效率的过程，但商业银行创新活跃的国家在数量扩张到一定规模后，都能通过效率的提高促进商业银行发展。改革开放以来，国内商业银行的创新，从数量扩张的速度看，取得了不错的成就，譬如业务总量的增长、组织机构的增设、业务领域的扩张等，但在同一数量级或规模水平上用效率的尺度来衡量，则不能令人满意。国内商业银行除了存在经营交易品种少、交易成本偏高、市场价格的形成缺乏合理性和内在稳定性等不足之外，还存在着经营投机性过高而抵御风险的能力过低等问题，使其满足社会投、融资需求的能力差，方便程度低，金融资源的开发、利用和合理配置功能弱。因此，未来商业银行创新的立足点应该是提高其经营效率。

第一节 政策建议

第十九章选取创新方面可以量化的指标对商业银行经营效率进行了实证分析，本章在上文分析的基础上有针对性地提出国内商业银行创新的策略。

一、推进商业银行文化建设

文化是人类优秀成果的精华，既能满足人的物质需求，又能满足其精神需求。文化的核心是价值观念，包括人对其所处的小环境、大环境及其自身价值的判断。商业银行要高度重视其文化建设，对于一些中小商业银行或实力较差的商业银行，通过文化建设及软环境的优化可以弥补硬环境的不足，文化建设要注意以下几点。

（一）要选择适合商业银行自身的价值标准及定位

各商业银行具体的业务领域不同，侧重点也不同，文化建设的侧重点也应有所不同。因此，各商业银行要立足自身的具体特点、优劣势，根据其战略目标、环境、习惯和运营方式等选择适合自身发展的文化模式；同时，要协调好目标价值体系与其文化要素间的关系，即商业银行核心价值要充分体现其战略目标、发展方向、服务宗旨，要反映员工的价值观，得到员工的尊重和认可。

（二）塑造征信度

商业银行的"硬资本"是货币资本，"软资本"即政府的授信和公众的信任。软资本充实，硬资本才会充裕，商业银行才能得以正常经营。一旦征信缺失，再雄厚的资本金也无济于事。因此，硬资本仅起到宣示的作用，对商业银行而言信用比资金实力更重要。

（三）文化建设要突出营销

商业银行文化营销有两方面，对外实施 CI 战略，即形象企划；对内实施 CS 战略，即客户满意工程。国内商业银行存在的缺陷是往往以交易为中心，导致其对客户没有整体营销的理念，每一笔交易都是独立的，从而客户价值没有被充分地挖掘，相当于丧失潜在的客户。商业银行应以客户为中心，对其信用程度、交易习惯和特点作出鉴别，并在此基础上提供多样化的服务满足客户需求，增强客户对其服务品牌的信任，提高其竞争力，从而提高经营效率。

二、进行流程化改革

（一）坚持以客户为中心

商业银行在设计业务流程时要充分体现以客户为中心的原则，即按照客户的需求为其提供最方便和最优质的服务，建立能以最快速度满足客户不断变化的需求的运营机制。

（二）集中操作流程

大而全、小而全、分散广泛的分支机构网络要向操作流程中心化转变，各种业务处理中心如押汇中心、放款中心、信用卡中心、汇款中心、信息档案中心、客户服务中心、结算中心应相继成立。通过中心化的实施，实现"四集中，一优化"即专业人员集中、技术设备集中、业务操作集中和业务管理集中以及劳动组合优化。由此减轻营业网点的业务操作负担，空出人力充实客户经理队伍。

（三）以流程为中心组织工作

传统的银行组织以劳动分工原理为基础组织工作，工作职责、权限和职能划分的灵活性较差。现在西方商业银行纷纷打破这一规则，以流程为中心组织工作，即先设计好银行的各项业务流程，再根据流程的需要设置相应的部门，而且在工作中不是严格按照组织部门分门别类，给予流程上的工作单位比较宽的活动空间。

三、组织结构创新

利率市场化趋势、金融产品多元化和外资银行的竞争迫使国内商业银行必须具有迅速的市场反应能力和有效的组织结构，以迅速地传递信息。坎特（1985）发现创新型公司与矩阵结构有一定的联系，因为矩阵结构为个人提供了一个超出其自身位置的网络，加强了横纵向的联系，从而有利于创新。国内商业银行也应具备基本的矩阵形式，构建高效的组织结构，通过创新提高自身的核心竞争力。具体来讲在纵向上总部和各地分行部门中的人员应按产品、行业和客户设置产品经理、业务经理和客户经理，他们分不同等级，了解产品、市场和客户，各级经理之间建立直线联系，从而对市场作出快速反应。同时横向上的经理们受到地区主管的管理和约束。相应在业绩考核上，需要按产品来核算业绩，同一笔业务同时在产品和地区上记账，也就相应体现了纵向和横向的业绩，具体的商业银行创新的组织结构如图 20-1 所示：

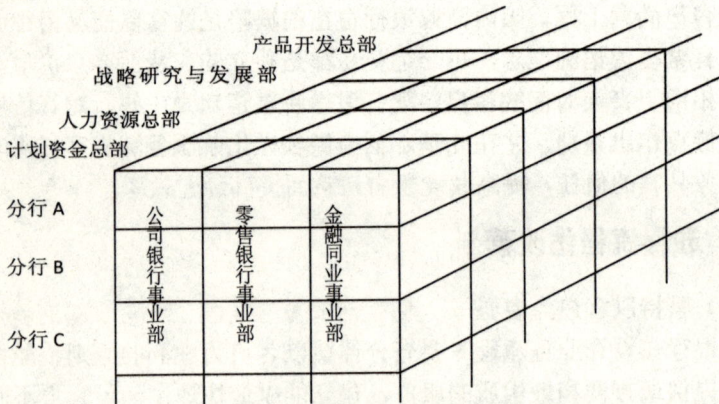

图 20-1　商业银行组织结构创新

四、引进并培养金融复合型人才

本分论分析得到的结论是培训对商业银行效率有较大影响，而学历并没有对其效率产生显著的影响，所以本章在此着重从商业银行内部培训的角度探讨商业银行创新中的人力资本因素。内部培训要注意以下几点。

（一）走出"培训"误区

要从思想上重视培训，摒弃培训没用的观念，培训产生的效力已被多次证实。人力资本是商业银行经营产出很重要的要素，其良性发展带来的不仅是银行经营效率的提高，还可以带动商业银行其他方面的良性发展。

（二）加强教育培训机构设置及人员配备

参考国外商业银行培训机制，专职机构、专职人员的主要任务有四点：

一是为商业银行各级领导提供员工培训方面的情况；

二是负责银行与员工之间的信息交流；

三是根据上层要求及员工自身实际情况组织员工撰写个人年度培训计划；

四是落实各种培训。

（三）运用激励机制推动培训

将员工培训和员工晋级、升职、奖金等挂钩，可以极大地调动员工主动参加培训的积极性。培训人才是一种智力投资，风险小，收益高。因此，商业银行要舍得重金投入，保证专款用于培训以保证人力资本要素跟上实际工作需要的步伐。

（四）侧重员工技能培训

商业银行不仅要提供比较正规的入职培训，包括银行概况、员工守则、银行安全、计算机操作等，还要根据员工岗位的不同提供需要的业务培训。商业银行可以开发自己的网上培训系统，以方便员工根据自己的实际情况进行网上学习。

（五）多渠道培训

培训不应只是面对面的讲授，要开发多种渠道对员工进行培训。商业银行还可以采取脱岗培训进修、上下交流、岗位轮换、增加课题研究和技术攻关等任务及高层专家扶持奖励等措施对员工进行培训。

五、积极进行技术创新

网络经济时代，网络充斥于人们生活的方方面面，其与金融的耦合关系日益加深。依托于现代信息网络技术进行产品创新，开发出科技含量高的商业银行金融产品，已成为现代商业银行金融产品创新的主旋律。

第十九章分析得到的结论也证明了技术创新对商业银行表外业务收入中占比很大的佣金和手续费收入有很大的促进作用。通过技术创新，商业银行一方面可以为客户创造一个互动的信息沟通渠道。

另一方面，也有利于其建立完善并能及时更新的客户资料数据库。在此基础上可以进行市场目标细分，有的放矢地开展营销工作，为客户提供量身定制的金融产品。此外，通过技术创新和信息网络技术的充分应用，可以实现商业银行内部信息共享，避免不同产品开发中的重复投入，同时也有利于迅速组织力量和资源，以互动方式在系统内进行交流，加快产品创新的进程。

最后，高科技的应用可以大大地降低银行的经营成本。据测算，同样一笔银行交易，柜台的服务成本是 3.4 元/次，ATM 为 0.8 元/次，而网上银行只有 0.5 元/次。网上银行渠道成本比传统服务成本要降低 85%，商业银行出于降低成本和分流客户的考虑，都会选择逐渐将附加值低的产品和客户分流到电子渠道中，使客户和银行自身两方受益。

六、开发私人银行业务

私人银行业务提供的服务从继承遗产开始，包括继承人接受教育，帮助其理财，协助经营企业，直到客户去世安排遗产。近几年私人银行业务发展迅速，中国工商银行 2008 年年报上半年数据显示，私人银行客户总金融资产为 33.22 亿元，户均资产为 945.72 万元。2009 年,其个人理财及私人银行业务收入 120.59 亿元,增加 17.32 亿元,增长 16.8%。随着国内富裕阶层人数的不断增多,私人银行业务将是未来几年国内商业银行金融创新的一个重要方向,此业务利润率高,收入稳定,必将成为国内商业银行争夺的热点。具体来讲要从以下几个方面着手突破。

(一)对客户进行多层次细分,采用综合细分标准进行管理

市场细分有利于商业银行采取有针对性的经营策略,优质客户的标准是能给银行带来实际的效益,而不是其自身有多少财富。发现客户潜在的需求并满足其需求才能深度挖掘其价值。对有高风险偏好的大客户,由于其年轻、抗风险能力较强,是私人银行业务理想的目标。商业银行相关业务部门可及时向其提供有价值的投资建议,指导客户选择投资产品,进行短线频繁操作,从而赚取可观的手续费。对风险偏好较低的大客户,由于年龄等原因,客户自身没有足够的金融知识在多种金融产品中作出最优选择,商业银行要为此类客户配备客户关系管理方面经验丰富的工作人员,通过与其深入沟通取得客户的充分信任,代客投资、全面服务,从而为商业银行创造利润。

(二)拓宽私人银行大客户开发渠道,实施全面营销

拓宽私人银行大客户开发渠道有两个途径:

一是拓宽现有内部客户开发渠道,包括深度和广度两个维度。深度方面要开展与商业银行内部公司业务、中小企业业务和信用卡业务相交叉营销活动;广度方面要开展潜在客户数据库营销工作,特别针对"零售信贷系统"、"零售信贷审批系统"以及各类信用卡系统中的重要客户信息进行挖掘,确认可能的高端客户,启动并落实具体的营销组合措施。

二是开发外部营销渠道,加强与其他合作金融机构、各高档社区、名车 4S 店、顶级会所、高尔夫俱乐部的联动,从源头上收集客户需求,与外部机构一起联动做好私人银行客户营销工作。从实际经验看,通过现有客户的推荐是私人银行业务获取有价值客户的主要渠道,所以要重视增加现有客户的信任度。

(三)推行一体化的业务经营策略,实施重点产品与核心客户营销策略

私人银行业务部门要推行一体化的业务经营策略:

一是产品一体化,即根据市场细分原则和差异化服务原理,类似的产品开发出一个系列;

二是服务一体化,充分挖掘客户需求后,为其量身定制一体化的服务,实施多种业务捆绑式营销,并推广至区域,从而产生规模效益。

(四)加强专业人才培养和引进,打造私人银行精英团队

加强私人银行人才培养和引进,具体有两个方面:一是产品专家和投资专家培养和引进;二是高素质的客户关系经理的培养和引进。产品专家和投资专家要熟悉外汇、证券、基金和保险领域的投资,并能灵活应用。私人银行客户资金量

大，能给商业银行带来可观的利润，要吸引并留住私人银行客户，就要保证其在风险最小的情况下获取最大利润，从而得到其信任。这就要求产品专家和投资专家尽可能地准确预测经济变化动向，运用投资组合等理论分散大客户风险，为其挑选和推荐投资产品，及时传达信息。为私人银行客户提供规划时，要适时推出在合法的情况下避税、投资、信托、遗产规划和企业并购等方面的新点子，供客户参考。

（五）构建高效的 IT 系统和咨询流程，提升服务能力和水平

私人银行业务迫切需要高效率的 IT 系统，这样才能详细记载客户信息，如客户交易记录、各项经济指标、投资产品价格的变化、投资组合的收益情况和风险水平等。私人银行业务的咨询流程也需要完善，从而更加及时地了解客户具体的需求并提出相应的解决方案，实现客户价值最大化，带来商业银行经营效率的提高。

七、重视表外业务结构

由第十九章的分析可知，商业银行表外业务对其经营效率的影响与表外业务的结构有关，佣金、手续费收入相关业务作用于商业银行经营效率的侧重点有别于投资等业务。佣金及手续费收入份额较低的商业银行开展表外业务创新应突出先进技术的应用，而佣金及手续费份额相对较高的商业银行开展表外业务创新应突出其规模效应的发挥，控制其规模大小，使其规模递增效应发挥到最大。实践中各商业银行应有所取舍，攻克薄弱环节，可以达到事半功倍的效果，使其稀缺资源达到最优配置。实际经营过程中不能只是一味地宣称要大力发展表外业务创新，却忽略了表外业务的结构。应结合自身实际情况，制定合身的发展规划。

第二节　展望

由于研究水平及时间有限，本分论的研究存在一些局限和不足。主要表现在：商业银行制度创新方面，本分论选取的指标只代表其中一个小的部分，产权等制度创新是很重要的部分，由于很难量化，本分论没有涉及；商业银行组织创新方面，实证结果表明培训之于人力资本的重要性不言而喻，但本分论在量化培训时某些商业银行某些年份没有对员工培训支出进行披露，可能导致培训费比对商业银行经营效率的影响系数不够准确；商业银行业务创新方面，表外业务中的投资等业务目前商业银行开展得都不够深入，效益有待进一步发挥，本分论的研究并没有涉及此内容。

　　对于金融创新与商业银行经营效率关系的研究应随着经济和金融创新的发展继续深入，根据实证结果提出的政策和建议有很大的理论性，实践中各商业银行要根据自身实际情况量力而行，这些不足需要在以后的研究中克服。

参考文献

[1]夏征农.辞海[M]．上海：上海辞书出版社，1999．

[2]约翰·伊特韦尔，默里·米尔盖特，彼得·纽曼．新帕尔格雷夫经济学大词典[M]．北京：经济科学出版社，1992．

[3] Farrell M J. The measurement of productive efficiency[J]. Journal of the royal statistical society，1957(120): 125–281.

[4] Fare R，Grosskopf S，Knox Lovell C. The measurement of efficiency of production[J]. Kluwer–Nijhoff，1985(2): 11–18.

[5]Sealey C W，Lindley J T. Input，outputs and a theory of production and cost at depositary financial institutions[J]. Journal of Financial，1977，31(4): 1251–1266.

[6]Bergen A N，Humphrey D B. Megamergers in banking and the use of cost efficiency as an antitrust defense[J]. Antitrust Bulletin，1992(37): 541–600.

[7]魏权龄．数据包络分析 [M]．3 版.北京：科学出版社，2004: 45–49.

[8]Chiang Kao，Shiuh–Nan Hwang. Efficiency decomposition in two–stage data envelopment analysis: an application to non–life insurance companies in Taiwan[J]. European journal of operation research，2008 (185): 418–429.

[9]Yao C，Wade D C，Ning L，et al. Additive efficiency decomposition in two–stage DEA. European journal of operation research，2009(196): 1170–1176.

[10]Cave D W，Christensen L R，Diewert W E. The economic theory of index numbers and the measurement of input，output and productivity[J]. Econometrica，1982(50): 1393–1414.

[11]Charnes A，Cooper W W，Phodes E. Measuring the efficiency of DMU[J]. European journal of operational research，1978(2): 480–510.

[12]Fare R，Grosskopf S，Knox Lovell C A. The measurement of efficiency of production[J]. Kluwer–Nijhoff，1985，23(2): 11–18.

[13]Farrell M J. The measurement of productive efficiency[J]. Journal of the royal statistical society，1957(120A): 125–281.

[14]Fare R，Grosskopf S，Lindgren B，et al. Productivity change in Swedish pharmacies 1980—1989: A nonparametric malmquist approach[J]．Journal of

productivity analysis，1992，13(1): 85–102.

[15]Fare R，Grosskopf S，Norris M，et al. Productivity growth，technical change and efficiency change in industrialized countries[J]. American economic review，1994，84(1): 66–83.

[16]Caves D W，Christensen L R. The economic theory of index numbers and measurement of input，output and productivity[J]. Economitrica，1982, 50(61): 1393–1411.

[17]Nishimizu, Page J M. Total factor productivity growth，technological progress and technical efficiency change: dimensions of productivity change in yugoslavia 1965—1978[J]. Economic Journal，1982，44(92): 920–936.

[18]Fare R，Grosskopf S，Lindgren B，et al. Productivity change in Swedish pharmacies 1980—1989: A nonparametric malmquist approach[J]. Journal of productivity analysis，1992，13(1): 85–102.

[19]Forsunl. Production functions and of their relationship to efficiency measurement[J]. A survey of Frontier Journal of Econometrics，1980(13): 5–25.

[20]Rien W，Paul S. A recursive thick frontier approach to estimating production effciency[J]. Econometrics working papers，2005.

[21]齐树天. 中国商业银行 X 效率问题研究[D]. 长春: 吉林大学，2007.

[22] Lawrence M S，Joe Zhu. Profitability and marketability of the top 55 U.S. commercial banks[J]. Management science，1999(45): 1270–1288.

[23] Joe Zhu. Multi–factor performance measure model with an application to Fortune 500 companies[J]. Forthcoming in European，2000 (18): 312–346.

[24] Casu B，Molyneux P. A comparative study of efficiency in European banking[J]. Applied Economics，2003，35(17): 1865–1876.

[25] Sherman，Gold. Bank branch operating efficiency valuation with data envelopment analysis[J]. Journal of banking &finance，2009(2): 297–315.

[26] Mester L J. Efficiency in the savings and loan industry[J]. Journal of banking and finance，1993 (17): 267–286.

[27] Berger A N，Humphrey D B. Efficiency of financial institutions: International survey and directions for future research[J]. European journal of operational research，1997，Special Issue.

[28] Ferrier G，Lovell C A K. Measuring cost efficiency in banking[J]. Journal of econometrics，1990 (46): 229–245.

[29] Allen，Athanassopoulos，Dyson. Weights restrictions and value judgements in data envelopment analysis: development and future directions[J]. Annals of

operations reasearch，73: 13–34.

[30] 张健华. 我国商业银行效率研究的 DEA 方法及 1997—2001 年效率的实证分析[J]. 金融研究，2003(3): 11–25.

[31] Coelli T，Rao D S P，Battese G E. An introduction to efficiency and productivity analysis[M]. Kluwer academic publishers，1998.

[32] Resti A. Evaluating the cost–efficiency of the Italian banking system: What can be learned from the joint application of parametric and non–parpametric techniques[J]. Journal of banking & Finance，1997(21): 221–250.

[33]亚当•斯密. 国民财富的性质和原因的研究[M]. 北京: 新世界出版社，2007.

[34]徐传谌，郑贵廷，齐树天. 我国商业银行规模经济问题与金融改革策略透析[J]. 经济研究，2002(10): 22–24.

[35]马歇尔. 经济学原理(上卷)[M]. 北京: 商务印书馆，1981.

[36]刘胜会. 商业银行规模经济之谜研究理论框架与实证分析[J]. 山西财经大学学报，2006(3): 22-27.

[37]丹尼斯•卡尔顿，杰弗里•佩罗夫. 现代产业组织[M]. 北京: 人民出版社，1997.

[38] 何靖华，苟思. 对商业银行规模经济的思考[J]. 重庆交通学院学报，2006(6): 10-12.

[39] 葛兆强. 银行规模与银行规模边界[J]. 改革纵横，1998(6): 22-34.

[40] 哈罗德•孔茨，西里尔•奥唐奈. 管理学[M]. 贵阳: 贵州人民出版社，1982.

[41] 李明. 我国商业银行规模经济分析[J]. 金融与经济，1999(12): 10–12.

[42]George J, Benston. Economies of scale of financial institutions[J]. Journal of money，credit and banking(IV)，1999(11): 11-15.

[43] Colin Lawrence. Banking costs，centeralized functional forms，and estimation of economies of scale and scope[J]. Journal of money，credit，and banking，1989(10): 56-58.

[44]于良春，鞠源. 垄断与竞争: 中国银行业的改革与发展[J]. 经济研究，1999(8): 30-32.

[45]赵怀勇，王越. 论银行规模经济[J]. 国际金融研究，1999(4): 41-43.

[46]王振山. 银行规模与中国商业银行的运行效率研究[J]. 财贸经济，2000(5): 46-48.

[47]徐传谌，郑贵廷，齐树天. 我国商业银行规模经济问题与金融改革策略透析[J]. 经济研究，2002(10): 49-53.

[48]阙超. 我国商业银行规模经济实证研究 1992—2003[J]. 金融研究，2004(11):

53-55.

[49]刘宗华. 中国银行业规模经济的实证检验[J]. 统计研究，2003(11):56-58.

[50]程婵娟，陈勇. 我国商业银行规模经济评价方法研究[J]. 当代经济科学，2007(11): 29-36.

[51] 李成，赵琳. 中国商业银行规模与效率: 理论与现实的悖论[J]. 金融理论与实践，2008(5): 55-59.

[52]程婵娟，周伟. 开放条件下影响我国商业银行规模经济的因素分析[J]. 西安交通大学学报，2009(1): 18-24.

[53] 邹巍. 中国商业银行规模经济的实证研究——基于 2006 年—2008 年面板数据模型的分析[J]. 数理统计与管理，2009(5): 129-131.

[54] 赵紫剑. 规模经济与银行业发展综述[J]. 当代财经，2004(5): 45-48.

[55] Berle Means. The modern corporation and private property[M]. New York: Macmilan, 1932.

[56] Jensen M，Meckling W. Theory of the firm: managerial behavior，agency costs and ownership structure[J]. Journal of financial economics，1976(3): 305-360.

[57] Morck R， Andre，Robert. Large shareholders and corporate control[J]. Journal of political economy, 1986(3): 120-128.

[59] McConnell J，Servaes H. Additional evidence on equity ownership and corporate value[J]. Journal of financial economics，1990(1): 20-28.

[60] Byooketal. Corporate governance and recent consolidation in the banking industry[J]. Journal of corporate finance，2000(1): 20-22.

[61] Lang, So. Bank ownership structure and economic performance[N]. Working Paper， Chinese University of Hong Kong，2002.

[62] Bonin J P，Hasan I，Wachtel P. Bank performance，efficiency and ownership in transition countries[J]. Journal of banking &finance，2005(29): 31-53.

[63] Caprioetal. Governance and bank valuation. World Bank Working Papers，2003.

[64] Myeong Hyeon. Ownership structure，investment，and the corporate value: anempirical analysis[J]. Journal of financial economics，1998(47): 103-121.

[65] 许小年，王燕. 中国上市公司的所有制结构与公司治理[M]. 北京: 人民出版社，2000.

[66] 张红军. 中国上市公司股权结构与公司绩效的理论及实证分析[J]. 经济科学，2000: 34-44.

[67] 郑录军，曹廷求. 我国商业银行效率及其影响因素的实证分析[J]. 金融研究，2005(1)，62-67.

[68] 李维安，曹廷求. 股权结构、治理机制与城市银行绩效——来自山东、河南两省的调查证据[J]. 经济研究，2004(12): 4–15.

[69] 吴淑琨.股权结构与公司绩效的 U 形关系研究[J].中国工业经济，2002(1): 50–53.

[70] 孙永祥，黄祖辉. 上市公司的股权结构与绩效[J]. 经济研究，1999(12): 32–36.

[71] 刘国亮，王加胜. 上市公司股权结构、激励制度及绩效的实证研究[J]. 经济理论与经济管理，2000(5): 40-44.

[72] 刘海云，魏文军，欧阳建新. 基于市场、股权和资本的中国银行业绩效研究[J]. 国际金融研究，2005(5): 62–67.

[73] 杨德勇，曹永霞. 中国上市银行股权结构与绩效的实证研究[J]. 金融研究，2007(5): 87–97.

[74] 吴栋，周建平. 基于 SFA 的中国商业银行股权结构选择的实证研究[J]. 金融研究，2007(7): 47–60.

[75] 何浚. 上市公司治理结构的实证分析[J]. 经济研究，1998(5): 50–57.

[76] 于东智. 股权结构、治理效率与公司绩效[J]. 中国工业经济，2001(5): 54–62.

[77] 冯军. 关于我国国有商业银行治理结构若干问题的思考[J]. 北方经贸，2001(3): 113–115.

[78] 赵勇. 商业银行股权结构的国际比较[J]. 海南金融，2007(2): 50-57.

[79]苏列英. 薪酬管理[M]. 西安: 西安交通大学出版社，2006.

[80]马新建. 人力资源管理与开发[M]. 北京: 石油工业出版社，2003.

[81]马斯洛. 人的动机理论 [M]. 2 版.北京: 华夏出版社，1987.

[82]于秀芝. 人力资源管理[M]. 北京: 经济管理出版社，2002.

[83]孙健，郭少泉.商业银行人力资源管理 [M].北京: 经济管理出版社，2005.

[84]赵曙明. 人力资源管理研究[M]. 北京: 中国人民大学出版社，2001.

[85]Taussings F W，Baker W S. American corporations and their executives: a statistical inquiry[J]. Quarterly Journal of Economics，1925(3): 50-59.

[86]Abbowd J. Does performance based managerial compensation affect corporate performance [J]. Industrial and labor relations review，1990.

[87]Barro J. Pay performance and turnover of bank CEOs[J]. Journal of labor economics，1990.

[88]Dechow P，R Sloan. Managerial incentives and the horizon problem[J]. Journal of accounting and economics，1991.

[89]Houston James. CEO compensation and bank risk: is compensation structured

in banking to promote risk taking [J]. Journal of monetary economics，1995.

[90]Hall B，Liebman J. Are CEOs really paid like bureaucrats [J]. Quarterly journal of economics，1998.

[91]Tosi H L，Werner S，Katz J，et al. How much does performance matter? A meta analysis of executive compensation studies[J]. Journal of management，2000(2).

[92]Aggarwal，Samwick. Empire-builders and shirkers: investment，firm performance and managerial incentives [J]. Working Papers，2002.

[93]Johyn K，Qia Y. Incentive features in CEO compensation in the banking industry [J]. Frbny economic policy reviews，2003(4): 109–121.

[94]孙永祥，黄祖辉. 高管团队内薪酬差距、公司绩效和治理结构[J]. 经济研究，2003(4): 31-39.

[95]魏刚. 高级管理层激励与上市公司经营绩效[J]. 经济研究，2000(3): 32-39.

[96]杨伟国，高峰. 委托代理理论下高管薪酬研究的新进展[J]. 理论探讨，2009(2): 76-80.

[97]黄再胜. 企业经理报酬决定理论: 争论与整合[J]. 外国经济与管理，2005(8): 33-40.

[98]周其仁. 市场里的企业: 一个人力资本与非人力资本的特别合约[J]. 经济研究，1996(6): 71-78.

[99]王丽华，杜兴强. 有关高层管理人员薪酬激励的实证研究[J]. 2007(12): 45-49.

[100]陈学彬. 中国商业银行薪酬激励机制分析[J]. 金融研究，2005(7): 76-94.

[101]杨大光，朱贵云，武治国. 我国上市银行高管薪酬和经营效率相关性研究[J]. 金融理论，2008(8): 9-13.

[102]苟开红. 我国股份制商业银行高管薪酬构成及长期激励研究[J]. 国际金融研究，2004(11): 17-21.

[103]蔡维菊. 上市银行高管报酬与银行绩效关系的实证分析——基于 2007 年和 2008 年的数据比较[J]. 福建商业高等专科学校学报，2010(3): 30-33.

[104]赵坚，秦杨. 我国上市银行高管薪酬与经营绩效关系的实证研究[J]. 东方企业文化，2010(14): 79-80.

[105]赵青华. 高管薪酬、激励与公司业绩关系研究评述[J]. 管理纵横，2010(1): 101-108.

[106]颜玉霞. 上市金融企业高管薪酬与公司经营绩效关系的实证分析[J]. 科教导刊，2010(20): 69-73.

[107]胡晔，黄勋敬. 国内上市银行薪酬制度对国有商业银行的启示[J]. 广东金融学院学报，2006(5): 31-36.

[108]章金萍. 企业人力资源管理中的激励与约束机制[J]. 求实——理论与实践，2003(6): 159-160.

[109]倪凤玥. 我国商业银行激励约束机制探析[J]. 河北金融，2008(10): 13-16.

[110]刘永欣. 我国上市金融业高管薪酬与业绩相关性研究[J]. 黑龙江金融，2010(12): 27-29.

[111]郝梅瑞. 建立企业经理人长期激励与约束新机制——企业股票期权计划[J]. 冶金经济与管理，2001(5): 4-6.

[112] 张俊瑞，赵进文，张建. 高级管理层激励与上市公司经营绩效相关性的实证分析[J]. 会计研究，2003(9): 29-33.

[113]杨瑞龙. 经理报酬、企业绩效与股权结构的实证研究[J]. 江苏行政学院学报，2002(1): 46-54.

[114]张晖明，陈志广. 高级管理人员激励与企业绩效——以沪市上市公司为样本的实证研究[J]. 世界经济文汇，2002(4): 26-36.

[115]李强. 银监会副主席建议改革国内大型商业银行薪酬体系[N].新闻晨报，2006-12-05..

[116]蒋定之. 关于大型商业银行国际竞争力建设的若干思考[N].金融时报，2006-12-04.

[117]中国国企高管限薪令出台[N].新加坡联合早报，www.stockstar.com.

[118]中国银行、工商银行、建设银行、农业银行、浦发银行、华夏银行、民生银行、招商银行、中信银行、兴业银行、北京银行、南京银行、宁波银行、深发展银行 2006—2009 年年度报告[R].

[119] 中国银行业监督管理委员会 2009 年年报[R].

[120] 中华人民共和国银行业监督管理法[Z].

[121] 中华人民共和国公司法[Z].

[122]刁仁德. 关于金融创新与我国金融产权制度关系的探讨[J]. 东华大学学报，2003(1): 30-34.

[123]生柳荣. 当代金融创新[M]. 北京: 中国发展出版社，1998.

[124] Miller M H. Financial innovation: the last twenty years and the next[J]. Journal of financial and quantitative analysis，1986(21): 459–471.

[125]阮景平. 西方金融创新理论述评[J]. 湖北大学学报: 哲学社会科学版，2006(2): 175-177.

[126]王仁祥，姚耀军. 金融创新动因新探[J]. 上海经济研究，1999(11): 49–53.

[127]张静，阙方平，王英杰. 开放趋势下银行业的金融创新与监管制度创新[J]. 金融研究，2001(12): 88–95.

[128]王仁祥，喻平. 我国与西方金融创新动因之比较[J]. 武汉理工大学学报：社会科学版，2003，16(3): 254–258.

[129]陈延喜，尹键钧，欧阳海泉，等. 股份制商业银行金融创新中的问题与对策研究[J]. 财经理论与实践，2005，26(133): 39–42.

[130]李平. 我国银行业金融创新的现状与问题[J]. 上海金融，2006(6): 76–77.

[131]李栋，王洪礼. 我国商业银行金融创新发展研究[J]. 生产力研究，2006，(8): 53-54.

[132]马君潞，于红鑫，魏凤春. 财务约束、银行家行为与金融创新研究[J]. 国际金融研究，2007(12): 53-55.

[133]刘湘勤，龙海雯. 金融创新与金融结构变迁的演化论解释——凡勃伦金融市场理论的启示[J]. 人文杂志，2007(5): 86-91.

后 记

  商业银行经营效率是一个古老而又年轻的话题，本书的研究既是本人的兴趣所在，也是一名银行人对商业银行的一份责任心。笔者在商业银行工作经历了不同岗位、部门和地区的锻炼，见证了我国商业银行改革和发展的历程。工作中，深切地体会到，宏观层面的金融体制改革、中观层面的国有银行制度变革已经取得了实质性的突破，并已经取得了长足的发展，但微观层面的银行经营效率问题却多少有些不尽如人意。

  银行体系能否健康高效运行，不仅关乎银行自身的盈利和发展，更关乎整个金融体系和宏观经济的稳定。实践的发展，迫切需要理论及实务界对银行微观经营效率问题给予更多的关注。作为一名长期从事商业银行经营管理的从业人员，我力求从商业银行的经营实践出发，借鉴已有理论，寻找新视角，构建新框架，对商业银行的微观经营效率问题进行深入探讨。本书只是笔者对商业银行经营效率研究所做的初步尝试和探索，希望能起到抛砖引玉的作用。我本人对商业银行经营效率的研究也只是一个开始，还远没有结束。希望有更多的学界和业界同仁参与到这项有意义的研究工作中来，以进一步完善商业银行经营效率研究理论，推动商业银行经营效率的提升。

  最后，感谢兰州大学高宏霞教授的热情帮助和提供的良好建议；本书的写作历时两年有余，在工作、学习和写作过程中，有关领导、同事和家人给予了我莫大的鼓励与支持，在此一并表示感谢！

2010 年 10 月